本研究受国家社会科学基金教育学青年课题"稳步发展背景下职业本科院校专业结构的适配性研究"（CJA220328）资助

和而不同·和合共生：高职专业群生态系统的协同进化与治理方略

宋亚峰　著

中国财经出版传媒集团

经济科学出版社
Economic Science Press

图书在版编目（CIP）数据

和而不同·和合共生：高职专业群生态系统的协同
进化与治理方略/宋亚峰著 . – – 北京：经济科学出版
社，2023.8
ISBN 978 – 7 – 5218 – 4737 – 6

Ⅰ.①和⋯　Ⅱ.①宋⋯　Ⅲ.①高等职业教育 – 学科建
设 – 研究 – 中国　Ⅳ.①G718.5

中国国家版本馆 CIP 数据核字（2023）第 074892 号

责任编辑：杜　鹏　张立莉　常家凤
责任校对：蒋子明
责任印制：邱　天

和而不同·和合共生：高职专业群生态系统的协同进化与治理方略
宋亚峰　著
经济科学出版社出版、发行　新华书店经销
社址：北京市海淀区阜成路甲 28 号　邮编：100142
总编部电话：010 – 88191217　发行部电话：010 – 88191522
网址：www. esp. com. cn
电子邮箱：esp@ esp. com. cn
天猫网店：经济科学出版社旗舰店
网址：http：//jjkxcbs. tmall. com
固安华明印业有限公司印装
710 × 1000　16 开　20. 75 印张　360000 字
2023 年 8 月第 1 版　2023 年 8 月第 1 次印刷
ISBN 978 – 7 – 5218 – 4737 – 6　定价：116. 00 元
（图书出现印装问题，本社负责调换。电话：010 – 88191545）
（版权所有　侵权必究　打击盗版　举报热线：010 – 88191661
QQ：2242791300　营销中心电话：010 – 88191537
电子邮箱：dbts@ esp. com. cn）

序 一

 中国特色高水平高职院校在不同的发展时期，聚焦于不同时空背景下经济社会的发展需求，呈现出特定的演化阶段。从高等职业教育的发展历程来看，自 20 世纪 80 年代首批短期职业大学的诞生，到 2006 年的示范校、2010 年的骨干校、2015 年的优质校，再到 2019 年首批"双高校"的设立，我国高等职业教育从重视量的增长逐步向注重质的提升转变，从数量规模扩张向内涵特色建设转向。专业群建设是高等职业院校进行内涵特色建设与提质增效的重要抓手之一，在同一所高职院校内部将形成特定的专业群生态系统。

 宋亚峰博士的《和而不同·和合共生：高职专业群生态系统的协同进化与治理方略》一书，基于生态学视角，在"和而不同·和合共生"理念下研究高等职业教育专业群的建设问题，是一次新的尝试和探索。"和合共生"是万物生存的基本状态，而实现这种理想的存在状态的前提是"和而不同"。《国语·郑语》中曾写道："和实生物，同则不继。"重在阐述世界万物生生不息之道，也引发了关于"和"与"同"二者关系的辩证认识。"和"强调万物的和谐、和合生长，"同"或者"不同"则强调事物之间的差异性，万物之间如果全部相同，则将失去继续发展演进的内在动力。这一思想正如荀子在《礼论》中所言："天地合而万物生，阴阳接而变化起。"天地万物需要在"和合"过程使共生得到延续，需要在"和合"过程中使"万物各得其和以生"，从而实现变化万千。"和实生物""和而不同"的理念，强调了万事万物之间在差异性的前提下协调、匹配、契合共生的理想状态。高等职业教育专业群之间及其与外部环境之间存在融合、交合、契合、匹配的可能性，这种"和合"的状态蕴藏着"1＋1＞2"的协同能量，蕴含着"群道当则万物皆得其宜"的价值追求。

 高等职业教育专业和专业群的建设问题同样可以基于"群化"和"和合"思维进行审视。《荀子·王制》中写道"人，力不若牛，走不若马，而牛马为

1

用，何也？曰：人能群，而彼不能群。"这一表述充分展现了集群发展的重要性。专业建设是高水平高职院校和专业群建设的重要抓手，恰切的专业布局与科学的专业发展战略则是高等职业教育内涵式发展的关键环节。专业的建设也可以用"群"的思路来审视，专业之间不仅"能群"，而且要以"和"来"善群"。从"能群"到"善群"的转变，表明了高等职业教育专业群之间的"群化"发展不是简单的机械"能群"，而是应该在"和而不同"基础之上的有机"善群"，进而实现"和合共生"的理想状态。

在高等职业院校内部，专业群之间"和合共生"状态的实现需要各专业群之间秉承"不可一"与"共一为和"的价值取向，在"和而不同"的个体差异性基础上寻找各主体相同、相通与相关之处，避免不同专业群之间"拮抗竞争"的"囚徒困境"。专业群个体之个性需要在群体共生结构中得以体现和蜕变，脱离了与外界的联系，专业群个体的个性便无从谈起。高等职业教育专业群之间需要形成"你中有我、我中有你、一荣俱荣、一损俱损"的命运共同体。而命运共同体的打造就需要寻找专业群之间和专业群与外部环境之间的最大公约数，这个最大公约数就是"和而不同"基础上的"和合共生"。

为解决好高等职业教育专业群"和而不同·和合共生"的目标，宋亚峰博士在书中基于生态学和复杂适应系统理论视角，构建了高职专业群生态系统理论分析框架；同时基于实地调研数据分析，厘清高职专业群生态系统的组成要素与结构；进而从微观、中观和宏观三个层面分析高职专业群生态系统的协同进化过程；在此基础上，系统剖析高职专业群生态系统的整体协同进化机制，并结合系统的实践困境提出科学的治理路径，从而整体上回答了在"和而不同·和合共生"理念下高职专业群生态系统的协同进化与治理方略问题。

作为一项新的研究探索，本书给我留下了几点印象。首先，在研究视角方面，该研究基于教育生态论与复杂适应系统理论分析高职专业群系统的协同进化问题，将高职专业群生态系统与生态学中的自然生态系统进行类比，通过移植生态学与教育生态学、复杂适应系统理论的部分原理与方法，建构了高职专业群生态系统的理论模型，为高职专业群生态系统的协同进化研究提供了理论分析框架。其次，在方法运用方面，综合运用质性研究和量化研究方法对高职专业群生态系统不同层面的协同进化展开研究，针对各部分研究问题和研究对象的特征，综合运用理论推演、质性研究和量化研究方法对高职专业群生态系统不同层面的协同进化展开研究，在方法运用方面具有一定的创新性。最后，在研究结论方面，明确了高职专业群生态系统的协同进化机制并提出科学治理路径，提出了一些具有启发性的观点。

在本书付梓之际，我为宋亚峰博士在高等职业教育专业群建设方面进行的研究尝试和取得的成果感到欣慰，并为其作序，同时也希望他在今后的教育教学和科学探究过程中，能够百尺竿头，更进一步，取得更多有价值的研究成果，为我国职业教育的研究做出更多的努力与贡献。是以为序。

华东师范大学教授、博士生导师，职业教育与成人教育研究所所长
国家教材建设重点研究基地（职业教育教材建设和管理政策）主任
2023 年 1 月于上海

序　二

中国特色高水平高职学校和专业建设计划的开展，标志着我国高等职业教育正式进入"双高"时代。纵观高等职业教育的发展，从20世纪80年代的首批短期职业大学，到2006年"国家示范性高等职业院校建设计划"的100所国家示范高职院校，2010年新增的100所国家骨干高职院校，2015年教育部发布的《高等职业教育创新发展行动计划（2015—2018年）》所产生的200所优质专科高等职业院校，再到2019年197所我国首批"双高计划"建设院校诞生，可以清楚地看出我国高等职业教育的发展已经逐步从规模扩张向内涵式发展的转向，更加注重特色优质高等职业院校的示范引领作用，更加强调专业和专业群建设。与此同时，通过高等职业教育的发展历程可以看出，国家对职业教育的发展给予高度重视，先后出台了一系列政策性文件，对提高职业教育内生性发展水平提出了诸多期待，对建立与完善国家职业教育制度体系提出了新要求。在国家政策导向下，如何加快现代职业教育体系建设，如何推进高水平职业学校与专业建设，如何推进职业教育现代化进程，已成为深化职业教育领域综合改革的重要议题。

中国特色高水平高等职业学校和专业建设计划，标志着中国高等职业教育业已进入"提质增效"的发展阶段。面对新的发展阶段，我们不仅需要从理论层面探讨高等职业教育现代化的特征，更需从高等职业教育内生性发展的结构要素出发，以政策为导向，转变治理思维，探究实现高等职业教育现代化的有效策略。其中，专业群建设是重中之重。中国特色高水平专业群建设需要以"引领改革、支撑发展、中国特色、世界水平"为目标，通过理念牵引、现代治理结构构建与高水平技术创新平台建设实现高质量发展。高水平专业群的可持续发展离不开善意共在的高水平高职学校治理结构。

中国特色高水平高等职业学校和专业建设与改革过程中热点、难点与堵点问题的破解，迫切需要职业教育领域的科学研究破解难题、引领创新、探索规律。人工智能时代高职专业群成为复合型技术技能人才培养的重要载体，专业群建设成为我国高职院校专业整体结构优化和人才培养质量提升的重要抓手。特色鲜明的高职院校和专业群建设成为新时期我国职业教育发展的重要突破口。宋亚峰博士的《和而不同·和合共生：高职专业群生态系统的协同进化与治理方略》一书，聚焦于"双高计划"背景下高职专业群建设这一核心问题。高职专业群建设及其适应性提升是一个复杂的系统性问题，这一系统性问题涉及不同层面不同要素的协同作用，必须基于系统全面的必要性视角研究高职专业群的建设问题。本书中，宋亚峰博士基于生态学和复杂适应系统理论，将研究的核心问题确定为高职专业群生态系统是如何实现协同进化的，并将这一核心问题解构为三个关键子问题，即微观层面高职专业群个体的生成与协同进化轨迹研究；中观层面高职专业群生态系统内专业群之间的协同进化分析；宏观层面高职专业群系统与外部环境系统的协同进化研究。为了科学回答上述核心问题，宋亚峰博士首先建构了高职专业群生态系统的理论分析模型，并进一步分析高职专业群生态系统的组成要素和结构特征。在此基础上，分别分析了高职专业群生态系统在微观层面、中观层面和宏观层面的协同进化过程及其内在机理。最后，在高职专业群个体层面、专业群种群层面、专业群与外部环境层面等不同维度协同进化过程分析基础上，系统梳理与总结归纳高职专业群生态系统的协同进化机制，结合高职专业群协同进化过程中遇到的现实困境，提出高职专业群生态系统的协同治理路径。

作为宋亚峰的导师，我见证了这位青年学者的成长经历，该书的出版，既是宋亚峰关于高职专业群建设相关研究的阶段性总结，也是对他科研成长轨迹的记录。整体来看，宋亚峰博士《和而不同·和合共生：高职专业群生态系统的协同进化与治理方略》一书，从不同层面分析了高职专业群生态系统的协同进化过程和内在机理，明晰了高职专业群生态系统的整体运行机制，并结合专业群生态系统协同进化过程中面临的现实困境，提出科学的治理对策。整个研究立足中国大地，以"双高"计划建设过程中的重大教育战略问题和教育教学实践问题为主攻方向，既彰显了时代印记，又具备理论深度；既关注实证结果的显著性，又重视对人的关怀，对复合型技术技能人才培养的关心。在服务实践需求的同时，做出了有高度、有深度、有温度的职业教育学术研究，彰显了职业教育研究的时代价值。希望本书的出版可以对高等职业教育专业群建设的相关研究有所启发和镜鉴。当然，书中也难免会有一些不足之处，恳请读者批评指正。

天津大学教育学院　教授　博士生导师

2023 年 1 月于天津

目　　录

第一章

绪　论

　　我国高等职业教育聚焦于不同时空背景下经济社会的发展诉求，呈现出特定的阶段性特征。从时间维度来看，我国第一批短期职业大学在 20 世纪 80 年代的试点探索，标志着我国高等职业教育的诞生。在后期的发展历程中，从 21 世纪初开始，我国高等职业教育开始了以项目建设为依托的重点推进历程，从 21 世纪初的"示范校"建设、2010 年的"骨干校"建设、2015 年的"优质校"建设，再到 2019 年首批"双高校"的诞生，可以发现，我国高等职业教育的发展已逐步从规模扩张向内涵式发展转向，更加注重特色优质高职院校的示范引领与提质增效。在"双高计划"建设时期，专业群建设是高职院校进行专业结构优化和复合型技术技能人才培养的重要载体，也是高职院校进行内涵特色建设与提质增效的重要抓手。专业群的科学治理，对于高职院校凝聚办学特色、重构院校整体治理体系、实现全校资源共建共享、优化专业布局结构等方面具有重要的现实意义，而明晰高职专业群系统内、外部诸多要素之间的相互关系和动态演进过程是实现专业群科学治理的前提和基础。因此，本章将基于特定的时代背景，梳理和聚焦研究的主要问题，明确本书的重要研究意义与价值；厘清本书的主要核心概念，在全面梳理国内外相关研究基本现状的基础上，确定本书的主要研究目标与内容；最后，基于研究问题设定科学的技术路线，形成本书的总纲。

第一节　研究问题与意义

　　高等职业教育是我国横向融通、纵向贯通的现代职业教育体系的重要组成部分，立足于培养高层次复合型技术技能人才。专业群建设是实现我国高职院校提质增效、资源共建共享、专业整体结构优化、院校治理体系优化的重要制度设计，也是提升复合型技术技能人才培养质量的主要抓手。随着以互联网技术为驱动的产业革命的到来，技术迭代速度也在发生几何级的飞跃，传统以单个专业为主体的"单打独斗"式人才培养模式已很难适应当下社会经济的发展诉求。为克服传统人才培养模式的弊端，专业群建设成为高职院校人才培养模式改革的重要实践探索。在高职专业群建设"如火如荼"推进的时代背景下，应该遵循怎样的逻辑理路实现高职专业群系统协同高效运转，从而不断提升其复合型技术技能人才的培养质量，进而持续提升高等职业教育社会适应性和社会服务能力？为解决此问题，本书将全面分析高职专业群生态系统的核心要素，以及各要素不同层面的协同进化过程，进而探究高职专业群生态系统的科学治理之道。

一、研究背景

（一）现象之思：专业群成为复合型技术技能人才培养的重要抓手

职业教育作为我国教育综合改革的重要突破口，在近些年的发展过程中取得了可喜的成绩，在"十三五"收官之年，我国共有 1.15 万所各级各类职业院校，其中，高等职业院校 1468 所，占普通高等学校总数的 53.58%；职业院校在校生总数为 2857.18 万人，其中，高职（专科）招生数为 483.61 万人，占普通本专科总数的 52.90%，[①] 我国已建成世界上规模最大的职业教育体系。然而，数量规模的增长并不一定带来质量的提升，在我国高等职业教育进入提质培优阶段，怎样培养出更多适合经济社会发展的复合型技术技能型人才，是新时期高等职业教育改革与发展的重要关注点。

与此同时，互联网和物联网技术的飞速发展，尤其是人工智能技术的发展，给社会经济的方方面面带来了诸多影响，以模式创新、技术创新、应用创新为内核的"四新"经济形态使得岗位能力需求多元化、复杂化，职业分工的边界模糊化。如何在"互联网＋教育"的背景下实现复合型技术技能人才的高质量培养是新时期高职院校必须面对的时代课题。为应对互联网时代人才培养

---

① 中华人民共和国教育部. 2020 年教育统计数据［EB/OL］.［2021 - 08 - 30］. http：//www. moe. gov. cn/jyb_sjzl/moe_560/2020/quanguo/202108/t20210831_556365. html.

的现实诉求，国家先后出台了一系列人才培养的规划与指南，如关于发展现代职业教育体系相关文件中提出的"制造业、服务业、交通运输、战略性新兴产业、社会建设与社会管理、文化产业"等经济社会重点领域，《制造业人才发展规划指南》中提出的"新一代信息技术产业、先进轨道交通装备、高档数控机床和机器人、节能与新能源汽车、新材料"等制造业重点领域。这些重点领域需要更复合、更灵活、更多样化的人才培养模式，而专业群的组建正是高职院校应对人才培养模式变革诉求的重要探索。

国家教育主管部门也先后出台了一系列政策措施支持高职院校专业群建设。21世纪初，关于不断提升高职教育教学质量相关的文件中首次提出"专业群"建设，文件要求应根据人才市场的需求和高等职业院校整体的专业设置情况进行专业建设和专业设置改革，逐步建立以特色鲜明的优势专业为核心，以相近相关专业为辅助的完整专业集群。2019年初，国务院印发的《国家职业教育改革实施方案》（以下简称"职教二十条"）中也指出要"建设一定数量的高水平高等职业学校和骨干专业群"，同年3月，教育部联合财政部印发了《中国特色高水平高职学校和专业建设计划》（以下简称"双高计划"）的实施意见，意见中明确指出，要着力打造一批世界水平和中国特色的专业群和高职院校，以发挥其示范引领和支撑改革发展的作用。关于如何"打造高水平专业群"的问题，意见中明确提出了专业群建设保障机制的构建应积极调动各方面的力量，促进可持续发展。2019年12月，首批中国特色高水平高职学校和专业群建设单位的诞生，标志着以相关专业为支撑、重点专业为龙头的专业群建设成为新时期我国高等职业教育改革与发展的重要突破口。在各类政策文件的支持下，在强烈的现实需求刺激下，高职院校专业群建设能否较好地适应互联网时代经济社会对复合型技术技能人才的需求？怎样通过增强高职专业群生态系统的外部适应性来提升高职院校人才的质量？是高职专业群建设过程中需要进一步深入探究的话题。

（二）实践之困：高等职业教育专业群建设之茫然

高职专业群建设是一项复杂的系统性工程，这一系统性工程涉及诸多主体与要素，如何实现各主体与要素之间的协同，最终实现系统的动态平衡与持续演进是实现高职专业群建设有序推进的重要途径。高职专业群建设是产业系统发展的现实诉求，是高职院校内涵发展与特色建设的重要尝试，是高职院校学生个体全面发展的现实需要。

首先，在经济社会层面，随着互联网技术的发展、技术迭代速度的加速、产业转型升级的加快、产业链的延展和产业间关联度的增加，增加了经济社会对复合型技术技能人才的需求。其次，在高职院校层面，随着人才培养要求的变化和人才培养规格的多元化，如何在现有的资源条件下，实现人才培养质量的提升，进而实现学校的内涵发展与特色建设，是高职院校面临的时代挑战之一。为使彼此分离但又有某种联系的专业通过集群，发挥各自的优势，利用有限的教育资源，调动人才培养过程中不同环节的有效对接，高职专业群的建设就显得十分必要。最后，在学生个人层面，人才市场需求的变化、市场化就业机制的完善、学校所学的部分知识和技能的滞后性，使得学生在未来的就业过程中面临诸多挑战。高职专业群的建设有利于拓宽人才培养口径，使学生在掌握通用技能的过程中也可以拓展其他的特长与技能，为学生应对人才市场的多元需求提供了重要保障。因此，从学生个体层面来讲，高职专业群的建设有利于培养复合型技术技能人才。

基于不同层面的现实需求，高职院校开展了不同层次、不同模式的专业群建设。经过一定时期的探索，高职专业群建设积累了一定的实践经验，但也存在诸多实践困境。例如，为了促进某一专业群建设，将其他非群内专业的资源集中于特定专业群建设的"拆东墙补西墙"现象；为了获得专业群建设的各类项目的资金支持，将关联不紧密的优势专业，盲目组建为优势专业群现象，是一种"乱点鸳鸯谱""拉郎配"式的政策联姻取向，并非按照科学的组群逻辑组建专业群；专业群的组建只是形式上将不同专业罗列在一起，群内专业之间融合不畅，出现专业群建设过程中"换汤不换药"和"新瓶装旧酒"的现象。

高职院校专业群组建困境的存在使得专业群的集群优势与专业群系统"1 + 1 > 2"的协同涌现效应难以得到有效发挥。为有效应对高职专业群建设的实践困境，发挥高职专业群的独特优势，构建良好的专业群生态系统，有效对接系统内外的现实发展诉求，促进高职院校内涵建设与特色发展，十分有必要探究高职专业群这一复杂系统诸多主体与要素之间的多元协同问题。

（三）理论之需：高等职业教育专业群相关理论建构之需

高职专业群建设的实践活动需要相关理论基础的支撑，与此同时，高职专业群建设的实践过程也需要凝练和升华相关的理论体系。从现有研究来看，高职专业群相关研究主要集中在高职专业群建设具体路径方面的实践总结，大量研究为具体高职院校的专业群建设案例，或者具体专业群建设实践的单案例分析，抑或是具体院校在专业群建设的课程体系、实训体系、人才培养模式改革、师资队伍建设、专业管理机制变革等不同方面实践经验的总结。学理层面专业群相关的研究相对不足，专业群建设的理论研究也较为匮乏。如何利用教育学、系统科学、生态学、产业经济学和管理学等领域不同的理论基础，形成高职专业群建设适切的理论，是当下专业群建设理论建构需要重点关注的议题之一。基于此，本书将在大量高职专业群建设实践案例研究的基础上，借助多学科成熟的理论，尝试从高职院校专业群建设丰富的实践中进一步凝练和升华相关理论基础，从而丰富和完善高职专业建设的相关理论体系。

二、问题提出

专业群建设是实现我国高职院校提质增效、资源共建共享、专业整体结构优化、院校治理优化的重要抓手。高职专业群建设是一项复杂的系统性工程，这一系统性工程涉及诸多的系统主体与要素。片面的、机械的、盲目的专业群组建逻辑不利于专业群集群效应和协同效应的发挥，将使专业群建设面临诸多实践困境。如何实现高职专业群生态系统各要素之间的协同，最终实现系统的动态平衡与可持续演进是本书主要关注的问题。因此，本书基于生态论与教育生态学的视阈，以"高职专业群生态系统如何实现协同进化"为核心问题。为回答本书的核心问题，需要进一步解答以下关键子问题。

关键子问题一：高职专业群个体如何生成与进化？

关键子问题二：高职专业群生态系统内专业群之间如何协同进化？

关键子问题三：高职专业群系统与外部环境系统如何实现协同进化？

各子问题围绕本书的核心问题，按照特定的内在逻辑依次展开。首先，整体建构。基于本书的核心问题整体建构高职专业群生态系统的理论分析模型。其次，逐步解构。根据理论模型对高职专业群生态系统内部系统进行解构，探究高职专业群个体的生成与进化问题和系统内专业群之间的协同进化问题。再次，再次解构。根据理论模型聚焦高职专业群系统与外部环境系统各主体的协同进化过程。最后，整体建构。在系统梳理高职专业群系统内部协同进化和专业群系统与外部环境系统协同进化样态和机制的基础上，提出高职专业群生态系统网络化协同治理之策。

三、研究意义

（一）理论意义

本书在生态论与教育生态论、复杂适应系统理论视阈下，运用隐喻与移植分析的方法，在研究高职专业群生态系统协同进化的过程中，将高职专业群生态系统与生态学中的自然生态系统进行比较；在比较的基础上，将生态学与教育生态学、复杂适应系统理论的基本理论运用到分析高职专业群建设的相关问题中，基于理论移植的手段，构建了高职专业群生态系统理论分析框架。探析了高职专业群生态系统的结构、系统各要素的协同进化机制、专业群生态系统的共生演进与动态平衡机制。高职专业群生态系统理论模型的构建，为分析高职专业群生态系统的协同进化提供了理论分析框架。

与此同时，为更科学全面地分析高职专业群生态系统的协同进化问题，本书将在理论分析模型构建的基础上，基于实地调研的一手访谈资料，通过对访谈资料进行三级编码，得出高职专业群生态系统的核心组成要素，为高职专业生态系统的解构分析奠定现实基础。教育生态论与复杂适应系统理论对研究高职专业群系统协同进化这一系统性、复杂性问题提供了适切的理论视角和较强的理论解释力。本书在此基础上进行了一定的理论创新，延展了教育生态论与复杂适应系统理论的运用范围，拓展了高职专业群研究的理论视角，也丰富了职业教育专业群建设的相关理论基础，在相关领域具有一定的理论意义。

（二）实践意义

本书在厘清高职专业群生态系统内部要素和结构特征的基础上，建构了高职专业群生态系统模型，分析了专业群个体的生成与进化、专业群之间的协同进化、专业群生态系统与外部经济社会系统之间的协同演化。有利于深化对高职专业群本质特征的认识，有利于深入把握专业群组建逻辑和专业群之间的竞合关系，也有利于科学探究专业群系统与产业系统的耦合协调程度与类型。我国高等职业院校从示范校、骨干校到优质校，再到双高校的变迁进程中，可以清晰地看出我国高等职业教育业已进入"提质增效"的发展阶段。专业群建设是高水平高职院校实现提质增效、资源共建共享、专业整体结构优化、院校治理优化的重要抓手。恰切的专业群布局与科学的专业群发展策略则是高职院校内涵发展与特色建设的前提与基础。

本书基于高职专业群生态系统的融合性、交叉性、渗透性、通用性、普适性、动态性等属性,深入探析了高职专业群生态系统作为一个动态演化复杂系统的协同进化特征,科学剖析了专业群生态系统不断从外部环境系统摄取自身所需资源,同时向外部环境系统输出系统绩效,在动态循环中完成"吐故纳新"的协同进化过程。高职专业群生态系统协同进化问题的分析,有助于进一步优化高职院校的资源配置,实现群内资源更好地共建共享,重构内部治理结构,凝练学校的办学特色;也有助于提升高职专业群生态系统的外部适应性、针对性、灵活性,进而提升高职院校的社会服务能力。因此,高职专业群生态系统协同治理问题的探究对助推我国高职领域"双高计划"建设,强化高等职业教育内涵建设,提升复合型技术技能人才培养质量,引领我国职业教育改革的持续深化等方面具有重要的实践意义。

第二节 核心概念界定

一、高等职业教育

职业教育作为我国的一种教育类型,[①] 有多重内涵,广义层面的职业教育不仅包括以中等职业教育和高等职业教育为代表的学校职业教育,[②] 也包括职业启蒙和职业培训,是一种大职业教育观;狭义层面的职业教育一般指学校职业教育。[③] 关于职业教育的称谓,不同国家和组织、同一国家和组织的不同发展时期有着不同的称谓。例如,美国的职业教育更多含有生涯教育的意味,且每个州关于职业教育的名称存在差异,但基本趋向于使用"技术与生涯"教育[④]。一些国际组织的职业教育概念则更具有包容性,将职业教育、技术教育、培训等相关词语进行了并列,形成了国际组织关于职业教育的称谓。在我国,"职业教育"的称谓曾出现过一些争论,部分学者主张使用"职业技术教育",

① 曾天山. 健全普职教育融合体系对教育强国建设意义重大 [J]. 中国教育学刊, 2020 (7): 5.
② 俞启定, 和震. 职业教育本质论 [J]. 中国职业技术教育, 2009 (27): 5-10.
③ 和震. 论现代职业教育的内涵与特征 [J]. 中国高教研究, 2008 (10): 65-67.
④ 徐国庆. 职业教育原理 [M]. 上海: 上海教育出版社, 2007: 26.

还有学者主张使用"职业和技术教育"，① 随着我国首部职业教育法的颁布，职业教育多元化的名称逐渐统一为"职业教育"。从其争论中可以看出，与职业教育相关的概念主要有"职业教育""技术教育"等。

《辞海》将"职业教育"的主要类型划分为就业后和就业前两种不同的类型，并将其主要内涵界定为"能够给予受教育者开展某项特定工作、职业或者具体生产过程所需要的相关技术技能、知识原理以及相应态度"的教育类型。从职业教育发展的历史维度来看，我国的职业教育产生于20世纪早期的"实业教育"，相较而言，世界范围内的职业教育则滥觞于18世纪末的欧洲。发端于清末的实业教育后来改称为"职业教育"。1949年新中国成立以后，我国的职业教育获得较快的发展，职业教育主要由技工学校、职业中学、农业中学、中等师范学校等机构负责实施。② 《大辞海》中将"技术教育"定义为两层含义：第一层含义是"在受教育者接受了不同程度普通教育基础上进一步实施的不同内容、层次和形式的专业教育，实施这类专业性教育的目的是培养受教育者从事真实劳动生产的基本知识和在生产实践运用知识的技术技能"；第二层含义是"对接受完各类教育的人员再次进行的职业准备教育，这类教育从纵向体系上看有专科层次教育、本科层次教育和研究生层次教育"。③ 将"职业教育"和"技术教育"合并后的"职业技术教育"，《大辞海》中界定为"在高等专科阶段和高级中学阶段等普通教育中的职业教育阶段以及各类职前和职后所实施教育的统一称谓"。④ 与普通教育类型相比，职业技术教育更注重理论知识的运用和技能技术的获得，注重培养受教育者的实践能力和实际工作能力，是与生产实践一线紧密联系的教育类型。⑤

中国"高等职业教育"的概念，是在改革开放以后逐渐发展和形成的，20世纪80年代，随着国民经济的恢复和发展，各地区为了解决地方建设人才严重缺乏的局面，一些有条件的中心城市依托自身的资源优势，兴办了一批专科层次的高等院校，这些院校通常都是市属院校，其组建的主要目的是培养地区发展所需要的各类技术技能型人才。这种新型的院校率先提出不包分配政策，其学生不寄宿，主要通过走读形式完成学业，并且需要缴纳相关的费用，这类

① 徐国庆. 职业教育原理［M］. 上海：上海教育出版社，2007：26.
② 大辞海编辑委员会. 大辞海·教育卷［M］. 上海：上海辞书出版社，2014：6.
③ 大辞海编辑委员会. 大辞海·教育卷［M］. 上海：上海辞书出版社，2014：250.
④ 辞海编辑委员会. 辞海［M］. 上海：上海辞书出版社，1999：4882.
⑤ 俞启定. 职业教育应突出"职业"性［J］. 中国职业技术教育，1997（3）：40 – 41.

高校就是20世纪80年代出现的短期职业大学，这类短期职业大学首先提出了高等职业教育的概念，大多研究者也将1980年诞生于南京的金陵职业大学作为我国高等职业教育的开端。[①] 因此，从发展的历史阶段来看，我国完整意义上的高等职业教育主要是在80年代后出现的。高等职业教育诞生以后，在一系列的国家政策法规的支持下，获得了快速发展，例如，"三改一补"的政策、《职业教育法》和《高等教育法》等法律的颁布，都促使我国高等职业教育在21世纪初实现了历史性的跨越式发展。当下的高等职业教育已经从规模扩张逐步向内涵质量提升转变，中国特色的高等职业教育正在不断发展与完善。本书所关注的高等职业教育是狭义层面中学教育后的学校高等职业教育，其主要目标是培养高素质技术技能型人才。同时，鉴于本科职业教育还处于试点阶段，因此，本书主要聚焦于专科层次学校高等职业教育，重点分析专科层次高等职业院校专业群建设的具体问题。

二、专业与专业群

（一）专业

对专业群概念的界定，首先可从词源学角度清晰界定"专业"的内涵。《辞海》中将"专"界定为"对某种学术、技能有特长"，而将"专业"界定为"各级各类教育实施机构（主要为高等学校和中等专业学校）在其教育实践活动中根据生产实践一线和各类社会领域分工的需要所进行的学业类别划分，不同的学业类别有其相应的专业教学计划，并在该计划中设置了不同类别专业相应的培养目标"。[②]《现代汉语词典》中将"专"界定为："在学术、技能方面有某种特长"，[③] 而将"专业"界定为：当其作为名词时，主要指"在学校系统中，通过分析生产实践的分工情况而设置的学业门类"；当其作为形容词时，专业主要指"主体具有专业知识和专业水平的程度"。[④] 现有的主要研究中则将专业界定为相应课程体系的一种组织形式。从专业一词的外文含义来看，"专业"对应的外文单词为"major"，其主要内涵是主修，相当于按照

---

① 郭扬. 中国高等职业教育史纲［M］. 北京：科学普及出版社，2010：68.
② 辞海编辑委员会. 辞海［M］. 上海：上海辞书出版社，1999：75.
③④ 中国社会科学研究院语言所词典编辑室. 现代汉语词典［M］. 北京：商务印书馆，2017：1719.

特定培养目标组成的一个课程体系或培训计划，在教学实践活动中，主要由一系列的"课程组织"（program）按照特定逻辑关系组建而成。[①]

除词源学关于"专业"的界定之外，在国内外也进行了多元专业分类探索，世界各国的教育主管部门和相关机构也发布了各自的专业分类目录。例如，美国在进行专业目录设置时主要基于职业维度、应用维度和基础维度进行相应专业的划分。我国高等职业教育专业分类目录在 2004 年版和 2015 年版的基础上，于 2021 年 3 月由教育部发布了新的《职业教育专业目录》，新版的专业目录在系统分析产业链、岗位群和职业带的基础上，将职业教育中的中职、高职和职业本科目录进行了一体化设计，在专业目录中包含专业、专业类和专业大类三个级别，新版的高职专业目录中包含具体专业 744 个，是我国高等职业院校开展教育教学活动的基础性指导文件。

（二）专业群

从词源学角度界定，"群"在《辞海》中主要有以下含义：第一层含义是"合群"的意思，例如，人能够合群；第二层含义是"动物聚集在一起的状态，兽三为群"；第三层含义主要是指"集体和朋辈"；第四层含义主要是"同类事物形成的特定集群，如'物以群分'"等。[②]《现代汉语词典》中将"群"界定为：当名词来讲，"群"的主要含义为"聚集在一起的动物或人类"；当形容词来讲，"群"的主要内涵为"成群的，众多的"；当量词来看，"群"的主要含义为"成群的东西或者人"。[③]"群"对应的外文为"cluster"和"group"，在《朗文当代词典》中，"cluster"主要有以下含义：一起出现的许多类似事物（a number of similar things that occur together），比如：①一组建筑物（a group of buildings）；②在天空中靠近在一起并与引力相关的恒星或星系的聚集体（an aggregation of stars or galaxies）。[④]"group"在《大英百科全书》中的定义有：在化学中，当元素周期表中一组化学元素处在同一纵行时，就可以称其为"群"；在数学中，group 是指具有结合性乘法、单位元素和每个元素均有其逆元素的集合；同一 group 内各元素表现出某些相近的物理和化学

---

① 卢晓东，陈孝戴. 高等学校"专业"内涵研究 [J]. 教育研究，2002（7）：47 – 52.
② 辞海编辑委员会. 辞海 [M]. 上海：上海辞书出版社，1999：5152.
③ 中国社会科学研究院语言所词典编辑室. 现代汉语词典 [M]. 北京：商务印书馆，2017：1088.
④ Merriam – Webster. Merriam – Webster's Advanced Learner's English Dictionary [M]. Springfield：Merriam – Webster，2016：138.

性质。① 而《大美百科全书》主要是基于数学的视角界定 group 的概念，即"设 G 为非空集合，在集合 G 上可以定义运算，使得 G 中的任意两元素通过 a、b 经过运算得到 c，也是 G 中的元素，且 c 是唯一的，G 若满足特定性质时就形成一个群。②

数理逻辑领域著名的群论（group theory）产生于 19 世纪初，虽然主要用于研究数理领域的复杂问题，但其对于构成元素与整体之间关系的分析逻辑，对于研究高职专业群内涵的界定有重要的启示。根据群论，一个群最重要的特征就是群本身由具有某一共同特征的群成员组成，正如高职专业群由一个个高职专业组成相类似。群论并不强调每一群成员的本质属性，而更多强调群成员共同的性质。此外，群理论的相关思想也体现在经济学领域，产业经济学家主要用群论思想分析产业系统的集聚现象，形成了产业集群的相关内涵和理论体系。

集群的核心是群内各要素的集成，集成的主要目标是通过化零为整，实现同类事物从零散到集中的过程，并且将各类损耗和干扰降低，实现系统目标的最大化。专业群是高等职业院校专业口径拓展和专业结构优化的重要途径。从实践层面可以将其界定为在高职院校内现有专业：（1）是否能够围绕岗位群和产业链组群，以群内各专业能否共同服务特定的产业和岗位群作为专业群组建的主要逻辑进行建群；（2）是否能够以核心专业为基础组建专业群，此类专业群的组建主要是为了发挥优势核心专业的辐射带动作用，通过核心专业对相关专业的辐射带动，发挥"以点带线、以线带面"的效果；（3）是否以实现资源共建共享作为专业群组建的主要逻辑，将师资队伍、基础课、实训设备可以共享，且技术领域相关、专业基础相近的专业组建成专业群，以实现群内资源的优化重组所形成的专业集合。

综上所述，本书中的专业群内涵可以从词源学层面，基于"专业"和"群"的各自界定进行推演，即高职专业群主要是由具有某些共同属性的专业，按照特定组群逻辑组成的专业集合。专业群作为高等职业学校经过不同阶段的实践探索，是对其专业结构进行整体优化的重要尝试。相较于专业群而言，高职院校的专业目录是根据产业链、岗位群和职业带的划分，用不同的课程组建

---

① 大英百科全书编辑委员会. 大英百科全书 [M]. 北京：中国大百科全书出版社，1999：308.
② 大美百科全书编辑委员会. 大美百科全书 [M]. 台北：光复书局企业股份有限公司，2008：189.

而成的专门化领域，[①] 并在此基础上进行相应的教与学活动。[②] 专业目录一般由教育主管部门主导颁发，并定期进行修订和完善，专业群是高等职业院校进行专业结构优化的重要制度设计，[③] 能够较好地发挥院校的主动性。

互联网技术的发展使得不确定性成为外部环境的主要特征之一，高职院校处于一个更加开放、互动、关联的生态格局之中。"能群者存，不能群者灭；善群者存，不善群者灭。"[④] 在不确定的数字化时代，高职院校进行专业群建设，通过"群"的建设构建柔性网络，能够拓展专业的开放性，突破自身资源约束，使得专业之间从无序到有序，实现协同效应。同时，组群的方式也能够降低专业的外部依赖，提升专业对"不确定"性外部环境的适应性，实现高职院校的可持续发展。因此，本书聚焦于高职专业群，以专业群为基本分析单位，在本书中，"专业群"是指由一定数量具有内在关联性的专业组建而成的专业集群，专业群组建的主要目的是促进高职院校人才培养过程中各类资源的优化配置，优化现有专业结构，实现学生的全面发展，促进高职院校人才培养质量的提升。

三、专业群生态系统

专业群生态系统的提出主要是类比自然生态系统的概念，通过移植和隐喻分析，利用生态学的相关理论和方法分析专业群系统的协同演化机制及其治理逻辑。为厘清专业群生态系统的内涵，应明晰自然生态系统的基本概念和属性。根据生态学的基本理论，"生态系统（ecosystem）"是一个由多要素组成的复合体，在这一复合体中，多元化的生物群落与其外部环境系统之间将组成特定体系，这一体系在不同的时空维度下会借助体系内成员的物质循环和能量流动，形成具有调节功能的复合体，从而形成一个完整的生态系统。[⑤] 根据系统论的观点，一个特定的系统通常有以下基本属性：首先，在一个特定的系统中通常由一些具有相互作用、相互影响和相互依赖关系的部分组成；其次，系

---

① 潘懋元，王伟廉. 高等教育学 [M]. 福州：福建教育出版社，2013：107.
② 薛国仁，赵文华. 专业：高等教育学理论体系的中介概念 [J]. 上海高教研究，1997 (4)：4-9.
③ 谭荣波. "源"与"流"：学科、专业及其关系的辨析 [J]. 教育发展研究，2002 (11)：114-116.
④ [英] 托马斯·赫胥黎. 天演论 [M]. 严复，译. 重庆：重庆出版社，2018：310.
⑤ 中国大百科全书总编委员会. 中国大百科全书 [M]. 北京：中国大百科全书出版社，2009：567.

统内碎片化的各部分能够根据特定机理组织在一起，从而产生各部分独立时难以发挥的功能，能够使系统的整体功能最大化。

"天人合一"等将自然环境与生物界视为一个有机整体的哲学思想和相关理念比较久远，但是"生态系统（ecosystem）"一词提出的时间却主要集中在 20 世纪上半叶。"生态系统（ecosystem）"一词是 1935 年由英国生态学家 A. G. 斯坦利提出的，与此概念比较接近的还有苏联学者 V. N. 苏卡乔夫 1940 年提出的"生物地理系统群落"等概念。"生态系统（ecosystem）"的相关概念提出后在社会各界特别是生态学界取得了比较好的反响，但由于生态系统相关研究对试验技术条件要求极为苛刻，在该理念刚提出的时期经济社会发展水平还很难支撑生态学的相关研究，故而在 20 世纪最初几十年间生态系统相关研究的范围较小，影响范围也比较有限。随着经济社会的发展，同时全球人口增长、环境污染、资源枯竭等问题日趋严重，生态系统的相关研究逐步得到社会各界越来越多的关注，生态系统的相关研究也逐渐在社会各领域产生了广泛的影响。

根据生态系统的相关理论，一个特定的生态系统一般具有以下基本属性：第一，从其内部组成来看，生态系统通常是由多种要素组成的一个非线性运转的复杂自组织系统，这一复杂系统的功能是多元的，系统的基本形态是多变的；第二，特定生态系统在不同的时空维度下，具有相应的空间结构，并随着时间的推移不断发展变化，主要发挥着以系统内生物要素为关键部分的生态功能；第三，由于组成生态系统要素的多样性和复杂性，使得生态系统能够利用的系统资源和外部环境系统资源都是有限的，所以系统内各要素之间会存在不同程度的竞争关系；第四，从生态系统的运转情况来看，生态系统拥有较强的自组织属性，能够充分发挥系统自身的自我调控、自我恢复和自我维持能力；第五，从生态系统的发展前景来看，由于生态系统是一个远离平衡态的开放系统，一个特定的系统具有多元的生态功能，从时间维度来看，随着时间的推移，生态系统将形成一个动态开放的能够实现可持续发展目标的生命系统。[①]

多样的高职专业群个体在单个的高职院校中将形成一个独立的专业群生态系统。本书的高职专业群生态系统是以单个高职院校所有的专业群所形成的系统为基本分析单位。专业群生态系统是整个职业教育大系统中的一个子系统，拥有教育系统的一般属性，又有其特殊性。同其他社会系统的结构一样，高职

---

① 牛翠娟等. 基础生态学 [M]. 北京：高等教育出版社，2008：36＋111.

专业群生态系统也是由若干因素、若干部门、若干层次通过一定方式组合在一起的复杂网络。这个有机网络中各个要素通过特定的结构发挥特定功能，其中某一特定环节发生变化时，必然会引起一系列相关的"滚雪球"反应，形成"牵一发而动全身"的效应。本书中所关注的专业群生态系统是在一定的时空中由相互联系、相互作用的专业群及其周围环境系统，按照特定的规律组成的有组织的复合体。专业群生态系统在运行的过程中涉及微观层面的人才培养模式论证、专业设置规划、课程与教学体系建设、师资队伍建设、实训基地建设、教学资源库建设等核心要素的优化重组，也涉及中观层面专业群之间关系的协调与布局优化的问题，还涉及宏观层面高等职业院校与政府、行业企业、本地区本科院校、高等职业院校、中等职业学校等不同主体的相互影响与相互作用的过程。本书的一个专业群生态系统以一所高等职业院校为独立载体，分析专业群个体、专业群之间、专业群系统与外部环境系统之间的协同进化问题。高职专业群生态系统的科学治理是高等职业院校高质量复合型技术技能型人才培养和内涵式发展的重要抓手，因此，本书将在高职专业群生态系统的结构和要素分析的基础上，将重点分析系统不同层面的协同进化规律，并探究高职专业群生态系统的最佳治理路径。

四、协同进化

从词源学角度看，《辞海》中"协"的主要含义有：第一层含义是作为动词，表示"帮助"的内涵，例如，协理和协助等；第二层含义主要表示状态，基本内涵为"协调、和谐"的状态，例如，音律相互协调才能产生美妙的音乐；第三层含义表示"和或者合"，如协力同心等内涵。[①]"协同"在《辞海》中的主要内涵表示两物体互相配合的程度，能够实现协同，则能实现高质量的匹配，具体到社会领域一般会有"协力同心"等表述。[②] 在《现代汉语词典》中，"协"的主要内涵有：当副词来看，是一种"和谐与调和"的发展状态；当动词来讲，主要是表示"协助和协办"等含义。单独分析"协同"的含义，其内涵主要为动词的意蕴，即表示"两方互相配合或者其中一方协助另一方完成具体事项"。[③] "协同作用"主要是指两种以上药物共同应用时所发生的作

---

①② 辞海编辑委员会. 辞海 [M]. 上海：上海辞书出版社，1999：340.
③ 中国社会科学研究院语言所词典编辑室. 现代汉语词典 [M]. 北京：商务印书馆，2017：1449.

用，当两种药物共同作用于某一生命体时，能够产生单一药物难以产生的作用，此时产生的效果即为二者协同作用产生的效果。① 而"协同进化"在生态学中又称为水平进化或者同时进化，是生态学中关于生物基因具体进化的学说，表示在特定的多基因族中如果其内部成员的碱基分布顺序存在着差异性，但是在同一多基因族内侧的碱基基因顺序却是完全相同的，如果发生此类进化现象时，生物学上将其称为协同进化。②

为研究协同问题，在系统科学中还产生了专门研究此类问题的协同学。协同学是复杂适应系统理论发展的重要时期，主要是关于非平衡系统如何实现自组织的相关理论，该理论由哈肯（Haken）在 20 世纪 70 年代创建。③ 协同学主要关注在一个开放的系统中各子系统或者要素如何通过复杂非线性联系的多维互动作用而形成系统整体的协同效应。协同学的相关理论聚焦于复杂系统从简单到复杂，从低级到高级，从混沌无序向高级有序，从有序再次走向混沌等多元复杂过程中的基本机理和主要规律。④ 协同学结合成熟的复杂适应系统理论的基本原理，运用统计学和系统动力学的分析方法，基于仿真模拟等方法，建立了一套分析系统从无序演化为有序的数学模型与方法，并将协同学的相关理论与方法扩展到了其他学科领域。⑤

"进化"一词在《辞海》中主要有两层含义：第一层含义为"自然界的生命体种类由少变多、物种由简单到复杂、营养级从低级到高级的发展变化过程"，进化一词有时也被称为"演化"，如"天演论"等，通过自然界的进化过程，生态系统中无生命力的物体在特定的自然环境下，将形成生态系统的原始生命，经过自然选择和物种的遗传与变异，将形成多种多样的自然生态系统；⑥ 第二层含义为社会领域发展变化的"量变"阶段，相对于"革命"等较为激烈的质变过程，进化过程是较为缓和与渐变的不显著变化过程，并主要作为与发展意思较为接近的概念进行使用。⑦

生态学理论和协同进化的相关研究将"协同进化"的概念界定为：某一物

①② 辞海编辑委员会. 辞海［M］. 上海：上海辞书出版社，1999：342.

③ Haken，H. Synergetics of Brain Function International［J］. Journal of Psychophysiology，2006，60（5）：110 - 124.

④ 沈小峰，吴彤，曾国屏. 自组织的哲学：一种新的自然观和科学观［M］. 北京：中共中央党校出版社，1993：24.

⑤ Prigogine，I. Evolution of Complex and Law of Nature［J］. Issue of Philosophy of Nature Science，1980（3）：34 - 45.

⑥ 辞海编辑委员会. 辞海［M］. 上海：上海辞书出版社，1999：342.

⑦ 中国社会科学研究院语言所词典编辑室. 现代汉语词典［M］. 北京：商务印书馆，2017：1511.

种特性的进化取决于另一物种特性的影响，二者的特性在进化过程中相互影响，实现协同进化。[①] 在协同进化研究过程也衍生出了协调特化、协调适应等相关的概念，主要用于描述两个物种相互作用实现共同进化的现象。协同进化论强调生态系统中的多元化物种在协同进化过程中能够通过彼此影响和相互作用实现"多赢"，发挥多元物种之间的协同效应。与普通进化论相比，更强调进化的动态性与相互作用，当自然生态系统某一生物个体特征的进化都源自另外某一生命体的特征时，两个物种都有了一定程度的改进，就可以实现协同进化。

本书的专业群生态系统协同进化主要是指高职专业群生态系统内部各要素之间在竞争、互补、协同等关系规约下，实现系统整体从简单影响到复杂耦合、从低级有序向高级有序、从类型单一到多元共生的协同进化过程。除专业群生态系统内部的协同外，专业群系统与外部环境系统各主体之间也存在基于系统绩效目标的协同演进过程。不同维度相互协调最终实现专业群生态系统自身的有序进化和专业群系统与外部各子系统之间的动态平衡过程，是本书所探讨的高职专业群生态系统的协同进化过程。本书的协同进化主要包括微观层面专业群个体的生成与协同进化、中观层面专业群之间的协同进化、宏观层面专业群系统与外部环境系统各主体之间的协同进化和高职专业群生态系统的整体协同进化。

第三节　研　究　综　述

本书以高职专业群为研究对象，重点分析高职专业群生态系统各要素的协同进化问题，文献综述围绕研究问题与研究重点展开。从本质上来说，专业群是职业院校为适应社会需求而进行的一种制度设计，是职业教育人才培养规格与结构优化的重要抓手。高职专业群生态系统研究既包含人才培养类别划分及其培养模式，又包含专业群与外部环境的互动与关系研究。从世界范围来看，不同国家人才类别的划分依据、培养载体各具特色，本书在梳理典型模式的基础上，重点关注我国高职专业群的相关研究。具体而言，将围绕"高职人才培养单位设置及典型模式""高职专业结构优化与专业群组

---

① ［英］达尔文. 物种起源［M］. 周建人，等译. 北京：商务印书馆，1995：94.

建""高职专业群建设的路径与策略""高职专业群建设与产业发展关系"
四个方面进行述评。

一、高职人才培养单位设置及典型模式研究

专业群是高职院校专业结构优化的制度设计，是人才培养规格与结构优化
的重要抓手。世界各国职业教育体系的多样性，导致不同国家职业教育体系之
下人才培养单位划分的差异性。世界各国在进行职业教育人才培养目录划分
时，会参考相应的分类标准，形成各具特色的职业教育人才培养体系。现有国
内外相关研究主要关注职业教育人才培养单位划分的主要依据和高职人才培养
单位分类的典型模式研究。

（一）职业教育人才培养单位划分的主要依据研究

职业分类是职业教育领域人才培养单位划分的重要依据。职业群分类视角
下职业院校人才培养单位划分的研究，主要是通过分析职业体系和职业教育体
系两个不同体系的对应关系，来研究职业教育人才培养单位的设置依据与建设
问题。职业群、职业带、职业领域的系统化划分对高等职业院校人才培养单位
的划分有重要的指导作用。① 根据现有研究，职业群分类视角下职业教育人才
培养单位的划分主要是基于国际或者区域的各类分类标准。② 其中，联合国教
科文组织（UNESCO）负责制定的《国际教育分类标准》（ISCED）中按照教
育课程和技能水平两个体系，将教育分成了不同的层级，不同层次对应不同的
教育类型。③ 在教育课程体系中主要包括从早期儿童教育阶段到中等教育，从
中等教育再到高等教育，再到研究生教育等不同教育层次。④ 同时，技能水平
领域也包含了低于初等教育阶段、初等教育阶段等不同层次。⑤ 与教育体系相

---

① 朱淑珍. 国际教育标准分类与我国高等职业教育发展探索 [J]. 中国高教研究, 2014（10）:
102 - 106.
② 杨勇，董显辉. 我国高等职业教育层次结构的调整——基于国际高等教育标准分类（2011）
[J]. 职教论坛, 2013（19）: 29 - 33.
③ Plant P. Career Guidance in Vocational Education and Training and in the Workplace [J]. International
Encyclopedia of Education, 2010: 269 - 274.
④ 郭扬. 新版"国际教育标准分类"对我国高职发展的启示 [J]. 教育与职业, 1999（6）:
12 - 15.
⑤ UNESDOS. International Standard Classification of Education 2011 [EB/OL]. (2011 - 09 - 05) [2020 -
12 - 12]. http://www.uis.unesco.org/EDUCATION/pages/international-standardclassification-of-education.aspx.

对应的职业体系中也有相应的划分标准，随着劳动力市场和人才流动的国际化，不同领域的职业分类与聚合逐渐成为国际性的研究和开发领域。①

20 世纪 20 年代开始，国际劳工组织（ILO）就开始尝试建立世界范围内的《国际标准职业分类》（ISCO），以不断提高国际劳动力市场和国际职业研究水平，使得相关研究数据的可比性、信度、质量等得到提升。② ILO 在进行职业分类的过程中主要基于技能的两个维度进行分类，即技能水平高低和技能专门化程度。③ 其中，技能水平主要是指相关工作任务所涉及程序的复杂性与范围的参数，任务的复杂性优于范围。技能的专门化水平则主要是反映一项具体任务需要生产的商品、提供的服务、加工的原料的性质，某一项具体任务所使用的设备与工具，以及其具体应用的知识类型。④ 根据上述维度将现有职业划分为管理者大类、专家大类、技术员与辅助专业人员大类、办事人员大类、服装与销售人员大类、农林渔业技术工人大类、手工艺及其相关行业贸易工人大类、机器设备装配工与操作员大类等不同职业大类。⑤

ISCED 的教育层次与 ISCO 的职业分类存在对应关系，教育层次中职业教育与高等教育对应职业分类中技能水平较高的职业大类，教育层次结构与技能水平结构之间的关联性，使得教育体系和职业体系存在广泛联系。⑥ 世界各国根据现有的职业分类和教育分层标准对其高等职业教育人才培养单位设置提供了必要的参考依据。美国根据国际劳工组织的 ISCO，为更加灵活地满足美国职业分类的需要，根据技能为本的分类原则，在国际职业分类标准的基础上制定了具有本国特色的职业分类标准 SOC。⑦ 美国版的职业分类标准在进行职业层次划分的过程中采用不同的标准将职业大类划分为 20 多个，而国际劳动组

① Tanaka R，Tsuji M，Senju A，et al. Dietary Differences in Male Workers among Smaller Occupational Groups within Large Occupational Categories：Findings from the Japan Environment and Children's Study（JECS）[J]. International Journal of Environmental Research & Public Health，2018，15（5）：961.

② 谢莉花，余小娟，尚美华. 国际职业与教育分类标准视野下我国职业体系与教育体系之间的关系 [J]. 职业技术教育，2017，38（28）：74 – 79.

③ 张迎春. 国际标准职业分类的更新及其对中国的启示 [J]. 中国行政管理，2009（1）：105 – 107.

④ Avis J. Austerity and Modernisation，One Nation Labour—Localism，the Economy and Vocational Education and Training in England [J]. Journal for Critical Education Policy Studies，2014，12（1）：16 – 21.

⑤ Grill M，Pousette A，Nielsen K，et al. Supervisors and Teachers' Influence on Expectations on Empowering Leadership among Students in Vocational Education and Training [J]. Empirical Research in Vocational Education & Training，2017，9（1）：2.

⑥ Hyland T，Matlay H. Lifelong Learning and the 'New Deal' Vocationalism：Vocational Training，Qualifications and the Small Business Sector [J]. British Journal of Educational Studies，1998，46（4）：399 – 414.

⑦ Safford K，Stinton J. Barriers to Blended Digital Distance Vocational Learning for Non – Traditional Students [J]. British Journal of Educational Technology，2016，47（1）：135 – 150.

织的职业分类标准仅有 10 个职业大类。① 相较而言，ISOC 在划分职业大类的过程中兼顾了技能水平高低和技能专门化两个维度，② 而 SOC 主要根据技能专门化程度将其职业划分成了不同的职业大类、职业类别、宽泛的职业、细化的职业。③

在欧洲的一些国家，高等职业教育人才培养单位的确定主要是基于两种不同的方式：第一类方式根据联合国教科文组织发布的 ISCED 教育分层标准设置相应专业分类；④ 第二类方式根据国际劳工组织的 ISCO 职业分级标准进行职业教育专业设置。欧盟的大多数成员国为了与国际体系接轨，有一个国际化的职业教育体系，一般是选取了第一类专业分类方式，这也有利于专业体系与职业分类体系之间的协调。⑤ 与欧洲大多数国家职业教育分类不同，德国职业培训领域的划分参考 ISCED 分类标准部分的内容却不多。⑥ 在德国，并未形成一个统一全面的职业分类标准，而是由一系列职业分类标准组成。⑦

教育体系与职业体系是相互依存、相互影响的两个体系。⑧ 由于职业教育人才培养单位结构与职业群、职业领域结构的差异性，使得建立一个相互协调匹配的分类标准体系显得十分必要。因此，世界各国在进行本国职业教育人才培养单位设置的过程中，一般都会参考世界职业分类和教育分类标准体系，并结合各国经济社会的发展诉求，在人才培养单位分类、目标设置和结果评价等方面体现出一定的差异性和区域特色。⑨ 在参考统一分类标准的前提下，结合区域特色科学分类与设置本国的职业教育人才培养单位。

① Nielsen K. Apprenticeship Approach to Learning [J]. International Encyclopedia of Education, 2010：469 – 475.
② Ganzeboom H B G, Treiman D J. Internationally Comparable Measures of Occupational Status for the 1988 International Standard Classification of Occupations [J]. Social Science Research, 1996, 25 (3)：201 – 239.
③ Williams R, Yeomans D. The Fate of the Technical and Vocational Education Initiative in a Pilot School：A Longitudinal Case Study [J]. British Educational Research Journal, 2013, 19 (4)：421 – 434.
④ Pilz M. Initial Vocational Training from a Company Perspective：A Comparison of British and German In – House Training Cultures [J]. Vocations & Learning, 2009, 2 (1)：57 – 74.
⑤ Holford J. Workers' education in the twentieth-century British labour movement [J]. Vocational Education, 2007：191 – 204.
⑥ Huber K. User Choice：Who's the User? Who's the Chooser?：The Principle of Choice in the German and Australian Vocational Education and Training Context—A Comparative Analysis [J]. Journal of Global Information Technology Management, 2010, 13 (2)：37 – 75.
⑦ Jacob M, Solga H. Germany's Vocational Education and Training System in Transformation：Changes in the Participation of Low-and High – Achieving Youth Over Time [J]. European Sociological Review, 2015, 31 (2)：161 – 171.
⑧ Maurice, M., Sellier, F. and Silvestre, J. – J. The Social Foundations of Industrial Power [M]. Cambridge Mass：MIT Press, 1986：802.
⑨ Waks L J. Workplace Learning in America：Shifting Roles of Households, Schools and Firms [J]. Educational Philosophy & Theory, 2010, 36 (5)：563 – 577.

（二）高职人才培养单位分类的典型模式研究

不同的职业教育人才培养单位划分依据，将形成类型多样的职业教育体系和典型模式。现有研究主要基于历史分析法、案例研究法和政策文本分析法等，通过梳理不同国家的职业教育发展阶段、特定阶段的历史文化背景以及主要政策文件等来分析世界各国高职人才培养单位分类的典型模式。比较典型的有德国等双元制特色国家坚持以职业性为导向的人才培养单位设置模式，英国和澳大利亚等的盎格鲁—撒克逊体系则主要以资历框架为依据设置职业教育的人才培养单位，中国则是以专业（群）为主要单位进行高水平复合型技术技能人才的培养。

1. 德国职业教育人才培养单位分类的典型模式研究

德国职业教育由于其典型性与成功经验，使得关于德国职业教育人才培养单位分类的典型模式分析成为相关研究的主要关注点之一。相关研究梳理了20世纪40年代以来德意志联邦共和国通过职业教育领域立法和学制改革等途径，[①] 逐渐形成了以企业训练场和各类职业学校为依托的双元职业训练系统。[②③] 其双元特性主要体现在从受教育者的身份来看，受教育者同时拥有"学徒"和"学生"二重身份；[④] 从受教育者接受教育的场所来看，受教育者可以在"职业院校"和"企业"两个不同地方接受教育。[⑤] 德国双元制职业教育在人才培养单位设置方面最典型的特征就是其"职业性"特色突出，一般情况下，其职业教育专业被称为教育职业。[⑥] 在德国根据不同的职业划分标准，将其职业划分为不同的职业大类、职业带、职业领域、职业群、职业列、具体职业。[⑦⑧] 为了使德国职业教育和培训人才培养单位设置结构与职业分类方式

---

① Tanaka Y, Yamamoto K, Takeuchi T, et al. Revelation on Vocational Education System and Teaching Methods in China from German Vocational Education [J]. Career Horizon, 2013, 24 (5): 734 –743.

② Lindner A. Modelling the German System of Vocational Education [J]. Labour Economics, 1998, 5 (4): 411 –423.

③ Gisela D, Georg H, Matthias W. Strategy Paper on the Internationalisation of German Vocational Education and Training [J]. Veterinary World, 2013, 863 (6): 14 –17.

④ Streeck, W. Social Institutions and Economic Performance [M]. London: Sage, 1992: 308.

⑤ Mayer C. Vocational Education in Germany in a Historical and Gender – Oriented Perspective [J]. Tampereen Yliopiston Opettajankoulutuslaitos, 1996, 2 (11): 29 –46.

⑥ 谢莉花，唐慧. 德国双元制职业教育专业设置探析——"教育职业"的分类、结构与标准 [J]. 现代教育管理，2018 (3): 92 –97.

⑦ Brauns H. Vocational Education in Germany and France [J]. International Journal of Sociology, 1998, 28 (4): 57 –98.

⑧ Chankseliani M, Relly S J, Laczik A. Overcoming Vocational Prejudice: How can Skills Competitions Improve the Attractiveness of Vocational Education and Training in the UK? [J]. British Educational Research Journal, 2016, 42 (4): 54.

相对应，通常会采用 BA 和 StBA 的职业分类标准。① 在德国，除了培训专业之外，还有 300 多个具有规范职业描述的职业教育专业。② 职业专科学校实施职业继续教育设置的人才培养单位与生产实践一线的关系较为紧密，能够较好地服务于生产实践的现实诉求，其培养人才类别主要有农业类、造型类、技术制造类、营养家政类、经济管理类、社会教育类等不同的专业类别。③

德国在进行教育职业设置时主要会经过以下流程：首先，要通过对社会职业的分析，对社会职业所涉及的行为要求、技能要求和知识要求进行整合。④其次，对相关社会职业群进行整合归类与合并，形成与生产实践发展关系最为紧密的社会职业群。最后，根据学科知识的划分类别和技术体系的主要类别，基于职业性原则，形成多元的教育职业体系，结合教育学的基本原理，形成具体的教育职业。⑤ 这些教育职业体系中有独立完整的教育职业，有根据应用领域的不同划分的教育职业，也有根据重点服务对象的不同划分的教育职业，教育职业有时也划分为不同的方向，同时还有可选资格的多元教育职业。⑥ 教育职业的内部结构以经济社会的现实需求为依据，类型多样，特色突出，共同形成德国职业教育人才培养单位设置的典型经验与模式。

2. 丹麦职业教育人才培养单位分类的典型模式研究

现有研究以丹麦的职业教育为案例，系统分析了丹麦职业体系的构成情况和体系中不同类型与层次职业教育的具体专业设置情况。⑦ 丹麦职业教育体系中职业基础教育部分涉及的主要专业类别有技术培训类、商业培训类、社会服务和保健类、海洋技术培训类、农业培训类等。⑧ 21 世纪初，为了更好地适应

① Deissinger T, Gonon P. Stakeholders in the German and Swiss Vocational Educational and Training System [J]. Education Training, 2016, 58 (6): 568－577.

② Jobert, A., Marry, C. Education and Work in Great Britain, Germany and Italy [M]. London: Routledge, 1997: 208.

③ Gessler M, Howe F. From the Reality of Work to Grounded Work－Based Learning in German Vocational Education and Training: Background, Concept and Tools [J]. International Journal for Research in Vocational Education & Training, 2015, 2 (3): 214－238.

④ Clarke, L. and Herrmann, G. The Institutionalization of Skill in Britain and Germany: Examples from the Costruction Sector [M]. Basingstoke: Palgrave, 2004: 116.

⑤ 赵志群，黄方慧. 德国职业教育数字化教学资源的特点及其启示 [J]. 中国电化教育，2020 (10): 73－79.

⑥ Scholten M, Tieben N. Vocational Qualification as Safety－Net? Education－to－Work Transitions of Higher Education Dropouts in Germany [J]. Empirical Research in Vocational Education and Training, 2017, 9 (1): 7.

⑦ Hedegaard W. The Danish Vocational Education and Training System. 2nd Edition [J]. Skills Australia, 2008: 7.

⑧ Cort P. Europeanisation and Policy Change in the Danish Vocational Education and Training System [J]. Research in Comparative & International Education, 2010, 5 (3): 331.

经济社会的发展，丹麦根据经济社会发展的需要将其职业基础教育的专业门类降为 10 个以下，这些专业门类都是与经济社会发展关系最紧密的领域。[①] 调整后的专业类主要集中在交通与后勤领域、商业与财会领域、技术与通信领域、建筑领域、机械工程领域、手工艺与工业领域、服务领域等。[②] 调整后的 7 个专业领域下设了 80 多个具体的专业，进一步增加了与产业链和岗位群对接的紧密性。[③]

丹麦职业教育体系有其复杂性和多样性，在第三级职业教育的体系中包含系列与职业带关系紧密的短期教育培训计划。同时，为了进一步提升其多元职业教育体系的社会吸引力和办学质量，[④] 在 21 世纪初，丹麦也对其专业目录进行了简化，将第三级职业教育的专业类简化为 15 个。[⑤] 主要包含技术和能源类、建筑类、农业类、食品加工类、纺织类、服装设计类、信息技术与电子学类、旅游餐饮类、金融类、工业生产类、零售业类、通信类、运输与服务类、国际营销类、试验技师类等不同的类别。[⑥] 丹麦职业教育体系中的职业继续教育则主要是针对成年人的非熟练和熟练劳动者提供的职业教育与培训。丹麦职业继续教育的课程数量多、种类全，包括民生服务业领域、乳制品加工和餐饮领域、农业领域、建筑工程业领域等不同的行业。[⑦]

3. 英国职业教育人才培养单位分类的典型模式研究

相关研究认为，以英国为代表的盎格鲁—撒克逊体系中，教育体系与培训体系总是能够形成较为明显的对比。其中，教育体系比较侧重人的全面发展，[⑧] 培训体系则主要教授一系列严格的操作步骤。英国高等职业教育的改革与发展

① 吴雪萍，董婧怡，张志欣. 丹麦职业教育和培训质量保障探析 [J]. 高等教育研究，2012，33 (8)：99 – 103.

② The Danish Government. Better Education – Action Plan [EB/OL]. http：//www. dk. mofcom. gov. cn，2002 – 06 – 15.

③ Seelen J V, Mikkelsen A, Wolderslund M. A Survey of Students' Attitudes to Implementing Physical Activity in Danish Vocational Education Schools [J]. Empirical Research in Vocational Education & Training，2018，10 (1)：7.

④ Bank V. Danish dynamite-on the Implementation Process of Autonomous Schools in the German Vocational Education System [J]. Przeglad Dermatologiczny，2005，74 (2)：908 – 909.

⑤ Plant P. Career Development in Denmark [J]. Adult Vocational Education，2000：22.

⑥ Lyngberg A C, Rasmussen B K, Jørgensen T, et al. Incidence of Primary Headache：A Danish Epidemiologic Follow-up Study [J]. American Journal of Epidemiology，2005，161 (11)：1066 – 1073.

⑦ Danish Ministry of Education. Facts and Figures – Education Indicators Denmark [EB/OL]. http：//www. eng. uvm. dk，2002 – 06 – 11.

⑧ Winch C. Vocational and Civic Education：Whither British Policy? [J]. Journal of Philosophy of Education，2012，46 (4)：603 – 618.

过程体现出明显的传统教育与技术教育调整演变的特征。① 英国政府针对高级技术人员的培养问题，先后发布了《珀西报告》《技术教育》等文件，② 不断增强其职业教育的多样性与广泛性，培养了更多适应经济发展的技术专家、技术员和熟练工人。20 世纪 20 年代初，在机械工程领域开始实施职业资格证书制度，后来又扩展到建筑、化学、纺织、造船、商业、电力工程等领域，并逐渐发展演化为体系完备的国家职业资格证书制度（NVQ）。③ 英国高等职业教育人才培养单位设置的典型经验主要体现在其普通国家职业资格证书（GNVQ）和国家职业资格证书制度（NVQ）制度在全国范围内的推行。④

　　NVQ 框架包含 11 个能力领域和 5 级水平，⑤ 主要的能力领域有：工程领域、制造业领域、交通领域、动植物与土地领域、健康卫生服务领域、通信领域、知识与技能传播开发领域、商业服务领域、资源开发与提供领域、建筑领域等。⑥⑦ 国家职业资格证书制度（NVQ）适合不同年龄阶段的求职者，⑧ 从职业院校的学习到职业生涯结束都有非常明确的规定，有利于有组织地开展相应的技能培训和职业资格认证，为英国职业教育的发展奠定了坚实的制度基础。⑨ NVQ 对能力要素和操作标准做出了具体要求说明，有利于相关机构根据证据材料认定每一能力要素的操作标准，⑩ 逐步建立起了可信的、可接近的、相关联的、综合性的全国职业资格认证体系。⑪

　　① Newton L, Kirk H. The Relevance of Vocational Education for Occupational Therapy Support Workers [J]. British Journal of Occupational Therapy, 1999, 62 (3): 131 - 135.

　　② Knight P, Helsby G, Saunders M. Independence and Prescription in Learning: Researching the Paradox of Advanced GNVQs [J]. British Journal of Educational Studies, 1998, 46 (1): 54 - 67.

　　③④ Drake K. The Cost Effectiveness of Vocational Training: A Survey of British Studies [J]. Economics of Education Review, 1982, 2 (2): 103 - 125.

　　⑤ Boreham N. Work Process Knowledge, Curriculum Control and the Work-based Route to Vocational Qualifications [J]. British Journal of Educational Studies, 2002, 50 (2): 225 - 237.

　　⑥ Rhee H, Lee H M, Namkoung Y M, et al. An Analysis of Technical and Vocational Education Policy Growth and Development in the United States of America, the United Kingdom and Africa [J]. Nursing & Health Sciences, 2009, 9 (9): 96 - 102.

　　⑦ Chankseliani M, Relly S J, Laczik A. Overcoming Vocational Prejudice: How Can Skills Competitions Improve the Attractiveness of Vocational Education and Training in the UK? [J]. British Educational Research Journal, 2016, 42 (4): 54.

　　⑧ Patel R, Batchelor P A. Experiences of Vocational Trainees on Their Preparation and Application for Vocational Training [J]. British Dental Journal, 2007, 202 (6): 345 - 349.

　　⑨ Matlay H. S/NVQs in Britain: Employer - Led or Ignored? [J]. Journal of Vocational Education & Training, 2000, 52 (1): 135 - 148.

　　⑩ Daniels C E J. PICKUP Wales, U. K. Assurance of Quality Vocational Continuing Education and Training [J]. Adult Education, 1990: 46.

　　⑪ Garland P. Assessment in GNVQs: Learning the Hard Way [J]. Research in Post - Compulsory Education, 1998, 3 (3): 329 - 344.

NVQ 的认定侧重于职业能力，而 GNVQ 的认定则主要关注更广泛领域内构成国家职业资格的知识、技能与理解力等要素。①② GNVQ 包含的主要科类有工程类、艺术类、建筑类、商业类、销售类、饮食服务类、健康与社会服务类、信息技术类、房地产类、管理类、表演技术类、媒介类、制造类等不同类别。③④ 不同资格制度的科学分类与其他教育体系的有效融通，为英国职业教育的可持续发展提供了重要的制度保障。⑤

4. 澳大利亚职业教育人才培养单位分类的典型模式研究

澳大利亚职业教育人才培养单位设置模式在承袭盎格鲁—撒克逊体系英国职业教育传统的基础上，发展出了适合本国发展的职业教育模式，其中，最有本国区域特色的是其职教领域的职业技术教育学院（technical and further education，TAFE）学院模式。⑥ 在澳大利亚的教育体系中共有三级教育体系，当学生接受完 12 年前两个阶段的教育后，就有资格选择进入 TAFE 学院学习相关技术知识，也可以选择继续接受高等教育，获得更高的学位。⑦ TAFE 学院的主要特色是为受教育者提供务实的课程，这些课程与生产实践一线需要的技术技能关系密切，当接受完相应课程学习后，学生可以较为顺利进入职场，而进入高等教育的受教育者将学习更多具有学术理论性质的大学课程。⑧

相较于英国的 NVQ，澳大利亚的资格框架主要由三部分组成：第一部分主要由普通中学的普通高中毕业证书、一级证书和二级证书等组成；⑨ 第二部分主要由职业教育阶段不同等级的证书、各类文凭、各类高级文凭、各类职业教

———————————

① Mather A. A Quality Transformation in Vocational Education：An Explanation of GNVQs ［J］. Health Manpower Management，1994，20（3）：16 – 18.

② Tremblay M. American Perspectives on British Higher Education under Thatcher and Major ［J］. Oxford Review of Education，1998，24（1）：111 – 129.

③ Terry Hyland. Silk Purses and Sows' Ears：NVQs，GNVQs and Experiential Learning ［J］. Cambridge Journal of Education，1994，24（2）：233 – 243.

④ Avis J. Austerity and Modernisation，One Nation Labour—Localism，the Economy and Vocational Education and Training in England ［J］. Journal for Critical Education Policy Studies，2014，12（1）：16 – 21.

⑤ Steers J. GNVQs：The Context，the Rhetoric and the Reality ［J］. International Journal of Art & Design Education，2010，15（2）：201 – 213.

⑥ Goozee G. The Development of TAFE in Australia. An Historical Perspective ［J］. Ncver，2001：184.

⑦ Chris V D L. A New Paradigm for Evaluating TAFE Graduate Outcomes ［J］. International Journal of Training Research，2006，4（1）：17 – 29.

⑧ Rushbrook P. Tradition，Pathways and the Renegotiation of TAFE Identity in Victoria ［J］. Discourse Studies in the Cultural Politics of Education，1997，18（1）：103 – 112.

⑨ 吕红，石伟平. 澳大利亚职业教育质量保障体系探究 ［J］. 外国教育研究，2009，36（1）：85 – 91.

育研究生证书、各类职业教育研究文凭等组成①；第三部分主要由普通高等教育阶段的各类证书组成，这一体系从高到低主要由博士学位、硕士学位、研究生文凭、研究生证书、学士学位、副学位、高级文凭和文凭等组成，② 其中，每一级的证书都规定需要掌握的知识、技能、学习时长、对应的职业岗位等。例如，二级证书对应的职业岗位主要有银行职员、手工操作工、销售助理等。③ 澳大利亚的职业教育在进行专业领域划分的过程中，会时刻关注经济社会发展的现实需求，通过广泛调研和分析人才市场及社会发展的需求，科学设置相应的专业类别。④ 澳大利亚同时也开发了一系列的培训包，涉及建筑、信息、通信、纺织、煤矿、电子、旅游等不同的行业。⑤ 在终身教育理念的指导下，坚持能力本位，全面梳理各类相关岗位的具体能力要求，设定相应人才培养目标和专业方向，⑥ 形成了适合本国发展的职业教育体系。

5. 法国职业教育人才培养单位分类的典型模式研究

法国政府为了促进本国职业教育的改革与发展，发布了政府层面的综合性教育改革实施方案，⑦ 其关于职业教育的设想主要体现在三个分段中的第三阶段。整个教育体系的第三分段属于分科教育时期，会根据学生的特点将其进行分流，部分适合接受高等教育的学生将继续接受理论培养，⑧ 其他的学生则主要进行专业教育，同时兼习普通文化知识。在第三分段上修习的主要科目包括职业科、理论科、实务科等不同科类。⑨ 法国通过一系列的改革，逐步形成了

① Doughney L. Universal Tertiary Education：How Dual – Sector Universities can Challenge the Binary Divide between TAFE and Higher Education—the Case of Victoria University of Technology ［J］. Journal of Higher Education Policy & Management，2000，22（1）：59 – 72.

② Hillman. The First Year Experience：The Transition from Secondary School to University and TAFE in Australia ［J］. Australian Council for Educational Research，2005：75.

③ Witte V，Krohn U，Emeis C C. Characterization of Yeasts with High Lactic Acid Production：Lactic Acid Specific Soft – Agar Overlay（LASSO）and TAFE – Patterns ［J］. Journal of Basic Microbiology，2010，29（10）：707 – 716.

④ Abbott M. A Data Envelopment Analysis of the Efficiency of Victorian TAFE Institutes ［J］. Australian Economic Review，2002，35（1）：55 – 69.

⑤ Scarfe J. National Review of TAFE Teacher Preparation and Development：Literature Review ［J］. Business Skills，1991：71.

⑥ Moodie G，Wheelahan L，Billett S，et al. Higher Education in TAFE：An Issues Paper ［J］. National Centre for Vocational Education Research，2009：35.

⑦ Colardyn D，Malglaive G. The National Vocational Education Plan for Unqualified Young People（16 – 18 years old）：The French experience（1982 – 1984）［J］. International Review of Education，1986，32（4）：459 – 477.

⑧ Gendron B. Economic Analysis of Continued Education by Holders of Short – Cycle Technical Diplomas in French Higher Education ［J］. European Journal of Vocational Training，2006，39：80 – 104.

⑨ Clark L L. Schools and Work：Technical and Vocational Education in France since the Third Republic ［J］. Journal of Social History，2003，36（36）：1099 – 1102.

多元交叉、体系完备的职业教育网络体系。[①]

6. 中国职业教育人才培养单位分类的典型模式研究

我国高等职业教育诞生于20世纪80年代，逐步形成了以专业目录为载体的人才培养单位，在进行专业目录分类的过程中主要参考职业分类目录。社会上多元的职业分类会形成相应的职业分类目录，在进行职业类别划分时主要考虑两类工作性质是否具有同一性和相似性，对全社会所有的职业种类进行系统的划分整合与归类。[②] 一种职业区别于另一种职业的主要观测点可以基于具体职业活动的从业方式、工作过程中的作用对象等要素予以区分。职业分类目录是高等职业院校专业划分和人才培养方向确定的重要依据之一。为了对我国的社会职业进行科学分类，国家相关部门于1995年开始编制职业分类目录，1999年5月颁布了我国的第一部职业分类目录，职业分类目录的颁布是我国职业分类领域拥有中国特色的首部关于职业分类的标准，这也使得我国社会职业的分类体系得以建立起来。[③] 1999年版首部职业大典主要包括大类、中类、小类、细类（职业）等多个层级。其中，包含具体职业近2000个、职业小类400余个、职业中类近70个、职业大类设置为8个主要类别。1999年版的《职业分类大典》分别于2005年、2006年、2007年进行了增补，职业大类、中类、小类保持不变，职业（细类）由1999年的1838个增加到了2007年的2028个。我国第二部职业分类目录于2010年开始编制，历时5年，于2015年发布了《职业分类大典》（2015年版），该版职业分类目录依旧保持8个主要的职业大类、近1500个具体职业、2670个工种、75个职业种类。

（1）普通高等学校专业设置研究

从我国中等后教育的专业目录体系来看，主要有本科专业目录、高职高专专业目录、中职专业目录等。其中，本科专业目录是高职专业目录"向上"衔接的目录。从本科专业目录时间维度的变迁历程看，1952年院系调整后，在学习苏联经验的基础上，我国教育主管部门于1954年制定了《高等学校专业分类设置草案》（简称《草案》）。[④]《草案》主要有政法、财经、师范、工科、

① 刘继芳. 法国现行"双轨制"职业教育体系及其启示 [J]. 中国高教研究, 2012 (11)：103 - 107.

② 国家职业分类大典委员会. 中华人民共和国职业分类大典 [M]. 北京：中国劳动社会保障出版社, 2015：12.

③ 刘康. 我国第一部职业分类大典问世 [J]. 职业技术教育, 1999 (11)：12 - 13.

④ 刘小强. 高等教育专业目录修订的回顾与思考 [J]. 中国高教研究, 2011 (3)：22 - 25.

农科、理科、林科、文科、医药、艺术、体育等科类。① 各科类下设共 200 多种不同的专业。1955 年，第二次院校调整和专业结构调整，使得专业结构呈现重工科轻文科，工科中重视重工业轻视轻工业的特征，财经、政法和文科类专业不断下降。②

在当时特定的社会经济背景下，专业设置开始追求小而全，专业划分得过细，专业点数和专业种类数在这一时期开始快速增长，由 1954 年的 200 多个专业增加到了 1962 年的 600 多个。③ 1963 年，教育主管部门针对前期专业设置过程中存在的问题修订了专业目录，修订后的专业目录中主要科类包括工科、理科、文科、农科、林科、政法、财经、师范、医药、艺术、体育等，各科类下的专业数达到 430 多种，其中工科类专业占各类专业总数的 40%。④ 随着时间的推移，1987 年，我国教育主管部门为了改变"文革"期间专业设置"缺、乱、窄、旧"⑤ 等问题，新修订了专业目录。新修订的专业目录包含理科、工科、农科、林科、文科、师范、医科等科类下的 600 多个专业。相较于之前的专业设置，此次修订的专业中，文科的比例进一步上升，且专业口径进一步变宽，专业名称和专业简介进一步规范化与科学化。⑥

随着我国经济社会的发展，为进一步加强对专业的宏观管理和优化专业结构，我国教育主管部门于 1993 年发布了新的专业目录，新目录包含工学、理学、农学、经济学等十大学科门类，各学科门类下的专业数累计 500 多种。⑦ 1998 年修订后的专业分类目录包括 11 个学科门类，下设 200 多个具体专业。⑧ 进入 21 世纪，我国教育主管部门在 2012 年修订了新版的本科专业目录，新版专业目录的学科门类增加到 12 类，各学科门类下设专业类 90 余个，具体专业达 500 余个，这些专业内部又细分为特设专业、国家控制布点专业和基本专业。⑨

————————————

①⑤ 周光礼，吴越. 我国高校专业设置政策六十年回顾与反思——基于历史制度主义的分析 [J]. 高等工程教育研究，2009 (5)：62 – 75.

② 许晓东，易元祥，别敦荣. 国家理工类重点领域专业目录与人才培养政策研究 [J]. 高等工程教育研究，2008 (2)：26 – 30 + 78.

③ 中国教育年鉴编辑部. 中国教育年鉴 1949 ~ 1981 [M]. 北京：中国大百科全书出版社，1984，239.

④ 樊平军. 专业设置：一种官方知识的控制 [J]. 中国高教研究，2010 (7)：40 – 44.

⑥ 张紫薇. 现代高校本科专业结构调整的多元耦合 [J]. 江苏高教，2013 (6)：74 – 76.

⑦ 吴越. 我国高校本科专业设置政策转型探析 [J]. 中国高教研究，2010 (7)：36 – 39.

⑧ 林冬华. 新中国成立 70 年来本科专业的演变轨迹与实践逻辑 [J]. 黑龙江高教研究，2020，38 (9)：9 – 13.

⑨ 陈涛. 我国高等教育学科专业目录的检视与反思 [J]. 现代教育管理，2015 (12)：7 – 11.

（2）中等职业学校人才培养单位设置研究

中职专业目录是高职专业目录"向下"衔接的目录。从中职专业目录的变迁历程看，最早可以追溯到国家教育主管部门在 1963 年发布的中等专业学校专业目录。[①] 随着国家中专教育和经济社会的发展，为了使专业设置更加符合中职教育和经济社会发展的现实需求，国家于 1992 年开始修订中职专业分类目录，专业的划分主要依据工艺和技术的领域，以及服务领域，专业口径进一步拓宽，[②] 并在 1993 年形成了新版的中专学校专业目录。此版专业目录按照学科分类的方式划分专业，相关专业主要被划分为九大科类，不同科类包含专业类近 50 种，包含相关具体专业 500 余个，形成了比较齐全的专业分类体系。

随着经济社会的发展，为了改变 1993 年版专业分类目录的学科化与去行业化的特征，国家教育主管部门于 2000 年颁布了新的中等职业学校专业目录。2000 年版的专业目录改变了之前按照学科进行划分的方式，开始按照产业划分专业，将专业分为了加工制造类、资源与环境类、商贸旅游类等 13 个大类，270 个具体专业，470 个具体的专业方向。[③] 随着经济社会和职业教育事业的发展，2010 年，国家教育主管部门又出台了新的专业目录，2010 年版的专业目录与 2004 年版的高职专业目录进行了比较全面的对接，也将专业大类调整为 19 个，具体包括 321 个专业，900 多个专业方向。[④] 2019 年又在 2010 年版专业目录的基础上增补了 46 个新专业，新增补的专业分布在 14 个专业类中。

（3）高等职业院校专业目录设置研究

我国高等职业教育虽然起步于 20 世纪 80 年代产生的一批短期职业大学，但并非在高等职业教育诞生之初就有相匹配的专业目录。新中国成立后，高等教育的专业设置目录虽然经过了多次调整与优化，但主要是针对普通本科教育。在 2004 年之前，并没有形成一个全国统一性的高职专业目录，只是出现了一些地方性的高职院校专业分类目录。[⑤] 为了规范高等职业教育专业设置，2004 年 6 月，教育部发布了高职院校专业设置的管理办法，并于当年 10 月发

---

① 付云. 现代职教体系构建下的各类专业目录对比研究 [J]. 现代教育管理，2017（4）：80 - 84.
② 韦君. 全国普通中等专业学校专业目录修订工作拉开帷幕 [J]. 中国高等教育，1992（4）：40.
③ 邓泽民.《中等职业学校专业目录（2010 年修订）》解读 [J]. 中国职业技术教育，2010（16）：22 - 25 + 32.
④ 丁金昌. 我国中等和高等职业教育协调发展的探索 [J]. 中国高教研究，2012（2）：86 - 88.
⑤ 谢勇旗，孙青. 高等职业教育专业设置的问题及对策 [J]. 职业技术教育，2005，26（1）：25 - 27.

布了高职高专院校专业设置的指导性目录。2004 年版的专业目录包括 19 个专业大类，各专业大类下共设置近 80 个专业类和 500 余种具体专业。① 同时，为了进一步体现职业性的特征，将管理类专业分归于不同的专业大类中。为了更好地适应经济社会的发展需要，我国教育主管部门又在 2004 年版的专业目录的基础上，于 2015 年发布了新修订的专业目录。② 2015 年版的专业目录专业大类继续保持 19 个专业大类不变，专业类增加到近 100 个、专业逐步缩减为 700 多个，同时也列举了专业方向、对应职业类别、向上衔接的本科专业和向下衔接的中职专业。③ 2015 年版的专业目录通过调整和修订相关内容，进一步确保了生产过程与教学过程的对接、产业需求与专业设置的对接、职业标准与课程内容的对接。

二、高职专业结构优化与专业群组建研究

专业群建设是中国特色现代职业教育体系下，高等职业院校专业结构优化的基本制度设计和主要抓手。基于高职专业结构优化的专业群组建研究，是相关研究关注的主要领域之一。"集群"的主要含义是具有相同特征或类型的事物的集合体，此类集合体能够聚集有共同需要的各类要素，发挥群体效应（1 + 1 > 2）。专业群的组建也是按照集群的理念，群内专业可以是优势专业的强强联合，也可以是优势和弱势专业的强弱互补；④ 可以基于共同的技术技能基础组建，也可以基于相关的产业链组建。⑤

专业群组群逻辑的不同决定了其服务面向的多元性，同时也形成了不同的组群方式。根据现有的研究将高职院校的组群方式总结为以下几种类型：一是围绕岗位群和产业链组群，⑥ 以群内各专业能否共同服务特定的产业和岗位群作为专业群组建的主要逻辑；二是以核心专业为基础组建专业群，此类专业群

① 中华人民共和国教育部. 教育部关于印发普通高等学校高职高专教育指导性专业目录（试行）的通知 [EB/OL]. (2004 - 10 - 19) [2020 - 6 - 14]. http://old. moe. gov. cn//publicfiles/business/html-files/moe/s3877/201010/xxgk_110109. html.
② 袁潇，高松. 高职院校专业管理机制研究 [J]. 高教探索，2017（1）：76 - 81.
③ 中华人民共和国教育部. 教育部关于印发《普通高等学校高等职业教育（专科）专业设置管理办法》和《普通高等学校高等职业教育（专科）专业目录（2015 年）》的通知 [EB/OL]. (2015 - 10 - 26) [2020 - 6 - 14]. http://www. moe. gov. cn/srcsite/A07/moe_953/201511/t20151105_217877. html.
④ 周桂瑾. 高职院校专业群建设模式的研究与实践 [J]. 职业技术教育，2017，38（29）：24 - 27.
⑤ 张红. 高职院校高水平专业群建设路径选择 [J]. 中国高教研究，2019（6）：105 - 108.
⑥ 吴小蕾. 高职院校专业群协同创新模式研究 [J]. 教育与职业，2009（23）：28 - 29.

的组建主要是为了发挥优势核心专业的辐射带动作用，通过核心专业对相关专业的辐射带动，达到"以点带线、以线带面"的效果；[①] 三是以能否实现资源共享作为专业群组建的主要逻辑，此类组群方式将师资队伍、基础课、实训设备可以共享为依据，强调在专业组群的实践活动中，群内专业之间应该有相同相近的专业基础知识和相关相近的技术领域，同时也关注组群的可行性和群内资源的优化配置。

以市场需求为导向的高职院校专业设置逻辑，在市场环境不断发生变化的过程中，为了进一步增强院校专业设置的市场适应性，会存在频繁的专业裁撤和增列现象，这一现象的存在造成了高职院校部分教学资源的浪费与闲置。[②] 专业群的组建有利于发挥专业群的集聚效应，增强高职院校专业设置的市场适应性，降低各类教学资源的成本，形成师资队伍优势，不断提升高职院校的核心竞争力与可持续发展的能力。[③] 现有关于专业结构优化的高职专业群组建研究，可以总结为群内相关专业资源共享论、群内优势专业辐射带动论和两论结合等不同的观点。

（一）群内相关专业资源共享论

群内相关专业资源共享论强调专业群内相关、相近专业的资源共享和"近亲"建群。比较有代表性的观点认为，专业群是高职院校中特定专业或者专业方向组成的专业集合，群内专业的选择要注重各专业之间比较优势的发挥、群内资源的共建共享，同时也应进一步形成稳定有序的专业群结构。[④] 从专业群所属的专业大类来看，同一专业群内的各专业之间通常拥有相近技术领域和相同工作范畴。[⑤] 从专业群内专业的服务面向来看，同一专业群内的专业主要按照特定区域产业结构的具体情况，基于特定产业链选择群内相关专业。[⑥] 专业群内专业在教学实践过程中会根据产业链的现实诉求设置相关教育教学和实习实训目标，具体的知识、技能和素养的确定主要根据对技术岗位群人才结构的

① 王中军，张伟. 地方高职院校示范性特色专业群建设路径研究与实践［J］. 中国职业技术教育，2018（17）：28－30.
② 吴翠娟，李冬. 高职教育专业群的内涵分析和建设思考［J］. 教育与职业，2014（23）：14－16.
③ 吴小蕾. 高职院校专业群协同创新模式研究［J］. 教育与职业，2009（23）：28－29.
④ 张红. 高职院校高水平专业群建设路径选择［J］. 中国高教研究，2019（6）：105－108.
⑤ 强伟纲. 对高职专业群建设的思考［J］. 教育与职业，2013（21）：30－32.
⑥ 宋文光，许志平. 高职院校专业群建设的路径探析［J］. 中国成人教育，2008（2）：98－99.

分析，在紧密对接产业系统需求的基础上形成相应的专业集群。① 建立在产业链上的高职专业群可以较好地服务特定区域的产业发展。专业群主要是按照"三相一共"的原则，将"职业岗位相关、专业基础相通和技术领域相通"（三相）的专业或专业方向，通过共享教学资源（一共）组成的专业集合。② 这种相似相关相同属性下的高职专业群是具有相近职业岗位能力、相同行业背景和相近产业需求的专业集合体，此类集合体具有相近的培养目标与方向。③ 在技能基础的"三相性"原则下，专业群是由若干"技术基础相同或密切相关"，④ 并包含相近相关技术和服务领域的，能够发挥各自专业比较优势的多个专业或专业方向组成的一个集合。其中，共同技术基础主要表征为技术技能要求的相近相关性。基于实践教学的"三相性"，此时的专业群是由能在相同的实训单元中完成其最基本实习实训的若干相关相近专业和专业方向组成的专业群体系。⑤

职业院校专业群的建设和规划，应根据区域产业系统发展的现实诉求、学院的行业背景、学校的办学条件和群内专业所处的发展阶段来确定。高职专业群建设是一个包含师资队伍、教学资源、设备设施、实训体系等要素在内的复杂系统。⑥ 专业群是职业院校根据特定区域产业链对于技术服务领域的现实诉求，是根据院校自身的办学特色与优势组建的，以特色核心专业或优势明显的专业为龙头，并囊括了"服务岗位群相关、专业基础知识与技术领域相近、群内教学资源共享"的其他若干相关专业的专业集群。⑦ 这类专业集群可以按照专业目录中的大类组建，也可以按照产业链的逻辑进行组合。专业群组建的主要依据是群内专业的资源共享性和群内专业的相似相近相关性。

（二）群内优势专业辐射带动论

专业群群内优势专业辐射带动论认为，专业群是由两个以上不同专业组成

① 陈运生. 产教融合背景下高职院校专业群与产业群协同发展研究 [J]. 中国职业技术教育，2017（26）：27 – 32.
② 谢茂康. 产业群和专业群适应性研究 [J]. 教育与职业，2016（24）：41 – 43.
③ 郭福春，徐伶俐. 高职院校专业群视域下的专业建设理论与实践 [J]. 现代教育管理，2015（9）：111 – 114.
④ 姚寿广. 对高职教育人才培养方案基本框架的思考与设计 [J]. 中国高教研究，2006（12）：62 – 63.
⑤ 应智国. 商科类高职院校实训基地的战略构建 [J]. 中国高教研究，2008（8）：80 – 81.
⑥ 陈林杰. 高职院校专业群构建的路径研究与实践案例 [J]. 中国职业技术教育，2007（26）：34 – 35 + 43.
⑦ 李林. 高职专业群建设评价体系构建研究 [J]. 教育评论，2017（8）：76 – 79.

的集合，通过强势专业、优势专业、核心专业、特色专业的辐射带动作用，并形成优势互补的合力，促进专业群整体的教学水平、学生培养质量和社会服务能力提升。此类观点并非像"相近论"一样强调专业的资源共享性和知识相似性，而是更多地强调专业整体效应的发挥，是一种整体观的视角。该论强调专业群是由若干个重点专业，辅之以若干相关或者相近的专业组建而成的专业群体集合。① 这些专业的选择主要是基于分析特定的技术领域和服务领域②，这个集合以若干办学实力强的重点特色专业为核心③，而专业群的重点龙头专业主要为校级特色品牌专业、省级重点专业和国家级重点专业，此类专业通常是专业特色突出、人才培养效果显著和社会整体认可度比较高的专业。④

（三）共享论和辐射论相结合

两论结合的代表性观点认为，高职专业群是以一个或者多个重点龙头专业为依托，并包含了其他一些相关专业的专业集群。因此，专业群的组建主要关注两方面的内容：一是龙头优势专业的筛选；二是具体专业群内其他专业的选择。⑤ 核心专业的主要特征是办学实力强、紧密对接行业产业、专业特色鲜明、就业率高和发展潜力大等。⑥ 群内相关专业选择的主要依据有：一是从实训资源内部专业共享的角度，可以将专业技术基础课、基本技术能力要求相同、相似与相关的专业组成专业集群，专业集群中的专业对接特定的职业岗位群和产业链，可以在同一实训单元中进行实习实训教学；二是从共享师资队伍和基础教学的角度，认为专业群组内专业的选择，可以将学科基础相同或者可以共享基础课师资队伍的专业组建为同一专业群；三是基于服务需求的逻辑，主张专业群内专业的选择应精准对接区域发展的现实诉求，通过全面分析专业群服务的产业链、岗位群和职业带来组建科学的专业群体系。为了不断提升人才培养质量，加强对受教育者专业核心能力的培养，从而不断提升高职专业群的社会适应性，基于现有专业布局进行组群是职业院校进行专业结构优化的重要探索。专业群在组建的过程一般会选择龙头专业和一般辅助专业，其中，龙头专

---

① 王晓江，殷锋社. 高职高专院校专业设置现状分析与建议［J］. 中国职业技术教育，2012（32）：15－19.
② 杨云. 高职教育专业群建设研究［J］. 教育与职业，2016（21）：53－56.
③ 方飞虎，潘上永，王春青. 高等职业教育专业群建设评价指标体系构建［J］. 职业技术教育，2015，36（5）：59－62.
④ 黄影秋. 专业群与产业群协同创新模式研究［J］. 职业教育研究，2017（6）：35－38.
⑤ 孙毅颖. 高职专业群建设的基本问题解析［J］. 中国大学教学，2011（1）：36－38.
⑥ 杨泽宇."后示范"时期高职专业群建设研究与实践［J］. 职教论坛，2015（26）：83－87.

业是群内专业的核心，也是一所院校的特色优势专业，在龙头专业的带动下，群内不同专业之间将不断发挥其比较优势，实现优势互补和资源优化重组。[①] 在当下的实践中，一个特定的专业群主要由数量适当的专业组成，从数量上看，每个专业群一般由 3~5 个专业组成，其中，核心龙头专业有 1~2 个。[②]

"核心专业支撑论"和"相邻专业组合论"以专业的构成现状为基础，揭示了专业群的部分属性，专业群的组建还应考虑服务面向、专业方向与外延等。[③] 因此，职业院校的专业群是特定院校根据区域产业布局的结构，以及产业链下相应岗位群的现实需求，由以院校特色优势专业为龙头，并辅助以相近相关专业或者专业方向而形成的专业集合。[④] 高职专业集群和组群对应到产业领域主要表现为不同产业的集群与集聚，在产业系统中，为了进一步发挥组群的规模效应和技术扩散效应，不断提升产业集聚的效率，[⑤] 从而实现产业整体发展水平的提升。高职院校为了对接区域特定支柱产业链和紧缺岗位群，通过整合学校已设立的各类专业，组建对应的高职专业群，实现以专业群建设为载体的发展。[⑥] 专业群建设过程中需要关注教学模式、人才培养模式、资源库、实习实训、人才队伍和师资队伍等核心要素的优化。[⑦]

高职专业群具有一般"群"的主要特征和属性，根据系统科学理论和集群理论，群系统一般具有系统性、开放性、协同性等集群效应。专业群的优势体现在"群"，专业群的组建有助于形成一种可重组的柔性专业机制。在专业群系统的内部，不同专业可以共享群内的"课程内容、实训条件和师资队伍"[⑧] 等各类资源，实现资源的优化配置。高职专业群组建的目标是立足学生的培养和实现学生全面发展，体现出高职专业群的教育性，[⑨] 高职院校专业群建设一定要在教育性规制下与产业经济发展相协同。专业群建设作为高职院校内涵式发展的重要载体，必须体现其区别于普通教育的职业性，立足互联网和人工智

① 曾宪文，张舒．论高等职业院校专业群建设——关于质的探讨 [J]．当代教育科学，2010 (13)：15-18.
② 吴翠娟，李冬．高职教育专业群的内涵分析和建设思考 [J]．教育与职业，2014 (23)：14-16.
③ 钱红，张庆堂．高职院校专业群建设的实践与思考 [J]．江苏高教，2015 (1)：139-141.
④ 徐恒亮，杨志刚．高职院校专业群建设的创新价值和战略定位 [J]．中国职业技术教育，2010 (7)：62-65.
⑤ 董淑华．高职院校专业群建设的实践探索 [J]．职业技术教育，2012，33 (26)：26-30.
⑥ 周桂瑾．高职院校专业群建设模式的研究与实践 [J]．职业技术教育，2017，38 (29)：24-27.
⑦ 袁洪志．高职院校专业群建设探析 [J]．中国高教研究，2007 (4)：52-54.
⑧ 郭福春，徐伶俐．高职院校专业群视域下的专业建设理论与实践 [J]．现代教育管理，2015 (9)：111-114.
⑨ 吴升刚，郭庆志．高职专业群建设的基本内涵与重点任务 [J]．现代教育管理，2019 (6)：101-105.

能技术快速发展的时代背景，培养更多适应社会经济发展需要的多规格复合型技术技能人才。①

在专业群内部专业之间实习实训资源、教学资源库、课程体系、师资队伍等要素的优化组合，② 可以发挥不同专业之间的集聚协同效应，可以实现优势专业对其他弱势专业的辐射带动作用，非优势专业可以通过与其他专业强弱互补，实现群内专业的整体发展。从专业群系统外部来看，专业群的组建将受到国家政策影响，并依赖国家相关政策的保障。通过以专业群为单位的系统运转，将很好地链接政府、企业和行业等不同主体。职业教育的跨界性决定了其治理主体的多样性，通过专业群的组建，可以较好地整合不同主体，实现专业群的可持续发展和高职院校的整体发展。③

三、高职专业群建设的路径与策略研究

专业群建设是一项复杂性和系统性工程，涉及诸多要素。根据现有研究，可以将高职专业群建设路径的研究归纳为：基于课程体系完善的专业群建设路径研究、基于师资队伍培育与优化的专业群建设路径研究、基于实践实训体系建设的专业群优化路径研究、基于教学资源库组建的专业群建设路径研究等不同方面。

（一）基于课程体系完善的专业群建设路径研究

课程体系建设是高等职业教育专业群建设的重要环节，现有研究主要基于具体的专业群或者具体的高职院校进行案例分析与总结，研究主题集中在课程体系的建设路径、课程开发方式、课程模式等不同方面。课程开发范式是课程开发的指导依据，通过梳理相关研究可将其总结归纳为岗位群职业能力导向说、学习领域课程开发技术说、国外典型经验借鉴说等不同方面。

其中，岗位群职业能力导向说强调高职院校专业群在课程设置过程中，首先应对专业群服务领域职业和岗位所需要的技术技能进行全面分析，然后根据

---

① 吴翠娟，李冬. 高职教育专业群的内涵分析和建设思考 [J]. 教育与职业，2014（23）：14 - 16.

② 吴升刚，郭庆志. 高职专业群建设的基本内涵与重点任务 [J]. 现代教育管理，2019（6）：101 - 105.

③ 罗勇武，刘毓，肖冰，易峥英，何芸. 高职院校专业群研究现状述评 [J]. 职教论坛，2008（11）：19 - 22.

不同技术技能、基础知识点要求设置相应的课程。以专业群或者职业岗位群组建课程进行宽口径的培养，有利于培养受教育者的综合职业能力。① 能力本位导向说以工作过程为导向的专业群课程设置要求注重学生核心素养和关键能力的培养。② 一个劳动者的能力发展是有其特定发展阶段的，通常会经历从初学者阶段，在初学者阶段经过一定时期的学习后成长为高级初学者，高级初学者通过生产实践领域的训练将进一步成长为有能力者，这些有能力者在各自生产岗位经过长期的过渡将逐步成长为熟练者和专家，完成新手到专家的成长过程。③

学习领域课程开发技术说强调技术性和方法的运用，采用学习领域课程开发的具体方法，基于对典型工作任务、能力、知识的分解与分析，建立交叉融合、系统开放的共享课程体系。④ 具体而言，通过分析专业群面临的产业链和岗位群对应的生产过程、管理过程、经营过程和服务过程，针对这些过程的核心工作任务组建课程内容，⑤ 并把"典型的工作项目或者工作任务"作为课程的核心内容。进而，根据具体工作任务的特点组织课程教学的实施，形成以具体工作任务为中心，以具体项目为载体的高职专业群课程开发模式。⑥

国外典型经验借鉴说强调借鉴国外典型的课程开发经验组建专业群课程，高职专业群课程体系的建设应统筹好群内专业的共性知识和个性现实诉求，在专业群课程建设过程中坚持理论知识和实践经验相结合的原则。基于当前课程体系设置与职业岗位能力需要、职业资格标准和产业链需要相脱节等问题，⑦职业院校会借鉴和运用国外典型成功经验优化专业群课程体系建设。如美国的KAS 培训法在专业群课程建设过程中，强调基于专业群内专业包含的核心能力构建学校的实习实践课程体系，根据产业链和岗位群所需要的工作知识构建专

① Rychen D S, Salganik L H. Defining and Selecting Key Competencies [J]. Hogrefe & Huber, 2001, 43 (8): 118 - 126.

② Zehrer A, Mössenlechner C. Key Competencies of Tourism Graduates: The Employers' Point of View [J]. Journal of Teaching in Travel & Tourism, 2009, 9 (3 - 4): 266 - 287.

③ Rauner F, Bremer R. Bildung im Medium Beruflicher Arbeitsprozesse. Die Berufsp [J]. Ztschrift für Pdagogik, 2004, 50 (2): 207 - 243.

④ Goldenberg E N. Teaching Key Competencies in Liberal Arts Education [J]. New Directions for Teaching & Learning, 2010, 2001 (85): 15 - 23.

⑤ Rieckmann. Future - Oriented Higher Education: Which Key Competencies Should be Fostered Through University Teaching and Learning? [J]. Futures, 2012, 44 (2): 127 - 135.

⑥ 王占九. 英语专业群"1 + X"教学模式下项目课程建设的研究与实践 [J]. 教育与职业, 2010 (30): 123 - 124.

⑦ Weinert F E. Competencies and Key Competencies: Educational Perspective [J]. International Encyclopedia of the Social & Behavioral Sciences, 2001: 2433 - 2436.

业群理论课程体系，根据岗位群所需的核心职业技能设置相应证书相关的模块课程体系。[①]

基于不同的课程开发范式，形成了不同的课程建构模式。根据现有研究，可以将高职专业群课程建设模式总结为"平台＋模块"二要素说、"共享平台＋专业模块＋拓展模块"三要素说、"基础课程＋平台课程＋模块课程＋拓展课程"四要素说，也有学者将其扩充为六要素说。但不论是三要素说或者六要素说，都是在"平台＋模块"二要素基础上的扩展。

1."平台＋模块"二要素模式研究

"平台＋模块"二要素模式认为，专业群课程体系的构建可以立足专业群人才培养的共性要求和基本规格，利用平台的优势开发、整合、调配、创新专业群内的课程资源，使得专业群内的每个专业都可以借助平台获得相应课程资源。专业群内部的实训设施、课程体系和师资队伍能够相互融通，各类课程资源能够相互渗透和共享。[②] 模块的开发是为了应对专业群内不同专业特色化的个性需要，也是为适应市场经济环境的变化，体现了专业群课程设置的多变性与灵活性。[③] "平台＋模块"的课程体系将较好地协调专业群课程体系构建的稳定性与多变性、灵活性与通用性之间的关系，有利于学生综合能力的培养，也有利于发挥专业群的集群优势。

根据德国主流教学观点，职业能力可分解为"社会能力、方法能力和专业能力"，[④] 其中，社会能力和方法能力具有普遍性和可迁移性，专业能力则是与劳动者职业直接相关的特殊能力，主要通过专业教育与培训获得，很难直接迁移。[⑤] 这三种能力的培养，很难完全对应于某一个课程，而是应该建立完善的课程体系。[⑥] 其中，社会能力和方法能力的培养，主要是由公共基础类课程承担。公共基础课程通过制定科学合理的培养目标，建立与专业基础课程平台相融通的通用课程模块，以培养学生的社会能力和方法能力

---

① 左武荣. 借鉴 KAS 培训法构建高职国贸专业群课程体系 [J]. 中国成人教育，2015（3）：129-131.

② 李芸，董广智. 高职院校旅游管理及在线运营服务专业群建设研究 [J]. 中国职业技术教育，2014（14）：24-28.

③ 杨云. 高职教育专业群建设研究 [J]. 教育与职业，2016（21）：53-56.

④ 姜大源. 当代德国职业教育主流教学思想研究 [M]. 北京：清华大学出版社，2007：31.

⑤ Peters S. Making Links between Learning in Early Childhood Education and School Using the "Key Competencies" Framework [J]. Teachers & Curriculum，2005，8（1）：520-527.

⑥ 黄斌. 高职化工专业群公共基础课程体系和模式的整体构建 [J]. 教育与职业，2010（21）：128-130.

为核心。①

二要素说中的平台式课程体系构建应立足专业群人才的培养目标，围绕职业岗位群的具体要求，基于核心任务的具体工作过程设计课程内容。同时也要注重不同课程要素之间的融合性与渗透性，构建"共享、分立与互选"② 的平台式课程体系。平台式课程体系主要立足于公共基础课的开发和设计，公共基础课是专业群课程体系中的基础性课程，是职业道德和通用职业技能形成的关键环节。③ 但由于受学校的办学资源、办学定位和社会需求的影响，使得现有专业群的公共基础课建设存在机械拼接、片面模仿普通本科教育的公共基础课等问题。为进一步优化和改革现有专业群的公共基础课程，应正确处理学生的生涯可持续发展与当下需求的关系，正确处理普通本科教育与高等职业教育之间的关系，正确处理专业群内部专业课程与公共基础课程的关系。④ 二要素说中的另一重要部分为课程模块，课程模块立足于培养特定技术技能，通常应用于现场教学，运用模块化课程能够在不同教学阶段灵活选择，有很强的针对性和经济适用性，⑤ 也正是基于 MES 的上述特点，使得该模式自 20 世纪 70 年代提出后受到了职业教育理论界和实践界的广泛关注。⑥ 模块化专业课程强调标准先行，首先要设置相应的专业标准；其次制定科学的人才培养目标，符合职业院校人才培养的基本特点，也要关注具体行业的市场需求。同时，重视课程内容的衔接性和可理解性，重视课程模块的操作性与复制推广性。

高职专业群课程的构建与改革应从学科化的倾向逐步向模块化转变，课程的评价逐渐从单一平面的方式转向多元立体的方式，教材的建设应积极向"操作手册"形式转变，⑦ 学时的编排应更加积极主动和灵活，重视弹性学时的变革与主动规划。依据学生就业过程中的岗位群和职业技术领域，构建"一平

① Gray S, Drewery W. Restorative Practices Meet Key Competencies: Class Meetings as Pedagogy [J]. International Journal on School Disaffection, 2011, 8 (1): 13 – 21.

② 包忠明. 高职专业群平台式课程体系的构建——以现代纺织贸易专业群为例 [J]. 职教论坛, 2014 (21): 58 – 61.

③ 贺建伟, 关继东. 论高职森林资源类专业群通用基础课程的设置 [J]. 职教论坛, 2010 (24): 44 – 45 +51.

④ 王晓慧. 论专业群内公共基础课改革 [J]. 教育与职业, 2014 (18): 141 – 143.

⑤ 曹静, 谢日星. 高职软件技术专业群课程模块化设计研究 [J]. 中国成人教育, 2011 (4): 61 – 63.

⑥ Ertl H. Modularisation of Vocational Education in Europe: NVQs and GNVQs as a Model for the Reform of Initial Training Provisions in Germany? [J]. International Journal of Educational Development, 2003, 23 (2): 239 – 240.

⑦ 吴言明. 高职校企双向全程介入人才培养模式探索 [J]. 学术论坛, 2013, 36 (9): 221 – 225.

台＋多方向"的框架模式，① 其中"一平台"是指一个公共技术平台，"多方向"是指多个专业方向。平台主要面向特定岗位群，立足于学生综合能力和通用技能的培养，是专业课程体系相对固定和稳定部分。相较于"一平台"的课程设置，"多方向模块"的课程设置模式则相对灵活，这样的课程设置模式能够较好地适应市场需要的灵活性和通用技能的稳定性。

2. "共享平台＋专业模块＋拓展模块"三要素模式研究

"共享平台＋专业模块＋拓展模块"三要素模式认为，课程体系建设是专业群建设的核心环节和主要抓手，高职专业群课程体系的建设要分析大量的专业群"服务域"，以主要工作任务的流程为教学内容组织的关键依据，以核心岗位的主要工作内容设定专业核心课程的具体内容，组建"课程＋模块"的课程群体系。② 其中，"课程平台"的建设主要是基于共性要求和基本规格的培养，"课程模块"的构建则立足于不同专业的个性化与特殊性需求的培养。基于"平台＋模块"的理念设计的课程体系主要由"共享平台＋专业模块＋拓展模块"组成，③ 共享平台立足学生的通用技能的培养，而专业模块主要立足于学生专业能力的培养，拓展模块则立足学生的差异化需求，是更高层次的兴趣和能力的拓展。

课程体系建设与课程资源的优化是高职专业群建设的重要抓手。为更好发挥职业院校专业集群的协同效应，根据组群的基本原理，同时兼顾群内专业共性基础知识和专业建设的个性化差异，以学习者为中心的原则，构建"平台＋模块＋方向"的专业群课程体系。具体开发流程为"科学分析对接岗位群—设计课程的总体框架—设计项目化的课程—设计课程教学计划—建设课程相关资源库"等步骤。④ "共享平台＋专业模块＋拓展模块"的专业群课程体系，基于拓宽通用基础，强化技术技能的思路，有利于相应情境教学的组织和教学项目的开发，也有利于不同要素按照模块化的方式组合优化。⑤

3. "基础课程＋平台课程＋模块课程＋拓展课程"四要素模式

"基础课程＋平台课程＋模块课程＋拓展课程"四要素模式认为，在专业

---

① 卢兵. 基于职业技术领域专业群的高职课程体系的建构实践 [J]. 中国大学教学，2009（9）：76－78.

② 强伟纲. 对高职专业群建设的思考 [J]. 教育与职业，2013（21）：30－32.

③ 乔学斌. 高等职业院校专业群建设的实施路径 [J]. 中国职业技术教育，2016（35）：85－89.

④ 周劲松. 基于专业群的高职"平台＋模块＋方向"课程体系开发 [J]. 职业技术教育，2013，34（8）：23－26.

⑤ 张凯. 基于种植类专业群的"平台＋模块"工学结合课程体系构建 [J]. 广东农业科学，2010，37（3）：318－319＋327.

群课程体系建设过程中，高职院校要积极主动，主动对接产业系统的现实需求，对接各类岗位的人才需求标准和职业资格标准，突出职业能力培养导向，开发项目化的课程体系和教材体系。① 具体而言，就是在厘清各专业群内核心课程与其他课程关系的基础上，建立"基础课程＋平台课程＋模块课程＋拓展课程"的课程体系。② 其中，基础课程主要培养学生最基本的素质，如职业道德，保证学生的素质教育；平台课程主要立足学生专业知识的学习与职业技术技能的具体训练③。模块课程主要是对专业群内不同专业的专业核心课程，以模块化改革为导向，以核心任务的工作过程或任务为载体，进行模块化教学，培养学生的专业技术能力；④ 拓展课程主要立足于学生更高层次的发展需求和兴趣爱好培养的多元性，以提高学生对就业市场和职业岗位需求变化的适应能力。不同课程之间的关系体现为底层的基础课程共享，中间层的模块课程分立设置，高层的拓展课程互相选择。⑤

课程体系建设是专业群建设的关键内容，是实现高职专业群培养目标的重要抓手，也是学校教育教学工作开展的重要依据。⑥ 通过设计课程体系的内容便可以规划人才培养的规格、模式与目标。在专业群课程体系建设过程中，要动态关注产业系统的现实需求，使高职院校培养的复合型技术技能人才能够较好地满足人才市场的需求，增强高等职业教育的社会服务能力，有效利用专业群在人才培养方面的集群优势。⑦ 为构建适切的专业群课程体系，首先，系统分析相应产业人才需要的通用技能，构建专业群内各专业共同的公共基础课程，用以培养特定专业群共同需要的能力、知识和素质；⑧ 其次，在基础课程模块的基础上，通过分析专业群对应岗位群的核心岗位和关键能力，开发特定专业群的专业核心课程，这些核心课程要充分服务于学生核心素养的培养；⑨

① 徐生，王怀奥，梁蓓．高职专业群背景下的学习领域课程开发与实施［J］．职业技术教育，2010，31（23）：25 – 28．
② 钱红，张庆堂．高职院校专业群建设的实践与思考［J］．江苏高教，2015（1）：139 – 141．
③ 胡英，夏晓静，崔山凤．专业群平台课程的教学改革与设计［J］．教育与职业，2012（23）：116 – 117．
④ 范民．高职专业群课程体系中链路课程的设计［J］．职业技术教育，2009，30（11）：23 – 24 + 50．
⑤ 施能进，罗文华，徐茂华．高职院校专业群共享课程的教学改革和实践［J］．职教论坛，2013（14）：94 – 96．
⑥ 张欢．高职院校专业群课程体系构建方法探讨［J］．中国职业技术教育，2014（5）：31 – 34．
⑦ 陈秀珍．高职院校专业群课程体系构建的研究［J］．中国职业技术教育，2015（2）：86 – 89．
⑧ Arafeh L. An Entrepreneurial Key Competencies' Model［J］. Journal of Innovation & Entrepreneurship，2016，5（1）：26．
⑨ Stoller J K. Developing Physician – Leaders：Key Competencies and Available Programs［J］. Journal of Health Administration Education，2008，25（4）：307．

最后，基于学生的生涯发展需要和更高层次的需要，开发针对专业群内各专业的拓展性课程和特色课程。上述课程体系应真正实现底层基础性课程共享、中层专业核心课程分立和高层拓展性课程互选，进而保证学生不同层次的职业技能培养，拓展专业群的适应水平和可持续发展能力。①

上述流程的具体举措，立足于开发"高层课程可以实现互选、中层课程基本形成分立、底层课程完全可以共享"的专业群课程体系。② 其中，"底层可以共享"主要是针对高职专业群内专业共同需要基础知识以及通用性技能而设置的相关课程体系，立足于培养学生的综合素质、基本技能，以培养学生的基本素质，是毕业生培养过程中的基本素质课和基本平台课。"中层课程基本形成分立"主要要求同一专业群在进行专业设置的过程中，关注群内专业对接岗位群的特殊性，在基本素质课和平台课程的基础上设置具有专业特色的相关课程，这些特色课程的确定主要根据生产实践一线的工作任务和工作过程需要的知识、素质和技能，有助于相应的能力训练。"高层可以互选"主要是指在底层通用技能和中层核心技能的基础上，为了拓宽学生发展渠道，满足学生发展特殊技能的需要，而设置的更多样化的专业拓展课程和素质拓展课程。③

此外，专业群课程体系的开发也要重视各类信息化和数字化课程资源的开发与建设，积极鼓励职业院校和企业共同参与到专业群信息化课程体系的建设过程，开发数字化的教学平台，不断优化各类教学平台的功能，并根据"底层课程共享、中层课程分立、高层课程互选"的原则开发各类项目导向的课程群，④ 在原有各类精品课程的基础上，通过利用现代互联网技术，建设大批的数字化精品课程资源，以实现优质课程资源的共享。

（二）基于师资队伍培育与优化的专业群建设路径研究

师资队伍建设和专业化成长是专业群建设的重要保障。为优化高职专业群师资队伍建设，应从师资队伍的培养方式和具体培养制度等方面加强建设，制定科学合理的评价指标体系和具体激励措施，营造良好的社会氛围。⑤ 高职专业群的建设需要教师队伍在建设过程发挥主观能动性，为优化高职专业群师资

① 顾晓燕. 高职物联网专业定位与专业群建设的探索 [J]. 职业技术教育，2013，34（11）：9-12.
② 陈秀珍. 高职院校专业群课程体系构建的研究 [J]. 中国职业技术教育，2015（2）：86-89.
③ 谢茂康. 产业群和专业群适应性研究 [J]. 教育与职业，2016（24）：41-43.
④ 姜郭霞. 数字化精品资源共享课程建设探析 [J]. 职业技术教育，2014，35（5）：36-39.
⑤ 霍丽娟. 论专业群建设与高职教师的成长与发展 [J]. 国家教育行政学院学报，2010（1）：58-61.

队伍的建设，高职院校应积极开发多元的培养路径。① 如与国内外发展水平高的院校建立广泛的交流培训关系，积极鼓励本校教师经常参与合作企业技术研发工作，定期选派本校教师到企业实习，鼓励本校老师兴办校内的经济实体，搭建各类资源共享的平台，优化本校师资队伍的结构，不断提升本校教师的教学能力、科技水平和指导实习实训的能力，为高职院校专业群的建设提供有力的人才队伍保障。②

从个体层面来看，专业（群）带头人是高职院校在运转过程中技术水平和业务能力精湛，对特定专业技术的发展作出过突出贡献的专家能手。特定专业群带头人的培养与选拔是高职专业群师资队伍培养的关键，专业（群）带头人的水平直接决定着高职专业群的建设和发展方向。③ 专业（群）带头人的培育和选拔通常会从专业业务水平、领导沟通能力、交际能力等不同方面进行考核评价。特定专业群的带头人应能够开展相关领域科研创新任务，能够为本领域的科学技术进步作出重大贡献，研究成果要达到本领域的先进水平。④ 同时，也要具备领导能力和协调能力，能够对自己负责领域的专业群作出科学明确的规划，协调好专业群内不同专业之间的关系，带领本领域的教学团队高效运作。

对于高职专业群师资队伍的整体培养而言，"双师素质"的培养是高职院校师资队伍培养的主要任务。有学者基于高职专业群建设需要，分析资格认证标准的主要内容和构建框架，建构了包括"实践知识、实践能力和实践素养"在内的三方面评价指标体系，⑤ 对评价指标体系进行了分级和量化，并指出了资格认定执行的具体措施。不断提升教师的实践能力，为教师安排更多去企业顶岗实践的机会，积极为相关企业开展技术服务，增强实践教学方面的能力。⑥ 同时，也要广开源头，聘请一批企业兼职教师，⑦ 招聘行业企业的技能大师和技术专家，实施"名师工程"，全方位加强骨干教师的培养，形成素质良好的"双师型"教学团队。通过"大师工作室""名师工作室"等项目，加强

① 杨云. 高职教育专业群建设研究 [J]. 教育与职业，2016（21）：53 – 56.
② 吴吉东. 高职院校专业群建设视域下的教师发展研究 [J]. 职教论坛，2014（5）：8 – 10.
③ 袁洪志. 高职院校专业群建设探析 [J]. 中国高教研究，2007（4）：52 – 54.
④ 李芸. 高职院校旅游管理及在线运营服务专业群建设研究 [J]. 中国职业技术教育，2014（14）：24 – 28.
⑤ 曾全胜，刘逸众，刘文娟. 专业群背景下"双师素质"教师资格认定标准研究 [J]. 教育与职业，2016（14）：78 – 80.
⑥ 吴言明. 高职校企双向全程介入人才培养模式探索 [J]. 学术论坛，2013，36（9）：221 – 225.
⑦ 强伟纲. 对高职专业群建设的思考 [J]. 教育与职业，2013（21）：30 – 32.

专业（群）带头人的培养，培养一大批业务精湛的骨干教师队伍。① 同时，加强教师之间的知识共享，促进教师在实践能力、教学能力和科研能力等方面取长补短，不断优化师资队伍的素质结构。此外，也要重视师资队伍的国际视野培养，提升师资队伍的国际化水平。② 不断优化专业群的双师型师资队伍结构，打造"业务精湛、师德高尚、大师引领、骨干支撑"的专业群创新教学团队。③

（三）基于实践实训体系建设的专业群优化路径研究

实践教学体系的建设是高职院校培养学生技术技能水平的主要载体，实践教学体系主要从其所服务的"岗位群"对技术技能人才的能力需求出发，基于群内资源的整合与共享的目的，设计出以专业群核心素养为基本主线，以其他辅助能力为支撑的多元实习实训体系。在多元实训体系中，将基于相应的实训项目和模块组建成特定的实习实训链，实训链主要是为体现出专业内不同专业的共性，而实训项目或模块主要是为了体现群内不同专业之间的差异性。④ 实训教学体系以群内重点专业为核心，以"项目式"和"模块化"设计教学为内容，同时整合了群内不同专业的教学资源，能够基本满足特定专业群职业岗位群的实践需求，形成校内外相结合、集约化、分层次和递进式的实践教学体系。⑤ 构建科学合理的实践教学体系，根据专业群的特点和规律，不断优化实践教学体系的体制机制。高职院校应进一步加强与企业的合作和政府政策的对接，建立校政企共同参与的专业群指委会，⑥ 创新专业群运行体制机制，基于院校专业群内的共建共享机制，凝练学校专业群的特色。

实训基地扮演着"实践教学、培训、技术技能推广和考核"等多重的角色，一个实训基地一般情况下应包括工程技术与操作技能训练中心、技术服务、研发与展示中心等部分。⑦ 实训基地的管理可以实行市场化管理，通过借

---

① 杨红玲. 协同创新视角下促进教师知识共享的专业群建设 [J]. 教育与职业，2014（35）：87－88.

② 乔学斌. 高等职业院校专业群建设的实施路径 [J]. 中国职业技术教育，2016（35）：85－89.

③ 谢茂康. 产业群和专业群适应性研究 [J]. 教育与职业，2016（24）：41－43.

④ 万军，胡宁. 专业群建设视角下实训教学体系的构建 [J]. 职业技术教育，2013，34（11）：54－56.

⑤ 顾晓燕. 高职物联网专业定位与专业群建设的探索 [J]. 职业技术教育，2013，34（11）：9－12.

⑥ 周丽，白娟. 现代旅游服务业专业群背景下实践教学体系研究 [J]. 中国职业技术教育，2013（23）：9－13.

⑦ 刘芳. 高职信息类专业群"实训、实战、实体"实践教学体系构建 [J]. 职业技术教育，2015，36（11）：37－40.

鉴不同运行方式的优势，促进高水平实训基地的建设。[①] 高职院校与企业应积极建设兼具教学功能和生产功能的公共实训基地。按照"企业参与、学院为主和市场主导"的原则，[②] 坚持走产教融合的道路，公共实训基地的建设要突出生产性与共享性，打造实践教学中心、技术服务与研发中心和企业职工培训中心等平台，发挥公共实训基地在人才培养方面的作用。[③] 校内实训基地的建设是高职院校教学过程职业性和实践性的重要体现，校内实训基地的建设任务主要是包括实训基地建设筹建方案制定、实训基地的具体运行管理、实习实训项目开发等内容。[④]

专业群的校内实训基地在建设过程中存在的主要问题有：目标定位不清，导致目标错位偏离；功能单一性，过分注重硬件设施的建设，基地的运行模式与高职院校课程内容导向的协同性有待进一步提升；[⑤] 生产片段性与管理封闭性，不同专业实训基地的内部共享性和融通性有待进一步提升；建设重复性，实践教学方案与硬件设施以及实训项目的结合度和丰富程度有待进一步提升等。[⑥] 为了解决上述问题，在校内实训基地建设过程中应坚持以下原则：一是整体规划，要立足高职院校发展的整体战略统筹规划，分步骤推进与完善；二是突出重点，高职院校校内实训基地的建设要突出重点专业、重点项目，坚持重点优先和通用优先；三是工作过程导向和能力导向，高职院校校内实训基地的建设要坚持工作过程导向和能力培养的导向。同时，也要坚持市场化运行的改革，增加有偿运营的比重。[⑦] 高职院校专业群校内实训基地建设的主要路径有：科学制作实践教学执行方案；合理制定具体建设规划；已经建立的校内实训基地要不断促进各类校内实训基地的良好运行与科学管理。[⑧]

从现有研究看，高职院校专业群可建立由顶岗实习阶段、综合实训阶段和单向实训阶段等组成的多阶段实习实践教学体系。[⑨] 其中，单向实训阶段主要

① 袁洪志. 高职院校专业群建设探析 [J]. 中国高教研究，2007 (4)：52 – 54.
② 钱红，张庆堂. 高职院校专业群建设的实践与思考 [J]. 江苏高教，2015 (1)：139 – 141.
③ 杨云. 高职教育专业群建设研究 [J]. 教育与职业，2016 (21)：53 – 56.
④ 王俊山，杨天英. 基于专业群理念的校内实训基地建设研究 [J]. 教育理论与实践，2009，29 (30)：25 – 27.
⑤ 黄金凤. 高职建筑设计技术专业群实践教学质量评价和运行机制构建 [J]. 职业技术教育，2016，37 (5)：17 – 20.
⑥ 黄启良. 对接产业链的职业院校服装专业群联动实训基地建设研究 [J]. 中国职业技术教育，2017 (31)：78 – 81.
⑦ 邓志革，侯建军，李治国，王伟力. 高职汽车专业群建设与实践 [J]. 中国职业技术教育，2016 (13)：62 – 65.
⑧ 瞿立新. 高职旅游专业群建设的研究与实践 [J]. 职教论坛，2012 (33)：61 – 66.
⑨ 谢茂康. 产业群和专业群适应性研究 [J]. 教育与职业，2016 (24)：41 – 43.

关注专业群内专业所对接特定岗位所需要的技术技能，根据具体工作任务的分析分解，基于任务展开的流程开展单向化项目训练，通过单向实训实现学生技术技能水平和知识运用能力的进一步提升。①"工作任务驱动的项目化"实训模式，通过教师和学生共同实施和完成一个具体的项目，在项目的实施过程通过相互的讨论与协作，以此来提升实训项目效果，提升学生的综合技能水平。在学生、教研室、二级学院和学校四个层面形成严密的体系，增强对学生培养的全过程监控与评价。② 综合实训阶段主要是以具体专业群对应的岗位群为主要内容开展的全项目式实习实训，主要目的是让学生在第一阶段学习的单向技能，在综合项目中得到运用与综合融通。③ 顶岗实习阶段主要是为了让学生在专业群对应的行业企业中从事具体的工作岗位，④ 完成具体的工作任务而从事的独立工作，通过从事相应的工作任务来提升专业知识和技能的综合运用能力，最终目的是培养学生的综合能力和具体岗位技能，增强学生的竞争力与可持续发展能力。⑤ 三个不同的环节由简单到复杂、从仿真模拟到真实岗位，层层递进，不断深化。

（四）基于教学资源库组建的专业群建设路径研究

相关研究认为，教学资源库是一种可以不断扩充的教学活动支持系统，主要由知识点素材、数字化媒体素材、优秀的示范性教学案例等要素组成，并按照专业群课程的内部逻辑和具体的技术规范进行组建。⑥ 组建教学资源库的目的是为了整合学校或学院的优质教学资源，实现优质教学资源的全方位共享，发挥优势特色专业的辐射带动作用。教学资源库的建设是一项系统性工程，需要全方位调动相关各类元素的参与，兼顾不同专业之间、不同院系之间的发展实际，形成各方共同参与的共建共享机制。⑦

现有关于专业群教学资源库的研究中，有很大一部分是专业群教学资源库的

---

① 程书强. 工商管理专业群虚拟现实实训平台的构建与实践［J］. 中国职业技术教育，2013（2）：77－79.

② 乔学斌. 高等职业院校专业群建设的实施路径［J］. 中国职业技术教育，2016（35）：85－89.

③ 罗彦祥. 共享实训基地背景下的高职计算机技术专业群建设研究［J］. 中国职业技术教育，2015（29）：65－68.

④ 周赣琛. 高职院校商务类专业群学生顶岗实习现状与对策［J］. 职业技术教育，2012，33（8）：12－14.

⑤ 李芸. 高职院校旅游管理及在线运营服务专业群建设研究［J］. 中国职业技术教育，2014（14）：24－28.

⑥ 袁洪志. 高职院校专业群建设探析［J］. 中国高教研究，2007（4）：52－54.

⑦ 孙燕华，陈桂梅. 专业群数字化教学资源的建设［J］. 教育与职业，2015（35）：110－112.

案例研究。为促进专业群教学资源库的发展，可组建教学资源库的子库来促进整体的可持续发展，这些子库主要包括试题库、实验库、成果库、教学视频库等不同的子库。① 各子教学资源库围绕专业群教学过程中的各个环节的需要，设置了功能齐全的平台资源，通过构建以核心专业的 MOOC 为重点的教学资源库，以实现信息化的教学与人才培养。在此过程中，紧紧围绕该专业群的人才培养目标，坚持"能学辅教"的发展定位，② 以各类职业资格标准能力要求为依据，设置相应的课程体系。基于专业群内特定专业的人才培养方案，不断整合教育教学实践过程中的各类资源，加强素材库建设，利用信息化手段整合各类资源，形成多元的平台体系，以满足学生、教师和培训师、社会人群等不同主体的各类需求③。

现有研究认为，专业群教学资源库组建过程中存在的主要问题有：行业企业参与不足、发展定位不明确、服务对象不清晰、日常管理和后期维护不科学、反馈机制跟不上等问题。④ 为促进教学资源库的更好发展，应针对学生、教师、企业、社会学习者等不同的群体分级分类构建资源，将教学方案、教学计划、课程标准、实训指南等教学资源进行统一整合，使得共建共享的专业群教学资源库能够更加开放和丰富。⑤ 各高职院校在打造共建共享优质教学资源库的过程中，不仅要重视纸质教材的建设，也要运用相关的信息技术，开发各类网络学习平台，开发一批数字化教学资源，这类资源不仅包括文本形式，还应包括图像、音视频和动画等形式，以提高学生的学习效率，并通过课程的现代化来带动教学的现代化。⑥同时，制定明确的保障激励措施，推动行业企业深度参与，丰富课程资源库的具体内容，并进一步加强反馈与交流。⑦ 通过专业群教学资源的建设促进专业群在高职院校人才培养方面优势的发挥。

四、高职专业群建设与产业发展关系研究

产业链分布是高职院校专业群组建的重要依据之一，专业群与产业发展的

① 陈岭．对生物类专业群共享教学资源可持续发展的思考［J］．职教论坛，2013（2）：56－58．

②⑥ 钱红，张庆堂．高职院校专业群建设的实践与思考［J］．江苏高教，2015（1）：139－141．

③ 乔学斌．高等职业院校专业群建设的实施路径［J］．中国职业技术教育，2016（35）：85－89．

④ 滕业方，殷新叶．协同创新下的塑料产品制造专业群信息化教学资源建设研究与实践［J］．职业技术教育，2014，35（8）：18－20．

⑤ 李芸．高职院校旅游管理及在线运营服务专业群建设研究［J］．中国职业技术教育，2014（14）：24－28．

⑦ 强伟纲．对高职专业群建设的思考［J］．教育与职业，2013（21）：30－32．

关系也是高职专业群研究的重要内容。产业集群理论将产业性质相似、相互影响、相互依存的经济实体在特定时空下的聚合现象称为"产业集群"。产业群是产业系统中由各类企业相互竞争所形成的产业空间组织形态，是若干地理位置上相近的生产同类产品的集群，由供应链上各个节点企业所组成。① 产业的转型升级将影响专业群的调整与变迁，专业群的组建要适应产业经济的发展诉求。高职院校在专业设置与调整过程中要积极聚焦区域产业结构，优化其专业群的布局结构。② 迈克尔·波特认为，通过产业集群能够使各经济体在激烈的市场竞争中发挥共生协同效应，获得持续的竞争优势，从而助推整个产业群的发展③。在产业集群理论的启发下，高职院校专业也开始基于"集群"式的理念组建，高职专业群的组建是在现有资源集聚比较优势的基础上，通过发挥不同专业的规模效应、集聚效应和扩散效应而组建的群组，以此来提升专业的整体竞争力。

基于产业集群理念组建的专业群主要有以下特征：一是集中性，高职院校专业群内的各专业之间有一定的联系，按照相似相近相同的原则，将各个专业汇集在一起，以实现全校专业优势互补和共同发展；④ 二是互通性，高职专业群与其他集群相类似，作为一个利益共同体，其群内专业之间是相互联系、资源共享和优势互补的；⑤ 三是稳定性与灵活性，高职专业群的组建需要以稳定的核心专业为支撑，也需要根据产业转型升级对人才培养的具体形式作出适时调整，做到稳定性与协调性相统一。⑥ 将产业链上的相关专业组织在同一个组群是高职院校专业群的组群逻辑之一，实践中通常将与产品生产相关的工序流程所涉及专业组建在一起，形成相应的专业群。⑦ 基于产业群、岗位群对接专业群所形成的职业联系是高职院校组建专业群的现实依据，专业群内部的本质联系是群内专业之间是否有相似或相近的工作要素，⑧ 这类工作要素主要由专

① 谢茂康. 产业群和专业群适应性研究 [J]. 教育与职业, 2016 (24)：41 – 43.

② 杨云. 高职教育专业群建设研究 [J]. 教育与职业, 2016 (21)：53 – 56.

③ [美] 迈克尔·波特. 竞争论 [M]. 刘宁译. 北京：中信出版社, 2009：62.

④ 刘霞. 基于产业链的高职专业群建设研究 [J]. 中国职业技术教育, 2012 (3)：36 – 40.

⑤ 沈建东, 黄琼. 基于苏州产业结构探究高职商贸服务专业群建设 [J]. 教育与职业, 2017 (9)：105 – 109.

⑥ 俞国, 唐建, 俞富坤. 高职重点专业群与区域优势产业集群的耦合发展研究 [J]. 职教论坛, 2014 (6)：52 – 55.

⑦ 徐国庆. 基于知识关系的高职学校专业群建设策略探究 [J]. 现代教育管理, 2019 (7)：92 – 96.

⑧ 朱双华, 陈慧芝. 瞄准汽车产业打造特色专业群的构想与实践 [J]. 中国职业技术教育, 2011 (18)：70 – 74.

业群对接服务领域的工作关系、工作对象和工作设备组成。①

　　专业群之间的联系主要取决于在组建专业群时参考的是"学科体系"还是"工作体系"。② 高职专业的组建应基于区域中工作要素密切关联的产业，基于对具体产业的分析，科学组建适应区域产业经济发展的专业群。③ 高职专业群的组建需要全面客观地分析相关产业链、岗位群和职业带的人才需求现状，确保两者能够精准科学对接，从而有效提升高职专业群系统对产业系统的外部适应性，形成高职院校的专业特色和办学优势。④ 特定高职院校的特色取决于其所设置专业（群）的特色，专业（群）特色取决于对接区域产业经济的发展状况。⑤ 因此，高职院校内涵建设和特色建设的首要问题是专业（群）的组建如何对接区域产业经济的发展需要，⑥ 通过对区域发展过程中的主导产业、新兴产业及其具体产业结构的分析，对接好区域产业链发展的现实诉求，并将其作为高职院校专业（群）布局和优化的改革方向。⑦ 高职院校专业群数量和布局结构主要取决于区域产业的发展规模和技术含量，因为特定区域产业结构与规模决定了其对各类技术技能型人才的需求规模，产业链不同，岗位群所需要的技术技能类型将会存在差异，从而影响具体专业群的人才培养规格。

　　高职院校专业群的建设要根据区域经济的特点、支柱产业和特色产业的需求、企业的人才需求规模和需求规格科学推进。面向不同职业领域的岗位群构建专业群、面向不同经济领域的产业链构建专业群、面向不同行业领域的行业业态构建专业群。⑧⑨ 行业性高职院校之所以在后期的发展中优势明显，正是因为行业性高职院校与产业经济的紧密联系程度。⑩ 产教融合、校企合作、工学结合、职教集团的组建等高职院校发展原则，最终还是要落实在专

　　① 应智国.论专业群建设与高职院校的核心竞争力 [J].教育与职业，2006（14）：33－35.
　　② 丁宗胜.高职院校专业群构建的逻辑研究——以旅游管理专业群为例 [J].职业技术教育，2014，35（2）：9－12.
　　③ 何景师，范明明.产业融合背景下宽平台、多方向的专业群构建 [J].职业技术教育，2012，33（5）：14－16.
　　④ 张红.高职院校高水平专业群建设路径选择 [J].中国高教研究，2019（6）：105－108.
　　⑤ 姜志军，李睿思.论地方经济产业结构与高校专业群建设现状 [J].继续教育研究，2015（2）：4－7.
　　⑥ 戴小红.国际商贸专业群提升服务产业转型能力的实践探索 [J].中国职业技术教育，2013（13）：82－86.
　　⑦ 沈建根，石伟平.高职教育专业群建设：概念、内涵与机制 [J].中国高教研究，2011（11）：78－80.
　　⑧ 罗三桂.高职院校特色专业群建设路径选择 [J].中国职业技术教育，2018（28）：71－75.
　　⑨ 芦庆梅，张劲.结合地方经济特点　建设高职特色专业群 [J].教育与职业，2002（8）：21－22.
　　⑩ 顾京.基于产业结构的高职教育专业群建设 [J].教育与职业，2012（17）：16－17.

业群与区域产业的对接上。① 因此，服务区域经济发展诉求，组建由骨干企业、专业群和行业组成的专业群协作组织是促进专业群建设高质量发展的重要任务之一。②

除具体院校相关专业群的案例研究之外，也有研究者基于特定区域分析了高职专业群组建的实践案例。例如，有研究者以珠江三角洲地区的高职院校为例，重点分析了该区域高职院校根据珠江三角洲的产业规模、集聚现状、结构特点和未来发展趋势，对照高职院校专业群建设过程中存在的现实问题，做好"问题清单"梳理的实践案例。该案例根据珠江三角洲产业集群的人才需求规模和规格进行各类技术技能型人才的培养，提高了专业群与产业链的耦合度，③确保专业群的建设与区域产业经济的转型升级与发展相耦合。

高职院校专业群与产业链协同过程中存在的问题主要有：形聚而神不聚，难以真正发挥协同效应，协同机制和协同文化缺失，缺乏整体规划与前瞻性思维，专业群与产业链的对接程度不高等问题。④ 为解决上述问题，应精准对接产业链来布局专业群，发挥好特色优势专业群的示范带动作用，推动校企合作的深度和广度，加强产教联动的信息化水平，促进专业群与产业链协同效应的发挥。在新时期经济社会发展的现实诉求驱动下，高职院校要以专业群建设为载体，主动"嵌入"⑤区域现代产业发展的过程中。根据嵌入式系统应用理论构建专业群建设结构与发展路径，不断优化专业群的课程体系、师资队伍体系、实训教学体系、教学资源库和人才培养模式等各类要素。高职专业群的构建，应根据国家各类产业政策的调整，以产业为载体，以科技为支撑，以培养适应产业发展诉求的高水平技术技能型人才为核心，组建科学合理的专业群体系，有效支撑和服务区域经济的发展和产业的转型升级。⑥ 在互联网技术飞速发展的当下，要大力促进产业链与专业群的协同创新发展，从"机制建立、伙伴选择、知识融合与利益分配"等方面综合发力，保障专业群与产业链的高效

---

① 李波. 高职院校特色专业及专业群建设的研究［J］. 中国成人教育，2009（2）：74－75.

② 滕跃民，蒋志. 关于出版印刷艺术专业群结构布局的系统性思考［J］. 教育理论与实践，2013，33（15）：13－15.

③ 杨善江. 高职院校专业群对接区域产业群的适应性分析［J］. 职业技术教育，2013，34（5）：9－12.

④ 徐耀鸿. 智能制造专业群服务先进制造产业的探究［J］. 中国职业技术教育，2019（10）：66－69.

⑤ 王效杰. 现代产业要素嵌入式专业群实践教学体系重构［J］. 教育与职业，2016（19）：102－105.

⑥ 朱琴. 从区域产业集群转型升级的视角探索高职文化创意设计专业群建设［J］. 教育与职业，2016（3）：81－83.

协同。同时，在特定专业群内部要注重核心专业的产学研合作教育体系构建，实现与产业链所需知识、技能、资源等多方面耦合。①

五、已有研究述评与本研究的着力点

职业教育专业群相关的国内外研究，从高职院校专业群建设过程中的核心要素，到不同国家高职人才培养单位设置典型模式和成功经验，再到专业群与产业链、岗位群的对接研究，为本书进一步认识高职专业群的内涵与本质特征，优化高职专业群的建设理念，进而促进专业群建设工作的科学推进提供了重要的启示和借鉴。现有研究中，关于高职人才培养单位设置及典型模式的研究，对本书从职业层面和教育体系类型层面分析高等职业教育人才培养单位的设置与划分问题提供了重要的分析视角。

从实践层面看，现有研究中关于德国等双元制特色国家职业教育人才培养单位设置模式的分析，以及关于英国和澳大利亚等盎格鲁—撒克逊体系职业教育人才培养单位划分经验的梳理，都为本书进一步深入探究基于专业群的人才培养载体优化问题提供了重要启示和借鉴。在本书全面梳理职业教育人才培养单位划分依据和典型模式相关研究的基础上，重点分析了中国特色高水平复合型技术技能人才培养的典型经验，根据现有研究梳理了我国高职院校专业结构优化与专业群组建的主要依据和内在逻辑。

与此同时，本书也梳理了关于我国高职专业群建设的大量案例研究，丰富的案例梳理为本书从课程建设、师资建设、实训基地建设、教学资源库建设等不同领域审视高职专业群建设路径提供了重要载体。专业群建设与产业发展关系是高职院校进行专业结构整体优化和人才培养质量提升的重要关注领域，也是现有高职专业群相关研究的重点关注内容，通过梳理国内外相关研究有助于本书更全面地理解产业系统和专业群系统的作用机制。总体而言，国内外相关研究，对本书分析和认识具体单一领域的相应问题提供了重要研究基础，但现有研究也存在以下不足，可将其总结为"三多三少"。

第一，实践经验总结多，理论凝练升华少。理论是特定领域一系列原理和概念组成的体系，是实践领域具象经验系统化之后形成的理性认识，此类理性

---

① 陈郁青. 高职重点专业群耦合式产学研合作教育体系的探索与实践［J］. 教育与职业，2015（23）：24-26.

认识按照一定的逻辑组成具有全面性和系统性特征的理论体系。① 高职专业群建设需要相应理论基础的指导，没有进行理论升华的专业群实践是碎片化和零散的，不能够科学指导专业群建设的实践。高职专业群理论体系的构建，需要将大量具体的专业群建设实践进一步抽象化，按照科学研究的基本流程，形成系统化的理性认识体系。高等职业教育经过示范校、骨干校、优质校、双高校等不同阶段的发展，为建构高职专业群建设的理论体系奠定了丰富的实践基础。高职专业群建设的实践升华为相应理论体系，需要经过具体的科学加工过程，通常情况下专业群建设的实践经验需要经过具体实践活动的描述、客观经验的概括、理性认识的外推等基本环节，在经过科学地加工过程之后，逐步上升为高职专业群建设的基本理论规律。如果专业群建设的相关实践活动没有经历科学的加工过程，将导致大量的高职专业群建设研究成为"零敲碎打"式的案例和具体经验的总结，很难形成能够科学指导专业群建设的理论基础。

通过梳理现有关于高职专业群建设的相关研究可发现，现有研究过多地关注了高职专业群的设置现状分析与具体案例梳理，尤其是以专业群建设政策热点的解读性研究居多。现有研究还未能形成一个较为稳定和成熟的理论体系，也未形成具有中国特色的高职专业群建设理论体系，相关理论研究还处于一个比较"贫瘠"的状态。高职专业群建设的实践活动为开展专业群建设提供了鲜活的典型经验和多元的建设案例，但如果不将相关的成功经验和实践案例进行抽象与升华，会使其长期处于零星和碎片化的经验总结阶段。因此，高职专业群建设的相关研究不仅要客观描述高职专业群建设实践活动的事实，进行大量的案例研究，同时也要将高职专业群建设的鲜活实践案例进一步升华和提炼，形成系统化和规范化专业群科学建设的理论基础。在高职专业群建设的相关实践中，运用系统化的理论基础科学解释高职专业群建设过程中存在的实践困境、有效批判高职专业群建设和理论研究的合理性、充分揭示高职专业群建设实践活动背后蕴含的基本规律，使高职专业群建设的相关研究进一步提升其理论深度，同时更好地服务于专业群建设过程中亟待解决的痛点和难点问题。

第二，单学科单视角的案例分析多，跨学科多学科的方法创新少。研究视角的选择、研究方法的使用是高职专业群建设研究过程中非常重要的一环。教育学、经济学、社会学、管理学等不同学科领域知识的积累与发展，以及不同

---

① 宋亚峰，王世斌. 我国教育研究的主题透视与演进逻辑——基于 2006 – 2017 年国家社科基金教育学项目的量化分析 [J]. 当代教育与文化，2019，11（1）：18 – 26.

学科之间的交叉与融合，为开展职业教育专业群建设相关研究提供了多元可供选择的范式与方法。关于不同学科领域研究方法的建构与选择问题，现有研究认为主要可以基于以下途径构建相应学科的研究方法：首先，对于工具价值比较强的学科，例如，统计学等领域，其学科发展的过程即为特定研究方法不断发展与完善的过程；其次，某一类研究范式或方法可以供多个学科同时使用，例如，物理学、化学、生物学等学科都会运用到实验法开展相关的科学研究中；最后，还存在一类学科，其学科建设和相关领域研究的开展几乎会用到不同学科的研究方法与范式，例如，空间学科、生态学、复杂系统科学等综合性较强的学科。职业教育的跨界性使得职业教育研究的问题域更加多元化与复杂化，在开展职业教育领域特定问题分析的过程中也应该选择多学科的研究范式与方法。

在梳理高职专业群建设相关研究的过程中，虽然有少量的研究运用了与教育学关系较为紧密的社会科学理论，但其规范性和创新性还有待进一步提升。为了方法技术而学习方法、方法使用过程中"邯郸学步"的现象、方法使用与事实分析"两张皮"的现象等普遍存在。因此，高职专业群建设的相关研究应根据研究问题的需要，基于研究方法的适切性，使用多元的研究方法与范式，探究高职专业群建设过程中的相关问题，在多元方法使用的过程中也要注重研究方法运用的规范性和科学性。与此同时，由于知识生产模式的变革，知识生产模式的多元化和知识生产过程的异质性、跨学科性以及强应用语境属性，为职业教育专业群的研究带来新的挑战与机遇。知识生产模式的革新为高职专业群建设相关研究方法的创新提供了可能的空间与思路，专业群建设过程诸多实践问题的研究应进一步打破传统单学科的视角，根据研究方法的适切性开展多学科与跨学科的研究。因此，本书将综合运用生态学的理论范式，结合系统科学、社会学、经济学和教育学理论与方法，基于研究问题的适切性，进行多学科与跨学科研究方法的创新与运用。

第三，研究内容中微观要素关注多，要素整体协同研究少。通过分析国内外现有研究可以发现，国内高职专业群建设的相关研究主要集中在职业群分类视角下的专业群建设、专业群建设的典型经验与模式、专业群的内涵与本质特征、专业群的具体课程、专业群的师资队伍培育、专业群的教学资源库构建、专业群的实践教学平台建设、专业群与产业链对接等不同领域。总体来说，国内专业群的相关研究过多强调了产业的需求，就业导向的色彩突出。更多是专业群设置对接产业需求的线性思维，对高职专业群生态系统各要素如何实现系统整体协同的研究不足。国外研究则侧重具体案例研究、职业分类、职业岗位需求、核心素养和关键能力等微观层面的内容，对于高职专业群建设过程中各要素的协同发展研究不足。部分研究甚至将专业群单一核心要素的研究等同于专业群的整体研究，有时甚至等同于整个院校的建设，这在一定程度上出现了研究层次混乱的问题。

在互联网、人工智能、物联网等快速发展对复合型技术技能人才要求不断变化的时代背景之下，专业群建设的相关研究仅仅用静态思维去分析相关的被动适应问题明显是不够的。关注专业群的动态预警与调整，加强专业群内各要素系统协同的研究，以及专业群系统与外部环境子系统之间的系统协同研究极为重要。因此，本书将在高职专业群生态系统理论模型建构的基础上，进一步分析高职专业群生态系统微观层面的协同进化、中观层面的协同进化、宏观层面的协同进化和系统整体的协同进化。基于多维度协同进化分析的基础，梳理并明晰高职专业群生态系统的共生演化、动态平衡和协同进化机理，并在此基础上探究高职专业群生态系统的网络化协同治理之道。

第四节　研究方案

一、研究目的与内容

（一）研究目的

专业群是高职院校为了适应新技术、新业态的变化，克服复合型技术技能人才培养不足、培养口径过窄等问题，通过专业结构整体优化提升职业教育外部适应能力而进行的重要实践探索。本书的主要目的是在构建高职专业群生态系统模型的基础上，分析专业群生态系统内外部各要素之间的协同进化规律，进而提出高职专业群生态系统的协同治理之道。以期更好地促进我国高职院校专业群建设，不断提升复合型技术技能人才的培养质量，更好地满足经济社会的发展需求、高职院校内涵建设与特色发展的需要，以及高职院校学生个人生涯发展的需要。

具体而言，第一，通过对教育生态论和复杂适应系统理论的梳理，构建高职专业群生态系统的理论分析框架；深入实地调研，通过对高职专业群建设的一线工作者进行深度访谈，基于各类质性材料的加工分析，建构高职专业群生态系统的结构模型；第二，解构专业群生态系统，分别从微观层面、中观层面和宏观层面分析系统内部的协同和系统外部的协同；第三，再次建构专业群生态系统，将不同层面的协同进化放在整体系统中进行审视，分析专业群生态系统的协同进化机制与动态平衡；第四，基于高职专业群的协同进化机制，剖析专业群协同进化的现实困境，进而提出专业群生态系统的科学治理方略，从而有效提升高职院校的人才培养质量，不断提升高等职业教育的适应性与社会服务能力。

（二）研究内容

1. 构建高职专业群生态系统的理论分析模型

根据生态论与教育教育生态论、复杂自适应系统理论，构建高职专业群生态系统理论模型。基于前期对高职院校专业群建设一线工作人员的访谈资料和典型高职院校专业群案例的资料分析，运用 NVivo 软件对相关数据资料进行三级编码（开放性、主轴和选择性），在编码结束后进行相关研究的饱和度检验。在此基础上形成高职专业群生态系统的结构模型，并进一步分析高职专业群生态系统的组成要素和结构特征。

2. 高职专业群个体的生成与协同进化轨迹研究

高职专业群个体的生成与协同进化轨迹研究的是微观层面协同进化，微观协同进化是高职专业群生态系统协同演化的内生动力。本书将基于知识论和技术哲学的视角对专业的产生、专业群的生成、专业群个体的进化轨迹与生命周期进行分析，明确专业群从何而来和专业群成长进化的生命周期。

3. 高职专业群生态系统内专业群之间的协同进化分析

高职专业群生态系统内专业群之间的协同进化分析的是中观层面协同进化，本书通过生态仿真模拟法和 Lotka – Volterra 模型，将运用 Vensim 软件分析高职专业群之间的协同作用关系和主要类型（竞争、互利、共生、偏利、偏害等），探析专业群个体之间的协同进化机理，为科学布局系统内的各专业群，不断提升高职专业群生态系统的外部适应性奠定基础。

4. 高职专业群系统与外部环境系统的协同进化研究

高职专业群系统与外部环境系统的协同进化是宏观层面的协同进化，主要探究高职专业群系统与外部环境系统各主体的协同进化过程。通过分析高职专业群系统与外部"四螺旋"主体的作用关系，重点分析专业群系统的进化与政策变迁的关系、专业群系统与产业系统的协同耦合关系，以及专业群系统与同区域中职、高职院校、本科院校之间的交往过程等，以实现高职专业群系统和外部环境系统的协同互动，提升专业群系统对外部环境系统的适应力。

5. 高职专业群生态系统的协同进化机制、协同进化过程中的现实困境与治理路径研究

在专业群个体层面、专业群种群层面、专业群与外部环境层面等不同维度和层面分析的基础上，总结归纳高职专业群生态系统的协同进化机制。同时，结合实地调研过程中获得的一手数据，剖析高职专业群生态系统在协同进化过程中面临的困境及其成因；在此基础上提出高职专业群生态系统的协同治理路径，不断提升高职专业群系统的适应性，更好地服务复合型技术技能人才的培养。

二、研究设计与方法

（一）研究思路与框架

本书从不同层面分析了高职专业群生态系统的协同进化过程和内在机理，旨在明晰高职专业群生态系统的整体运行机制，并结合专业群生态系统协同进化过程中面临的现实困境，提出科学的治理对策，具体研究路线如图1-1所示。

根据图1-1，为增强高职专业群系统治理的有效性、针对性和学科性，持续提升高职专业群生态系统的适应力，不断提升人才培养质量，更有效地服务于复合型技术技能的培养，应从以下几个方面开展高职专业群生态系统协同进化问题的研究。

首先，在梳理国内外相关研究的基础上，进一步明晰本书的具体问题，并移植生态学和复杂适应系统理论的相关理论基础，建构高职专业群生态系统的理论模型。专业群生态系统理论模型的构建主要基于前期对高职院校专业群建设的一线工作人员的访谈资料和典型高职院校专业群案例资料的分析，运用NVivo软件进行三级编码（开放性、主轴和选择性），在编码结束后进行研究的饱和度检验。在此基础上形成高职专业群生态系统的理论分析模型，并进一步分析高职专业群生态系统的组成要素和结构特征。上述过程主要是一个建构的过程。

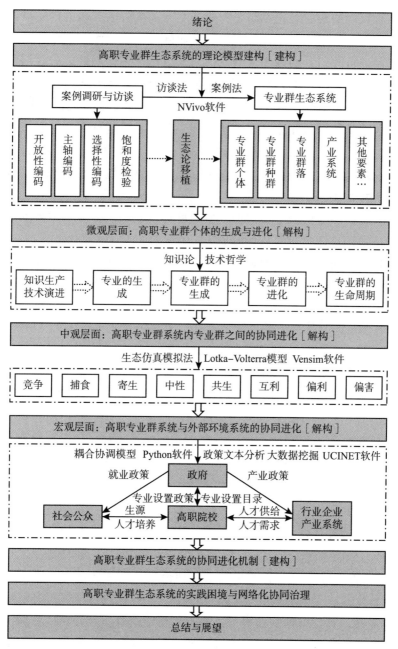

图 1-1 研究框架与技术路线

其次，在高职专业群生态系统理论模型建构的基础上，分别分析高职专业群生态系统在微观层面、中观层面和宏观层面的协同进化过程及其内在机理。

其中，微观层面的协同进化是高职专业群生态系统协同进化的内生动力，基于知识论和技术哲学视角对专业的产生、专业群的生成、专业群个体的进化轨迹与生命周期进行分析，明确专业群从何而来与相应进化周期。中观层面的协同进化主要分析高职专业群系统内专业群之间的协同作用，通过生态仿真模拟法和 Lotka－Volterra 模型，运用 Vensim 软件分析高职专业群之间的协同作用关系。宏观层面的协同进化主要聚焦于高职专业群系统与外部环境系统各主体的相互作用过程，主要是通过分析高职专业群系统与外部其他主体的作用机制，重点分析专业群的演进与政策变迁的关系，分析专业群系统与产业系统的协同耦合关系等多维关系。

最后，在高职专业群个体层面、专业群种群层面、专业群与外部环境层面等不同维度协同进化过程分析的基础上，系统梳理与总结归纳高职专业群生态系统的协同进化机制，结合高职专业群协同进化过程中遇到的现实困境，提出高职专业群生态系统的协同治理路径。

（二）研究方法论

高职专业群建设是一项复杂的系统性工程，这一系统性工程涉及诸多主体与要素。片面地、机械地、零散地关注专业群建设过程中单一主体或要素，不利于专业群集群效应和协同效应的发挥，也不利于专业群整体适应力的提升。为此，本书基于生态论和复杂适应系统理论的视角，从不同层面探究高职专业群生态系统各要素之间如何实现协同进化，最终实现系统的动态平衡与可持续演进。这一系统性问题的解决需要基于研究问题的适切性选取多元研究方法。从方法论来看，本书主要运用定量研究与定性分析相辅相成，理论推演与实证研究相互印证的研究范式。根据高职专业群生态系统协同进化过程中特定研究问题的需要，选择适切的研究方法，共同服务于本书的核心问题。

具体而言，为全面分析高职专业群生态系统协同进化的复杂过程，如图1－2 所示，首先应建构专业群生态系统理论模型，并厘清专业群生态系统的结构与组成要素，但现有理论基础和相关研究还不能解释本书的问题。为此，本书在相关理论基础梳理的前提下，基于扎根理论对质性资料的编码方式与分析范式，建构了高职专业群生态系统模型，为后文进一步解构该系统奠定了基础。高职专业群生态系统协同进化过程的分析，其次应厘清专业群系统最基本的组成要素——专业群个体是如何生成和进化的，微观层面专业群个体的生成与进化问题，涉及知识论和技术哲学层面的问题。为此，本书主要运用知识论和技术哲学的分析范式，通过顿悟性思辨、归纳性思辨、演绎性思辨等思辨方式和逻辑推演的方法，探究专业群生成过程中技术知识的静态加工与动态编组过程。中观层面专业群个体之间的协同进化过程涉及时间维度的种间竞争成长过程，需要对不同个体间相互作用的周期性变化进行分析。为此，本书基于种间竞争模型和生态仿真模拟的方式，运用定量研究的方法分析了专业群之间的协同进化过程。宏观层面专业群系统与外部环境系统的协同进化过程涉及外部的多元主体，基于外部主体的差异性和分析问题的适切性，本书在分析专业群系统与政策系统协同进化问题时，基于政策效力模型，对相关政策文本进行了分析；在分析专业群系统与产业系统的协同进化问题时，基于二者耦合匹配水平问题研究的适切性，本书选用耦合协调模型分析二者不同时空下的耦合程度；在分析专业群系统所在高职院校与同区域中职、高职和本科院校之间的交往时，基于分析问题的科学性，本书选取社会网络分析模型探究同区域不同类型院校之间的交往过程。最后，在分析专业群生态系统整体协同进化机制的过程中，基于前文分析和理论基础，总结归纳系统整体主要协同进化机制；根据调研案例的原始资料，运用质性研究的方法梳理高职专业群生态系统协同进化过程的主要困境与治理策略。

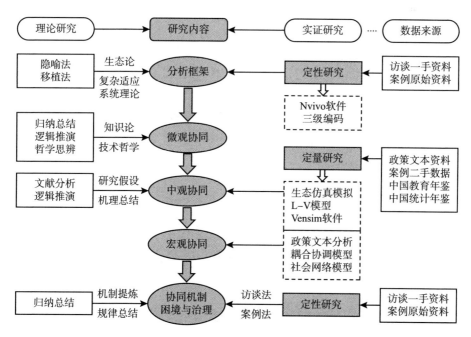

图1-2 研究方法与内容关系

（三）研究方法与工具

本书坚持定量研究与定性分析相辅相成，理论推演与实证研究相互印证的研究范式，通过实然层面的实证分析服务和佐证应然层面的理论推演。在具体的研究过程中，根据本书的核心问题、关键子问题和研究目的，综合考虑各类方法适切性的基础上，采用了以下研究手段与工具。

1. 案例研究法与 NVivo 软件使用

高职专业群生态系统的协同进化模型与具体治理路径的研究，应该建立在大量鲜活案例分析基础之上，才能较为全面地洞悉高职专业群生态系统的协同进化机理。此外，本书中专业群生态模拟的实现也需要以具体的高职院校专业群为研究样本，通过分析案例样本的实践样态，厘清专业群生态系统运转的具体过程。在上述过程中将选用案例研究法。

案例（case）是特定时空下能够观察到的相关现象，是有边界的实体，一般会形成一个分析单位，案例会构成一项推论试图解释的一类现象。① 案例研究的主要目的是不断深入或者接近研究者所关注的某组或者某一个研究对象（案例）。案例研究适合分析探索性和描述性类型的研究问题，更倾向于在研究对象相应的自然情境中收集各类研究资料。

在案例研究方法体系中，有艾森哈特（Eisenhardt）等学者倡导的理论构建式案例研究法，也有罗伯特（Robert）等学者提倡的使用案例检验理论的案例研究法。案例研究法主要通过大量研究案例的数据，将对研究对象的全面描绘与梳理归纳式的思考全部整合在一起，这一提炼的过程会包含从大量实证数据中归纳和识别规律的各类方法。通过运用相关方法，基于所关注的一个或者多个案例可以构建理论的命题、构念、中层理论等。② 根据现有研究，本书运用案例研究法将经过以下程序。

（1）启动环节

此阶段的主要任务是根据研究主题，明确一些构念，明晰和定义相关研究问题，并尝试对相关构念关系进行事前的预测。进一步明晰研究工作的具体内容，梳理研究过程中涉及的相关概念体系，以方便具体构念的测量，也方便案例的数据收集。在构建高职专业群生态系统理论模型的过程中，就是要基于研

---

① ［美］约翰·吉尔林. 案例研究：原理与实践［M］. 黄海涛，等译. 重庆：重庆大学出版社，2017：14.
② 李平，曹仰峰. 案例研究方法：理论与范例［M］. 北京：北京大学出版社，2012：33.

究问题对专业群生态系统、专业群个体、专业群落等相关概念进行明晰，以方便后续研究的开展。

（2）案例选取环节

当明确研究问题后，应科学选取研究问题所涉及的研究对象，首先确定研究问题所涉及案例的边界和研究总体，然后以理论抽样的方式，根据案例的典型性和代表性等要素聚焦有理论意义的研究案例。选取高职专业群生态系统协同进化问题的研究案例时，本书综合考虑研究样本的代表性、典型性、选择过程的科学性和相关样本数据的收集难度等影响因素后，选取若干所有代表性的高职院校进行实地调研，完成研究案例的科学选取。

（3）研究设计环节

此阶段主要是根据研究问题选取合适的数据收集工具。案例研究获取数据的方式和手段是多元的，主要有：直接观察法，[①] 对所关注研究对象的行动或物理环境进行直接观察；运用访谈法，对研究案例的主要参与者开展开放式或者半结构式对话；采用档案记录与文件法，通过对研究对象相关记录、报告等文件的分析获取相应的研究案例数据；运用参与式观察法，通过实地参与到研究案例的现实运转过程中获取相应的研究数据。

（4）进入研究案例现场环节

此阶段主要是进入研究案例现场，运用灵活多样的数据收集方法获取研究案例的定性和定量数据，并通过相关数据的初步分析来优化访谈内容和数据获取来源。在本书中，笔者主要通过访谈教务处等从事专业群管理工作的人员，或者从事专业群建设的相关负责人和教师的半结构式访谈，获得大量第一手资料。除了通过访谈获得的第一手访谈录音资料外，此次调研也获取了各院校最新的《高等职业教育质量年度报告》和"双高计划"建设院校的申报书、建设方案等官方文件资料。此外，笔者也通过对天津市部分高职院校的长期跟踪观察，通过参与式观察法获得了大量的案例资料。

（5）数据综合分析环节

此阶段主要是对研究案例进行数据分析、形成相关假设并与现有研究进行比对。通过对案例数据的案例内分析和跨案例分析，初步构建理论，根据现有研究在初步构建理论的基础上进一步提升相关研究的信度和效度，形成较为完

---

① ［美］罗伯特·K. 殷. 案例研究方法的应用［M］. 周海涛，等译. 重庆：重庆大学出版社，2018：12.

善的理论基础。同时，通过与现有文献的对比分析，在理论对话中提升本书所构建理论的科学性与可推广性。本书将根据研究问题的需要和对研究资料分析的适切性，选择程序化的扎根理论作为本书的数据处理方式。根据程序化扎根理论的理论主张，其主要流程有数据和资料收集，然后在数据收集的基础上进行开放性编码（open coding）、主轴性编码（axial coding）、选择性编码（selective coding），最后，在三级编码的基础上进行理论饱和度检验。基于上述操作流程，运用扎根理论数据编码的方式和 NVivo 软件，对实地走访调研的第一手访谈资料进行逐级编码。在编码的基础上，通过逐级比较和分析，凝练相关问题更高层次的范畴化类属，在三级编码的基础上对建构的理论进行饱和度检验，完成高职专业群生态系统结构模型的构建。

（6）结束研究环节

此阶段主要是根据是否达到理论饱和而结束整个案例研究。理论饱和的主要判定标准是在某一个时点上，研究者能够观测到现象是他之前已经观察到的现象，能够使新获得的知识增量变得极小，进一步改进理论的可能性也变得极小，此时就应停止分析，结束案例研究。

2. 访谈法与质性资料收集

访谈法是研究者通过与观察者或被研究者采取多种形式口头谈话的方式收集研究问题原始资料的一类研究方法。[①] 从访谈法的"访谈"二字便可以发现，此类方法最重要的活动便是研究者与被研究者的交谈对话过程，是一种带有研究性的交谈对话活动。由于访谈法在社会科学研究中的独特优势，使得访谈法成为教育科学研究的重要资料收集方法之一。访谈是研究者和被研究者双方相互作用、相互影响、共同建构意义的"以言行事"和"以言取效"的过程，研究者与被研究者双方的个人身份、相互关系、语言风格、表达方式等都会影响到具体的访谈氛围和情境。

教育科学研究中运用的访谈法按照不同标准可以划分为不同的类型，具体的划分标准有访谈的正式程度、访谈的结构、受访者的数量与访谈的次数等。就研究者对访谈的控制程度而言，可以将访谈分为三种主要的类型：开放型（无结构型）、半开放型（半结构型）、封闭型（结构型）。

在结构型访谈中，研究者在对被研究者进行访谈之前，已经对交谈过程中所涉及的主要问题、问题的分布顺序、受访者的交谈顺序以及访谈过程中相关

---

① 陈向明. 质的研究方法与社会科学研究［M］. 北京：教育科学出版社，2000：165.

内容的记录方式等事项非常明确。① 在研究者实施结构型访谈研究活动的过程中，仅需要依据前期制定的访谈提纲和标准化方案对被研究者开展相关交谈即可。在无结构型访谈中，研究者通常不会设定标准化的访谈提纲和问题，而是积极鼓励被研究者在研究主题范围内自由发表自己的主要观点，在交谈对话的过程中，访谈形式可以灵活多变，研究者主要根据受访者的回答发现研究主题涉及的基本观点，在无结构化访谈中，研究者并非是整个交谈活动的主导者，而是通过被研究者的相关表述，去发现受访者对特定主题的态度、看法以及他们对意义的诠释等内容。② 在半结构型访谈中，研究者应首先准备一个带有研究主题核心要点的对话提纲，但此粗线条的对话提纲只起到提示作用，不会束缚整个交谈过程的开展，研究者应根据受访者的回答和表现，灵活调整访谈的具体问题，完成整个访谈过程。③

在进行高职专业群生态系统的核心要素构建的时候，主要采取半结构型访谈，具体主要按照以下步骤进行。

首先，根据研究问题确定访谈提纲。在设计高职专业群建设相关人员访谈提纲的过程中，应根据研究问题设计访谈问题的核心要点，确保交谈内容的覆盖面。访谈提纲中问题的设计应尽量通俗易懂、简要具体、简单明了和具有可操作性，在半结构型访谈中，访谈提纲只起提示作用，具体的访谈过程要求研究者根据受访者、具体访谈情境的不同采取灵活变动的方式。

其次，选择访谈对象。根据研究主题，可抽样的原则和具体访谈对象的代表性，选择本研究的受访者，并与高职院校受访者提前沟通好访谈的时间和地点，相关人员访谈时间和地点主要征求各访谈者的意愿，兼顾访谈者的便利性，在各自高职院校的办公室或会客室进行交流，使受访者可以在一个熟悉的环境中，在一个轻松愉悦的环境中回答各类问题，从而获得更加真实的原始资料。此外，还应科学控制访谈的时长，尽可能覆盖研究关注的问题，又不能被跑题的相关信息延长访谈时长，使受访者产生厌倦情绪。还应在受访者知情的情况下，做好访谈记录，访谈内容的记录是后期分析研究问题的重要资料，应尽可能全面地收集访谈时的各类信息，为后期的分析奠定基础。

① Rose, Karen. Unstructured and Semi – Structured Interviewing [J]. Nurse Researcher, 1994, 1 (3): 23 – 32.

② Fontana A, Frey J H. Interviewing: The Art of Science [J]. Collecting & Interpreting Qualitative Materials, 1998, 6 (3): 472 – 474.

③ Wood L E. Semi – Structured Interviewing for User – Centered Design [J]. Interactions, 1997, 4 (2): 48 – 61.

最后，访谈资料的编码和分析。在收集第一手资料的基础上，对这些原始资料进行科学分析，主要运用 NVivo 软件对相关数据资料进行三级编码（开放性、主轴和选择性），在编码结束后进行具体研究的理论饱和度检验，得出本研究主题所关注主要问题的答案。

3. 生态仿真模拟法与 Vensim 软件使用

本书在生态学的视域下，聚焦于组织生态学研究关注的基本分析单位，从"个体→种群→群落→网络→系统"的不同演进趋势，来研究高职专业群生态系统的构成要素、进化逻辑与运行机理。分析专业群之间竞争与共生演进的具体过程，并运用 Lotka – Volterra 模型分析专业群生态系统内部中各要素的共生、竞争、互利与替代机制等，在模型构建的基础上运用 Vensim 软件对专业群生态系统的具体运行进行仿真模拟。探究专业群生态系统的具体演进机制，为专业生态系统的科学治理提供基础。仿真系统（simulation model）通过计算机技术软件模拟真实系统，研究系统内部结构、相互关系以及运动规律。[①] 高职专业群生态系统在协同进化过程中不同层面的各要素之间存在着复杂的非线性关系，基于回归分析原理的数学模型很难精准描述不同要素的协同进化过程。因此，本书将采用仿真模拟技术分析专业群生态系统内不同专业群之间的协同进化过程。

在生态统计学中，生态系统中两个物种竞争模型中比较典型的分析模型为 Lotka – Volterra 模型，此模型是 Logistic 模型的进一步延伸。如果设 N_1 和 N_2 为两个专业群，N 为专业群内的专业数，η_1 和 η_2 分别为高职专业群种群的增长率，K_1 和 K_2 分别为高职专业群的环境容纳量。按照 Logistic 增长模型有：

$$dN_1/dt = r_1 N_1 (1 - N_1/K_1) \tag{1-1}$$

如前所述，N/K 表示高职专业群已经利用的系统环境容量，而（1 – N/K）则表示高职专业群还未利用的可以进一步拓展的空间。当两个高职专业群个体为了争夺有限的系统资源而产生相互影响和相互作用关系时，系统内专业群已经利用的生存空间还应加入另外一专业群个体的生存空间，对于专业群 N_1 有：

$$dN_1/dt = \eta_1 N_1 (1 - N_1/K_1 - \lambda_{12} N_2/K_1) \tag{1-2}$$

其中，λ_{12} 为两个高职专业群个体之间的竞争系数，其相应数值表示特定高职专业群个体所占的空间，相当于 λ 个另一专业群个体所占的空间。竞争系数

---

① 刘思峰，方志耕，朱建军，沈洋. 系统建模与仿真 [M]. 北京：科学出版社，2012：28.

λ 的大小可以表征一个高职专业群个体对另一专业群个体成长进化的影响程度。同样，对于专业群 N_2 有：

$$dN_2/dt = \eta_2 N_2 (1 - N_2/K_2 - \lambda_{21} N_1/K_2) \qquad (1-3)$$

λ_{21} 为专业群 2 对专业群 1 的竞争系数。将式（1-2）与式（1-3）整合在一起即可形成 Lotka - Volterra 的种间竞争模型。[①]

根据 Lotka - Volterra 的种间竞争模型，专业群 1 和专业群 2 之间如果存在竞争关系，从理论层面看主要有 3 种关系：即专业群 1 获胜专业群 2 淘汰、专业群 1 淘汰专业群 2 获胜、两个专业群共同存在。通过分析 Lotka - Volterra 的种间竞争模型的斜率曲线，主要存在以下四种竞争结果。

第一种结果：专业群 1 在竞争过程将取得绝对优势，而专业群 2 面临被淘汰的危险。第二种结果：情况与第一种竞争结果刚好相反，此时专业群 2 将在竞争中获得绝对优势，而专业群 1 则面临被淘汰的危险。第三种结果：此时的交点就是专业群 1 与专业群 2 竞争的平衡点，但是第三种竞争结果下的平衡是不稳定的。第四种结果：二者对应的图形也将出现交点，即竞争过程中的平衡点，相较于第三种结果的平衡点，此时的平衡是比较稳定的平衡。

Lotka - Volterra 的种间竞争模型的以上四种结果说明，任何两个专业群个体之间的竞争结果主要取决于两个专业群之间的竞争强度的大小（λ_{12}/K_1 和 λ_{21}/K_2）和专业群个体内不同专业之间竞争强度的大小（$1/K_1$ 和 $1/K_2$）。当专业群之间的竞争强度大，但专业群内专业个体之间的竞争小时，则该专业群将在竞争中获胜，反之，则该专业群将面临淘汰的危险。当两个专业群内专业间的竞争强度大，但专业群与专业群之间的竞争小时，专业群个体之间都难以获得绝对的竞争优势而淘汰对方，此时将会出现稳定态的平衡，专业群个体之间出现了协同共存的状态。

高职专业群生态系统是一个复杂的适应系统，专业群生态系统的协同进化涉及不同要素不同层面的非线性交往关系，系统协同进化过程中的复杂作用关系，很难基于相应数学模型运算测量。因此，本书运用仿真模拟的手段进行分析，主要基于 Vensim 软件进行仿真模拟，Vensim 软件是一款功能强大的可视化系统仿真平台，可以通过因果回路图和存量流量图等手段创建仿真模型，进而全面分析相应复杂系统的行为与运转过程。在本书分析高职专业群生态系统的协同进化问题时，主要运用 Vensim 软件对专业群生态系统的具体运行进行

① 牛翠娟等．基础生态学［M］．北京：高等教育出版社，2008：111．

仿真模拟，探究专业群生态系统的具体演进机制，为专业群生态系统的科学治理提供基础。仿真系统通过 Vensim 软件模拟真实系统，研究高职专业群生态系统内部结构、相互关系以及协同进化规律。

4. 耦合协调模型与 Python 软件运用

耦合的相关研究最先起源于物理学领域，在物理学分析电路元件的输入和输出匹配影响问题时，引入了耦合的概念，从其本质内涵来看，耦合是两个或以上的实体相互依赖彼此的度量。"耦合"作为术语在自然科学领域（软件工程、通信工程、机械工程等）得到了广泛的应用，近些年，耦合的概念也逐渐向社会科学领域延伸。对应本书所涉及的职业教育领域，即表示与职业教育系统相关的不同系统（要素）之间的相互联动程度。

根据协同学的基本理论，耦合度是表征多个系统或者多元要素相互作用、相互影响和相互匹配程度的指标。一个特定的复杂系统能否在失去平衡和协同的临界点之后又恢复有序结构和平衡秩序主要取决于系统之间或者要素之间的耦合协调程度和耦合作用。系统或要素之间的耦合协调程度影响了特定复杂系统从有序到无序和从无序到有序的协同进化过程。

耦合模型的相关函数：

一是不同系统的功效函数，设 U_1 为职业教育子系统的序参量，U_2 为产业子系统序参量，u_{ij}（$i = 1，2$；$j = 1，2，\cdots，m$）为职业教育子系统与产业子系统相应的基本观测指标体系，定义 $U_i = \sum_{j=1}^{m} \lambda_{ij} u_{ij}$ 为职业教育系统和产业系统全部观测指标所对应的外在发展功效，其中，λ_{ij} 为各指标的权重，有 $\sum_{j=1}^{m} \lambda_{ij} = 1$。

二是不同系统的耦合度函数，根据 n 维系统相互影响、相互协调、相互作用的耦合度模型（1-4）：

$$C_n = n \sqrt[n]{\frac{U_1 U_2 \cdots U_n}{\Pi(U_i + U_j)}} \qquad (1-4)$$

经过降维处理后得到专业群系统和产业系统之间的二维耦合度函数为（1-5）：

$$C_2 = 2 \sqrt{\frac{U_1 U_2}{(U_1 + U_2)(U_2 + U_1)}} \qquad (1-5)$$

式（1-5）中，C 为高职专业群系统与产业系统之间的耦合度，C 取值通常大于等于 0，小于等于 1。当耦合度 C 无限接近于 0 时，表示高职专业群系统与产业系统所组成的耦合系统未能实现耦合，而是处于不匹配状态，即高职专业群系统未能很好地促进产业系统的发展；当耦合度 C 无限接近于 1 时，表示高职专业群系统和产业系统所组成的耦合系统处于高水平耦合状态，即高职专业群系统较好地促进了产业系统的发展。

三是耦合匹配度函数，耦合度函数可以计算出由高职专业群系统和产业系统组成的耦合系统之耦合强度，但却很难完全反映采样样本的真实状态，无法匹配 U_1 和 U_2 之间的实际意义。为此，还需要进一步构建耦合匹配度函数，用这一函数来有效刻画高职专业群系统与产业系统所组成的特定耦合系统的实际特征。耦合匹配度函数的表达式为：

$$D = (CT)^k \qquad\qquad (1-6)$$

$$T = aU_1 + bU_2 \qquad\qquad (1-7)$$

式（1-6）中，D 为耦合匹配度；C 为高职专业群系统与产业系统二者的耦合程度；T 为高职专业群系统与产业系统间的匹配调和指数，这一指数反映了高职专业群系统与产业系统耦合贡献度；字母 k、a、b 为需进一步确定的系数，通常情况下，k 值取 0.5，考虑到本书主要关注专业群系统对产业系统的贡献。因此，可以将 a 赋值 0.6，b 赋值 0.4。具体的耦合情况根据表 1-1 进行判别。可以将高职专业群系统与产业系统组成的耦合系统，根据其耦合协调度的具体数值大小划分为 10 个子类型和 3 个主要大类（见表 1-1），同时也可以根据两系统的耦合协调关系，将二者的协调类型划分为产业系统滞后型、专业群系统滞后型、同步型与产业群系统滞后型等不同的协调类型。

表 1-1　　　　　　　　耦合系统匹配度分类体系与判别标准

D 值	U_1 和 U_2 间的关系	二级分类层次	一级分类层次	协调类型
0.00 ~ 0.09	$U_1 < U_2$	极度耦合失调	失谐耦合	专业群系统滞后型
0.10 ~ 0.19		严重耦合失调		
0.20 ~ 0.29		中度耦合失调		
0.30 ~ 0.39		轻度耦合失调		
0.40 ~ 0.49	$U_1 = U_2$	濒临耦合失谐	临界耦合	同步型
0.50 ~ 0.59		勉强耦合匹配		

D 值	U_1 和 U_2 间的关系	二级分类层次	一级分类层次	协调类型
0.60 ~ 0.69		初级耦合匹配		
0.70 ~ 0.79	$U_1 > U_2$	中级耦合匹配	匹配耦合	产业系统滞后型
0.80 ~ 0.89		高级耦合匹配		
0.90 ~ 1.00		优势耦合匹配		

最后，根据耦合协调模型的基本原理，在高职专业群系统与产业系统相关指标体系构建完成的基础上，将借助 Python 软件获取高职专业群系统的基本观测指标，整理成我国高职专业群系统的基本状态数据库。同时运用 Python 软件依据产业系统的指标体系，获取相应的指标数据。进而利用耦合分析模型，分析产业系统发展需求与高职专业群系统的耦合协调水平，为探究两系统的协同进化提供客观依据。

5. 社会网络分析与 Ucinet、SPSS 软件运用

社会网络理论（social network）自 20 世纪 90 年代以来在管理学、社会学、经济学等领域得到了广泛的运用。社会网络理论认为，特定的社会结构类似于社会生活中复杂的人际关系网，社会网络由一系列节点（node）和线段（line）组成。其中，一个人或者由个体所组成的小团体可以组成社会网络的一个"节点"，人与人之间的关系或者特定群体与群体之间的关系将形成"线段"。社会网络中的个体可以通过不同的关系，在动态演化的过程中影响个体的行动及其相互关系，进而影响整体系统的结构。在社会关系网络中，行动者个体在做出具体决策时，将根据其在社会网络中的具体位置，根据自身的偏好做出理性决策。

在社会整体网络分析中，社会行动者的集合将形成模（mode），集合的总数也就是模的数量。同区域中的不同院校将通过交互作用形成相应的社会网络，社会网络指在某一社会系统中，不同的组织或行动者相互关联、相互作用的关系集合。社会网络通常由点和线构成，每一个点代表一个组织或行动者，点和点之间的线段代表两个组织或行动者之间的关系，线段的粗细表示二者之间关联的强弱。在单个专业群系统内部，同区域的各个层次与类型的院校以专业为载体进行交流。专业群与外部环境之间所形成的社会网络中，"节点"主要由同区域中的院校个体构成，包括中职院校、高职院校和本科院校等不同层

次和类型。通过区域之间不同院校的校际交流，将形成不同的"关系"，这些表征关系的线段将形成复杂的社会关系网络，通过分析高职专业群生态系统与外部环境系统不同类型的院系之间的交往关系和相应社会网络图的结构特征，可以分析外部环境系统不同院校与高职专业群生态系统的交往对系统整体协同进化的影响。

社会网络分析是一种研究社会关系的定量研究方法，包括个体、组织或行动者之间的关系，及其它们所形成的社会网络之间的关系，社会网络分析的底层逻辑是数学模型、图论方式的应用。[1] Ucinet 是开展社会网络分析常用的软件之一，能够高效、准确、直观地呈现复杂对象之间的社会网络关系，并能够挖掘研究对象之间的联系、属性和内在规律等。运用社会网络分析方法，对专业群生态系统中同区域院校的交往网络特征和协同互动过程进行可视化分析，能够直观地呈现各节点之间的关联特征。为了对相关交往模式进行科学分类，本书将在社会网络分析的基础上运用 SPSS 软件进行层次聚类分析，依据不同专业群系统与院校交往类型的相似程度与差异程度来判断不同类型之间的"远近亲疏"程度。[2] 将多元交往过程划分为不同的类型，以更加深入地探究交往主体之间的广泛联系与协同作用过程。

三、研究主要创新点

本书基于生态论与教育生态论、复杂适应系统理论视阈，分析了微观层面专业群个体的协同进化，中观层面专业群与专业群之间的协同进化，宏观层面专业群系统与外部环境系统的协同进化，结合高职专业群生态系统协同进化的机制与现实困境，提出了相应的协同治理策略。整体而言，本书在研究视角、研究方法运用和研究结论等方面体现出一定的创新性。

（一）研究视角方面：基于教育生态论与复杂适应系统理论分析高职专业群系统的协同进化问题

高职专业群生态系统协同进化问题的研究，首先要厘清高职专业群生态系统的结构和要素。本书以生态论与教育生态论、复杂适应系统理论为研究视

---

① 约翰·斯科特. 社会网络分析法 [M]. 刘军，译. 重庆：重庆大学出版社，2007：38.
② 薛薇. SPSS 统计分析方法及应用 [M]. 北京：电子工业出版社，2004：242.

角，运用隐喻与移植分析的方法，将高职专业群生态系统与生态学中的自然生态系统进行类比，通过移植生态学与教育生态学、复杂适应系统理论的部分原理与方法，建构了高职专业群生态系统的理论模型，为高职专业群生态系统的协同进化研究提供了理论分析框架。在一般意义理论模型构建的基础上，为更科学和深入地分析高职专业群生态系统的协同进化问题，本书运用质性研究方法进一步探究了高职专业群生态系统的具体组成要素和基本结构。通过实地访谈调研获得丰富的一手资料，对访谈资料文本化处理后采用三级编码方式，明确了高职专业群生态系统的核心要素与基本结构，为后续解构分析高职专业群生态系统不同层面的协同进化奠定了基础。

高职专业群生态系统是一个复杂的适应性生态系统，体现多维层面不同要素的作用关系。从高职专业群生态系统的层次结构来看，该系统主要由专业群个体、专业群与专业群形成的种群、不同专业群种群形成的专业群群落、外部环境系统等不同的要素组成。专业群生态系统内各要素之间通过相互影响和相互作用的协同进化过程，形成具有自我调整功能的适应系统。同时，高职专业群生态系统具有开放性，对外部环境系统有着较高的敏感性，与外部环境中的多类主体产生协同作用。通过专业群系统自我运转以及与外部环境系统互动作用过程，最终将实现不同层面的动态平衡，并在此过程中体现出有规律可循的专业群协同进化机理。教育生态论和复杂适应系统理论的融合运用，为研究高职专业群生态系统协同进化这一系统性、复杂性问题提供了适切的理论视角和较强的理论解释力，也是本研究理论视角方面的重要创新。

（二）方法运用方面：综合运用质性研究和量化研究方法对高职专业群生态系统不同层面的协同进化展开研究

作为一项系统性工程，高职专业群建设涉及诸多主体与要素，不同层面的要素和系统在协同进化过程中呈现出不同的特点，影响其协同进化的关键问题也各不相同。如果采用同一种方法进行探究，既无法准确把握高职专业群生态系统不同层面协同进化的样态和特征，也很难科学全面剖析高职专业群生态系统协同进化的内在规律和实践逻辑。为更加科学、有针对性地分析高职专业群生态系统的协同进化过程与机制，本书基于问题导向和方法适切性选用了多元研究方法，每一种方法的选用既针对每一部分的研究对象和问题的解决，又共同服务于本书的核心问题。

首先，理论推演与实证研究相结合。在构建分析框架、探究微观层面专业群个体生成与进化等问题时采用理论推演方式；在分析专业群之间的竞合作用、专业群系统与产业系统的耦合、专业群系统与院校系统的交往等问题时采用特定的实证研究方法。其次，定性分析与定量分析相结合。定性分析在于探索内在规律，定量研究在于形成现实判断，两者相辅相成。在定性分析方面，基于实地调研获取的一手资料，运用 NVivo 软件对相关数据资料进行三级编码（开放性、主轴和选择性），编码结束后进行饱和度检验，在一般框架的基础上厘清了高职专业群生态系统包含的具体要素。在定量分析方面，在探究高职专业群系统与外部环境各主体的协同进化关系时，分别采用了政策文本分析法、耦合协调模型和社会网络模型等定量研究方法。

本书针对各部分研究问题和研究对象的特征，综合运用理论推演、质性研究和量化研究方法对高职专业群生态系统不同层面的协同进化展开研究，在方法运用方面具有一定的创新性。

（三）研究结论方面：明确了高职专业群生态系统的协同进化机制并提出科学治理路径

本书在建构高职专业群生态系统理论分析框架的基础上，分析了微观层面高职专业群个体的生成与协同进化过程、中观层面系统内专业群之间的协同进化过程、宏观层面高职专业群系统与外部环境系统的协同进化过程。相较于之前的研究，得出了具有创新性的观点。研究发现：高职专业群生态系统的运转是微观、中观、宏观不同层面各要素相互影响、协同作用的结果。微观层面的专业群个体生成与进化过程，本质上是知识的加工、编码与组合；在中观层面，竞争程度是影响专业群个体与个体之间协同进化的重要因素之一，适切竞争系数下专业群个体之间能够形成彼此协作的互利共生关系，实现系统自身结构的优化和系统资源的优化配置，产出最大的系统绩效；在宏观层面，高职专业群系统与外部环境中的政策系统、产业系统和学校系统呈现特定的协同进化关系。

基于实地调研梳理，高职专业群生态系统内专业群个体组建的科学性欠佳、部分专业群与专业群之间出现拮抗作用、专业群系统与外部系统耦合程度低等现实问题，影响了专业群生态系统的动态平衡和持续演进。结合高职专业群生态系统的协同进化机制和实践困境，研究提出高职专业群生态系统的科学治理方略：一是着力打造优势特色专业群个体；二是科学布局系统内专业群分布；三是有效引导专业群系统与外部主体协同；四是维护专业群生态系统动态平衡。相对于以往高职专业群与产业关系、专业群单个要素的建设等静态、局部的研究，本书基于系统的、动态的视角审视高职专业群生态系统的协同进化和治理问题，有利于提升高职专业群治理的科学性与针对性，增强高职专业群系统的内部协调性和外部适应性，同时也是对高职专业群理论研究的有益补充。因此，本书在研究内容和结论上具有一定的创新性。

第二章

理论模型与专业群生态系统模型构建

科学理论中包含着最精练的思考和思想，其不仅单纯地描述着客观世界，也让人们用更加容易理解的方式去解读和描述客观世界。科学理论在阐明客观世界的过程中，用其概念框架造就了理论推理的基本结构和范式。多样化的社会实践经过概括、描述和外推等环节，上升为科学的规律与理论，形成了分析具体问题的"理论丛林"。高职专业群生态系统协同进化问题是复杂的系统性问题，需要在科学理论指导下开展相关的研究。本书将基于理论指导的适切性，从"理论丛林"中选取适切的理论基础，并在此基础上建构本书的理论分析框架。

第一节　理论梳理与模型构建

理论是特定领域一系列原理和概念组成的体系，是实践领域具象经验系统化之后形成的理性认识，此类理性认识按照一定的逻辑组成具有全面性和系统性特征的理论体系。[①] 高职专业群生态系统是一个十分复杂的适应系统，在保持专业群系统内各要素个性和系统整体完整性的同时，如何才能够在兼顾完整性和个性的基础上系统全面地分析复杂系统的演化过程，从而使整个分析过程能够准确刻画系统整体层面的演化，同时也兼顾系统内各要素的基本属性特征？这一过程的科学性需要适切的理论基础进行保障，因此，为更加科学地研究高职专业群生态系统的协同进化问题，本书将选取适切的理论基础开展相关研究。在和本书问题相关的"理论丛林"中，笔者将选取与本书问题关系紧

---

① 康德. 自然科学的形而上学基础［M］. 北京：生活·读书·新知三联书店，1988：2.

密且具有重要指导作用的理论。具体为：生态论与教育生态论和复杂适应系统理论。

一、理论基础梳理

（一）生态论与教育生态论

生态学是探究各类生态系统的基本结构、主要功能及其演化过程的一门学科，重点分析人与环境、人与生物等不同要素之间的相关关系，其研究对象涉及自然生态系统，也涉及人类生态系统和外部环境系统内多元的系统要素。根据研究对象范围的大小，可将生态学划分为个体生态学、团体生态学和综合生态学等不同的子领域。其中，综合生态学又被称为群落生态学，主要以生物群落为基本分析单位，探究生物群落的发展过程，也关注生物群落与外部环境系统相互作用的过程；团体生态学又被称为种群生态学，主要关注生物集群的发展演化过程和生物种群与外部环境系统互动的过程；个体生态学主要分析生态系统内不同生物个体与其生存密切相关的外部系统之间的关系。整体来看，生态学的研究视角相较于传统的分析视角存在显著优势，生态学的分析视角可以避免从孤立的、碎片化的单一视角出发分析相关问题，该视角将各个要素的子问题都作为系统的一部分进行分析，能够为各类问题的分析提供系统全面的分析视角。

教育生态学是由多学科交叉产生的综合性学科，在教育生态学的形成过程中，主要借鉴了生态学、社会学、教育学、系统科学等相关学科的基本内容，形成了针对特定问题的研究体系。[①] 系统科学的相关理论知识为分析教育领域的相关问题提供了重要的研究视角和工具，使得教育生态学能够在功能和结构上更加全面地分析教育领域的主要现象和基本规律，为教育子系统功能的发挥、基本结构的优化、治理策略的改进提供了重要理论启示。因此，本书中高职专业群生态系统的分析将在生态论以及交叉学科教育生态学理论的基础上，建构本书中的基本理论分析框架。

1. 生态论

生态学的英文为 ecology，源于希腊文，"eco－"源自 Oikos，意思是"住

---

① 任凯，白燕. 教育生态学［M］. 沈阳：辽宁教育出版社，1992：24.

所"或"生活所在地",由希腊字 Oikos（房子、家）派生而来,也可以把它译成家务学;"－logy"有特定"研究领域"或特定"学科"的含义。从生态学的词源释义来看,生态学的基本研究对象是生活住所的各类生物,主要研究问题聚焦于多种多样的生物和生物与周围环境间相互作用、相互影响的关系。因不同历史时期,不同学科背景的研究者,对生态学研究的侧重点和研究方法的差异性,使得生态学产生了多元化的定义。生态学这一术语由恩斯特·海克尔于 19 世纪 60 年代首次提出,海克尔将研究生存地各类生物和生物与外部环境相互作用关系的研究领域称为生态学。生态学主要分析生态系统内不同物种间的互动关系,特别关注各类动物与周围环境动物以及植物间的相互作用关系。20 世纪初,植物生态学家瓦尔明（Warming）指出,生态学的研究问题主要聚焦于多种多样的植物和其周围环境中限制性因子之间的关系,不同的限制性因子将影响植物个体的进化周期、分布方式及其与周围环境物种之间的基本关系。[①] 50 年代中期,苏联动物学家将生态学定义为研究生存地各类动物的生存条件以及其多样化生活方式的科学,基于动物学视角的生态学定义更多关注动物的生存、繁殖、进化及其种群的分布和相互影响。60 年代中期,著名生物学家史密斯（Smith）基于生态学一词中"eco－"的基本内涵,将生态学的基本内涵界定为研究多种多样的有机体与其生活地环境之间相互关系的科学,相较于从单一植物学或者单一动物学视角出发分析生态学的内涵更加丰富。在后期的发展演化过程中,生态学逐步形成成熟的现代生态学的含义。

生态学研究对象的范围很广,从微小的个体分子到复杂庞大的生物圈都可以作为生态学的研究对象。生态学诞生之初是以生物群落、种群、生物个体等多元的生命体系作为其研究领域,从研究范围看,传统生态学主要是宏观层面的生态学。经典生态学主要关注四个典型的组织生态学层次,从生态系统（ecosystem）到生物个体（individual）,再到生物群落（community）和生物种群（population）都是经典组织生态学的关注范围。[②] 其中,生态系统（ecosystem）的概念主要是 20 世纪 30 年代由英国生态学家坦斯利（Tansley）提出,生态系统的相关理论强调多种多样生物个体之间的相关作用和相关影响,也关注生物个体与自然环境在相互作用过程中实现共生发展的过程。相关研究认为,将聚集生活在同一区域的动植物与其环境结合在一起的时候,多元

---

① ［德］汉斯·萨克塞. 生态哲学:自然—技术—社会［M］. 文韬,佩云,译. 北京:东方出版社,1991:108.

② 牛翠娟等. 基础生态学［M］. 北京:高等教育出版社,2008:36.

化的生物个体与其周围的生存环境之间便形成了具有特定规模和种类的地表生物体分类基本单位——生态系统。因此，后期又有研究者直接将生态学的内涵界定为探究特定生态系统（ecosystem）的基本功能和主要结构的学科领域。随着系统科学的发展，在 20 世纪末期，相关研究将生态学的基本内涵界定为探究生物体生命系统与其生存周围环境之间错综复杂关系的研究领域。随着生态学相关概念和研究的不断成熟，现代生态学的研究对象不仅仅局限于特定的动植物个体，而是全面关注种类繁多的生物界与其周围生存环境之间相互影响和相关作用而形成的生态系统整体。①

根据生态系统理论，一个特定的生态系统一般具有以下五个基本属性。属性一：从其内部组成来看，生态系统通常是由多种要素组成的一个非线性运转的复杂自组织系统，这一复杂系统的功能是多元的，系统的基本形态是多变的；属性二：特定生态系统在不同的时空维度下，具有相应的空间结构，并随着时间的推移不断发展变化，主要发挥着以系统内生物要素为关键部分的生态功能；属性三：由于组成生态系统要素的多样性和复杂性，使得生态系统能够利用的系统资源和外部环境系统资源都是有限的，因此，系统内各要素之间会存在不同程度的竞争关系；属性四：从生态系统的运转情况来看，生态系统拥有较强的自组织属性，能够充分发挥系统自身的自我调控、自我恢复和自我维持能力；属性五：从生态系统的发展前景来看，由于生态系统是一个远离平衡态的开放系统，一个特定的系统具有多元的生态功能，从时间维度来看，随着时间的推移，生态系统将形成一个动态开放的能够实现可持续发展目标的生命系统。

从生态系统的基本属性可以看出，生态系统是一个动态开放的系统，系统可持续发展有赖于其保持不同时空下的动态平衡。生态系统动态平衡的实现需要优化不同时空下系统的结构与功能。生态系统的基本结构主要包括时间结构、营养结构和空间结构等不同方面，复杂的系统结构决定了生态系统功能的多样性，生态系统功能主要体现在其在时间维度生命活动中展现出的新陈代谢功能，主要体现在系统的物质循环、能量流动、信息交换以及维持系统不同时空下的动态平衡等功能。生态系统平衡最初的含义是指一种没有被各类人为因素所干扰的天然状态，故而生态平衡又被称为自然平衡或自然界平衡。生态平衡一词在现有的生态学研究体系和理论体系下还未形成一个统一的概念，但关

---

① 丁圣彦. 现代生态学 [M]. 北京：科学出版社，2014：29.

于生态平衡所达到的状态，现有研究基本形成了共识，即生态平衡是生态系统内各组成部分，动植物等生物个体与非生物个体、生物个体与周围环境之间相互作用后形成的一种稳定状态。这种稳定状态的实现是生态系统经过长期发展进化之后形成的一种动态平衡，在这一过程中生态系统的各要素和各组成部分之间逐渐形成了相互补偿与相互协调的有限度稳定平衡状态。

生态系统的动态平衡是系统内不同生物体之间、生物体与环境之间相互影响、相互作用、彼此补偿、相互协调，使特定生态系统处于结构良好和动态平衡的可持续发展过程中。达到动态平衡的生态系统，其能量和物质输入输出基本恒定、食物链营养结构相互协调、种群和群落分布合理，整个生态系统实现了协调统一的有序状态。生态平衡是特定时空下的一种稳定状态，这种状态的实现并非静止不变的，而是处于动态变迁之中，形成不同时空下的动态平衡。外部环境系统要素的变动将对系统整体的平衡产生冲击和影响，但由于生态系统整体的抗逆性和抗干扰性，使得生态系统具有一定韧性的缓冲作用。当生态系统面临小范围和局部的扰动时，整个系统将通过缓冲作用和调控机制实现系统整体的补偿与调节，将局部的扰动和破坏带来的影响降到最低，实现特定时空下生态系统不同时间维度的动态平衡与可持续发展。

2. 教育生态论

教育生态学是教育学和生态学等学科交叉产生的研究领域，主要运用生态学理论与方法探究教育实践活动的诸多问题和现象。从教育生态学产生的时间来看，主要兴起于 20 世纪 60 年代末期，但在此之前已有研究开始关注到教育生态学领域的相关问题。国外关于教育生态学的研究最早可追溯到 30 年代美国社会学家沃勒（Waller）在其《教学社会学》一书中提到的"ecology of classroom（课堂生态学）"术语。在 60 年代，英国比较教育学家阿什比（Ashby）在比较分析英国、非洲和印度的高等学校时运用了"ecology of higher education（高等教育生态学）"这一术语。① 因此，学界一般将阿什比的研究作为高等教育学领域运用生态学方法与原理的研究起点。

完整的"教育生态学"概念，学界大多数学者认为是由美国哥伦比亚大学师范学院的院长克雷明（Cremin）在 19 世纪 70 年代末首次提出。② 克雷明在其所著的《公共教育》一书的章节中阐明了教育生态学的主要观点，并在其关

---

① Eric Ashby, Mary Anderson. Universities：British, Indian, African. A Study in the Ecology of Higher Education [J]. American Historical Review, 1967, 73 (1).

② 范国睿. 美英教育生态学研究述评 [J]. 华东师范大学学报（教育科学版），1995 (2)：83 – 89.

于学校教育生态学变革的主题演讲稿中进一步阐释了相关的观点。克雷明认为，运用教育生态学的原理分析问题时，必须坚持全面的、联系的、公开的、平衡的和动态的视角来分析教育问题。① 20 世纪 80 年代和 90 年代以来，教育生态学的研究得到了快速发展，主要的研究领域可以总结为：一是课堂教育生态、学校教育生态等微观教育生态与受教育者学习行为以及学习效果之间的关系；二是对于人口、资源、组织等教育生态因子的分析；三是教育生态系统的运行、社区治理与学校关系等宏观教育生态的研究。

相较于国外的教育生态学研究，国内的教育生态学相关研究起步相对较晚。现有相关研究认为，我国的教育生态学研究主要起步于 20 世纪末期，② 南京师范大学原环境科学研究所所长吴鼎福教授在 1988 年和 1989 年发表了两篇关于教育生态学的学术论文，③ 并于 1990 年出版了我国第一部以"教育生态学"命名的著作，并在 2000 年再版了《教育生态学》，该部著作主要包括教育生态环境、教育系统的基本生态结构、生态学视域下教育现象的基本规律、教育生态的主要功能和基本原理、教育生态系统的变迁和演化、教育生态系统的可持续发展、教育生态系统的动态评估等内容。④ 任凯等在 1992 年出版了我国第二部《教育生态学》，这部教育生态学教材相对于吴鼎福教授等著作的《教育生态学》较为浓厚的生态学风格，更加注重对教育问题的研究，主要包括教育生态系统的概念体系、生态学视域下教育系统的基本功能、外部环境系统和教育系统的主要关系、班级管理和学校教育等主要内容。⑤

进入 21 世纪以后，我国教育生态学的研究进入快速发展阶段，除了 2000 年吴鼎福教授再版的《教育生态学》外，华东师范大学范国睿教授也出版了新的《教育生态学》，其著作主要关注教育生态与文化的发展、教育生态与人口、教育生态的构建与教育资源的分布、学校系统的整体分布与环境、具体课堂的生态环境、教育生态与可持续发展等主要内容。⑥ 2005 年，广西师范大学贺祖斌教授出版了《高等教育生态论》，将教育生态学的原理和方法运用到高等教育问题的分析中，重点分析了高等教育生态系统的特定承载力、区域发展与高

---

① Cremin L A. An Introduction to Education in Modern America [J]. Teachers College Record, 2005, 54 (8): 455 – 456.
② 吴鼎福. 教育生态学刍议 [J]. 南京师大学报（社会科学版），1988（3）：33 – 36.
③ 吴鼎福. 教育生态的基本规律初探 [J]. 南京师大学报（社会科学版），1989（3）：95 – 99.
④ 吴鼎福，褚文蔚. 教育生态学 [M]. 南京：江苏教育出版社，1990：3.
⑤ 任凯，白燕. 教育生态学 [M]. 沈阳：辽宁教育出版社，1992：24.
⑥ 范国睿. 教育生态学 [M]. 北京：人民教育出版社，2000：4.

等教育系统的关系、高等教育的环境系统、高等教育生态系统的质量监测与控制、高等教育生态系统的可持续发展等主要问题。将教育学与生态学的结合作为分析教育实践活动的重要视角，在近些年的发展中逐步得到了广泛的运用。

不同时期国内外教育生态学的相关研究为高职专业群生态系统协同进化过程的分析提供了重要的研究基础。教育生态学是探究特定时空下不同教育生态系统结构与功能，以探寻最优的生态系统结构和发挥最佳系统功能的一门学科。教育生态系统的诸多实践问题都是其研究对象。教育生态学的原理与方法为本书提供了整体性、开放性、动态平衡性的视角，为分析高职专业群生态系统协同进化提供了科学的研究视阈。高职专业群生态系统是由与其关系密切的各类要素有机联系而形成的复杂网络系统，其中任何一个要素都不能脱离系统而单独存在，系统的发展也离不开各要素作用的整体发挥。

高职专业群生态系统与周围环境系统之间存在着复杂的物质、信息与能量的转化过程，专业群生态系统与环境系统之间是相互影响、相互适应和相互依存的关系。高职专业群生态系统的分析需要以开放系统理念来分析系统内的各类问题，用动态平衡的观点分析专业群系统内各个要素之间、专业群系统与外部环境系统之间的各类动态平衡关系，关注高职专业群生态系统的动态平衡与协同进化。生态论和教育生态学的原理与方法为本书提供了适切的理论视角，为本书分析高职专业群个体的生成与进化、高职专业群之间的竞合作用、高职专业群系统与外部环境的协同演化等问题提供了科学的理论分析框架。

（二）复杂自适应系统理论

高职专业群生态系统是本书的具体研究对象，关于什么是系统的问题，不同研究给出了多元的答案。例如，有研究认为，系统是形成整体的各类原理和概念的综合，是相互作用和相互影响的诸要素按照特定规则所组成的集合。系统有时也被定义为相互关联的诸元素集合，等等。① 总之，系统的内涵是多元的，以系统为对象的理论也经过了不同发展阶段，具体而言，系统理论的主要发展阶段有以下几个方面。

1. 起步阶段：20 世纪 20～60 年代

这一时期的系统理论研究主要以一般系统理论为代表。面对复杂的社会现象和快速发展的现代技术，贝塔朗菲（Bertalanffy）提出了一般系统理论（gen-

---

① 欧阳莹之. 复杂系统理论基础 [M]. 上海：上海科技教育出版社，2002：19.

eral system theory）。该理论一经提出便被认为是科学研究中将"系统"作为研究对象的起点，是对"系统"进行研究的重要里程碑。对复杂性问题的研究，是系统理论研究的起步阶段，贝塔朗菲的一般系统理论使研究者在探究复杂性问题时可以运用"系统""整体"等概念进行具体问题的分析。与此同时，这一时期的其他研究也对复杂性进行了研究。例如，信息学家在研究相关问题的时候，比较明确地区分了复杂性和简单性，且复杂性又可以具体分为无组织和有组织两大类。此外，还有维纳（Niener）的控制论（cybernetics）和香农（Shannon）的信息论（information theory）等都是这一时期系统论研究的典型代表。在实践应用层面，这一时期贝尔电话公司也开始运用"系统科学"方法来处理相关的复杂性问题。

2. 快速发展阶段：20 世纪 70～80 年代

这一时期是系统理论研究的快速发展时期，出现了一系列新的理论，尤其以自组织理论的提出影响最为深远。自组织理论体系由一系列理论组成，耗散结构理论就是其中比较典型的理论之一，该理论由比利时物理化学家普利高津（Prigogine）于 20 世纪 70 年代创立，热力学第二定律揭示了孤立系统必定走向无序即热平衡的方向。因此，演化有了完全不同的方向，产生了两种科学甚至两种文化的对立：即"克劳修斯与达尔文"的矛盾。按照普利高津的耗散结构理论，时空和功能上的有序结构是可能出现的，在开放的条件下是可能出现新结构即耗散结构的。耗散结构是脱离平衡的开放系统在特定时空下形成的功能优化新结构，相较于之前的无序状态，新形成的系统通过与外部环境的信息、能量和物质交换，完成特定时空下新的有序结构生成。[①] 此类有序新结构的生成要求复杂系统必须为开放且处于非平衡态的复杂系统，系统内各要素之间存在着广泛的非线性相互作用。

在探究系统自组织形成的内在机制和动力时，哈肯（Haken）提出了著名的协同学理论，根据协同学的理论，在特定复杂系统中，如果系统内不同要素和子系统之间存在着复杂联合作用时，系统内部将出现协同现象。协同现象是系统相关性和整体性的内在依据，包含着大量的非线性因素，系统的复杂程度越高，协同现象越明显。并在后续的研究中指出，系统协同的深度、广度和速

---

① 沈小峰，吴彤，曾国屏．自组织的哲学：一种新的自然观和科学观［M］．北京：中共中央党校出版社，1993：24．

度是影响社会复杂系统演化的重要因素。① 协同学作为自组织理论的主要组成部分，对后来的社会科学研究产生了重要的影响。超循环理论在 20 世纪 80 年代由德国化学家艾根（Eigen）首次提出，主要研究细胞信息进化分子系统的演化问题，并综合运用物理学、生物学和化学等不同学科理论基础，基于动力学方程等量化方法，对系统复杂性产生的动力机制进行了科学分析。这一时期是系统理论"百花齐放"的快速发展时期。

3. 复杂适应系统时代：20 世纪 80 年代至今

相较于前两个阶段系统理论在物理学和化学等理工科领域的应用，这一时期的系统理论开始逐步在经济学、管理学等社会科学领域得到广泛运用。20世纪 80 年代也被认为是复杂性科学概念逐步明确的一个时代。这一阶段，由几位来自不同领域的诺贝尔奖得主在美国成立了专门机构（Santa Fe Institute），这一研究机构主要聚焦于复杂性的研究。这个组织的发起者有来自物理学领域的默里·盖尔曼（Murray Gell - Mann）、有经济学家肯尼斯·约瑟夫·阿罗（Kenneth J. Arrow）和安得森（Anderson）。圣菲研究所的组建标志着对系统复杂性的研究开始逐步进入有组织和系统性研究阶段。② 以圣塔菲研究所（SFI）研究为代表的系统复杂性研究涉及自然科学和人类社会发展的诸多领域，并形成了成体系的研究成果，也在此基础上提出了复杂适应系统理论（complex adaptive system，CAS）。该理论认为，如果在一个特定的系统内其组成要素具有主动适应性，由这些具有适应性的要素组成的系统将不断成长进化并获得可持续发展，此时的系统就可以视为一个复杂适应系统（CAS）。

关于复杂适应系统的内涵，国内外学者给出了一系列的界定。例如，圣菲研究所研究者认为，复杂适应系统（CAS）主要是由数目众多的相互作用和相互影响单元所构成的有机整体。对其复杂性的研究就是一定规则下对复杂适应系统（CAS）有组织行为的科学探讨。钱学森教授认为，在研究复杂适应系统（CAS）相关的问题时，应首先对各系统进行分门别类，他认为，系统可以分为巨系统和简单系统，其中，巨系统可以分成复杂型巨系统和简单型巨系统，简单系统又可以划分成大型和小型。③ 多元的系统类型通过相互影响和彼此作用，在与环境系统进行能量、物质和信息交换的过程中，被环境系统所影响，

① Hermann Haken. Synergetics of brain function［J］. International Journal of Psychophysiology，2000，60（2）：0 - 124.

② 陈继祥等. 产业集群与复杂性［M］. 上海：上海财经大学出版社，2005：33.

③ 曹琦. 复杂自适应系统联合仿真建模理论及应用［M］. 重庆：重庆大学出版社，2012：38.

同时又向环境系统输出系统绩效，以实现复杂系统自身的主动适应与进化。

基于国内外关于复杂适应系统（CAS）内涵的界定和其他复杂性相关问题的研究，可以总结归纳出复杂适应系统（CAS）的主要特征。具体而言，一个复杂适应系统（CAS）主要有以下特征：一是明显的自组织属性，每个复杂适应系统（CAS）都是由类型多样的不同要素组成，这些要素即使在没有人为组织控制的情况下，个体之间通过相互作用与相互影响也会进行系统的自然进化；[①] 二是主动适应性，复杂适应系统（CAS）可以根据环境系统的具体状态进行有目的的自我调整与适应，当系统中出现消极被动的要素时，复杂适应系统（CAS）会通过一系列积极主动的适应行为，将环境系统出现的不利因素转为有利因素，使系统不断向前发展；三是动态平衡性，复杂适应系统（CAS）并非一个静态的线性系统，而是处于不断的生长、发展、成熟、老化、更新等动态进化过程中，复杂适应系统（CAS）通过与外部环境系统的相互作用，实现了不同时空维度的动态平衡和系统整体的协同演化。

复杂适应系统（CAS）通常是由诸多具有适应性的核心个体组成，其系统的结构能够不断适应发展变化的外部环境，一个复杂适应系统（CAS）能够发挥其"涌现"效应，保障系统的可持续发展。复杂适应系统运转过程中的上述特点使得很难用传统的数理分析手段对其进行刻画，在当前较为成熟的分析工具中，一般会采取仿真模拟的手段和途径。通过对复杂适应系统（CAS）运转过程的仿真模拟，对于研究系统的行为和特性、预测系统变化范围和发展趋势等都具有十分重要的意义。高职专业群生态系统就是这样的一个复杂适应系统（CAS），专业群生态系统存在内部的协同进化，以及系统内部与环境系统的动态平衡演化。高职专业群生态系统内的专业建设、师资队伍建设、课程与教材建设、实训基地建设等要素，以及专业群系统与外部环境系统中同区域院校、行业企业、政府等不同的主体进行互动时，都需要考虑诸多因素的影响。

因此，复杂适应系统理论（complex adaptive system，CAS）是关于特定开放系统从无序到有序，再从有序到无序发展过程的基本理论，将为本书分析高职专业群生态系统的协同进化过程提供恰切的理论指导。本书结合生态论和教育生态论，将高职专业群生态系统这个复杂适应系统的发展变迁放在生态学的视域下去审视。高职专业群生态系统协同进化问题的分析，不仅仅是分析专业

---

① 胡恩华. 企业集群创新行为的理论与实证研究——基于复杂适应系统理论的视角［M］. 北京：科学出版社，2007：19.

群生态系统如何适应外部环境与生存问题，而且也应在上述理论基础的指导下，更加重视进化过程中各层面不同要素协同作用机制的分析，更加关注高职专业群生态系统进化过程的动态平衡与科学治理，进而实现高职专业群生态系统不同时空下的可持续发展。

二、理论模型构建

生态系统理论认为，系统内的动植物之间、生物体与外部环境系统之间存在着复杂的关系网，不同物种之间存在着相互作用、相互影响的协同演化过程。生态学作为一门学科在不同发展阶段有着不同的关注点。生态系统的概念提出以后，很快成为生态学领域的研究重点之一，并在不同领域得到了广泛的运用。根据生态学的原理，一般的生态系统主要有以下主要特征：第一，任何生态系统都是一个非线性演化的复杂系统；第二，任何生态系统都有其具体的空间结构，并且这种结构随着时间的推移是不断变化的；第三，特定生态系统赖以存在的资源是有限的，不能无节制地加以使用；第四，生态系统一般都具备自我调控和维持系统新陈代谢的能力；第五，生态系统是一个动态平衡的可持续发展系统，具有多样化的生态功能。

系统是各组成要素按照特定的规则，在有规律的相互作用与相互影响的过程中所形成的一个统一体，生态学理论下的生态系统一般由生物子系统和环境子系统组成。其中，生物系统的组成单元按照从大到小的顺序，可以划分为群落、种群、个体以及生物大分子等层次。按照生物系统中各组成要素的功能不同，又可以将生物系统的组成部分划分为生产者、消费者与分解者（见图2-1）。同时也包括外部环境系统，自然生态系统的环境主要由太阳光、空气、水分、土壤以及各类有机元素和无机元素组成。生物系统与环境系统之间存在着广泛的信息和能量的交换，生态系统不同时空下动态平衡与共生演化的实现正是基于生物子系统与环境子系统之间相互作用稳定协调状态的形成。

将生态学中的自然生态系统与社会大系统中的教育系统进行类比，运用隐喻与移植分析的方法，根据图2-1生态系统的一般模型，通过移植生态学的部分原理与方法，可以建构教育生态系统的一般理论模型（见图2-2）。教育生态的一般理论模型主要由教育生产者——学校系统，教育消费者——人才市场的需求方和外部环境系统等主要部分组成。教育是培养人的社会活动，在这个过程中，人的受教育需求和社会对教育系统培养的各类人才需求，是教育生态系统的重要驱动力之一。在上述需求的驱动之下，教育生态系统通过摄入外部环境系统的场地、设备、资金、人力等要素，通过教育的生产者——学校系统的吸收与加工，经过一定的培养周期，培养出适合人才市场需求的多规格和多层次的人才队伍，以供给教育生态系统众多的教育消费者。教育子系统本身就是一个复杂的自适应系统，通过系统内部的协同进化，以及系统与外部环境系统的相互作用、相互影响，实现教育生态系统的动态平衡与共生演化。

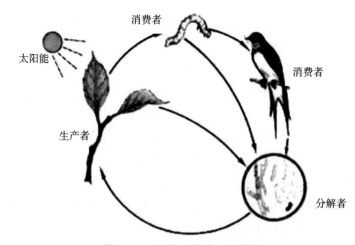

图 2-1 生态系统的一般模型

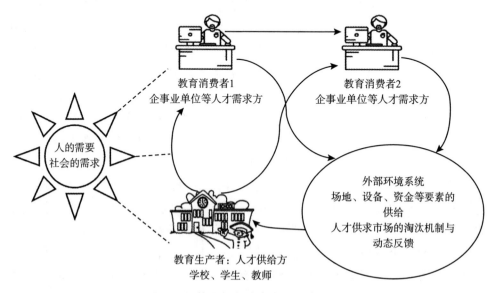

图 2-2 教育生态系统的一般理论模型

职业教育系统是教育系统的重要组成部分，高等职业教育也是我国职业教育的重要组成部分。截至 2020 年 6 月，从数量规模来看，我国高等职业院校的总数已接近 1500 所，占全国高校总数的 53%；从高职院校的地域分布来看，现有高职院校广泛分布于全国的 31 个省级行政单位和 300 多个地市级行政单位①。高等职业教育生态系统作为教育生态系统的重要组成部分，拥有教育生态系统的一般特征，也拥有系统自身的特殊属性。高等职业教育生态系统内部也可以进一步细分为一系列的子系统，这些子系统各自都是一个复杂适应系统（CAS）。其中，高职专业群系统就是这样的一类复杂适应系统，在系统自身与外部环境系统的相互作用过程中，实现系统自身的可持续发展。因此，通过移植生态学与教育生态学、复杂适应系统理论的部分原理与方法，可以利用隐喻的手段，构建高职专业群生态系统的理论分析框架，见图 2 – 3。

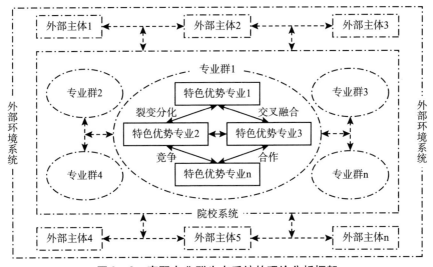

图 2 – 3　高职专业群生态系统的理论分析框架

　　基于生态论与教育生态论、复杂适应系统理论的主要原理与方法，高职专业群生态系统也是一个复杂适应的生态系统。在这个复杂适应系统中存在着不同的要素，从高职专业群生态系统的层次结构来看，该系统主要由专业群个体、专业群与专业群相互作用形成的专业群种群、不同专业群种群形成的专业

---

　　① 王世斌，宋亚峰，潘海生．我国高职院校空间布局的动态变迁与演化机理［J］．高等教育研究，2018，39（9）：64 – 72.

群群落、外部环境系统的各类主体等不同要素组成。其中，专业群个体又是由一系列的专业组合而成，单个的专业就如组成生命体的"细胞"一样，是高职专业群个体的重要组成要素。在高职专业群生态系统内部，专业群个体在自我的生长进化过程中将与周围的各专业群之间形成联动机制，进而形成特定的专业群生态系统。高职专业群生态系统内部各组成要素之间将以物质循环、系统资源流动、信息传递等多样形式形成具有调控机制的复杂适应系统。

　　高职专业群生态系统是一个相对独立的开放系统，对其外部环境系统有着较高的敏感性。在高职专业群生态系统自我运转以及与外部环境系统互动作用的过程中，最终将实现不同层面的协同进化与动态平衡，并在此过程中展现有规律可循的协同进化机理。因此，高职专业群生态系统的分析可以从专业群个体的生成进化、专业群与专业群之间的协同进化、专业群系统与外部环境系统的协同进化等维度深度剖析系统的协同进化过程与机制，为实现系统的科学治理奠定基础。

第二节　专业群生态系统模型构建

　　生态论与教育生态论、复杂适应系统理论（complex adaptive system）的基本原理与分析方法为本书开展高职专业群生态系统协同进化研究提供了适切的理论视角。运用隐喻与移植分析的方法，可将高职专业群生态系统与生态学中的自然生态系统进行类比，通过移植生态学与教育生态学、复杂适应系统理论的部分原理与方法，建构高职专业群生态系统的理论模型。该理论模型为分析高职专业群生态系统的协同进化提供了理论分析框架。一般意义上理论分析框架的构建将为本书的开展提供基本分析框架。为更科学和深入地分析高职专业群生态系统的协同进化问题，还应在一般框架的基础上厘清高职专业群生态系统包含的具体要素。因此，本书将在理论分析模型构建的基础上，基于实地调研的一手访谈资料，通过对访谈资料的三级编码，得出高职专业群生态系统的核心组成要素，为后续高职专业群生态系统的解构分析奠定基础。

　　专业群生态系统的理论分析框架为本书探究高职专业群生态系统协同进化问题提供了重要的分析维度，但现有的理论分析框架是基于生态论与教育生态论、复杂系统理论的主要原理与方法所得到的一般意义上的理论分析框架。对于高职专业群生态系统的构成要素和结构特征等内容的分析，应该建立在大量的实践案例分析基础上，透视高职专业群生态系统的核心组成要素，从而对高职专业群生态系统在实践运行过程中不同层面不同要素之间的协同作用进行科学分析，以保证本书的科学性和理论推广性。因此，本书将在典型案例实地调研的基础上，通过质性研究软件 NVivo 对实地调研获得的第一手访谈资料进行三级编码处理，以明晰高职专业群生态系统的具体组成要素与结构。

一、样本选择与数据收集

质性研究对研究对象的选择提出了具体的筛选标准，即应根据具体的研究目标，选取对研究问题能够提供"最大涵盖度"① 的研究样本进行深入访谈。根据上述标准，综合考虑研究样本的代表性、覆盖面、典型性，样本选择过程的科学性以及案例数据的可获得性等多元要素的基础上，本书从我国三大经济地带②中共选取 16 所具有典型性和代表性的高职院校开展了实地调研和访谈。其中，东部沿海地带选取了天津市和广东省共计 10 所高职院校进行走访调研，中部地带选取了河南省和山西省的 4 所高职院校进行调研；西部地带选取了甘肃省的 2 所高职院校进行走访调研。研究样本院校共计各类型院校 16 所，各院校、专业群、访谈对象的具体信息如表 2 – 1 所示。

表 2 – 1　　　　　　　　访谈样本高职院校的具体情况

样本编号	样本院校	建校时间	院校性质	院校所在区域	举办单位类型	访谈时长	调研专业群名称访谈对象组成
G01	SDZYJSXY	1999	公办—高水平学校建设单位—B 档	东部沿海地带	地市级政府	131分钟	专业群：家具设计与制造 & 制冷与空调技术；访谈对象：2 位二级学院院长（兼专业群负责人）
G02	GZPYZYJSXY	1997	公办—高水平学校建设单位—B 档	东部沿海地带	地市级政府	126分钟	专业群：艺术设计 & 珠宝首饰技术与管理；访谈对象：1 位教研室主任，1 位科任老师，1 位项目办公室行政老师

① Juliet M, Corbin, Anselm L, Strauss. Basics of qualitative research: Grounded theory procedures and techniques [M]. Newbury Park: Sage, 1990: 96.

② 东部沿海地带包括：辽、京、津、沪、冀、鲁、苏、浙、闽、粤、桂、琼12个省、自治区、直辖市；中部地带包括黑、吉、晋、皖、豫、鄂、湘、赣等9个省、自治区；西部地带包括：渝、川、滇、贵、藏、陕、甘、青、宁、新10个省、自治区、直辖市。

续表

样本编号	样本院校	建校时间	院校性质	院校所在区域	举办单位类型	访谈时长	调研专业群名称访谈对象组成
G03	GDQGZYJSXY	1999	公办—高水平学校建设单位—B档	东部沿海地带	省级政府	106分钟	专业群：精细化工技术＆产品艺术设计；访谈对象：1位二级学院副院长兼专业群主要负责人，1位教务处副处长
G04	ZSHJZYJSXY	2004	公办—高水平专业群建设单位—C档	东部沿海地带	地市级政府	126分钟	专业群：包装策划与设计专业群；访谈对象：教务处副处长1位，二级学院副教授1位，产业学院副院长1位
G05	ZSZYJSXY	2006	公办—非双高校—优质校	东部沿海地带	地市级政府	92分钟	专业群：电梯维护与管理；访谈对象：教务处副处长1位，高职研究所所长1位
G06	TJQGZYJSXY	2001	公办—高水平学校建设单位—C档	东部沿海地带	企业	104分钟	专业群：模具设计与制造＆光伏发电技术与应用；访谈对象：学院副院长1位，科研处教师2位
G07	TJJDZYJXXY	1958	公办—非双高校	东部沿海地带	企业	202分钟	专业群：机电一体化技术＆数控技术＆会计；访谈对象：学校副院长1位，教务处处长1位，各个专业群的负责教师共计3位
G08	TJJTZYXY	2002	公办—高水平专业群建设单位—B档	东部沿海地带	企业	121分钟	专业群：物流管理专业群＆新能源汽车技术专业群；访谈对象：教务处处长兼项目办公室负责人1位
G09	TJDZXXZYJSXY	2001	公办—高水平专业群建设单位—A档	东部沿海地带	企业	84分钟	专业群：软件技术专业群＆计算机网络技术专业群；访谈对象：教务处副处长1位，专业群负责人2位
G10	TJSZYDX	1982	公办—高水平学校建设单位—A档	东部沿海地带	省级政府	91分钟	专业群：眼视光技术专业群＆包装工程技术专业群；访谈对象：教务处副处长1位，职业技术教育研究所教师1位
G11	HHSLZYJSXY	1998	公办—高水平学校建设单位—A档	中部地带	省级政府	101分钟	专业群：水利水电建筑工程专业群＆测绘地理信息技术专业群；访谈对象：教务处教师1位，学院教学岗教师1位

续表

样本编号	样本院校	建校时间	院校性质	院校所在区域	举办单位类型	访谈时长	调研专业群名称 访谈对象组成
G12	JYZYJSXY	1993	公办—非双高校	中部地带	省级政府	67分钟	专业群：机械设计与制造 & 建筑设计技术；访谈对象：教务处教师1位，专业教学老师1位
G13	SXCZSWZKXY	1985	公办—高水平学校建设单位—C档	中部地带	省级政府	112分钟	专业群：会计专业群 & 市场营销专业群；访谈对象：教务处教师1位，学院教学岗教师2位
G14	SXGCZYJSXY	2002	公办—高水平专业群建设单位—A档	中部地带	省级政府	93分钟	专业群：数控技术专业群 & 新能源汽车技术专业群；访谈对象：教务处管理岗教师1位，二级学院教学岗教师1位
G15	LZZYHJZYJSXY	2004	公办—高水平学校建设单位—C档	西部地带	省级政府	131分钟	专业群：应用气象技术专业群 & 金属精密成型技术专业群；访谈对象：教务处管理岗教师1位，职业教育发展研究中心主任1位
G16	LZSHZYJSXY	1956	公办—高水平专业群建设单位—A档	西部地带	省级政府	84分钟	专业群：石油化工技术专业群 & 应用化工技术专业群；访谈对象：二级学院教学岗教师1位，教务处管理岗教师1位

此次项目调研分别于 2019 年 10 月 18～30 日、2019 年 11 月 12～21 日、2019 年 12 月 20～31 日 3 个时间段，对样本高职院校进行了走访调研。研究样本院校有"双高计划"建设院校的高水平学校建设单位—ABC 三档、高水平专业群建设单位—ABC 三档，也有非双高院校。样本院校的举办单位类型有省级政府、地市级政府、企业等不同的类型，访谈院校的专业群分布范围也比较广泛。访谈对象主要为教务处等从事专业群管理工作的人员，或者从事专业群建设的相关负责人和教师。通过与相关访谈对象的半结构式访谈，获得大量第一手资料，为本书提供了丰富翔实的研究资料。除了通过访谈获得的第一手访谈录音资料外，此次调研也获取了各院校最新的《高等职业教育质量年度报告》和"双高计划"建设院校的申报书和建设方案等官方资料。

二、数据编码与结果分析

通过对三个阶段样本案例实地调研资料的整理，将相关人员的录音资料转换成文本资料，并对转录后的文本资料进行分析。在语音转录过程中应尽可能完整地将被调查者的观点话语转录到语音文本中，并注意被调查者在访谈时的面部表情、语言的快慢、语调的高低和肢体语言等，做好访谈备忘录，形成丰富而科学的访谈"资料库"。由于本书所收集的原始访谈资料为质性研究资料，通常情况下，在处理质性研究资料的过程中，最常用的资料处理方式是数据编码的方式。因此，本书将运用三级编码的方法对所收集到的访谈资料进行加工处理。

扎根理论是 20 世纪 60 年代末由美国研究者格拉泽（Glaser）和施特劳斯（Strauss）提出的一种质性研究方法论，也是质性研究中建构相关理论体系最具系统性和规范性的经典方法之一，并且较为广泛地应用在教育学、社会学和管理学等研究领域中。从操作层面看，扎根理论是根据研究问题的需要，按照特定的操作流程进行系统性地收集数据和分析数据的具体准则与方法。① 扎根理论提出以后虽然得到了广泛的运用，但是在该理论提出，30 年后，也就是20 世纪末，该理论分化成了三个不同的流派，分别为经典主义扎根理论流派、建构主义扎根理论流派和程序性扎根理论流派。经典主义扎根理论的代表人物格拉泽和施特劳斯认为，扎根理论必须和研究对象密切相关、必须能够适用于更为广泛的场景，并且能够随时被调整和修改。② 根据研究问题的需要和经典主义扎根理论在数据处理和理论建构方面的不足，施特劳斯和科宾（Corbin）提出了程序性扎根理论，③ 而卡麦兹（Charmaz）则基于理论对现实世界解释力度的局限性，提出了建构主义的扎根理论。④ 在此，三大扎根理论流派的分歧和理论主张的探讨并非本书的主要关注点，本书将根据研究问题的需要和对研究资料分析的适切性，选择程序化的扎根理论作为本书的数据处理方式。

根据程序化扎根理论的理论主张，其主要流程有数据和资料收集，在数据收集的基础上进行第一阶段的开放性编码（open coding）、第二阶段的主轴性编码（axial coding）、第三阶段的选择性编码（selective coding），最后，在三级编码的基础上进行理论饱和度检验。因此，本书将基于上述操作流程，运用

---

① 吴毅，吴刚，马颂歌. 扎根理论的起源、流派与应用方法述评——基于工作场所学习的案例分析 [J]. 远程教育杂志，2016，35（3）：32 - 41.

② 姚伟，韩佳杉，宋新平，徐荣贞. 基于模因论的社会化媒体情报分析模型在 CI 中的应用 [J]. 情报学报，2016，35（6）：605 - 616.

③ [美] 朱丽叶·M. 科宾，安塞尔姆·L. 施特劳斯. 质性研究的基础形成扎根理论的程序与方法 [M]. 朱光明，译. 重庆：重庆大学出版社，2015：3.

④ [英] 凯西·卡麦兹. 建构扎根理论：质性研究实践指南 [M]. 边国英，译，重庆：重庆大学出版社，2009：13.

扎根理论数据编码的方式和 NVivo 软件，对实地走访调研的第一手访谈资料进行逐级编码。在整体编码的基础上通过逐级比较和分析凝练相关问题更高层次的范畴化类属，在三级编码的基础上对建构的理论进行饱和度检验，完成高职专业群生态系统结构模型的构建。

（一）开放性编码（open coding）

开放性编码是对原始资料进行提炼整合和分析比较，从而明确原始访谈材料的主要维度和类属属性，以科学识别原始质性资料中的主要概念标签，进而实现对研究对象的概念类属化过程。在开放性编码阶段，要求研究者应该秉持开放性的研究态度收集各类资料，为后期深入分析研究问题提供良好的资料基础。在进行原始资料的分析时，应对相关资料揉碎、打撒、分解，重新整合和编码具体内容。这一阶段最重要的任务就是定义和命名相关类属，并将概念在维度和属性两方面进行延展。其中，维度层面要求对原始资料进行多视角的归纳提炼；属性层面要求研究者对原始资料描述的现象进行凝练和概括，以形成能够涵盖相关概念共同特质的概念标签。在概念化相关编码数据时，应将原始资料切分成可以操作的片段进行分析，在分析过程中应尽可能忠实于原始的访谈材料，避免掺杂过多个人的主观感受。在对本书收集到的 16 所院校 39 位访谈者的访谈资料进行开放性编码阶段的逐句编码后，总共识别相关概念标签 583 个，在对相关概念进一步存异去同整合后，最终得到更高一级的类属范畴。本书最终得到 16 个概念化类属，具体概念类属内容、频次和文本片段如表 2 - 2 所示。表 2 - 2 中的 G06 - 02 - 4 代表第六所高职院校的第二位访谈者的第四句表述，其他编号规则与 G06 - 02 - 4 编号规则相同。

表 2 - 2　　　　　　　　开放式编码 - open coding 文本片段举例

序号	概念化类属	频次	描述性文本举例
01	A01 专业群个体的核心要素	18	G01 - 01 - 2 我们要组成一个专业群，一般会挑选几个学校的优势专业辐射带动相关专业，把它们建成一个群……
02	A02 专业群个体的特色塑造	10	G06 - 02 - 4 一所高职院校应该最起码有一个能够代表院校特色的专业群……

序号	概念化类属	频次	描述性文本举例
03	A03 专业群个体的服务面向	33	G02－01－11 我们的一个专业群必须有它所对应的明确的产业链……
04	A04 专业群与专业群的竞争	8	G07－01－9 专业群有强弱之分，它们之间也是有激烈的竞争的，就像我们的孩子、同学之间竞争一样……
05	A05 专业群与专业群的合作	19	G03－02－1 打造几个品牌专业群，同时要注重专业群之间的合作，优势互补……
06	A06 多个专业群的布局优化	11	G11－01－4 一个学校的多个专业群之间不能"打架"，要协调发展，不然内耗上，咋发展……
07	A07 多个专业群的整体布局	6	G09－02－6 学校领导必须慎重考虑一所高职院校的全部专业群的整体布局……
08	A08 国家层面的政策影响	29	G13－01－7 2019 年国家出台了很多支持职业教育的政策，我们很受鼓舞，"双高"建设也拉开了帷幕……
09	A09 地方层面的政策影响	18	G10－02－10 地方上尤其是省厅会出一系列的政策支持专业群建设……建设水平和地方政策有很大关系
10	A10 行业企业的现实诉求	20	G04－02－8 高职在专业（群）布局的过程中要对行业企业的人才需求保持敏感性，这个必须高度敏感……
11	A11 校企双主体协同育人	15	G12－01－4 高职教育的优势就在校企关系的紧密性，让企业比较充分地参与到学校的育人过程中来……
12	A12 社会公众的口碑效应	9	G14－02－9 像我们高职院校内部也是有自己的"位次"，社会口碑对一所高校院校的发展有极其重要的影响……
13	A13 社会公众的生源供给	5	G05－01－5 只有社会大众认可我们学校，认可我们的专业和专业群，我们才会有高质量的生源，这点很重要……
14	A14 与同区本科院校的互动	17	G03－01－12 我们有的专业（群）通过专升本等途径与同区域的普通本科院校（多为二本、三本）有很好的交往……
15	A15 与同区高职院校的互动	10	G08－01－7 我们附近的高职院校之间把对方的专业（群）布局盯得挺紧，大家之间的竞争意识还是很强的……
16	A16 与同区中职院校的互动	6	G07－05－11 五年一贯制的生源—中高职衔接—我们和附近的中职学校交往还挺多的……

（二）主轴性编码（axial coding）

主轴性编码是在原始资料的概念化类属（开放性编码）的基础上，按照特定的脉络，建立起概念化类属间的各类联系，找出原始资料概念化类属的关联性。并对相关的概念进行串联，以更好地分析原始资料各个部分的关系，建立起不同概念标签之间的有机联系，形成更高层次的范畴化类属。在分析和提炼了 16 个概念化类属之后，根据概念化类属之间的联系，可以得出以下 7 个主轴类属，主要类属有专业群个体、专业群种群、专业群群落、各级政府、行业企业、社会公众、同区域各级各类院校 7 个主轴类属，范畴化（主轴）与概念化类属对应关系如表 2 − 3 所示。

表 2 − 3　　　　　　　主轴编码阶段范畴化与概念化类属的对应关系

序号	范畴化类属	原始资料的概念化类属
1	B01 专业群个体	A01 专业群个体的核心要素；A02 专业群个体的特色塑造；A03 专业群个体的服务面向
2	B02 专业群种群	A04 专业群与专业群的竞争；A05 专业群与专业群的合作
3	B03 专业群群落	A06 多个专业群的布局优化；A07 多个专业群的整体布局
4	B04 各级政府	A08 国家层面的政策影响；A09 地方层面的政策影响
5	B05 行业企业	A10 行业企业的现实诉求；A11 校企双主体协同育人
6	B06 社会公众	A12 社会公众的口碑效应；A13 社会公众的生源供给
7	B07 同区域各级各类院校	A14 与同区本科院校的互动；A15 与同区高职院校的互动；A16 与同区中职院校的互动

（三）选择性编码（selective coding）

选择性编码主要是为了在类属集中找出支援类属与核心类属，并进一步明确不同类属之间的具体关系，用核心类属来整合与统领其他类属，在全面梳理和厘定核心类属与支援类属内在联系的基础上，建构能够阐释与说明二者关系的理论模型或理论概念。本书通过对 16 个概念化类属和 7 个范畴化类属之间关系的系统分析与整合，以建构高职专业群生态系统结构模型为研究出发点，凝练和遴选出关联性强和概括性强的核心范畴，形成本书严谨科学的高职专业群生态系统结构模型。模型的具体编码如表 2 − 4 所示。

表 2 - 4   三级编码的整体呈现

选择性编码	主轴性编码	开放性编码
C01 专业群生态系统内部结构	B01 专业群个体	A01 专业群个体的核心要素；A02 专业群个体的特色塑造；A03 专业群个体的服务面向
	B02 专业群种群	A04 专业群与专业群的竞争；A05 专业群与专业群的合作
	B03 专业群群落	A06 多个专业群的布局优化；A07 多个专业群的整体布局
C02 专业群外部环境系统构成	B04 各级政府	A08 国家层面的政策影响；A09 地方层面的政策影响
	B05 行业企业	A10 行业企业的现实诉求；A11 校企双主体协同育人
	B06 社会公众	A12 社会公众的口碑效应；A13 社会公众的生源供给
	B07 同区域各级各类院校	A14 与同区本科院校的互动；A15 与同区高职院校的互动；A16 与同区中职院校的互动

（四）饱和度检验

为保证研究所建构理论的科学性和原始资料编码的科学性，研究者应当在初始模型的基础上，再次使用预留的原始资料来验证初步构建的理论模型是否具有饱和度，其原始资料文本数据处理是否达到了高度理论饱。概括来说就是原始预留资料中再也没有新的概念和范畴出现，同时也不能够析出新的关联关系。在对本书收集到的 16 所高职院校 39 位访谈者原始资料编码的过程中，当分析第 28 位及以后的访谈材料时，发现其析出的类属都可以归入已有的类属中，不能够发现新的概念和类属。为进一步确保理论的饱和度，本书又随机选择了 2 位高职院校专业群建设负责老师的访谈资料进行分析，也没有发现相关新的概念和类属。此处选取访谈资料的描述性文本片段进行举证：

在专业群与专业群关系问题上，受访者 A 老师认为，在一所高职院校内部，必须科学合理地分布自己的多个专业群，对学校的专业群进行整体规划，这样才能有的放矢，专业群与专业群之间不能"斗争"（G09 - 02 - 6）。受访者 B 老师认为，就像一个人要阴阳调和，不同身体器官协同配合一样，高职专业群的布局不能"相生相克"的，所以摆在我们面前的就是如何与学校其他院系的专业群进行广泛合作，实现和谐相处的问题（G11 - 01 - 4）。综上所述，本书根据三级编码的程序和原则，不能够提取新的类属与概念，也不能够发现新的类属之间、概念之间的相关关系。因此，本书所建构的高职专业群生态系统结构模型达到了理论饱和。达到理论饱和的理论模型具备较好的推广性、稳定性与适切性，能够为本书开展研究提供科学的理论指导。

三、专业群生态系统模型

本书在 16 所典型高职院校案例实地调研获得的原始资料的基础上，通过质性研究软件 NVivo 对获得的第一手访谈资料进行三级编码，构建了高职专业群生态系统具体的结构模型（见图 2-4）。基于原始资料建构的高职专业群生态系统模型，相对于根据教育生态论和复杂适应系统理论推演出的一般理论分析框架，前者对高职专业群生态系统的核心组成要素和结构特征等内容的分析进行了清晰的厘定，有助于对高职专业群生态系统在实践运行过程中具体形态的描述，也有助于本书清晰"解剖"高职专业群生态系统，从而设计科学严谨的分析单位与分析策略。

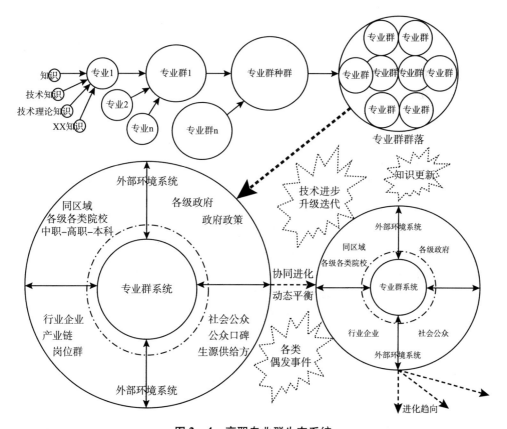

图 2-4　高职专业群生态系统

在本书构建的高职专业群生态系统模型中，不同类型的知识将按照特定的逻辑组合成专业，不同的专业按照具体的组群逻辑，将形成特定的专业群个体，专业群个体将按照自身的成长轨迹完成其进化过程。在一所高职院校内部，专业群与专业群之间将存在广泛的合作与竞争，不同的专业群个体将进一步组成专业群种群与专业群群落，进而形成高职专业群生态系统的内部结构。专业群系统将与外部环境系统中的各级政府、行业企业、各级各类院校、社会公众等不同的主体展开相互作用、相互影响，一起构成完整的高职专业群生态系统。高职专业群生态系统在时间维度将会随着技术升级与迭代、知识的更新、各类偶发事件等因素的影响而不断协同进化，在动态进化中实现系统各要素的共生与系统平衡。

高职专业群生态系统的协同进化，包含不同层面的动态进化过程。专业群个体的生成与进化是系统进化的最基本过程，专业群之间的协同进化有利于系统内专业群的科学合理布局，形成特定的专业群种群与群落，专业群系统与外部环境系统的协同进化将不断提升高职专业群生态系统的适应力。因此，本书将从以下维度开展高职专业群生态系统的协同进化分析：首先，在微观层面分析高职专业群生态系统内专业群个体的生成与进化（第三章）；其次，在中观层面探究高职专业群生态系统内专业群之间的协同进化（第四章）；再次，在宏观层面探析高职专业群系统与外部环境系统的协同进化（重点分析政府政策、产业升级、校际互动等外部主体和要素）（第五章）；最后，基于上述维度解构分析高职专业群生态系统是如何进化的总问题，并在各子问题科学分析的基础上，进一步梳理高职专业群生态系统的协同进化机制与治理方略（第六章）。整个研究按照问题解决的脉络依次展开，高职专业群生态系统模型的构建服务于系统不同层面要素的解构分析。厘清微观层面专业群个体的生成与进化，是仿真模拟中观层面专业群个体之间竞争与合作过程的前提与基础，也是分析宏观层面专业群系统与外部环境系统各主体协同进化的基本前提。基于不同层面专业群系统协同进化过程的分析，有利于更加科学地分析系统整体的协同进化机制，从而实现对系统的科学治理，不断提升高职专业群生态系统的外部适应性。

本 章 小 结

本章在相关"理论丛林"中选取了与本书问题关系紧密且具有重要指导作

用的相关理论：生态论、教育生态论、复杂适应系统理论。在系统梳理上述理论基本原理的基础上，运用隐喻与移植分析的方法，将高职专业群生态系统与生态学中的自然生态系统进行类比，通过移植生态学与教育生态学、复杂适应系统理论的部分原理与方法，建构高职专业群生态系统的理论分析框架，为分析高职专业群生态系统的协同进化过程提供了理论层面的分析框架。一般意义上的理论框架构建为本书提供了基本分析框架。为更科学和深入地分析高职专业群生态系统的协同进化问题，本书运用扎根理论三级编码的方式构建了高职专业群生态系统的结构模型。在本书建构的理论模型中，高职专业群生态系统主要由专业群内部系统与专业群外部环境系统组成。其中，专业群内部系统可进一步分解为专业群个体、专业群种群、专业群群落等核心要素，专业群外部环境系统则主要由各级政府、行业企业、同区域各级各类院校、社会公众等外部主体组成。在知识更新和技术迭代的背景下，高职专业群生态系统基于不同层面的协同作用完成专业群系统的协同进化过程，使专业群生态系统在不同时空维度下保持动态平衡，获得可持续发展。

第三章

微观层面：高职专业群
个体的生成与进化

高职专业群生态系统主要由内部各要素和外部环境系统的各种主体组成。其中，高职专业群生态系统内部主要由专业群个体、专业群种群和专业群群落等要素组成。在高职专业群生态系统内部，微观层面不同类型的知识将按照内在逻辑组合成专业，不同的专业将根据恰切的组群逻辑组建成不同的专业群个体。高职专业群建设在实践过程中展现出不同的编组模式，形成了类型多样的专业群个体。专业群个体按照特定的进化机理完成自身的成长进化，形成相应的成长进化轨迹与周期。在错综复杂的高职专业群生态系统中，微观层面专业群个体的生成与进化问题是解构与分析高职专业群生态系统协同进化最基础和最关键的环节。因此，本章将基于知识论和技术哲学的视角分析高职专业群生态系统内专业群个体的生成与进化问题，并在此基础上探析高职专业群个体的编组模式、基本类型、主要特征、进化周期、进化样态与进化机理。

第一节　高职专业群个体的生成

高职专业群生态系统内专业群个体的生成问题，是研究高职专业群生态系统协同进化问题的前提与基础。专业群个体生成过程的分析是一个不断打开"黑箱"的过程，对于专业群个体生成的分析，首先需要厘清单个专业群个体的基本组成单元——专业的本质及其组成要素。知识论是哲学领域探究知识的本质、知识的起源、知识的范围、知识的类别等研究主题的分支领域。知识论能够为分析专业与专业群个体的生成与演化提供重要研究视角。本节将主要运用知识论和技术哲学的研究范式，通过顿悟性思辨、归纳性思辨、演绎性思辨等思辨方式。首先在知识的内涵和知识分类中，探寻教育在知识的生产、加工与传授过程的重要作用，进而分析与职业教育关系最为密切的知识类型与专业、专业群个体生成之间的具体关系，从而探究以知识为载体的专业群个体具体生成过程。本书主要基于知识论和技术哲学对专业群形成过程进行分析，并非课程开发视角。基于知识论视域对调研样本专业群个体实践样态的分析，可以探析高职专业群个体的生成过程。

一、职业教育面向何种知识

高职专业群个体生成问题知识逻辑的审视，首先需要明晰现代职业教育究竟面向于何种类型的知识？而职业教育面向知识类型的分析，则需要进一步厘清知识的本质与主要类型。本书将基于知识论的视角，结合调研案例专业群的相关资料，在厘清知识的本质内涵与知识体系主要类型的基础上，探究与职业教育关系最为紧密的知识类型，从而解答职业教育面向何种知识类型的问题。

（一）什么是知识

对于"何为知识？"问题的回答，不同历史时期、不同学科背景的研究者都有其关于知识本质内涵的观点，归纳起来主要有以下三类不同的知识论，即哲学认识论知识观、心理学领域知识观和信息管理领域知识观。[①]

1. 哲学认识论知识观

哲学层面的知识论是影响最为深远的知识观，哲学领域一般将知识定义为：知识是社会主体对客观事物属性及其关系的认识，是客观世界的事物及其关系等客观规律在人意识形态领域的建构和反映。这种反映可以是客观事物之间的联系，也可以是客观事物的具体属性。知识可以是主体对于客观事物感性层面的认识，也可以是对客观存在事物抽象的概念或者规律等的理性认识。例如，古希腊哲学家苏格拉底曾说"美德就是知识"；亚里士多德则认为"人的重要本性之一是求知，这是人与动物的本质差异"；培根则认为"知识就是力量"；马克思则将知识定义为"意识的存在方式"。

2. 心理学领域知识观

心理学领域对知识的界定侧重于主体与环境相互作用下实施的建构以及

---

① 和震. 知识：探究、反省与行动——杜威的知识观及其对教育的意义 [J]. 湖南师范大学教育科学学报，2003（5）：10–13.

知识主要构成要素及其相互之间的关系。认知心理学家皮亚杰（Jean Piaget）认为，知识既不是客观世界的物体在人脑和意识层面的反映，也不是主观层面人类认识的集合体，而是在主体与客体环境之间相互作用、相互影响、相互交换的过程中实现彼此建构。根据建构主义的核心主张，现有研究可将知识的学习划分为知识的生产与理解、知识的深化与整合、知识的迁移与应用等不同阶段。①

3. 信息管理领域知识观

信息管理领域相关理论和研究认为，知识的内涵是能够发挥主观能动性的社会主体在与周围环境相互影响和作用过程中，会将此过程中产生的诸多信息进行整合。这些信息主要是在客观事物运转过程中产生的，有客观规律的描述，也有对客观规律的理解，是一个庞杂的信息体系。

知识虽然没有形成统一的定义，但是关于知识本质的探讨还是形成了诸多共识。目前比较有共识的观点认为知识是社会个体对于知识本质的认识，是个体与外部环境相互作用的具体实践进程中不断形成的，是主体对于客体的各类信息集以特定的方式加工后形成的。② 加工后的信息集是主体对于客体的基本属性和客体间复杂联系的认识，而知识就是在此基础上发展而成的。基于对知识认识的共识，研究者也总结出了知识的主要特性，如存储性、积累性、无损耗性、可传递性、替换性、相对性、语境性、不确定性、社会性等基本属性，这些属性通过特定的实践情境，在各类实践过程中形成多元化的知识体系。

（二）知识分类与知识类型

知识是社会主体在实践活动过程中逐渐积累形成的经验体系，是相对明确和稳定的，基于不同的视角可以对知识进行不同的分类。知识主要由何种类型组成？此时需要着重分析由不同类型知识组成的知识集分类问题。关于知识的分类，现有研究认为，知识分类主要是指社会主体根据生产实践活动的需要以及在生产实践活动中制定的具体目标需要，遵照基本的分类原则、运用科学的分类方法、根据相应的分类标准将属性相似的知识汇集在一起进行归类的实践活动。知识分类是社会主体为科学管理、有效利用和优化知识所采取的对知识进行"箱格化"与"分枝化"处理的办法，知识经过分类处理后将形成不同

---

① 陈琦，刘儒德. 当代教育心理学［M］. 北京：北京师范大学出版社，2007：248.
② 冯忠良等. 教育心理学［M］. 北京：人民教育出版社，2010：302.

类型的知识分类体系。知识分类时所依据目标、原则、标准与方法的差异会形成不同类型的知识体系。

知识分类与其他任何事物的分类都需要具备母项、子项、根据等基本元素，事物的分类原则主要指以"根据"为主要依据，将"母项"分成"子项"的过程中需要注意的各类事项。现有研究认为，在对事物进行分类的时候要注意排他性与穷尽性原则，标准一致，子项不重复，也不遗漏母项的主要内容。应特别注意分类标准要足以区分不同类型的事物，现有的事物也要能够在不同的子项中找到自己的类属。同时要避免分类后的子项不穷尽，并要按照统一的标准对其进行逐级分类，选用的知识分类标准不同，将形成类型多样的知识体系。

分类标准一：知识感知与获取途径的差异性。分类主体基于知识感知和获取途径的不同，将知识体系划分为感性层面的知识和理性层面的知识。其中，感性知识就是柏拉图所描述的通过知觉与感觉系统所得到的关于客观事物的具体认识，如"冬天会下雪，夏天会下雨"的感性认识。而理性知识则是社会主体运用个体的逻辑思维能力对客观事物的认识进行进一步抽象的结果，如人们会基于冬天会下雪这一客观事实的感性认识，进一步运用逻辑思维能力，去抽象地分析冬天会下雪的原因是温度低于一定的临界值。

分类标准二：知识描述和解释对象的差异性。根据知识体系描述客观规律和具体现象的不同，可将现有的知识划分为人文领域知识、社会领域知识和自然领域知识。其中，人文知识以人的意识、精神、意念等为研究对象，社会知识则以社会活动和现象为研究对象，自然知识主要分析客观存在的自然现象及其背后的客观规律与作用机制。①

分类标准三：知识显现状态的差异性。依据多元知识体系显示的基本形式和状态的差异性，可以将多种多样的知识体系划分为隐性（默会）知识和显性知识。其中，多元知识体系中那些可以被识别出来、清晰表述和有效交流的知识类型就是显性知识，而那些无法被识别、不能够直接表述和广泛交流的知识类型即为隐性知识，隐性知识通常存在于人的潜意识之中，是只能被隐约地意会到，很难被直接识别的知识类型。

分类标准四：知识运用途径和范围的差异性。根据知识体系最终应用范围

① 伯顿·R. 克拉克. 高等教育系统——学术组织的跨国研究 [M]. 王承绪，译. 杭州：杭州大学出版社，1994. 63.

和使用预期目的的不同，可将其划分为实践应用类知识和基础理论类知识两种不同的类型。其中，实践应用类知识是一种直接运用于实践活动的具体知识类型，而基础理论类知识的应用对象则相对模糊，相较于应用知识而言是一种间接的、有更广泛意义的一般知识。此外，也有研究认为，在基础知识和应用知识之外，还应包括一类知识，即：技艺与技术知识。

分类标准五：知识拥有者的差异性。根据知识拥有者的差异性，可以将知识划分为公共（社会）与个人知识。波兰尼认为，社会个体在共同生活的过程中基于各类关系网连接而形成的集体共性知识就是社会知识，而个体作为认识的主体所建构的带有个人生活经验和生命成长过程的经验与认知，就是具有独特性的个人知识，个人知识与公共知识的范围和界限在不同时代背景下是动态变化的。

分类标准六：知识反应水平的差异性。根据对知识反应水平的差异性，可以将知识分为策略性知识、程序性知识、陈述性知识。其中，陈述性知识是多元知识体系中描述客观世界的各类事实的知识类型，主要说明是什么的知识；而策略性知识则是关于反省、反思与元认知类的知识；程序性知识则主要是关于如何行动的知识，即说明如何做的知识。

分类标准七：国际组织的知识分类标准。目前被广泛认可的是世界经合组织的知识分类标准，该组织将知识体系主要划分为：事实描述型知识（know-what）、规律阐释型知识（know-why）、操作应用型知识（know-how）和人力管理型知识（know-who）。其中，事实描述型知识（know-what）主要是可以直接观察与获取的、可以感知的知识，主要知道是什么的知识。例如，统计数据、调查资料等。规律阐释型知识（know-why）主要是关于特定自然现象背后规律和原理的知识，是阐释为什么的知识。操作应用型知识（know-how）主要是指在具体实践活动中，从事某一项活动时所用到的诀窍和技巧等方面的知识，其主要目的是知道如何做。人力管理型知识（know-who）则主要是指知道谁和谁知道等从事某一项具体活动的信息，主要是涉及人际的知识。

（三）何种知识与职业教育关系最为紧密？

职业教育的类型属性决定了其与其他类型教育的差异性。职业教育的类型属性主要体现在哪些方面？从实践层面看，"职教二十条"对职业教育的功能定位是要大力培养复合型技术技能型人才和各类复合型高素质劳动者，并明确指出随着互联网技术的发展和产业结构的调整，复合型技术技能人才的供给缺口，对我国现代职业教育的发展提出了新的机遇和挑战。从职业教育的本质内涵来看，一些国际组织的职业教育概念则更具有包容性，将职业教育、技术教育、培训等相关词语进行了并列，形成了国际组织关于职业教育的称谓。我国职业教育内涵也十分广泛，广义层面的职业不仅包括以中等职业教育和高等职业教育为代表的学校职业教育，也包括职业启蒙和职业培训，是一种大职业教育观；狭义层面的职业教育一般指学校职业教育。黄炎培先生对职业教育内涵的解释是：从狭义层面来看，为受教育者培养实用技能的教育即为职业教育，职业教育注重生产实践一线的学识、技能传授；从广义层面讲，所有的教育类型都含有职业的属性。在职业教育的具体实践中，与其他类型的教育相比，职业教育更关注培养学生的知识运用能力和生产实践一线技术技能的获得。

综上所述，无论是从国际职业教育的本质内涵、国内职业教育的实践，抑或是职业教育家对职业教育的解释，都存在着关于职业教育的一个共识性认识。即职业教育是给受教育者传授知识、技能和态度的教育，主要面向产业链和岗位群，培养复合型技术技能人才和高素质的劳动者，并在此过程中关注受教育者的职业生涯发展。基于职业教育上述本质属性的梳理，分析"什么类型的知识是与职业教育关系最为紧密的知识"问题，就可以转化为如何在现有的知识体系中寻找与职业教育本质属性最为接近的知识类型。通过现有对知识分类的研究可以发现，在类型多样的知识体系中与职业教育本质属性最为接近的知识类型主要有：实践知识、技术知识、职业知识、程序性知识等类型。

1. 实践知识

知识论和技术哲学领域的主流观点认为，实践知识是与理论知识、技术知识等并列的知识类型，主要描述客观世界事物的普遍价值和一般规律，同时也关注个体客观经验等层面的知识类型，相较于技术知识和理论知识，实践知识更多强调知识的运用与践行，关注行动者实践经验的获得。实践知识探究的领域是发展变化的，相较于制作与生产，实践知识的践行与其存在着差异性。哈耶克认为，实践知识是溶于特定时空下的共享技能的默会性知识，是一种与传统意义上的科学知识相对的知识类型。奥克肖特认为，人类所有的活动都会涉及两类不同的知识，即实践知识和技术知识。其中，实践知识主要存在和产生于具体的实践活动中，很难用规则和命题的形式表示出来。日本教育家佐藤学认为，实践知识是与理论知识相对应的知识类型，实践知识是在特定实践经验基础上建构的，存在于特定时空下的情境性知识。实践知识的具体形式是多元的，可以为显性知识，也可以为隐性知识。

2. 技术知识

技术知识是庞杂知识体系中与理论知识和实践知识并列的知识类型，其主要用于描述一种技艺能力与水平，最为典型的就是某种工匠自身所具备的手艺知识。技术知识主要是针对特定的实践活动而言的，具有经验性、具体性、个体性、特殊性等属性，并且技术知识是可以传授的，是可学可教的知识类型。在这一点上，技术知识与理论知识比较类似，因为理论知识是建立在证明基础之上的稳定不变的知识类型，既能够教授，又能够学习。奥克肖特认为，人类所有的活动都会涉及技术知识和实践知识两种不同的知识类型。其中，技术知识主要是关于操作规则和应用原则的知识，可以用知识命题和知识规则的形式进行描述，技术知识是可以被教育和学习的，对于技术知识的学习是进行社会实践的前提与基础。

3. 职业知识

职业知识是源自生产实践一线岗位群和职业带的知识，通过对各类职业带对应工作任务的动态分析即可以得到相关知识。在动态分析过程中要全面调查不同岗位群所需要能力、知识和态度等要素，然后再结合具体的工作情境对不同岗位的共同点进行分析与归纳，形成职业知识。这种职业知识是对技能点、知识点、工作态度等要素的编码，主要包括工作过程的具体内容、工作对象、工作方法、工作的具体情境等。① 职业知识是对职业实践活动过程中涉及的相关知识与方法的系统化。职业知识的加工、生产与传授是职业教育最显著的特征。

4. 程序性知识

关于程序性知识，安德森根据对知识反映程度的差异性，将知识体系的基本类型划分为程序性的知识、策略性的知识、陈述性的知识。② 其中，程序性的知识主要是关于行动流程的知识，用以说明如何行动，是表明知识接受者如何做的知识类型。陈述性知识主要则是关于事实的知识，即描述客观物体的具体属性；策略性知识则主要是关于认知、元认知和各类反思性的知识类型。职业教育的主要目标是培养生产服务一线的技术技能型人才，要教给受教育者如何行动的知识。因此，现有研究认为，程序性知识是与职业教育关系较为紧密的知识类型之一。

---

① 姜大源. 职业科学辨析［J］. 高等工程教育研究，2015（5）：149－156.
② 李政. 职业教育现代学徒制的价值研究［D］. 华东师范大学，2019.

综合考虑实践知识、技术知识、职业知识、程序性知识等与职业教育关系最为紧密的知识类型，并结合职业教育的主要属性，本书将职业教育面向的知识类型统一归为技术知识。此处的技术知识既包含与实践领域紧密相关的技术实践知识，也包括理论层面的技术理论知识，[①] 同时也拥有实践知识、职业知识、程序性知识等与职业教育紧密相关知识类型的主要属性。这里的技术知识是与生产实践密切相关的知识，是来自工作岗位的知识，是生产实践一线的生产者和服务者在任务开展过程中所需要的知识集合，在知识集合中不仅包括关于特定生产过程的原理性基础知识，也包括将相关理论运用于具体实践情境的实践性质的技术知识。从技术知识的形态来看，主要包括符号形态的相对静止的知识和体现具体实践情境的过程性动态知识。

从技术知识的主要类型而言，在技术知识内部，包含卡平特等提出的理论层面的技术知识、经验层面的技术知识、动作技能、技术定律等不同子类型，也包含温森提技术知识体系中的默会性技术知识、规定性技术知识、描述性技术知识等不同类型的技术知识。因此，职业教育面向的技术知识是一个内涵十分丰富的知识体系，这里的技术知识是与岗位群和产业链密切联系的，包含类型丰富的技术知识子类型，涵盖了职业教育面向的生产实践的各个方面。技术知识的结构与属性，进一步凸显了职业教育的类型属性，使职业教育成为主要以技术知识为载体培养技术技能型人才的教育类型。

二、技术知识的静态加工

在庞杂的知识体系中，通过对知识内涵和知识主要类型的分析，结合知识的主要属性和职业教育本质属性的分析。本书在前文已经清楚地厘定了职业教育面向的知识类型是内涵丰富的技术知识，技术知识是庞大的知识库中与职业教育关系最为密切的知识。知识是有其教育价值的探寻，而技术知识教育价值的彰显则需要职业教育扮演主角。职业教育专业群的组建需要以职业教育面向的主要知识为载体进行科学编码与动态组合。结合现有研究和对高等职业教育专业群组建实践案例的调研发现，从知识到专业群个体的生成必须经过技术知识的静态加工和技术知识的动态编组过程（见图 3-1）。在技术知识的静态加工过程中，将实现从知识—教材—课程的知识形态变迁。

---

① 徐国庆. 实践导向职业教育课程研究：技术学范式［M］. 上海：上海教育出版社，2005：103.

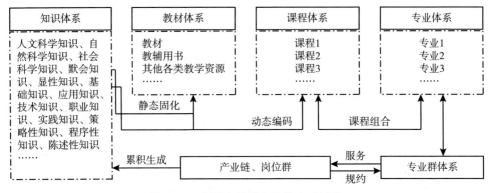

图 3 – 1 高职专业群个体的生成过程

（一）技术知识的静态加工：从知识到教材

职业教育所面向的知识类型主要来源于职业实践活动过程中的各类活动，职业实践活动和产业生产活动的现实诉求是职业教育进行知识选择与加工的重要依据。职业活动的多样性和复杂性决定了职业教育所面向知识类型的多样性与复杂性。在如此庞杂的知识体系中，什么样的技术知识是有价值的？哪些技术知识值得被传授？即如何实现从知识到教材的转化？此处就涉及职业教育教材的内容选择问题。职业教育教材是职业教育面向的知识体系以教材为载体的固化，其最主要功能是系统表达职业教育课程所需的各类知识。[1] 职业教育教材是职业教育面向的知识类型进一步具体化和传播的载体，是需要被传授的技术实践知识和技术理论知识融合的媒介。其中，技术理论知识包括技术原理知识和基础理论知识等类型，技术实践知识包含工作方法知识、工作情境知识（工作对象知识、工作结果知识、工具设备知识等）、分析判断知识等不同的组成要素。根据职业教育教材体系设计的三维理论，[2] 从知识维度来看，在职业教育所面向的知识链上存在着类型多样的技术知识类型。基于技术知识抽象性和实践性的差异，可将职业教育教材选择的知识类型划分为：技术理论知识、技术实践知识、技术经验知识等主要的知识类型，如图 3 – 2 所示。

---

① 石伟平. 提升职业院校教材质量的关键路径 [J]. 教育研究，2020，41（3）：18 – 22.
② 徐国庆. 职业教育教材设计的三维理论 [J]. 华东师范大学学报（教育科学版），2015，33（2）：41 – 48.

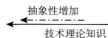

图 3 - 2 知识维度职业教育教材的内容构成

因此，职业教育教材的内容主要由理论层面的技术知识、实践层面的技术知识、经验层面的技术知识等不同类型组成。职业教育教材知识内容的选择会随着课程所服务专业类型的变化而变化，[①] 通过优化三类知识的有机组合，实现学生对技术理论知识和技术实践知识的融会贯通，获得从事具体职业活动的职业能力和职业经验，完成职业教育所面向的技术知识的静态加工过程。

（二）职业教育知识的课程表达：从教材到课程

追溯"课程"的本质内涵可以发现，课程（curriculum）的拉丁文词根意味着"跑道"的含义。在现有的研究中，课程一般被界定为"按照教学目标所确定的有规定的内容和相应数量的学习与工作进程，在当下的教育教学实践中则主要表现为科目等形式"。与课程相对应，"教材"的本质内涵则被界定为"为实现特定教学目标，满足具体的教学实践而编写的诸如书籍、教授提纲、讲义、图文资料"等形式的材料。互联网时代信息技术的发展，教材的呈现形式表现出多元化的趋势，教育信息化的发展也进一步加速了教材呈现形式的立体化。现代意义上教材的含义更为广泛，有观点认为，只要能够承载教学过程所需的内容和信息的相关材料都可称其为教材。

从教材和课程的关系来看，基于对职业实践活动的映射，工作任务与工作过程所需要的知识能够直接以在线的状态映射到课程之中，但却以固化的间接经验存在于教材之中。[②] 课程是动态过程性和情景化的教育教学实践活动载体，职业教育课程的编组将根据生产实践一线工作任务的变化而不断发展变化。

相较于课程的动态性，教材是以静态结果形态存在的教育和教学的载体。职业教育的教材是"固化"工作任务及其工作过程间接经验的存在形态。[③] 固态形式的教材形成以后，不同的课程实施者综合考虑各类因素，选取特定课程的相应教材，实现教育教学活动的具体目标。教材是职业教育课程所包含的知识固化的载体，职业教育将根据职业活动的现实诉求设置相应的人才培养单位

---

① 徐国庆，石伟平．中高职衔接的课程论研究 [J]．教育研究，2012，33（5）：69 - 73 + 78．
② 赵志群．论职业教育课程开发的规范化与技术标准建设 [J]．教育与职业，2006（30）：8 - 10．
③ 姜大源．职业教育：课程与教材辨析 [J]．中国职业技术教育，2008（19）：1 + 13．

（专业），各专业（群）将按照职业能力培养的现实诉求设置相应的课程，各门课程将基于工作任务和工作过程的要求，设计相应的教材，而教材的设计则是对于职业教育实践活动所需的各类知识的固化，在职业教育的具体实践中，知识的传授是教材的主要功能之一。静态的教材很难对生产环境的变化保持敏感性，[①] 仅仅是特定时空下的课程所需知识的固化，而动态的课程则对生产环境的变化更加敏感，可以随着生产环境的变化进行调整。

教材的设计将基于与职业活动的具体联系，选取相应的技术知识类型进行固化。这里的技术知识体系包括理论层面的技术知识（原理性、基础性的理论知识等）和实践层面的技术知识（工作任务方法的知识、工作对象的知识、工作结果的知识、工具设备的知识、分析判断知识）等不同的知识类型。教材是职业教育所面向的技术知识类型向课程过渡的重要载体，技术知识经过加工与固化形成了以教材为主要形式的教学资料。职业教育根据不同专业人才培养规格和需求的差异性，开设相应的课程，不同课程根据课程实施的现实需要从技术知识体系固化结果的各类教材中选取合适的教材，开展相应的教育教学活动，以实现知识—教材—课程的转化。

三、技术知识的动态编组

职业教育定位于培养生产实践和服务一线的技术技能型人才，专业是职业教育在人才培养过程中的一个重要载体。因此，也有学者将专业的本质内涵界定为教育主管部门依据人才市场对从事不同职业的专门人才和劳动者的需求，所划分的学校职业教育能够提供的人才培养类型。特定的专业一般都是由不同的课程体系组成的，不同课程门类将以"教材"等固化的技术知识为载体进行相应的课程教学。随着生产环境的变化和技术升级换代速度的增加，生产实践领域对培养复合型的技术技能型人才的诉求更加强烈。单一的专业培养口径就需要进行拓展，实现从专业到专业群的转化。专业群是高职现有专业结构调整与优化的结果。结合现有研究和对高等职业教育专业群组建实践案例的调研发现，职业教育所面向的技术知识在经过第一阶段技术知识静态固化后将形成多元化的教材体系，为课程知识的传授提供客观载体。专业群是专业口径进一步拓展的结果，而专业则是用课程组合成的专门化领域。技术知识在静态加工的

---

① 姜大源. 职业教育学研究新论 ［M］. 北京：教育科学出版社，2006：103.

基础上，经过动态编组将形成多样的课程体系、多元的专业体系和特定的专业群体系。

（一）职业教育专业的生成：从课程到专业

从课程的本质内涵看，课程的一般含义主要是为学生提供哪些学习材料与内容，以及对学习内容进行科学排序，让学生按照特定的顺序进行学习。这样学生的学习过程就有了科学依据，使学生可以按照特定"跑道"实现相应的教学目标。课程的基本内涵已不再局限于具体学习内容和知识的排列顺序，而是形成一个包含课程实施过程中多元要素和具体教学情境的复杂系统。职业教育在实践过程中，逐步形成了"三段式"课程模式（文化基础课+专业基础课+专业课）、工作本位与行动导向的课程模式、能力本位的课程模式、MES课程模式等不同的课程模式。在具体的课程开发实践过程中，课程开发者基于开发理念先进性、课程开发对象面向学生、课程内容行业依赖、课程实施适时评价、课程开发面向未来，以及课程内容的实用性、综合性、衔接性、灵活性等不同的原则，形成了课程开发的基本流程，如图3-3所示。[1]

图3-3 课程开发过程的主要步骤

在课程具体内容开发前明晰课程开发决策和课程的主要目标，在目标明晰

---

① 石伟平. 徐国庆. 职业教育课程开发技术［M］. 上海：上海教育出版社，2006：20.

的基础上确定课程的开发门类和具体结构，根据结构选取相应的课程内容。同时也要关注课程内容的组织、具体教学模式的选择、课程组织实施具体环境的开发、课程实施的动态评价和课程改造等环节。上述课程开发步骤紧密相连，按照顺序排列，形成了职业教育课程开发的完整有机整体。职业教育所面向的知识体系，以特定生产实践领域工作任务所需要的知识、技能、态度等要素为依据，进行知识体系的再加工，形成相应知识体系课程层面的表达——课程体系。

课程是组建专业的基础与前提，从专业的本质内涵来看，"专业"是"各级各类教育实施机构（主要为高等学校和中等专业学校）在其教育实践活动中，根据生产实践一线和各类社会职业分工需要而对学校学业类别的划分，不同的学业类别将形成特定的专业体系"。① 也有学者甚至将"专业"直接界定为教育教学实践活动中一种特定的课程组织形式。② 在国外与专业相对应的概念是"主修"（major），通常情况下，一个 major 主要由具有内在关联性的"program"（课程组织）③ 组成。因此，国外的"专业"（major）基本相当于根据特定逻辑组建而成的课程体系和具体培训计划。

从专业分类的国内外实践来看，国外各国的教育主管部门和相关机构也发布了各自的专业分类目录。我国的高等职业教育专业目录，先后有 2004 年发布的高等职业院校指导性专业分类目录、2015 年发布的高等职业院校专业分类目录以及 2021 年版职业教育专业目录等政策文件。现有高职院校的专业设置主要以 2015 年版的专业目录为依据，并在 2016～2019 年每年对专业目录进行增补，形成了由 779 个专业、99 个专业类和 19 个专业大类组成的专业体系。2021 年 3 月新版的《职业教育专业目录》将本科层次、专科层次和中职层次的专业目录进行了整合，形成了统一的专业目录。在知识论视域，专业个体的形成过程，是与职业教育关系紧密的技术知识根据具体人才培养方案要求，将相应课程按照特定的编组逻辑组合成特定课程体系的过程，这一过程将实现从课程到专业的转化。

（二）职业教育专业群的生成：从专业到专业群

职业教育面向的知识，经过从知识到教材（固化的知识）再到课程等不同

---

① 辞海编辑委员会. 辞海 [M]. 上海：上海辞书出版社，1999：75.
② 潘懋元、王伟廉. 高等教育学 [M]. 福州：福建教育出版社，2013.107.
③ 卢晓东、陈孝戴. 高等学校"专业"内涵研究 [J]. 教育研究，2002 (7)：47－52.

层面形态的转化，最终形成了职业教育人才培养的重要载体——专业。专业群是专业口径拓展和专业结构优化的产物。专业群由一系列专业组成，根据现有的实践，每个专业群主要由 3 ~ 5 个专业组成（见表 3 - 1）。职业教育专业的划分是以一组相关职业所需职业能力的共性程度为基础进行划分的，职业能力的一致性主要包括基础知识、职业技能等不同的方面。[1] 在具体的职业教育实践活动中，各职业教育办学主体将依据生产实践一线现实诉求设置多样的学业单元体系，形成不同专业的教学计划与培养目标。在一定程度上，专业的本质是一类特定的课程组织形式，是根据职业门类划分和相关职业的人才培养方案，用多元课程组合成的专门化知识领域。

表 3 - 1　　　　"双高计划"建设院校专业群个体内专业的分布情况

单个专业群内专业数	专业群数量（个）	占比（%）
3 个专业	20	17.86
4 个专业	37	33.04
5 个专业	55	49.11

　　从专业群的本质内涵看，集群的基本内涵是相同类型与相似特征物体的集合体，专业群主要是由具有某些共同属性的专业，按照特定组群逻辑组成的专业集合。经过建群后的专业集合能够发挥各组成专业的比较优势，发挥专业群 1 + 1 > 2 的群体效应。通过组群实现群内资源从零散到集中，进一步降低各类不必要的干扰和损耗，使得专业群系统绩效最大化。[2] 按照集群的理念组建的专业群，群内专业可以是优势专业的强强联合，也可以是优势专业和弱势专业的强弱互补；可以基于共同的技术技能基础组建，也可以基于相关的产业链组建。[3] 专业群组群逻辑的不同决定了其服务面向的多元性，同时也形成了不同的组群方式。根据高职院校专业群的实践案例可将其组群方式总结为以下几种类型：一是围绕岗位群和产业链组群，[4] 以群内各专业能否共同服务特定的产业和岗位群作为专业群组建的主要逻辑；二是以核心专业为基础组建专业群，此类专业群的组建主要是为了发挥优势核心专业的辐射带动作用，通过核心专

①　姜大源. 职业学校专业设置的理论策略与方法 [M]. 北京：高等教育出版社，2002：9.
②　周桂瑾. 高职院校专业群建设模式的研究与实践 [J]. 职业技术教育，2017，38（29）：24 - 27.
③　张红. 高职院校高水平专业群建设路径选择 [J]. 中国高教研究，2019（6）：105 - 108.
④　吴小蕾. 高职院校专业群协同创新模式研究 [J]. 教育与职业，2009（23）：28 - 29.

业对相关专业的辐射带动，发挥"以点带线、以线带面"的效果；三是以能否实现资源共享作为专业群组建的主要逻辑，此类组群方式将师资队伍、基础课、实训设备可以共享，并且通用技术领域比较相关、涉及专业基础知识相近作为专业之间组群的主要依据，主要强调组群的可行性和各类资源的最优重组。综上所述，现有高职专业群组群实践模式可以总结为群内相关专业资源共享论、群内优势专业辐射带动论和两论结合等不同的观点。从高职专业群的本质内涵与实践可以得出，专业群的建设是一项涉及课程、师资、实习实训、教学资源库建设等各类要素的复杂性、系统性工程。

专业群建设是高水平高职院校建设的重要抓手，是提升高等职业院校发展水平和人才培养质量的重要尝试，是高职专业结构整体优化的重要探索，也是高职院校凝聚内涵特色的重要载体。① 恰切的专业群布局是高职院校高质量发展的关键环节之一，专业群的建设有利于高职院校专业结构的进一步优化，有利于院校内部资源的共享共建，也有利于进一步完善和重构院校的治理体系。在生产环境变化和技术升级换代不断加快的时代背景下，复合型技术技能人才的需求成为高等职业教育发展的重要外在驱动，不同的专业个体按照特定逻辑组成相应的专业群，实现从专业到专业群的转化，完成高职专业群个体的生成过程。

第二节　高职专业群个体的进化

高职专业群个体基于其面对产业链与岗位群所需要的知识、技能和态度等多元诉求，将高等职业教育所面向的技术理论知识、技术实践知识、技术经验知识等按照特定的逻辑静态固化为教材、教辅材料和其他各类教学资源。同时，基于人才培养目标和课程目标，将高等职业教育所面向的知识体系进行动态编码，形成特定的课程体系。不同的课程按照人才培养目标进行科学组合，形成高职院校人才培养的重要单元——专业。在互联网技术不断发展的时代背景下，生产实践和服务一线对技术技能型人才的需求更加复合化。因此，由专业组建专业群成为新时期高等职业院校人才培养口径拓展和专业结构优化的重要实践探索。

---

① 任占营. 高职院校专业群建设的变革意蕴探析［J］. 高等工程教育研究，2019（6）：4－8.

专业群个体的生成，是与职业教育关系最为紧密的技术知识，经过从知识—教材—课程—专业—专业群等不同形态的转化，形成了类型多样的专业群体系。由于职业教育所面向知识体系的复杂性，使得高等职业教育专业群生态系统内部的专业群个体呈现出不同的种类。在一所高职院校内部，专业群与专业群之间将存在广泛的合作与竞争，不同的专业群个体将进一步组成专业群种群与专业群群落，进而形成高职专业群生态系统的内部结构。专业群系统将与外部环境系统中的不同主体，一起构成完整的高职专业群生态系统。高职专业群个体将在不断适应外部环境系统需求的过程中，通过与外部环境系统的相互作用，提升专业群个体的可持续发展能力，完成自身的成长进化，形成特定的成长进化周期。

一、专业群个体的生命周期

高职专业群个体的生成与进化，有其特定的发展进化周期，正如自然界存在的事物都有其生命周期一样。自然界的生物体一般会经历萌芽（诞生）期、成长期、壮大期、衰退期、消亡期等不同的生命周期，在不同的生命周期里生物体的发展特征和行为方式是不同的，并呈现出一定的规律性。自然界的这一规律在不同领域得到了广泛的延伸，例如，著名经济学家马歇尔（Marshall）类比自然界的规律，认为在企业的发展过程中也存在着类似的生命周期，后期也有企业管理专家进一步发展了相关理论，形成了较为成熟的企业生命周期理论。[①] 例如，有学者提出了企业成长的创业时期、指导时期、分权时期、协同时期、合作时期等不同的时期。[②] 也有研究者将企业的发展消亡周期划分为成长期、再生期、成熟期、老化期等主要发展阶段。并在此基础上进一步划分为孕育阶段、婴儿阶段、学步阶段、青春阶段、盛年阶段、稳定阶段、贵族阶段、官僚化阶段、死亡阶段等十个细分的生命周期。[③] 还有学者将企业的发展阶段划分为孕育、求生存、高速度发展、成熟、衰退、蜕变等不同的发展时

① 孙建强，许秀梅，高洁. 企业生命周期的界定及其阶段分析 [J]. 商业研究，2003（18）：12 – 14.
② Grainer L E. Evolution and revolution as organizations grow [J]. Harvard Business Review，1972，76（3）：37 – 46.
③ Adizes I. Organizational passages—Diagnosing and treating lifecycle problems of organizations [J]. Organizational Dynamics，1989，8（1）：3 – 25.

期。① 与自然界生物体的生命周期和企业生命周期类似，高职专业群的成长进化也有着自己的生命周期。结合高职专业群的实践样态和本书访谈案例高校的具体案例（见表2-1），本书将高职专业群个体的生命周期划分为：专业群孕育期、专业群初生期、专业群成长期、专业群成熟期、专业群衰退期、专业群蜕变期等不同的成长进化阶段，如图3-4所示。

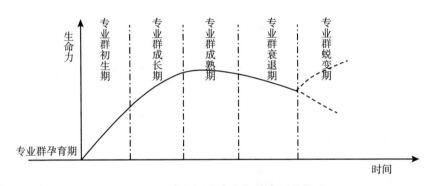

图3-4 专业群生命周期的主要阶段

专业群个体的孕育期：这一时期主要是专业群个体组建的起始阶段。在专业群个体的孕育期，高职院校将基于所在区域经济社会发展的现实诉求，在大量调研的基础上，根据不同产业链和岗位群对复合型人才的现实诉求，形成本校专业群建设的初步设想。例如，调研院校G03的张老师这样讲道：我们要组建一个新的专业群，首先要基于对我们这片区域产业结构的大量调研的基础上，形成一个建群的想法，这个想法要科学就必须建立在科学分析专业群所面对的产业链上，要把专业群建在我们这个区域的产业链上（G03-02-8）。② 在专业群孕育期要在充分调研的基础上，根据学校现有的人力、物力和财力资源，在科学论证各项条件可行性的情况下，形成科学合理的专业群建设方案。正如调研院校G02的孙老师曾说：我们当时在进行"双高"申报的时候，组织了专门的班子，一遍又一遍修改我们的建设方案，可以说是几十易其稿，这项工程很浩大，我们这些参与人员的压力也很大，记得那段写建设方案的日子里，好多工作都为建设方案让步，加班加点，就是为了这个方案科学合理，领

---

① 陈佳贵. 关于企业生命周期与企业蜕变的探讨［J］. 中国工业经济，1995（11）：5-13.
② 相关调研样本院校见表2-1，括号中的G03-02-8代表第3所高职院校的第2位访谈者的第8句表述，其他编号规则与G03-02-8编号规则相同。

导们能够认可（G02-01-31）。因此，孕育期的专业群建设主要是基于现实诉求，结合学校的客观现实情况，提出专业群建设的设想，并进一步形成科学合理的专业群建设方案。

专业群个体的初生期：高职专业群的初生期主要是基于专业群孕育期所形成的专业群建设方案，将方案付诸实施的过程。专业群的建设方案如果不具体实施，那么它只能停留在"理念"和"蓝图"层面，专业群的建设也就成为一纸空文。正如 G11 院校的李老师所言：专业群建设的方案制定了，论证好了，就要按照这个规划开始建设了，这个是我们后期建设过程中的一个"行动指南"（G11-01-23）。以专业群建设方案为依据，整合学校的各类资源和条件，让专业群建设按照方案具体实施，是这一时期专业群建设的重点内容之一。如 G7 院校的刘老师曾讲道：方案定了，我们就要按照具体方案，组班子，整合学校的资源、比如，专业群师资队伍培训、专业群内专业之间的课程体系建设、实训基地的共享方案制定等，总之，在这一阶段要开始落实和实施了（G7-02-15）。因此，初生期的专业群主要是基于内部的知识逻辑和外部的产业需求逻辑，将孕育期形成的专业群建设方案进行具体实施，形成专业群雏形的过程。

专业群个体的成长期：正所谓"始生之物，其形必丑"，初生期形成的高职专业群必须经过一定阶段的成长，才能形成较为成熟的专业群个体，从而为高职专业群生态系统的协同进化奠定坚实的基础，更好地服务于经济社会发展的客观要求和受教育者全面发展的现实诉求。初生期的高职专业群必须经过一段时间的成长，即经历专业群的成长期，才能逐渐成型、成熟，这一过程不可能一蹴而就。正如 G5 院校的王老师所说：刚刚建立的专业群必须经过一段时间的磨合，刚开始会有一段时间的"水土不服"，如果在同一个二级学院的专业之间或者同一个专业大类下建群，这种磨合时间还会少一些，而如果是跨二级学院或者跨专业大类，尤其是那些跨了多个二级学院或者专业大类的专业群，这种磨合需要的时间可能会更长一些，毕竟需要打破很多之前已经形成惯性的东西（G5-01-20）。专业群建设需要一定时期的成长过程，高职院校应为专业群内的不同专业之间的融合提供各类保障，使得成长期的高职专业群个体能够实现可持续发展。

专业群个体的成熟期：新组建的高职专业群个体经过一段时间的磨合与进化，将进入专业群生命周期的成熟期，其生命力值也达到了最高峰。成熟期的高职专业群个体在专业群带头人、课程建设、师资队伍建设、实习实训基地建设、校企合作深度等方面都达到了最高水平，群内各专业之间也实现了最好的协调。专业群个体能够精准地对接产业链、岗位群对技术技能人才的诉求。正如 G9 院校的马老师谈及他所在的专业群时说道：我们现在的这个专业群都筹划了很多年了，这个专业群是基于我们学校的特色优势专业组建的，差不多 10 年前就开始按照群的逻辑进行专业建设了，因为我们群内的 3 个专业都是我们学院内部的专业，所以这个过程中的阻力也比较小，经过这么多年的发展，我们这个专业群基本比较成熟了，师资、管理团队、课程体系、实训基地都整合得比较好了，能够紧密对接我们当地的产业链，尤其是我们当地的特色产业和支柱产业，这方面做得挺好的，我们的毕业生也是供不应求，用人单位的反馈也不错（G9 - 01 - 18）。成熟期的专业群是高职专业群个体生长进化过程中的最佳状态，能够最大化发挥高等职业教育的社会服务能力。

专业群个体的衰退期：高职专业群的发展也有其特定的生命周期，正如自然界的生命体要经历出生、成长、成熟到消亡的过程一样，高职专业群个体的进化也是按照特定的生命周期生长、进化与消亡的。在进入成熟期一段时间后，随着内外部环境的不断变化，成熟期精准对接产业链与岗位群需求的状态将很难持续，从而进入了高职专业群成长进化的衰退期。例如，G11 院校的李老师谈及专业群的建设时就曾说道：我们这个专业群的建设不能用一成不变的思路，用条条框框把各个方面的内容都框全乎了，一个专业群里面今天包含了 3 个专业，5 年后或者 10 年后不能还是之前的 3 个专业，这个不是一成不变的，我们要根据产业的需求定期优化我们的群内专业，我们今天的特色优势专业，过一段时间可能就会成为非优势专业，优势专业群也是这样变化的（G11 - 01 - 26）。专业群个体经过一定时间的成熟期后，按照自身的发展规律将进入衰退期。因此，专业群的建设主体要有居安思危的意识，要准确把握专业群个体发展进化的周期，当进入衰退期后要对专业群个体的进化方向给予适切的引导，而不能沉醉于专业群个体成熟期的"虚假繁荣"。

专业群个体的蜕变期：当高职专业群个体在各方面难以适应生产实践与服务一线产业链和岗位群需要的时候，其发展阶段也将步入衰退期。如果不对衰退期的专业群个体予以适切引导与变革，它最终将走向衰亡，进而被淘汰。进入衰退期的专业群可以有三种不同的发展思路：第一条路径是对衰退期的专业群个体进行全面改革，使专业群的生命力得到进一步提升；第二条路径是维持现有的状态，对难以适应产业链、岗位群发展要求的要素进行小修小补；第三条路径是一种无为而治的思路，即顺应专业群发展的自然规律，从而造成专业群的进一步衰退，最终被外部环境系统所淘汰。例如，G6 院校的张老师就未来专业群发展遇到的瓶颈时就曾谈道：我们的专业群建设一定要有长远的规划，要对未来 10 年甚至更长时间的发展有一个比较清晰的思路，当专业群的发展进入死胡同的时候，要学会变通，要保证专业群中的专业进出是自由的，而不能将其固化、僵化，争取用最科学的、最可行的方式引导进入瓶颈期的专业群获得新生和发展（G6 - 01 - 33）。案例院校的张老师所谈及的是一种较为温和的蜕变方式，在具体的实践过程中，也较为激进的"另起炉灶"式的蜕变方式，也有较为消极的维持现状的方式，还有放任自流式使专业群进一步衰退，从而自然淘汰的方式。进入蜕变期的专业群个体，应选取适切的蜕变方式，使专业群的发展实现再生，进入下一个成熟期。

二、专业群个体的进化样态

高职专业群按照特定生成逻辑形成专业群生态系统中种类多样的专业群个体。高职专业群个体在其成长进化的过程中，将形成特定的生命周期。通常情况下，专业群个体的成长进化将经历专业群孕育期、专业群初生期、专业群成长期、专业群成熟期、专业群衰退期、专业群蜕变期等不同进化阶段。在专业群个体生命周期分析部分，本书结合高职专业群的实践样态和访谈案例高校的实地调研，基于典型案例分析得出了高职专业群个体的具体进化周期。正如细胞是生物个体的基本功能单位和结构一样，专业是专业群的"细胞"，是专业群的基本组成单位。为进一步清晰展现高职专业群个体在时间维度的进化全景图和专业群与产业链岗位群的协同进化谱系图。本书将以高等职业教育专业分类目录和《中华人民共和国职业分类大典》近 20 年目录文本的变迁为依据，通过分析专业、职业、专业类、职业类时间维度的变迁历程，来分析专业群个体的具体进化样态。

（一）1995~2014 年专业目录与职业目录谱系变迁

职业分类目录是高等职业院校专业划分和人才培养方向确定的重要依据之一，在高等职业院校专业目录制定过程中将参考我国的职业分类现状，根据职业的设置与变化，制定以及动态更新相应的专业目录。因此，从我国职业分类目录的变化中可以窥视高职专业群进化依据的变迁样态。专业群是高等职业院校发展到一定阶段进行专业整体结构优化的重要实践探索，而专业目录是高等职业院校专业设置的重要指南之一。因此，通过对我国教育主管部门不同时期颁布的专业目录分析，便可以较为全面地把握我国高职院校专业、专业类和专业大类时间维度的变迁过程，从而较为有效地表征高职专业群个体时间维度的进化样态。

1. 1995～2014 年职业分类目录的变迁：专业群进化的依据

社会上多元职业类别会形成相应的职业分类目录，在进行职业类别划分时主要需考虑两类工作性质是否具有同一性，对全社会所有的职业种类进行系统地划分整合与归类。[①] 一种职业区别于另一种职业的主要观测点可以基于具体职业活动的从业方式、工作过程中的作用对象等要素予以区分。为了对我国的社会职业进行科学分类，国家相关部门于 1995 年开始编制，1999 年 5 月颁布了我国的第一部《职业分类大典》，《职业分类大典》的颁布使我国社会职业分类体系基本建立起来，同时也使我国职业分类领域拥有了首部中国特色的职业分类标准。

1999 年版的首部职业大典主要包括大类、中类、小类、细类（职业）等多个层级。[②] 其中，大类划分主要依据工作性质的同一性，同时兼顾了我国的政治制度、管理体制、科技水平和产业系统基本结构等要素；中类划分的基本依据是实践过程中具体职业活动所使用的技术设备和劳动工具、特定职业活动背后的具体技术方法和知识领域、职业实践活动最终产出产品与服务类型的相似性等要素；职业小类划分的主要依据是具体职业的工作条件与环境、具体职业涉及技术性质的相似性等要素；职业细类则主要根据具体职业工作过程相关工作任务所涉及作业对象、技术技艺、具体操作方法与流程等要素的同一性进行划分。1999 年版的我国首部职业大典包含具体职业近 2000 个、职业小类 400 余个、职业中类近 70 个、职业大类设置为 8 个主要类别（见表 3－2）。1999 年版的《职业分类大典》又分别于 2005 年、2006 年、2007 年进行了增补，职业大类、中类、小类保持不变，职业（细类）由 1999 年的 1838 个增加到了 2007 年的 2028 个，三年共计增补职业（细类）190 个。

---

① 国家职业分类大典委员会. 中华人民共和国职业分类大典［M］. 北京：中国劳动社会保障出版社，2015：12.
② 刘康. 我国第一部职业分类大典问世［J］. 职业技术教育，1999（11）：12－13.

表 3 – 2　　　　　　　　　　1999 年版《职业分类大典》职业分类体系

大类	大类名称	中类	小类	职业
第一大类	国家机关、党群组织、企业、事业单位负责人	5	16	25
第二大类	专业技术人员	14	115	440
第三大类	办事人员和有关人员	4	12	53
第四大类	商业、服务业人员	8	43	197
第五大类	农、林、牧、渔、水利业生产人员	6	30	135
第六大类	生产、运输设备操作人员及有关人员	27	195	1176
第七大类	军人	1	1	1
第八大类	不便分类的其他从业人员	1	1	1
合计		66	413	2028

2. 2004～2014 年高职专业分类目录的变迁：专业群进化样态

高职专业群个体在当前的实践中，一般是由 3～5 个专业组成的专业集群。因此，要分析专业群的进化样态，可以根据专业目录中专业、专业类、专业大类的变化来客观描述高职专业群个体的进化样态与趋势。我国高等职业教育虽然诞生于 20 世纪 80 年代，但并非在高等职业教育诞生之初就有相匹配的专业目录。新中国成立后，普通高等教育的专业设置目录虽然经过了多次调整与优化，但主要是针对普通本科教育。在 2004 年之前并没有形成一个全国统一性的高职专业目录，只是出现了一些地方性的高职专业目录。例如，江苏、上海、湖南、辽宁等省份都发布了地方性的高职专业目录。① 地方性的高职专业目录虽然能够与地方经济较好对接起来，但其规范性、科学性和统一性得不到保障。据统计，21 世纪初，全国专科层次的各类专业名称超过 1000 多个，不同专业名称但人才培养过程相似的"换汤不换药"问题，相同培养过程但具体专业称谓不相同的"旧瓶装新酒"现象广泛存在。这种专业设置不规范不统一的问题，给高等职业院校的招生环节、人才培养目标的制定、培养环节、毕业生的就业、用人单位对人才的选择等不同方面造成了诸多消极影响。

为了规范高等职业教育专业设置，教育部在 2000 年将制定高职高专院校专业设置指南作为当年的工作要点之一，于 2003 年专门成立高职指导性专业

---

① 谢勇旗，孙青．高等职业教育专业设置的问题及对策 [J]．职业技术教育，2005，26（1）：25 – 27.

目录课题组。为了科学规范高职院校专业设置问题，教育部于2004年6月印发了高职院校专业设置的具体管理办法，并于当年10月发布了高职院校专业设置的指导性专业分类目录。在专业设置与管理方面，主要按照专业大类保持不变、中层专业类基本保持相对稳定、三级专业目录动态开放的原则设置相应专业。2004年版的高职专业分类目录，以凸显高等职业教育的科学性与职业性为目标，在设置专业时主要依据具体行业和岗位群的现实诉求，同时也兼顾了学科知识分类的相关参照点。2004年版的高职专业目录包括19个专业大类，为了进一步凸显职业教育的基本属性，将和管理相关的各专业分归于不同的专业大类之下，各专业大类下共设置近80个专业类和500余种具体专业。[①]

（二）2015～2021年专业目录与职业目录谱系变迁

专业目录与职业目录谱系经过1995～2014年的发展变迁，逐渐建立起来了体系完备的目录分类框架。随着我国经济社会的发展、科学技术的进步、产业结构的调整，之前在职业大典中已形成的部分专业开始变迁，一批全新的职业逐步形成，一些过时的专业则开始消失与衰退。为进一步优化职业设置和专业结构，我国的职业目录和专业目录也进行了相应调整与变化。

1. 2015～2021年职业分类目录的变迁：专业群进化的依据

首部职业分类目录虽然进行了三次增补，但仍然很难应对职业领域快速的发展变迁。为此，人社部联合其他相关部门，基于"工作性质相似性为主、技术水平相似性为辅"的职业分类原则，按照"客观性、继承性、科学性、开放性"基本原则，开始制定我国的第二部职业分类目录。我国第二部职业分类目录于2010年开始编制，历时5年于2015年发布了《职业分类大典》（2015年版），该版职业分类目录依旧保持八个主要的职业大类、近1500个具体职业、2670个具体的工种、75个职业种类（见表3－3）。相较于首部职业分类大典，2015年版职业分类目录的职业大类基本维持不变，职业类和职业小类有所增加，具体职业则有所减少。此外，相较于首部职业分类目录，新发布的职业分类目录有一个显著变化，即增加了"绿色职业"的标识，相较于之前的职业分类目录更加注重绿色就业，也更加关注人与自然环境的可持续发展。

---

① 中华人民共和国教育部. 教育部关于印发普通高等学校高职高专教育指导性专业目录（试行）的通知 [EB/OL]. (2004－10－19) [2020－6－14]. http://old.moe.gov.cn//publicfiles/business/html-files/moe/s3877/201010/xxgk_110109.html.

表3-3　　　　　　　　2015年版《职业分类大典》职业分类体系

大类	大类名称	中类	小类	职业
第一大类	国家机关、党群组织、企业、事业单位负责人	6	15	23
第二大类	专业技术人员	11	120	451
第三大类	办事人员和有关人员	3	9	25
第四大类	商业、服务业人员	15	93	278
第五大类	农、林、牧、渔、水利业生产人员	6	24	52
第六大类	生产、运输设备操作人员及有关人员	32	171	650
第七大类	军人	1	1	1
第八大类	不便分类的其他从业人员	1	1	1
合计		75	434	1481

随着互联网技术的发展，2015年版的《职业分类大典》分别于2019年、2020年和2021年进行了增补。具体而言，2019年4月，在2015年版职业分类目录的基础上新增工种信息3个，更新职业工种信息4个，增加新职业13个，这些新增的职业主要分布在互联网、人工智能、大数据、云计算、电子竞技、无人机、工业机器人等领域，新增工种为母婴护理员、茶园管理员、蜂产品品评员。2020年2月，又在2019年增补职业分类目录的基础上，更新了11个职业相关信息，增加了16个新职业，这些新职业涉及虚拟现实、智能制造、人工智能、无人机、健康护理、媒体运营等不同领域。2021年3月，在2020年增补后的职业分类目录的基础上，更新了19个职业信息，增加了18个新职业，这些新职业涉及集成电路、芯片加工、金融风险管理、碳排放、职业培训、电子数据挖掘等不同领域。总体来看，近些年更新的职业分类目录都是与当下产业经济发展密切相关的新领域或急需岗位，注重打造动态调整的现代职业分类体系。

2. 2015～2021年高职专业分类目录的变迁：专业群进化样态

在2004年版的《专业目录》发布11年后，为了更好地适应经济社会的发展需要，我国教育主管部门又在2004年版专业目录的基础上，于2015年发布了新修订的专业目录。[①] 2015年版职业分类目录在修订过程中按照彰显特色、

----

① 袁潇，高松. 高职院校专业管理机制研究 [J]. 高教探索，2017（1）：76-81.

衔接有序、灵活有序等基本原则，以积极主动适应区域产业发展，促进充分就业为导向，在 2004 年版专业目录的基础上形成了新版的专业分类目录。新版目录的修订参考了 2015 年版的职业分类目录、2010 年版的中职院校职业目录、2011 年版的行业分类目录和 2012 年版三产划分的具体规定等文件。在具体专业设定的过程中还是以产业链、岗位群和职业带的现实诉求为依据，参考了学科知识的分类，通过分析产业系统的类别和结构设置专业目录中的专业大类，通过分析行业门类分布设置专业目录中的二级专业类，通过梳理岗位群的技术领域对接具体专业。2015 年版的专业分类目录中专业大类继续保持 19 个专业大类不变，专业类增加到近 100 个、专业逐步缩减为 700 多个，同时也列举了专业方向、对应职业类别、向上衔接的本科专业和向下衔接的中职专业。[①]2015 年版的专业分类目录通过调整和修订相关内容，进一步确保了生产实践过程与教育教学过程的对接、产业链需求与专业设置内容的对接、岗位群职业标准与课程教学内容的对接。

2016～2019 年高职专业目录的增补。从时间维度来看，2016 年增补专业涉及 11 个专业大类、12 个专业类、13 个具体的专业，这些专业涉及大数据、信息管理、健康管理、公共事业管理等不同的领域。2017 年增补专业涉及 3 个专业大类，增补最多的专业大类为食品药品与粮食大类，占 2017 年增补专业大类的 66.67%。增补专业涉及 3 个专业类，增补最多的专业类为药品制造类，增补的具体专业为化学制药技术和中药制药技术等 6 个相关专业。2018 年增补的专业涉及 3 个专业大类、3 个专业类，具体增补专业涉及虚拟现实、材料加工、水净化等不同领域。2019 年新增 9 个具体专业，这些专业主要分布在 7 个专业大类和 8 个专业类，新增专业涉及人工智能、新能源、高铁技术、集成电子、公共事务管理等不同领域。经过近几年的增补，2015 年版的高职高专专业目录增加至 779 个，专业大类依旧维持 19 大类不变。

2021 年新版职业教育专业分类目录的发布。高等职业教育专业目录在 2004 年版和 2015 年版的基础上，在 2021 年 3 月又发布了全新的职业教育专业分类目录，新版职业目录将中职专业分类目录、专科层次高职专业分类目录、本科层次高职专业分类目录进行了一体化设计，整合在同一专业目录中。2021 年版的职业教育专业目录依旧保持 19 个专业大类，近 100 个专业类、1300 多

---

① 中华人民共和国教育部. 教育部关于印发《普通高等学校高等职业教育（专科）专业设置管理办法》和《普通高等学校高等职业教育（专科）专业目录（2015 年）》的通知［EB/OL］.（2015 - 10 - 26）［2020 - 6 - 14］. http://www.moe.gov.cn/srcsite/A07/moe_953/201511/t20151105_217877.html.

个具体专业，其中，包含专科层次高等职业教育专业 744 个、中等职业教育专业 358 个、本科层次高等职业教育专业 247 个。

（三）基于目录谱系的高职专业群进化趋势分析

为更加全面地分析高职专业群个体的进化样态，可以将职业分类目录、高职专业目录、中职专业目录、本科专业目录进行时间维度的对比分析（见图 3－5）。通过分析可以看出，三类目录在时间维度都存在不同时点的变迁与更新，以更好地适应特定时空下经济社会的发展诉求。其中，职业分类目录主要有 2 次重要的修订，其他节点都是增补少量的职业类和具体职业。本科专业目录的变迁历史较长，也经过了多次修订。高职专业目录也主要有 3 次大型的修订，分别是 2004 年版、2015 年版和 2021 年版，其余节点都是在最新版目录的基础上增补相应的专业类和具体专业。高职专业目录的修订与更新周期在变短，近些年每年都会增补新的专业。各专业目录在制定过程中也会兼顾纵向融通和横向贯通，例如，2010 年版的中职专业目录与 2004 年版的高职专业目录进行了比较全面的对接，也将专业大类调整为 19 个。

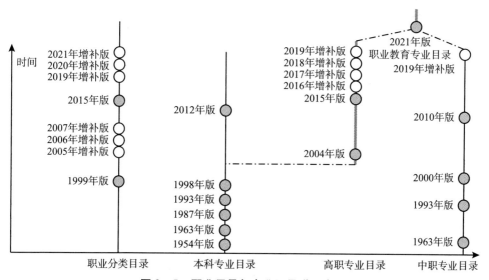

图 3－5　职业目录与专业目录谱系变迁

职业分类目录是本科专业目录、高职专业目录、中职专业目录制定的重要依据，各个层次的专业目录在制定过程中将参考特定时空下职业分类与职业分类的变动。通过分析首部职业分类大典的颁布到最新的职业分类目录可以发现，我国的职业分类目录会随着经济社会生产环境和岗位群需求的变化而不断变迁。旧的职业分类目录难以适应经济社会发展需求的职业将随着社会经济的发展逐渐被淘汰，而新的职业岗位将随着产业转型升级与技术的迭代不断产生。从近几年增补的职业中可以看出，增补职业主要为和人工智能等互联网技术发展相关的职业。同时，随着疫情冲击和养老护理类人才短缺问题的突显，近几年也新增了一些与医疗康复护理等行业相关的职业。与此相对应，2016~2019 年增补的高职专业主要为电子信息大类专业，尤其是人工智能与互联网技术相关的专业和养老医疗服务类专业。与职业分类目录的变动相呼应，高职专业目录中增补的热门专业主要是职业分类目录中增补和更新的职业类和职业。

从我国高职专业群的发展历程来看，教育部和财政部在 2006 年示范校建设文件和高等职业教育改革文件中首次提出高职"专业群"建设的相关意见。2006 年底，教育部关于高职院校教育教学质量提升相关文件中也再次提到专业群建设的相关问题，2015 年高职院校创新发展行动、2019 年 2 月的"职教二十条"、2019 年 4 月的"双高计划"建设意见、2019 年 12 月的首批"双高计划"院校名单等政策文件中都明确提出高职专业群建设的相关要求。尤其是"双高计划"建设院校名单的公布标志着我国高等职业院校进入了"双高计划"建设时代，专业群建设成为高等职业院校进行专业结构整体优化的重要抓手。

专业群建设成为新时期高职院校适应新技术、新业态的变化，克服复合型技术技能人才培养不足、培养口径过窄等问题，通过专业结构优化提升自身适应能力的重要实践探索。职业目录的变迁和各级各类专业目录的变迁，反映出不同发展时期经济社会人才需求规格的变化，人才需求规格的变化会引起专业群的细胞——专业的变化，专业的变化将影响专业群个体的组建与成长进化。互联网技术的发展和广泛运用推动了产业结构的转型升级与变迁，催生了"四新"相融合的经济形态，也使得岗位能力需求多元化、复杂化，职业分工的边界模糊化。基于特定岗位的专业人才培养很难适应新的经济形态要求，在高职院校内在动力与外部环境不断变化的背景下，专业群建设成为高职院校专业结构整体优化和复合型技术技能人才培养的重要实践抉择。

三、专业群个体的进化机理

高职专业群个体进化过程与自然界生物体的成长过程类似，都有着各自的生命周期。关于专业群个体的生命周期组成，本书结合访谈案例系统分析了高职专业群个体在发展进化过程中需要经历的生命周期主要有专业群孕育期、专业群初生期、专业群成长期、专业群成熟期、专业群衰退期、专业群蜕变期等不同的阶段。高职专业群个体有着各自的生命周期，是动态发展进化的，不同的生命周期都将受到不同因素的影响。例如，在专业群个体的孕育期，学校发展理念与战略定位，甚至学校领导人和专业群负责人的办学理念都将直接影响专业群建设方案的制定。在不同的时空维度下，高职专业群个体将展现出特定的进化样态，从不同视角分析可以得出多元的进化样态。无论是高职专业群个体时间维度的单线进化样态，还是时间与空间维度的互动进化样态，都体现着有规律可循的协同进化机理。结合高职专业群个体的进化样态，通过分析具体样态背后的规律，本书将高职专业群个体进化的主要机理归纳为以下两个方面。

（一）内部知识生产是专业群个体协同进化的内生动力

高等职业教育的跨界性决定了职业教育知识应用的强情境属性，职业教育所面向的技术知识的实践性与复杂性，决定了高等职业教育知识积累、增长与更新模式与学术性普通本科教育的差异性。职业教育所面向的知识是通过工作任务所涉及的各项要素，按照具体的内在逻辑进行分门别类后组织起来形成的相应知识体系，此知识体系是实践主体为了高效地进行服务与生产活动所设计的劳动过程。[①] 从高等职业教育专业群个体的生成过程来看，职业教育面向的具有内涵丰富的技术知识，经过静态加工和动态编组，将形成种类多样的专业群个体。

专业群是高职院校专业结构优化的制度设计，主要由一系列的专业组成，专业的本质是一种特定的课程组织形式。专业群的生成，还需要经过从课程—专业—专业群的转化，最终形成不同的专业群体系。由于职业教育所

---

① 潘海生，周柯."双高计划"背景下高职院校战略定位与建设逻辑［J］.高等工程教育研究，2020（1）：142－147.

面向知识体系的复杂性，使得高职专业群生态系统内部专业群个体呈现出不同的种类。虽然高等职业教育专业群个体种类多元，但从知识论的视角来看，专业群个体进化的一个很重要的内部动因是职业教育所面向的技术知识总是处在不断的进化与更新之中。技术知识（技术理论知识、技术实践知识和技术经验知识）根据生产实践和服务一线的现实需求，基于不同人才培养单位的要求，将知识进行固化，形成特定的教材。特定单位的人才课程体系根据课程设置选择相应的教材，实施具体的教学过程，从而实现从知识—教材—课程的知识形态转化。

高职专业群生态系统不断发展演化的内生动力就是基于系统内部一个个专业群个体的成长进化。作为专业群生态系统最基本组成单位的专业群个体则是由高职院校内部现有专业或者专业方向按照特定逻辑组建而成。单个的专业正如组成生命体的细胞，是高职专业群个体的核心组成要素。从专业的本质内涵来看，专业是课程的特定组织形式，是根据职业门类的划分，用课程组合成的专门化领域，① 而课程是以过程形态存在的具有动态情景化的教育和教学载体，是工作任务与工作过程所需要知识的映射。

通过审视专业的本质内涵可以发现，专业群个体自我成长进化最本质的逻辑是知识的更新与演化逻辑。在知识论视野下，不同的知识类型中，与职业教育关系最为紧密的技术理论知识、技术实践知识将按照特定的知识加工与生产方式，在社会环境系统的影响下进行自我更新与进化，从而推动高职专业群个体的成长进化。在整个高职专业群生态系统中，特色优势专业群个体将作为系统中的"关键少数"，通过自身强劲的自我生长进化势头，不断发挥其辐射带动作用促进专业群生态系统的整体协同演进，从而形成高职专业群生态系统动态演化过程中最基础的进化机理。因此，内部知识逻辑是高职专业群个体协同进化的内生动力，职业教育所面向的技术知识，经过静态加工和动态编组，将完成高职专业群生态系统最基本的协同进化过程。

（二）外部实践需求驱动是专业群个体协同进化的主要外在依据

高职专业群生态系统是一个复杂的自适应系统，专业群生态系统与外部环境系统存在广泛的互动关系，外部环境系统对高职专业群个体成长进化有着十分显著的影响。高等职业教育的跨界性和自身与产业系统联系的紧密性决定了

---

① 卢晓东，陈孝戴. 高等学校"专业"内涵研究 [J]. 教育研究，2002（7）：47 - 52.

专业群生态系统与外部环境系统之间相互作用的多样性。高职专业群生态系统需要从外部环境系统中获得自身发展所需要的软件资源和硬件资源等各类资源,[①] 同时也向外部环境系统输出各类技术技能人才、技术成果等系统产出。在外部环境系统中,政府政策、企业人才需求规格、同地区各类院校的专业设置情况等要素将影响高职专业群个体的成长进化。

高职专业群生态系统内部优势特色专业群个体将通过"聚变"和"裂变",在专业群纵深方向上不断分化,在专业群广延方向上愈来愈综合,专业群个体在自我的生长进化过程中将与周围的各专业群之间形成相互作用的机制,形成多样性的高职专业群生态系统。高职专业群生态系统基本特征之一是专业群生态系统的资源和环境系统的资源都是有限的,在同一所高职院校内部,会存在着不同的专业群个体,不同专业群个体为了争夺有限的资源,取得系统内的主导和支配地位,这些专业群个体之间将展开激烈的竞争,从而形成不同时空下专业群生态系统内部的强势专业群和弱势专业群。不同类型专业群个体的生命力、同化力等是不相同的,专业群之间的竞争使得系统内部专业群进一步标签化。

高职专业群个体要获得可持续发展就必须不断提升自身适应性,有效满足外部各主体的多元需求。外部多元主体中产业链和岗位群的现实诉求和动态变迁将影响高职专业群个体的成长进化。从职业与专业发展的谱系图可以清楚看到高职专业群个体外部产业需求驱动的进化机理,1999 年 5 月颁布了我国的第一部《职业分类大典》,随着我国经济社会的发展和产业转型升级,一些旧的传统职业开始衰落与消失,为更好地适应经济社会发展需求,我国分别在 2005 年、2006 年、2007 年对首部职业分类目录进行了增补。随着经济社会的发展,特别是互联网技术的发展,一批新的职业开始不断出现,人社部联合其他相关部门于 2015 年又发布了新版《职业分类大典》。此后随着人工智能技术的发展,人社部又分别于 2019 年、2020 年和 2021 年对《职业分类大典》进行了增补。以岗位群和职业体系的变迁为依据,我国教育主管部门分别于 2004 年、2015 年和 2021 年发布了全新的专业目录。同时,根据经济社会的发展,在 2016 年、2017 年、2018 年和 2019 年分别对专业目录进行了增补。在 2021 年发布了最新的职业教育专业目录,职业的变化与专业群个体的进化呈现紧密的

① 武建鑫. 学科生态系统：论世界一流学科的生长基质——基于组织生态学的理论建构 [J]. 江苏高教, 2017 (4): 7 – 14.

对应关系。

随着全球新一轮科技革命与产业革命的到来，整个社会系统的职业结构也将发生变化。产业链和岗位群对技术技能型人才的需求也更加复杂化，复合型人才成为用人单位人才需求的重要导向之一。因此，高职专业群个体的成长进化必须紧跟经济社会发展、科技进步、产业结构调整的现实诉求，在遵循职业岗位变化规律和高等职业教育发展规律的前提下，对专业群的设置进行动态灵活调整。使专业群的发展进化能够较好地适应建设、生产、服务、管理第一线岗位的现实诉求。及时追踪职业领域的各类新进展与变化，科学分析职业发展进化的规律，使高职专业群个体的进化能够较好地适应动态变化中的职业体系诉求，是其进化过程中进行技术知识生产和加工的主要来源，也是驱动专业群个体协同进化的主要外在依据。

第三节　高职专业群的实践样态

20世纪80年代，我国首批短期职业大学的产生标志着我国高等职业教育的诞生，高等职业院校在发展过程中主要经历了国家示范校、骨干校、优质校、双高校等不同的发展阶段。从高职院校的发展历程中可以看到，我国高等职业教育开始从重视量的增长逐步向注重质的提升转变，开始从数量规模的扩张向内涵特色建设转向。尤其是2019年"职教二十条"和"双高计划"建设意见的发布，标志着我国高等职业教育进入了"双高"时代，专业群建设成为我国高等职业教育专业结构整体优化和整体提质增效的重要策略选择，更加重视特色优质专业群和高职院校的示范引领作用，更加关注高等职业教育整体的提质增效。

从高等职业教育专业群的发展历程来看，专业群的相关学术问题在21世纪初已有学者开始关注，而我国高等职业教育专业群建设的相关政策文件最早可以追溯至教育部和财政部在2006年示范校建设文件和高等职业教育改革文件中首次提出高职"专业群"建设的相关意见，[①] 同年年底，教育部在提升高职院校教育教学质量的相关文件中也再次提到了专业群建设的相关问题，2015

---

① 中华人民共和国教育部. 教育部、财政部关于实施国家示范性高等职业院校建设计划加快高等职业教育改革与发展的意见 [EB/OL]. (2006 – 11 – 3) [2020 – 6 – 7]. http：//www. moe. gov. cn/srcsite/A07/moe_737/s3876_qt/200611/t20061103_109728. html.

年的高职院校创新发展行动、2019 年 2 月的"职教二十条"、2019 年 4 月的"双高计划"建设意见、2019 年 12 月的首批"双高计划"院校名单等政策文件中都明确提出高职专业群建设的相关要求。尤其是"双高计划"建设院校名单的公布标志着我国高等职业院校进入了"双高计划"建设时代，"双高计划"时代专业群建设已成为新时期高等职业院校专业结构优化的重要抓手。前文基于时间维度分析了专业群个体进化过程中需要经历的主要生命周期，从空间维度来看，当下专业群建设的实践大多还处于高职专业群个体进化周期的"成长期"。因此，本书将基于成长期专业群个体的实践样态分析高职专业群个体的主要类型、编组模式和主要特征，为后文分析专业群之间以及专业群与外部环境系统之间的协同进化奠定基础。

一、高职专业群的主要类型

职业教育面向内涵丰富的技术知识，经过静态加工和动态编组，将形成类型多样的专业群个体。在专业群个体生成过程中，技术理论知识、技术实践知识和技术经验知识等不同的技术知识根据生产实践和服务一线的现实需求，基于不同人才培养单位的要求，将知识进行固化，形成特定的教材，特定单位的人才课程体系根据课程设置选择相应的教材，实施具体的教学过程，从而实现从知识—教材—课程的知识形态转化。专业群主要由一系列的专业组成，专业的本质是一种特定的课程组织形式。因此，专业群的生成，还必须经过从课程—专业—专业群的转化，最终形成不同的专业群体系。由于职业教育所面向知识体系的复杂性，使得高职专业群生态系统内部的专业群个体呈现出不同的种类。

选取不同的标签和分类维度，可以将高职专业群生态系统内部的专业群个体划分为不同的种类。选择的标签和分类维度的不同，将形成不同的专业群个体类型。由于专业目录是高职院校新增和裁撤院校专业、组织招生、人才培养和就业指导的基本依据。因此，本书将以当下高职院校专业设置时参照的 2015 年版专业分类目录为依据，对高职专业群生态系统进行标签化处理，可以将专业群个体划分为不同的类型。2015 年版高职专业分类目录（含增补专业）主要由 19 个专业大类、近 100 个专业类和 779 个具体专业组成（见表 3 - 4），根据上述专业和专业类目录可以对高职专业群进行标签化分类。

表3－4　　　　　　高等职业教育专业大类、专业类和专业分布情况

专业大类	专业类数	专业数
51 农林牧渔大类	4	53
52 资源环境与安全大类	9	68
53 能源动力与材料大类	7	52
54 土木建筑大类	7	32
55 水利大类	4	16
56 装备制造大类	7	65
57 生物与化工大类	2	17
58 轻工纺织大类	4	33
59 食品药品与粮食大类	5	23
60 交通运输大类	7	67
61 电子信息大类	3	44
62 医药卫生大类	8	48
63 财经商贸大类	9	50
64 旅游大类	3	14
65 文化艺术大类	4	59
66 新闻传播大类	2	23
67 教育与体育大类	4	51
68 公安与司法大类	7	42
69 公共管理与服务大类	3	22

　　高职专业分类目录在制定过程会重点参考国民经济的行业和产业分类，同时也会参考学科知识的分类方式，通过分析产业系统的类别和结构设置专业目录中的专业大类，通过分析行业门类分布设置专业目录中的二级专业类，通过梳理岗位群的技术领域对接具体专业。进一步确保了生产实践过程与教育教学过程的对接、产业链需求与专业设置内容的对接、岗位群职业标准与课程教学内容的对接。因此，从理论层面来讲，如果每个专业群由3~5个专业组成，现有的779个专业个体数量，根据排列组合原理，可以产生78485029~2360044822030个不同种类的专业群个体。类型多样的专业群个体在特定的范围内（如同一所高职院校内部）将进一步形成类型多样的专业群种群、专业群群落，进而在与外部环境相互作用过程中形成生机盎然的高职专业群生态系统。

从高职院校数量规模来看，截至 2020 年 6 月，我国高职院校共计 1400 余所，占全部普通高校总数的 53%，如果按照每一所高职院校 5~8 个专业群的规模匡算，我国高等职业教育专业群个体的数量将达到 7115~11384 个的规模，为类型多样的专业群体系的形成奠定了基础。

上述对高职专业群个体数量和规模的分析，主要是基于高职专业分类目录维度和高职院校数量规模角度进行的理论层面探讨。在现实高职院校专业群组建过程中，专业并不能进行随意组合，其组群必须按照特定的组群逻辑进行科学的整合。高职专业群分类维度的差异性将形成多样化的分类结果，本书将基于调研案例院校专业群实践样态的分析，对其编组模式和基于特定编组模式形成的专业群类型进行深入分析。

二、高职专业群的编组模式

专业群分类维度和标准的不同，将形成不同类型的高职专业群个体。前文已基于《普通高等学校高等职业教育专科（专业）目录》和高等职业院校数量规模等分类标准，对高职专业群个体理论层面可能的类型与规模进行了分析。为对高职专业群个体类型与特征进行更深入的分析，本书将基于调研案例院校专业群典型实践样态的分析，总结归纳出高职专业群个体的主要组群模式和特定编组模式所形成的专业群个体类型。

（一）样本选择与研究设计

在科学研究过程中，样本的选择应综合考虑研究样本的典型性、代表性、样本数据的可获得性、样本选择过程的科学性等因素。基于样本选择的具体要求，本书以 2019 年 12 月公示的我国首批 56 所"双高计划"建设院校为样本来源，以其专业布局情况为样本数据来源。首先，从样本的代表性来看，我国首批"双高计划"建设院校广泛分布于我国的 29 个省、自治区和直辖市。从"双高计划"建设院校的具体类型来看，具体包括综合、工科、语言、财经、艺术、农学、医学等不同类型的院校。因此，研究样本具有广泛的代表性。从样本数据的可获得性和科学性来看，各"双高计划"建设院校的各类专业数据和资料均来自各院校官方网站和教育部官方网站，可以确保样本数据的可获得性和科学性。[①]

[①]　宋亚峰，潘海生，王世斌."双高计划"建设院校的专业布局与生成机理［J］. 江苏高教，2021（2）：112－118.

专业群通常由3~5个专业组成，高职院校现有的专业布局将影响其专业群编组模式。因此，本书将基于"双高计划"建设院校专业布局结构特征和发展模式的分析，厘清其专业群编组的主要模式。研究主要按照以下程序进行：第一，系统梳理教育主管部门和56所"双高计划"建设单位关于专业建设的相关文本，形成本书的资料池与数据库；第二，确定专业分类标准，在全面梳理国内外专业分类标准，以及关于专业分类相关研究的基础上，形成本书的专业分类依据；第三，构建专业布局矩阵，以专业分类标准的专业单元为行要素，以56所"双高计划"建设院校为列要素，构建专业布局矩阵；第四，专业布局的描述统计与层次聚类，以"专业布局矩阵"为数据来源，通过层次聚类分析56所院校的专业发展模式；第五，归纳专业群的主要编组模式，在专业布局和专业发展模式分析的基础上，结合相关典型案例，分析高职专业群的主要编组模式与类型。

（二）高职专业群的主要编组模式

专业群是高职院校进行专业结构优化的重要实践探索，通常情况下，一个专业群一般由3~5个专业组成。"双高计划"建设院校的专业发展模式主要关注同一所院校内部不同专业之间如何实现协同发展的问题，也就是高职专业群是按照何种模式进行编组的问题，本书对编组模式的分析主要运用层次聚类法如图3-6所示。

由于每一所"双高计划"建设院校在办学历史、办学理念以及所处地理环境方面的差异性，使得不同院校之间的专业群编组模式呈现多元化的特征。根据层次聚类对各"双高计划"建设院校专业布局相似性"亲疏远近"程度的聚类结果和各院校具体的专业群发展策略，可将"双高计划"建设院校的专业群编组模式归纳为以下几方面。

1. 综合型：多科专业协同编组模式

典型"双高计划"建设院校有深圳职业技术学院、杨凌职业技术学院、芜湖职业技术学院、淄博职业学院、金华职业技术学院、天津职业大学等（见图3-6、图3-7）。多科专业协同编组模式的"双高计划"建设院校，在其专业布局过程中，强调"大而全"的专业布局，而非特色专业驱动模式院校所选择的"小而精"的发展思路。相较而言，此类院校更加强调综合性，更加注重各类专业之间的协同发展与良好专业群生态的培育。例如，深圳职业技术学院共

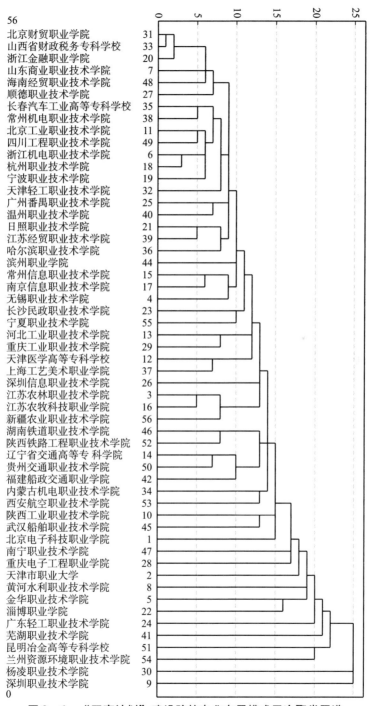

图3-6 "双高计划"建设院校专业布局模式层次聚类图谱

综合型　　　　　　　　主干引领型　　　　　　　　特色辐射型

图3-7　高职专业群的主要编组模式

设置了87个专业，覆盖17个专业大类，专业大类覆盖率接近90%，基本形成了由工科类专业群、商科类专业群、人文艺术类专业群等组成的多样性专业群体系。多科专业群协同发展模式的"双高计划"建设院校不仅在专业规模上处于优势地位，而且形成了良好的专业群生态系统，为不同专业的交叉与融合提供了潜在的可能性。同时，多样化的专业群布局也为培养多类型、多规格的复合型技术技能型人才提供了良好的基础。

2. 主干引领型：强势应用类专业引领模式

此编组模式是一种主干专业辐射模式，主要包括工科应用类专业引领模式和社科应用类专业引领模式两类具体的模式。社科应用类专业引领模式的典型"双高计划"建设院校有北京财贸职业学院、浙江金融职业学院、山西省财政税务专科学校、海南经贸职业技术学院等（图3-6）。工科应用类专业引领模式的典型"双高计划"建设院校有北京工业职业技术学院、常州机电职业技术学院、长春汽车工业高等专科学校、四川工程职业技术学院、浙江机电职业技术学院等（见图3-6、图3-7）。应用社科类专业引领模式的"双高计划"建设院校主要为财经和语言类院校，应用社科类专业群从知识的分类角度大多属于"应用软科学"，① 此类模式十分关注具体的职业实践，强调通过软性知识获得技能，有着强烈的职业导向性。选择此类专业发展模式的院校主要通过打造自身的特色优势社科类专业群，并以此来引领学校其他专业的同步发展。

与"应用社科类专业引领模式"相得益彰的另一专业群组群模式是"应用工科类专业引领模式"，工科应用类专业领域的知识基于特定发展目标的目的

---

① Becher T. The significance of disciplinary differences [J]. Studies in Higher Education, 2006, 19 (2)：151-161.

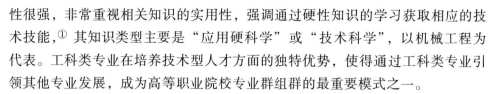

性很强，非常重视相关知识的实用性，强调通过硬性知识的学习获取相应的技术技能，[①] 其知识类型主要是"应用硬科学"或"技术科学"，以机械工程为代表。工科类专业在培养技术型人才方面的独特优势，使得通过工科类专业引领其他专业发展，成为高等职业院校专业群组群的最重要模式之一。

3. 特色辐射型：优势特色专业驱动模式

典型"双高计划"建设院校有天津医学高等专科学校、上海工艺美术职业学院、江苏农牧科技职业学院、新疆农业职业技术学院等（图 3 – 6、图 3 – 7）。此类专业群编组模式的院校在专业发展过程注重打造"小而精"的优势特色专业群，并以特色优势专业来驱动学校全部专业的整体发展。优势特色专业驱动组群模式的院校主要为医学、农学、铁路、艺术等行业属性比较明显的院校，这类院校设置的专业总量不多，但院校特色十分突出。例如，天津医学高等专科学校利用位于天津市的地理位置优势，在京津冀协同发展的大背景下，立足于培养医疗卫生和健康护理等领域的复合型技术技能型人才，根据天津市的产业布局和所在区域经济社会发展的现实诉求，围绕着健康产业、医疗卫生产业、养老服务产业，设置了药学、护理类等相关领域专业 20 个，所开设大多数专业属于医药卫生大类，且专业布局基本涵盖医学类相关专业，通过打造医药卫生类优势特色专业群来驱动学校的整体发展。

三、高职专业群的特征分析

为进一步深入分析成长期高职专业群个体的主要特征，本书将选取我国首批 56 所"双高计划"建设院校进行案例分析，总结归纳出高职专业群个体的主要特征。"双高校"广泛分布于我国的 29 个省、自治区和直辖市，涵盖了综合、工科、语言、财经、艺术、农学、医学等不同类型的院校。"双高校"在不同程度上代表了各自领域学校和专业群发展的最高水平。因此，解剖"双高计划"建设院校的专业群个体的特征具有代表性和典型性。

专业群个体作为高职专业生态系统最基本的组成部分，是组成专业群种群和群落，进而形成完整高职专业群生态系统的最核心组成单元。专业群个体主要由高职院校内部一系列具体的专业（方向）组成，高职院校内的专业犹如生

---

① 托尼·比彻，保罗·特罗勒尔. 学术部落与学术领地——知识探索与学科文化 [M]. 唐跃勤，蒲茂华、陈洪捷，译. 北京：北京大学出版社，2018：196.

物体的"细胞"一样构成了特色鲜明的专业群个体。以教育部网站和 56 所"双高计划"建设院校《中国特色高水平高职学校和专业建设计划申报书》为数据来源，统计分析发现，我国"双高计划"建设院校的专业群生态系统在专业群个体层面呈现以下特征。

（一）专业群个体内的组群专业特征

专业群通常是由一定数量的专业组成的，专业群个体一般由龙头专业和一定数量的其他专业组成，能够较好地发挥专业群的"强连接"作用，能够高效地进行资源共享，实现专业之间优势互补，发挥网络协同效应。从专业群个体内的组群专业来看，56 所"双高计划"建设院校的 112 个专业群中，有近一半的专业群内部是由 5 个专业群组成的（见表 3 - 5），有超过 80% 的专业群是由 4 个及以上的专业组成。因此，从群内专业数量来看，专业群个体一般是由 4 个或者 5 个专业组成。从专业群个体内部专业的分布来看，主要集中在会计、电子商务、市场营销、物流管理、旅游管理等热门专业，如图 3 - 8 所示。

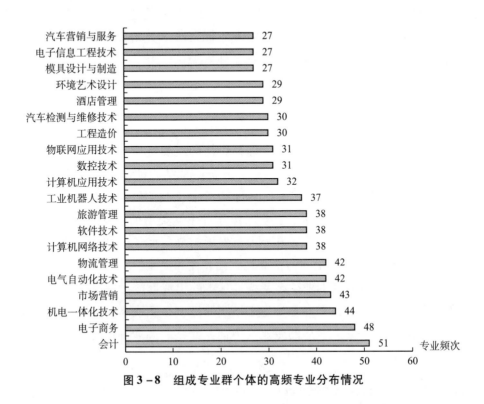

图 3 - 8　组成专业群个体的高频专业分布情况

表 3 - 5　　　　　"双高计划"建设院校专业群个体的基本情况　　　　单位：%

单个专业群内专业数	占比	跨二级学院数	占比	跨专业大类数	占比	主要面向产业	占比
3 个专业	17.86	1 个学院	27.68	1 个专业大类	43.75	先进制造业	27.68
4 个专业	33.04	2 个学院	44.64	2 个专业大类	29.46	战略性新兴产业	31.25
5 个专业	49.11	3 个学院	22.32	3 个专业大类	21.43	现代服务业	27.68
—	—	4 个学院	4.46	4 个专业大类	4.46	现代农业	8.04
—	—	5 个学院	0.89	5 个专业大类	0.89	其他	5.36

资料来源：根据双高院校"双高计划"建设申报书整理汇总。

（二）专业群个体的覆盖面特征

从专业群个体的整体分布来看，56 所"双高计划"建设院校的 112 个专业群集合内共有 81 个不同的专业群，专业群覆盖面较广（见表 3 - 6）。从专业群个体的冷热程度来看（见表 3 - 6），模具设计与制造专业群、机电一体化技术专业群、软件技术专业群、机械制造与自动化专业群、物联网应用技术专业群、畜牧兽医等专业群是"双高计划"建设院校中设置频率较高的"热门"专业群。应用气象技术、水产养殖技术、黑色冶金技术、航海技术等专业群是"双高计划"建设院校中设置频率较低的"冷门"专业群。整体来看，专业群个体种类的覆盖面较广，能够较好地服务战略性新兴领域产业、先进制造业领域、现代服务业领域、现代农业领域等经济社会发展重点领域的现实诉求。同时，专业群个体之间的冷热差距明显，热门专业群主要为与先进制造、互联网和物联网技术等相关的专业群个体，冷门专业群主要为区域特征和院校特色显著的专业群个体。

表 3 - 6　　　　　"双高计划"建设院校专业群的整体分布情况

专业群名称	频率	专业群名称	频率	专业群名称	频率
机械制造与自动化	5	智能控制技术	1	水利工程	1
机电一体化技术	4	云计算技术与应用	1	连锁经营管理	1
模具设计与制造	4	水利水电建筑工程	1	光伏发电技术与应用	1
物联网应用技术	3	测绘地理信息技术	1	电力系统自动化技术	1

专业群名称	频率	专业群名称	频率	专业群名称	频率
软件技术	3	电子信息工程技术	1	工艺美术品设计	1
畜牧兽医	3	材料成型与控制技术	1	工业机器人技术	1
汽车制造与装配技术	2	工程测量技术	1	鞋类设计与工艺	1
数控技术	2	药学	1	电机与电器技术	1
市场营销	2	黑色冶金技术	1	食品营养与检测	1
通信技术	2	食品药品监督管理	1	航海技术	1
护理	2	电子产品质量检测	1	安全技术与管理	1
电气自动化技术	2	电梯工程技术	1	轮机工程技术	1
道路桥梁工程技术	2	服装设计与工艺	1	铁道机车车辆制造维护	1
汽车运用与维修技术	2	应用化工技术	1	铁道机车	1
信息安全与管理	2	金融管理	1	建筑室内设计	1
新能源汽车技术	2	国际贸易实务	1	旅游管理	1
老年服务与管理	2	水产养殖技术	1	国际经济与贸易	1
产品艺术设计	2	建筑工程技术	1	焊接技术与自动化	1
会计	2	现代殡葬技术与管理	1	有色冶金技术	1
电子商务	2	精细化工技术	1	测绘工程技术	1
船舶工程技术	2	艺术设计	1	高速铁道工程技术	1
药品生物技术	1	珠宝首饰技术与管理	1	城市轨道交通工程技术	1
眼视光技术	1	移动通信技术	1	飞机机电设备维修	1
包装工程技术	1	家具设计与制造	1	无人机应用技术	1
现代农业技术	1	制冷与空调技术	1	应用气象技术	1
园林技术	1	汽车检测与维修技术	1	金属精密成型技术	1
学前教育	1	农业生物技术	1	种子生产与经营	1

资料来源：根据双高院校"双高计划"建设申报书整理汇总。

（三）专业群个体的组群单位特征

高职专业群组织具有开放性，组织边界相对模糊，边界也可以变化，能够保障资源合理共享，发挥群组织的灵活性，提升群组织的适应性。从单个专业群所跨的二级学院数来看（见表3-5），有近一半的专业群横跨2个二级学院，横跨二级学院数为 4 个及以上的学院仅有 5.3%，这说明随着横跨学院数量的增加，治理的难度将进一步增加。因此，很多专业群个体一般会在 3 个以下的二级学院之间进行组建。从专业群个体内专业横跨二级学院的情况可以看出，以专业群组建可以作为高职院校专业整体结构优化和院校治理优化的抓手。与此同时，跨二级学院进行组群也要合理评估组群难度，尽可能降低跨学院组群的壁垒，实现专业群运转的高效柔性管理。

本 章 小 结

本章聚焦于高职专业群生态系统内专业群个体的生成与进化问题，基于知识论和技术哲学的视角分析得出，职业教育面向的知识类型是内涵丰富的技术知识，技术知识教育价值的彰显需要职业教育扮演主角。高职专业群的组建需要以职业教育面向的技术知识为载体进行科学编码与组合。结合现有研究和对高等职业教育专业群组建实践案例的调研发现，专业群个体的生成必须经过技术知识静态加工和技术知识动态编组。在技术知识的静态加工过程中，将实现从知识—教材—课程的知识形态变迁；在技术知识的动态编组过程中，将实现从课程—专业—专业群的转化，最终形成不同的专业群体系。由于职业教育所面向知识体系的复杂性，使得高职专业群生态系统内部专业群个体呈现出不同的种类。

本章将高职专业群个体在成长进化过程中需要经历的生命周期归纳为：专业群孕育期、专业群初生期、专业群成长期、专业群成熟期、专业群衰退期、专业群蜕变期等不同的阶段。高职专业群个体有着各自的生命周期，是动态发展进化的。为更加全面地分析高职专业群的进化样态，本章结合职业分类目录和高职专业目录在时间维度的动态变迁，分析了高职专业群个体的进化样态。无论是高职专业群个体时间维度的单线进化样态，还是时间与空间维度的互动进化样态，都体现着特定的进化逻辑。本章结合高职专业群个体进化样态背后规律的分析，将高职专业群个体进化的主要机理梳理为内部知识生产逻辑与外部产业需求逻辑。同时，本章基于样本院校专业布局相似性"亲疏远近"程度的聚类结果和各院校具体的专业群发展策略，将高职专业群编组模式归纳为多科专业协同发展模式，强势应用类专业引领模式，优势特色专业驱动模式等，在不同的组群模式下将形成类型多样的专业群体系。

第四章

中观层面：高职专业群之间的协同进化

高职专业群生态系统内专业群个体的生成与进化不是孤立进行的，而是在与系统内其他专业群个体以及周围环境相互作用下，实现专业群系统内外的协同进化和动态平衡。在高职专业群生态系统内专业群个体之间为了争取外部环境系统的有限资源，将展开激烈的竞争，这种竞争如果趋向恶性竞争将导致专业群生态系统走向衰落与消亡。反之，高职专业群生态系统内专业群个体之间如果能够实现良性竞争与协同进化，则专业群个体之间将实现彼此双赢与共生发展，进而完成专业群生态系统的可持续进化过程。本章将聚焦于中观层面专业群个体间的协同进化过程，通过分析和模拟不同专业群之间协同进化的主要类型与过程，探究专业群之间协同进化的内在机理。

第一节　专业群间协同进化类型分析

在高职专业群生态系统内部，专业群个体与个体之间并非独立完成各自的进化过程，高职专业群个体的进化将受到专业群生态系统内专业群个体的数量、系统内资源总量等限制性生态因子的影响。其中，专业群个体与个体之间的竞争关系是影响专业群个体成长进化的重要因素之一。如果在一个专业群生态系统内的专业群个体之间能够实现协同进化，将有效促进专业群个体的进化和整个专业群生态系统的动态演化。专业群个体之间的协同进化是一种基于个体之间彼此协作形成的互利共生关系，通过个体间的协同进化，不同的专业群将发挥各自的比较优势，实现取长补短，寻找到自身最合适的生态位空间，实现系统自身结构的优化和系统资源的优化配置。因此，本节将分析高职专业群生态系统中专业群个体之间的主要关系，并在此基础上分析能够实现专业群间协同进化的关系类型。

一、专业群间相互关系的刻画

生态系统中不同物种之间存在多样化的关系，共同构成了自然生态系统的动态演化。生态系统中不同物种之间的相互关系主要通过生态位理论来分析，生态系统领域的生态位理论，主要用来说明生态系统内的多样化物种适应外部环境系统能力大小。对生态位（niche）的测度主要是对个体环境生存能力的定量描述，主要包括对生态位相互重叠程度（overlap）、生态位空间宽度（breadth）、生态位彼此分离程度（separation）等方面进行测量。其中，生态位宽度主要是指生态系统中的各个种群在系统内可以摄取的系统资源总和，是生态系统中个体对外部环境系统中各类资源利用程度的描绘。为了使系统内个体对资源的利用能力最大化，可对生态位进行泛化，提升个体适应环境的能力。生态位理论认为，在某个系统能够利用的资源总量是有限的前提下，生态位越窄，其资源利用能力就越弱，竞争力也较弱；而那些生态位宽的个体，通常有着较强的资源利用能力和竞争力。生态位的重叠则主要是指在生态系统内某两个个体对系统资源的开发使用情况，是二者之间生态因子联系的相近相似程度，当特定个体在相同资源生态位上与另一个体相遇时，则出现两个个体生态位的重叠现象。生态位的彼此分离现象则主要是指生态系统内两个物种之间在资源生态位方面的差异性和分离程度，是系统资源谱上两个物种间生态位的距离。由于环境系统的变化，不同物种生态位将出现分化与重叠。当生态系统内两个物种之间生态位比较窄时，二者之间的可开发资源类型的交集就越少，两物种之间的竞争程度将会变小；反之，当生态系统内某个体的生态位较宽时，物种之间可开发利用的资源交集就越大，二者之间的竞争程度将会随着重叠范围的变大而变大。

根据生态学的相关理论，在理论层面来看，生态系统中任何物种之间的相互关系都可以归结为三类：互利状态、偏害状态、互不影响的零和状态。其中，互利状态又可以分为以下子关系：（1）彼此有利，例如，互惠关系与共生关系；（2）对其中一方有利，但对另一方没有影响，如共栖关系；（3）对其中一方有利，但对其中一方有害，例如，捕食关系、植食关系、寄生关系等。偏害状态则可以细分为：（1）对物种一方有害，但对另一方没有影响，例如，抗生关系；（2）对物种双方都有消极影响，例如，互抗关系。因此，可将自然界生态系统里两个物种间的关系划分为竞争关系、彼此互惠关系、共生共存关系、一方对另一方的捕食关系、寄生关系、偏利关系、互不影响的中性关系、偏害关系等子类型（见表 4-1），这些类型的关系可进一步抽象归纳为相互依存、相互抑制、相互竞争、相互无关等方面。

表 4-1　　　　　　　　　　生态系统中物种之间的主要关系类型

关系类型	物种 m	物种 n	主要特征	关系类型	物种 m	物种 n	主要特征
共存关系	+	+	你中有我，我中有你，互相依存	寄生关系	+	-	物种 m 寄生于物种 n，消耗 n 的能量
竞争关系	-	-	相互竞争，彼此抑制	偏利关系	+	○	对物种 m 有利，对物种 n 无影响
互惠关系	+	+	彼此互利，实现双赢	偏害关系	-	○	对物种 m 无影响，对物种 n 有利
捕食关系	+	-	物种 m 捕食物种 n	中性关系	○	○	物种 m 对物种 n 互不影响

注："＋"表示正向相互作用，"－"表示负向相互作用，"○"表示中性。

在高职专业群生态系统内部，各专业群个体有各自对应的生态位，各专业群之间为争夺生态位将展开激烈的竞争。因此，专业群个体之间的竞争主要表现为对专业群生态系统生态位的争夺。专业群个体与专业群个体间竞争关系形成的主要原因是二者之间生态位的重叠，从高职专业群个体实践样态来看，当两个专业群个体利用或者占有的资源具有相似性或者为同一资源时，专业群个体之间的生态位将出现重叠的现象。由于高职专业群个体所能利用资源的有限性与稀缺性，通常会出现多个专业群个体共同占有或利用同一生态空间或者同一资源的情况，从而使竞争关系成为专业群之间相互关系的主要关系类型之一。因此，当两个专业群个体的生态位重叠越多，甚至完全相同时，专业群之间的竞争将会越激烈，甚至于产生相互排斥。

高职专业群生态系统内专业群个体所能利用各类资源的能力，主要用专业群个体所在生态位进行表征，若特定专业群个体在整个专业群生态系统资源谱上能够占用各类资源愈多，则其生态位将会越宽，专业群个体的竞争能力也会越强。反之，如果某个专业群个体仅能利用整个系统资源的很少一部分时，专业群个体的生态位将变窄，其整体竞争力也将减弱。在一般情况下，当专业群个体的生态位越窄，该专业群个体的强化程度就会逐渐增强，个体的专业性也将逐步升高。当某一专业群个体能利用的资源增多时，其生态位会逐渐变宽，专业群个体的泛化程度将会进一步提升，而其专业性则将弱化。例如，当专业群个体能对接的人才市场需求类型越多，其生态位就越宽，其专业性将泛化，专业群之间交往壁垒将会随着生态位的变宽而降低。

高职专业群生态系统和专业群落的稳定性和可持续性主要取决于专业群个体之间相互作用和相互影响的结果，二者之间的相互关系不仅影响专业群个体的生存与发展，而且也影响整个专业群生态系统的动态平衡与可持续发展。专业群个体之间的关系和相互作用与生物物种之间的相互作用和影响具有相似性。结合自然生态系统中物种之间的相互关系类型，根据高职专业群生态系统运行的实际状态，可以将专业群之间的关系进一步归纳为互惠关系、竞争关系、偏利关系等不同关系类型。其中，互惠关系主要表现为在高职专业群生态系统中两个专业群个体之间所需要的资源不同，彼此发展将对另一方产生较好的促进作用；竞争关系则主要变现为高职专业群生态系统内两个专业群之间生态位的重叠性较高，在发展进化的过程中将可能产生相互抑制的影响；偏利关系则主要表现为在高职专业群生态系统中一个专业群的发展对另一个专业群的发展将产生明显促进作用，但另一专业群对其产生促进作用的专业群无显著正向作用。

二、何为专业群间的协同进化

协同进化（co-evolution）这一概念最早可以追溯到 20 世纪 60 年代中期生物学家埃利希（Ehrlich）和雷文（Raven）的相关研究，埃利希和雷文在经典生物进化学说、系统科学、复杂适应系统理论等相关理论主要观点的基础上，提出了协同进化的主要核心内容。协同进化的基本内涵是其在 60 年代研究植物和昆虫（植食性）相互作用、相互影响对二者进化过程影响问题时，提出了两类不同物种间"协同进化"的现象。在后期的研究过程中，协同进化的一般概念被定义为：某一物种的特性进化取决于另一物种特性影响，二者的特性在进化过程中相互影响实现协同进化。在协同进化研究过程也衍生出了协调特化、协调适应等相关的概念，主要用于描述两个物种彼此作用实现共同进化的现象。协同进化论强调物种之间的进化过程会彼此影响与作用。与普通进化论相比，协同进化论主要关注进化的动态性与互动性，当自然生态系统某一生物个体特征的进化都源自另外某一生命体的特征时，两个物种都有了一定程度的改进，就可以实现协同进化。协同进化理论是在突变论、耗散结构论、自组织理论、协同学、混沌理论等理论的基础上形成的，与传统"物竞天择，适者生存"的进化论思想有所差异，协同进化论更多是从协同竞争与互惠共生的视角分析多元物种之间的进化。

专业群个体之间的协同进化是一种基于个体之间的彼此协作形成的互利共生关系，通过个体间的协同进化，不同的专业群之间将通过发挥各自的比较优势，实现取长补短，寻找到自身最合适的生态位空间，以实现系统自身结构的优化和系统资源的优化配置。高职专业群生态系统内专业群个体之间的协同进化通常会具有以下特性。

首先，共生互惠性，专业群个体之间通过信息、能量和物质的交换，彼此协作，相互作用，以实现多方获利与共同发展，互惠共生是专业群个体之间进行协同进化的基础。通过互惠共生，专业群个体将获得更加丰富的外部资源、更加适切的生态位宽度、更加广阔的生存与发展空间。其次，竞争协同性，在高职专业群生态系统内部，存在着广泛的竞争。专业群个体之间实现协同进化并不意味着排斥或弱化竞争的影响，而是在协同的前提下实现系统的良性竞争，体现出竞争中的协同性。最后，资源共享性，在高职专业群生态系统内部，专业群之间的协同进化，将使得专业群生态系统的资源得到进一步优化配置，实现系统内部资源的共享，提升资源配置和使用的效率，进一步发挥高职专业群生态系统的知识溢出效应、技术扩散效应和集群协同效应。

三、专业群间协同进化的类型

在高职专业群生态系统中，专业群个体的分布特征决定了专业群个体之间的互动类型，由于系统资源总量的有限性，不同的专业群个体在互动过程中，将展开激烈的竞争。在专业群个体之间的动态竞争与相互作用过程中，高职专业群生态系统将实现协同演化，专业群生态系统的动态平衡演化又将形成专业群生态系统中专业群新的布局与分布，从而形成一个动态循环的 DICE 圈。与自然界的生态系统里两物种间相互竞争、互惠共存、优胜劣汰、互不影响、偏害偏利等多元关系相类似，高职专业群生态系统内专业群个体之间也存在互利关系、中性关系、偏利关系、偏害关系、竞争关系等多种多样的关系类型。

（1）互利关系下高职专业群生态系统内两个专业群个体之间是一类互惠共生关系，主要包括共生性和互惠性等两种互利共生的形式。互惠性的互利关系主要是指在一个高职专业群生态系统中两个专业群个体的成长进化对彼此都能够产生有利影响，但这种影响并不能决定一方的生存。共生性的互利关系则主要是指在高职专业群生态系统中两个专业群存在彼此以另一方的存在为前提，二者之间呈现一种相互依存、缺一不可的关系，个体双方都从这类关系中获得了成长进化的动力。（2）中性关系则主要表现在高职专业群生态系统中，不同的专业群个体虽然会共存于同一专业群生态系统中，但二者对于彼此的成长与进化不会产生任何影响，没有任何利害关系的存在。（3）偏利关系下两个专业群个体之间发生相互作用时，对其中一方的存在与发展没有任何影响，但对另一方的成长进化将产生积极影响，获利的一方将在师资队伍、实训基地、课程资源等方面通过共享获得好处，但这种共享并不对其中一方的成长进化产生消极影响。（4）偏害关系下的高职专业群生态系统中，两个共同存在的专业群个体之间，一方的存在对另一方的存在不会产生任何影响，但是另一方的存在将对一方的存在将产生消极影响。（5）竞争关系下的专业群个体关系则表现为在高职专业群生态系统内的资源总量是有限的，专业群个体的增加将加剧系统资源的消耗，因此，专业群个体之间会因为其中一方的存在而抑制另一方的存在和发展，从而对另一方的成长进化产生积极或消极影响。当两者之间竞争逐步走向恶化而使双方受损或消亡时，将会产生互抗现象。捕食关系、寄生关系等自然属性十分明显的种群关系，在高职专业群生态系统的协同进化过程中表现得并不明显，在本书中不做讨论。

高职专业群生态系统中专业群个体之间存在着多种类型的相互关系，多元化的相互关系中，有哪些关系能够实现协同进化？高职专业群生态系统要实现协同进化的前提是专业群个体之间有相互作用的关系。如果两个专业群之间没有任何关系，也不会发生任何的相互作用，那就构不成协同进化的前提，也实现不了专业群个体之间的协同进化。因此，要分析专业群之间协同进化的类型，就必须在众多关系中筛选出专业群个体之间发生相互作用的关系类型。这种相互作用可以为正向相互作用，也可以为负向相互作用。基于生态学种间关系的基本原理和高职专业群生态系统的实践样态，可以将高职专业群生态系统的协同进化类型总结为：共生性协同进化、偏利性协同进化（正偏利性协同进化和负偏利性协同进化）、竞争性协同进化（制约性协同进化与替代性协同进化）等主要协同进化类型，见表4-2。

表4-2　　　　　专业群生态系统中专业群之间的主要关系类型

协同进化类型		专业群 M	专业群 N	协同进化特点
共生性协同进化 I	共生性协同进化	＋	＋	专业群 M 对专业群 N 进化有利，反之亦然
偏利性协同进化 II	正偏利性协同进化	＋	○	专业群 N 对专业群 M 进化有利，专业群 M 对专业群 N 进化没影响
	负偏利性协同进化	－	○	专业群 N 对专业群 M 进化有害，专业群 M 对专业群 N 进化没影响
竞争性协同进化 III	制约性协同进化	－	－	专业群 M 与专业群 N 在进化过程中相互制约
	替代性协同进化	＋	－	专业群 M 与专业群 N 在进化过程中一方将被另一方所替代

注："＋"表示正向相互作用，"－"表示负向相互作用，"○"表示中性。

　　综上所述，高职专业群生态系统内专业群个体之间的协同进化类型主要有共生性协同进化、偏利性协同进化、竞争性协同进化等主要协同进化类型。这些协同进化类型又可以进一步细分为共生性协同进化、正偏利性协同进化、负偏利性协同进化、制约性协同进化、替代性协同进化等子类型（见图4-1）。其中，a. 共生性协同进化类型中专业群 M 对专业群 N 进化有利，专业群 N 对专业群 M 的进化也有利，在其进化过程中两者是彼此互利的；b. 正偏利性协同进化类型中专业群 N 对专业群 M 进化有利，但专业群 M 对专业群 N 进化没影响，是一种单向正偏利相互作用；c. 负偏利性协同进化类型中专业群 N 对专业群 M 进化有害，但专业群 M 对专业群 N 进化没影响，是一种单向负偏利相互作用；d. 制约性协同进化类型中专业群 M 与专业群 N 在进化过程中为了争夺有限的系统资源，将产生彼此相互制约的进化现象；e. 替代性协同进化类型中专业群 M 对专业群 N 的进化有积极影响，但是专业群 N 对专业群 M 的进化有消极影响，专业群 M 与专业群 N 在进化过程中一方将被另一方所替代。以上不同类型的相互作用，构成了高职专业群生态系统动态演化过程中协同进化的主要类型。

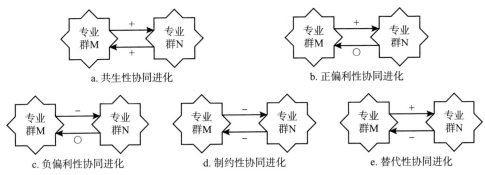

图4-1　高职专业群间协同进化的主要类型

第二节　专业群间协同进化关系仿真

在一个完整的高职专业群生态系统中，从理论层面分析，高职专业群生态系统内专业群个体之间的协同进化类型主要有共生性协同进化、偏利性协同进化、竞争性协同进化3类主要协同进化类型。这些主要类型可以根据专业群之间组织生态位重叠度的不同而导致的竞争程度差异性，将其协调进化类型细分为共生性协同进化、正偏利性协同进化、负偏利性协同进化、制约性协同进化、替代性协同进化5类子类型（见图4-2）。为进一步深入分析高职专业群生态系统内专业群个体间协同进化不同类型在时间维度的进化趋势和主要规律，本书将借助系统动力学的方法与相应模拟软件对不同竞争系数下专业群个体之间的协同进化关系进行仿真模拟。

图4-2　高职专业群不同竞争程度下协同进化的主要类型

一、专业群间协同进化模型构建

高职专业群生态系统中专业群个体之间存在着多种类型的相互关系，从单个专业群个体的成长进化轨迹到专业群之间的协同进化，都呈现出不同的实践样态。为进一步分析高职专业群生态系统协同进化的规律与趋势，本书首先构建专业群间的协同进化模型，然后在此基础上进行不同类型协同进化关系的仿真模拟。

（一）高职专业群之间协同进化的模型构建

复杂适应系统的相关模型可以运用不同的方程进行描述，常用的方程主要有微分方程、状态方程、差分方程、传递方程等。不同的高职专业群之间的协同进化可运用不同的模型与方程进行描述，本书将根据专业群之间不同协同进化类型具体特征构建相应的测量模型。

1. 单个专业群个体的成长模型

生态系统中自然界的物种将随着时间的推移而不断发展壮大，在现有的研究中描述物种在资源稀缺和空间有限条件下个体成长模型中，最为经典的测量工具就是 Logistic 模型。根据模型的基本原理与方法，在假定没有竞争对手的理想环境之下，专业群个体的生长进化将遵循以下 Logistic 增长模型，专业群个体数量的增长与其所在环境之间满足 Logistic 方程，具体可以表示为：

$$\frac{dM}{dt} = \eta M(1 - M) \tag{4-1}$$

式（4-1）中的 η 是在理想环境下高职专业群个体的自然增长率，这里的自然增长率有时也被称为增值系数，$\eta > 0$；M 表示某专业群的绩效产出水平，M 的变化将随着时间的推移而不断增长，$0 < M \leqslant 1$；（1 - M）是模型中的减速因子，随着时间的变化将不断减少，对高职专业群个体的进化呈现一种约束作用，使得其总量趋于某一特定的极限值。

Logistic 模型说明高职专业群生态系统的进化过程并非是简单的线性关系，而是复杂的非线性关系（见图 4-3），其中存在着诸多的正反馈机制与负反馈机制。通过高职专业群个体的进化趋势图和成长速率图可以得出，高职专业群个体成长路径将按照"S"形进行演化，逐步经历专业群孕育阶段、初生阶段、成长阶段、成熟阶段、衰退阶段、蜕变阶段等不同的进化周期，完成特定高职专业群个体的成长进化过程。

2. 专业群间协同进化的主要模型

高职专业群生态系统内专业群个体之间的协同进化类型主要有共生性协同进化、偏利性协同进化、竞争性协同进化等主要协同进化类型。为深入分析专业群个体之间协同进化的主要趋势，本书将构建相关模型与方程描述不同类型的专业群间的协同进化。

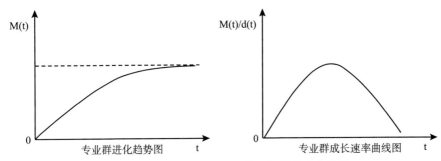

图4-3　高职专业群进化趋势图与成长速率曲线

（1）共生性协同进化模型。高职专业群个体面向知识类型的交叉性与融合性，使得专业群与专业群之间可以通过知识、师资队伍、实训基地、课程资源等的共享，最大限度地发挥各类资源的使用效率，实现不同专业群个体之间的共生性协同进化。根据生态统计学的方法可以将这种共生性的协同进化类型用式（4-2）表示：[①]

$$\begin{cases} dm_1/dt = \eta m_1(1 - m_1 + \lambda_{12}m_2/R_2) \\ dm_2/dt = \eta m_2(1 - m_2 + \lambda_{21}m_1/R_1) \end{cases} \tag{4-2}$$

在式（4-2）中，η 是在理想环境下高职专业群个体的自然增长率，由于专业群 M_1 与专业群 M_2 形成了互利共生关系，彼此的成长进化对另一方有利；R 为所对应专业群所能获得的资源总量；λ_{12} 和 λ_{21} 为专业群之间的促进系数，由于二者是互利共生关系，因此，二者的取值都是大于零的，而具体系数的大小则反映了互相促进程度的大小。

（2）偏利性协同进化模型。偏利性协同进化模型中，主要包括正偏利性协同进化和负偏利性协同进化。其中，正偏利性协同进化类型中专业群 N 对专业群 M 进化有利，专业群 M 对专业群 N 进化没影响，是一种单向正偏利相互作用。负偏利性协同进化类型中专业群 N 对专业群 M 进化有害，专业群 M 对专业群 N 进化没影响，是一种单向负偏利相互作用。根据偏利性协同进化的具体特征，可选取式（4-3）进行描述：

$$\begin{cases} dm_1/dt = \eta m_1(1 - m_1/R_1 + \lambda_{12}m_2/R_2) = 0 \\ dm_2/dt = \eta m_2(1 - m_2/R_2) = 0 \end{cases} \tag{4-3}$$

在式（4-3）中，η 是在理想环境下高职专业群个体的自然增长率，R 为

---

①　覃林. 统计生态学 ［M］. 北京：中国林业出版社，2009：91.

所对应专业群所能获得的资源总量，λ_{12} 和 λ_{21} 为专业群之间的影响系数。当专业群 M_1 对专业群 M_2 是正偏利性协同进化时，$\lambda_{12} > 0$ 且 $\lambda_{21} = 0$，表示专业群 M_1 的成长进化将对专业群 M_2 产生积极的正向影响。当专业群 M_1 对专业群 M_2 是负偏利性协同进化时，$\lambda_{12} < 0$ 且 $\lambda_{21} = 0$，表示专业群 M_1 的成长进化将损害专业群 M_2 的成长进化，但专业群 M_2 对专业群 M_1 的成长进化没有影响。

（3）竞争性协同进化模型。高职专业群生态系统中，任意两个专业群个体之间产生相互竞争关系时，其成长进化路径将不会是理想条件下的独立型成长进化模型，此时需引入竞争参数 λ_{ij} 和 λ_{ji}，其中，λ_{ij} 表示专业群 j 对专业群 i 作用的影响系数，λ_{ji} 表示专业群 i 对专业群 j 作用的影响系数。其中，λ_{ij} 和 λ_{ji} 的取值范围都为 0 到 1 之间。η 便是在理想环境下高职专业群个体的自然增长率。根据竞争性协同进化的特征，可以将其用以下方程组表示：

$$\begin{cases} dm_1/dt = \eta m_1(1 - m_1 + \lambda_{12}m_2) \\ dm_2/dt = \eta m_2(1 - m_2 + \lambda_{21}m_1) \end{cases} \quad (4-4)$$

在式（4-4）中，η 是在理想环境下高职专业群个体的自然增长率，当 $\lambda_{ij} \neq \lambda_{ji}$ 时，专业群 M_1 和专业群 M_2 之间存在不对等的影响力，将对彼此产生相互作用，当二者的竞争处在一个比较合适的范围之内时，双方之间将产生制约性协同进化的相关过程，但随着二者之间的竞争程度进一步加剧，其中一个专业群个体将完全可能替代另一个专业群个体，实现替代性协同进化相关过程。最终实现高职专业群生态系统的动态演化与平衡。

在生态统计学中，生态系统中两个物种的竞争模型比较典型的主要为 Lotka-Volterra 模型，此模型是 Logistic 模型的进一步延伸。如果设 M_1 和 M_2 为两个专业群，N 为专业群生态系统内的专业群数，K_1、K_2、η_1 和 η_2 分别为这两个专业群的环境最大容纳量和专业群个体增长率。按照 Logistic 模型有：

$$dN_1/dt = r_1 N_1(1 - N_1/K_1) \quad (4-5)$$

如前所述，N/K 表示高职专业群已经利用的系统环境容量，而（1 - N/K）则表示高职专业群还未利用的可以进一步拓展的空间。当两个高职专业群个体为了争夺有限的系统资源而产生相互影响和相互作用关系时，系统内专业群已经利用的生存空间还应加入另外一专业群个体的生存空间，对于专业群 M_1 有：

$$dN_1/dt = \eta_1 N_1(1 - N_1/K_1 - \lambda_{12}N_2/K_1) \quad (4-6)$$

其中，λ_{12} 为两个高职专业群之间的竞争系数，其相应数值表示特定高职专业群个体所占的空间相当于 λ 个另一专业群个体所占空间。竞争系数 λ 的大小可以表征高职专业群个体对另一专业群个体成长进化的影响程度。同样，对于专业群 M_2 有：

$$dN_2/dt = \eta_2 N_2 (1 - N_2/K_2 - \lambda_{21} N_1/K_2) \qquad (4-7)$$

λ_{21} 为专业群 M_1 对专业群 M_2 的竞争系数。将式（4-6）与式（4-7）整合在一起即可形成 Lotka-Volterra 的种间竞争模型。[1]

根据 Lotka-Volterra 的种间竞争模型，专业群 N_1 和专业群 N_2 之间如果存在竞争关系，从理论层面看主要有 3 种关系，即专业群 N_1 获胜专业群 N_2 淘汰、专业群 N_1 淘汰专业群 N_2 获胜、两个专业群共同存在。通过分析 Lotka-Volterra 的种间竞争模型的斜率曲线，主要存在 4 种竞争结果，如图 4-4 所示。

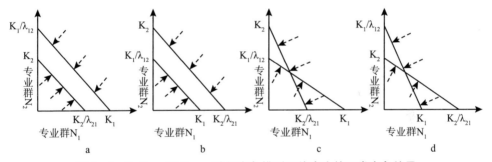

图 4-4 Lotka-Volterra 种间竞争模型可能产生的四类竞争结果

第一种结果，如图 4-4 中的 a 所示，当 $K_1 > K_2/\lambda_{21}$、$K_2 < K_1/\lambda_{12}$ 时，专业群 N_1 在竞争过程中将取得绝对优势，而专业群 N_2 面临被淘汰的危险。第二种结果，如图 4-4 中的 b 所示，当 $K_2 > K_1/\lambda_{12}$、$K_1 < K_2/\lambda_{21}$ 时，情况与第一种竞争结果刚好相反，此时专业群 N_2 将在竞争中获得绝对优势，而专业群 N_1 则面临被淘汰的危险。第三种结果，如图 4-4 中的 c 所示，当 $K_1 > K_2/\lambda_{21}$、$K_2 > K_1/\lambda_{12}$ 时，图 4-4 中的两条直线将产生交点，此时的交点就是专业群 N_1 与专业群 N_2 竞争的平衡点，但是第三种竞争结果下的平衡是不稳定的。第四种结果，如图 4-4 中的 d 所示，当 $K_1 < K_2/\lambda_{21}$、$K_2 < K_1/\lambda_{12}$ 时，二者的图形也将出现交点，即竞争过程中的平衡点，相较于第三种结果的平衡点，此时的平衡是比较稳定的平衡。

---

① 牛翠娟等. 基础生态学 [M]. 北京：高等教育出版社，2008：111.

Lotka – Volterra 种间竞争模型的以上四种结果说明，任何两个专业群个体之间的竞争结果主要取决于两个专业群之间的竞争强度的大小（λ_{12}/K_1 和 λ_{21}/K_2）和专业群个体内不同专业之间竞争强度的大小（$1/K_1$ 和 $1/K_2$）。当专业群之间的竞争强度大，但专业群个体内专业个体之间的竞争强度小时，则该专业群将在竞争中获胜。反之，则该专业群将面临淘汰的危险。当两个专业群内专业之间的竞争强度大，但专业群与专业群之间的竞争程度小时，专业群个体之间都难以获得绝对的竞争优势而淘汰对方，此时将会出现稳定态的平衡，高职专业群个体之间出现协同共存的状态。

（二）方法的选择与适切性分析

系统动力学的理论与方法已发展成为当下一种成熟的和被广泛运用的复杂性问题分析工具。与分析复杂性的其他模型相比，系统动力学的方法在解决以下问题时有更加明显的优势。

首先，当变量之间关系复杂且大多是非线性关系时，用传统的线性回归等方式很难精准刻画变量之间的相互关系，也很难得出科学的结论，而采用系统动力学相关方法，将使得很多复杂的系统问题用较为精准的方式进行模拟和刻画，进一步提高实证模型的解释力。其次，当所研究的系统是复杂的社会经济系统时，对于系统中的某一些变量的数据很难获得，为了规避因数据的缺失而导致问题开展挑战时，或者遇到一些无法测量的变量时，系统动力学的研究方法将基于系统内复杂变量之间的多重数据以及不同变量相应数据的真实情况，对所研究的系统问题进行仿真模拟，从而较为清晰地刻画所研究问题。最后，对于探究较长一段时期呈现一定周期变化的系统问题，很难用短时间的变量数据进行分析，而系统动力学的相关方法和软件将为相关变量关系与变量之间的作用机制进行较为真实客观的分析。

高职专业群生态系统的进化问题有着复杂系统的一般属性。系统动力学模型在分析高职专业群生态系统的进化问题时，有其适切性和显著优势。首先，专业群生态系统的进化过程，具有一定的进化周期，并表现出特定的进化规律。运用系统动力学模型和相关软件可以对一定周期内专业群的协同进化问题进行仿真模拟。其次，部分数据的不可测和缺失，这是对复杂系统进行分析时会遇到的一个普遍的问题，因此，必须对难以量化的数据开展相关定性刻画。系统动力学方法与模型能够基于系统内复杂变量之间的关系，对难以量化的数据进行科学测算，从而对相关的因果关系和反馈进行有效刻画。最后，高职专业群生态系统的进化问题不是理想化的简单线性关系，而是非常复杂的非线性关系。因此，简单的线性回归分析很难得出相关变量之间的关系，而系统动力学模型和软件可以实现对非线性关系的仿真模拟，从而全面直观分析隐藏在复杂非线性关系背后的反馈机制。基于系统动力学在分析上述问题的优势和适切性，本书将基于种间竞争模型选用系统动力学方法和 Vensim 软件对高职专业群生态系统中专业群个体之间的协同进化过程进行仿真模拟。

二、专业群间协同进化仿真过程

高职专业群生态系统内专业群间协同进化仿真模型的设计，需要借助系统动力学的原理与方法。系统动力学在分析系统问题，尤其是复杂交叉性系统问题时具有独特优势。系统动力学认为，特定系统的基本特性与运转方式通常会取决于不同系统相应的组成结构，以及在此结构上形成的运行机制和反馈机制。系统动力学问题的研究通常需要经过以下步骤：明确问题，建模调研；明晰机制，建立模型；初步仿真，模型优化。

（一）明确问题，建模调研

在研究复杂性系统问题时，首先要明确复杂系统所要研究的主要问题、目的及其具体要求，基于具体的研究问题，根据系统动力学的原理对相关问题进行科学分析，以全面深入地认识相关问题。在相关问题明晰化的基础上，进一步选取典型案例进行调研，收集具体问题的资料与数据；进一步分析复杂系统内变量之间的关系，明确各变量之间的关系和作用机制。本书的主要问题是高职专业群生态系统的协同进化问题，专业群个体间的协同进化过程会涉及诸多的要素与变量。为厘清不同变量之间的主要关系，笔者在前期进行了大量的建模调研，调研院校详细情况见表 2-1。

基于研究问题的实地调研，本书根据种间竞争模型分析归纳得出了高职专业群个体协同进化过程中的主要变量，这些变量也是系统的限制性生态因子。主要的变量有系统中专业群总数、全日制高职招生专业数、建校时长、资金资源、软件资源（师资队伍、在校生数等）、硬件资源、企业资源、绩效输出等关键变量，各变量的具体观测指标见表 4-3。在一个完整的生态系统中有能量的输入，有系统中物种个体对能量和资源的消耗，也有系统内物种之间的竞争，在经过一定时期的成长进化后，最后将完成系统的能量流动与动态循环。

在高职专业群生态系统中也需要输入专业群成长进化所需要的各类资源，专业群个体之间为了争夺有限的系统资源也会展开竞争，经过一定时期的协同进化之后，高职专业群生态系统将输出相应的系统绩效。

表4-3　　　　　　　　高职专业群间协同进化仿真模拟过程的主要变量

变量	变量观测指标
建校时长	建校时长（年）
专业群总数	全日制高职招生专业数（个）
财力资源	本省专科高职学校年生均财政拨款水平（万元）、本学校年生均财政拨款水平（万元）
人力资源	学校教职工总数（人）、校内专任教师数（人）、双师素质专任教师比例（%）、生师比（x：1）、兼职教师总数（人）、专业课时总数（学时）、兼职教师授课课时数（学时）、兼职教师授课课时数占专业课时总数的比例（%）、全日制普通高职学历教育在校生数（人）、中职起点在校生数（人）、普通高中起点在校生数（人）、五年制高职后两年在校生数（人）、国（境）外留学生数（人）、其他在校生数（人）、全日制高职招生计划数（人）、全日制高职实际录取数（人）、招生计划完成率（%）、全日制高职实际报到数（人）、实际报到率（%）
物力资源	生均教学科研及辅助用房面积（m^2/生）、学校固定资产总值（万元）、教学及科研仪器设备总值（万元）、生均教学及科研仪器设备值（元/生）、生均实验室及实习场所面积（m^2/生）、生均纸质图书册数（册/生）、接入互联网出口带宽（Mbps）
企业资源	合作企业订单培养数（人）、合作企业与学校共同开发课程数（门）、合作企业接受顶岗实习学生数（人）、合作企业接受2018届毕业生就业数（人）、合作企业接受2018届毕业生就业数占应届毕业生的比例（%）、合作企业对学校捐赠设备总值（万元）、合作企业对学校准捐赠设备总值（万元）、合作企业支持学校兼职教师数（人）
绩效输出	应届毕业生人数（人）、应届毕业生初次就业率（%）、上届毕业生半年后就业率（%）、应届毕业生在本省市就业比例（%）、学校为企业年培训员工（人/日）、学校为企业技术服务年收入（万元）、非学历培训规模（人/日）

（二）明晰机制，建立模型

在复杂系统问题明晰和调研的基础上，对复杂系统的反馈机制和反馈回路进行"抽丝剥茧"的分析，明晰复杂系统的边界，主要分析复杂系统所涉及的范围和主要变量，形成相关的因果关系图以及相关的存量流量图。根据复杂系统的具体研究问题形成相关研究的系统动力学方程，完成相关模型构建。与一般的生态系统组成类似，高职专业群生态系统也主要由专业群个体（individual）、专业群与专业群形成的专业群种群（population）、不同专业群种群形成的专业群群落（community）、外部环境系统的各类主体等不同的要素组成。

在高职专业群生态系统中，由于教育是培养人的社会活动，在这个过程中，人的受教育需求和社会对教育系统培养的各类人才的需求是教育生态系统的重要驱动力之一。因此，多元需求就如自然生态系统的太阳能一样。在上述需求的驱动之下，教育生态系统通过摄入外部环境系统的场地、设备、资金等要素，通过教育的生产者——学校系统的吸收与加工，经过一定的培养周期，培养出适合市场需求的多规格和多层次的人才队伍。以供给教育生态系统众多的教育消费者，在整体上形成一个复杂的适应系统。不同组织形态的各类要素按照专业群个体的自我进化逻辑、专业群之间的竞合演化逻辑共同推动了高职专业群生态系统的动态演化与平衡。高等职业教育的跨界性和自身与产业系统联系的紧密性决定了专业群系统与外部环境系统之间相互作用的多样性。专业群生态系统需要从外部环境系统中获得自身发展所需要的硬件资源和软件资源等各类资源[①]，又向外部环境系统输出各类技术技能人才、技术专利等系统绩效产出，如图4-5所示。

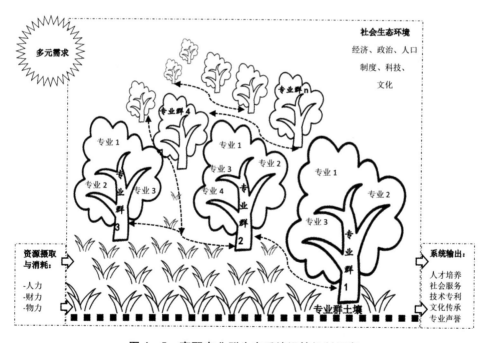

图4-5　高职专业群生态系统运转机制示意

① 武建鑫.学科生态系统：论世界一流学科的生长基质——基于组织生态学的理论建构 [J]. 江苏高教，2017（4）：7-14.

当分析复杂系统内错综分布的非线性关系和变化特征时，传统的数学分析模型很难全面准确刻画系统的整体运转过程。此时，通常会利用系统动力学进行仿真模拟，以准确全面分析复杂系统的运转过程。① 在本书分析高职专业群生态系统的协同进化问题时，主要运用 Vensim 软件对专业群生态系统的具体运行进行仿真模拟，探究专业群生态系统内专业群间的协同进化机理，为高职专业群生态系统的科学治理提供基础。仿真系统通过 Vensim 软件模拟复杂真实系统，研究系统整体的内部组成结构、相互作用关系以及基本运动规律。Vensim 软件是一款功能强大的可视化系统仿真平台，可以通过建立专业群系统的因果回路图和系统存量流量图等手段创建相应的仿真模型，进而全面分析相应复杂系统的运转过程与行为机制。

1. 高职专业群生态系统的因果回路图绘制

因果回路图是研究复杂系统反馈机理与行动路径的重要分析工具，一个因果回路图一般由一系列的变量、因果链箭头、反馈回路等要素组成。因果回路图一般用于模型构建的初始阶段。根据对案例院校的调研结果和高职专业群生态系统的运行机制，可以绘制出高职专业群生态系统的因果回路图（见图 4 - 6）。在高职专业群生态系统因果回路图中，在资源总量一定的情况

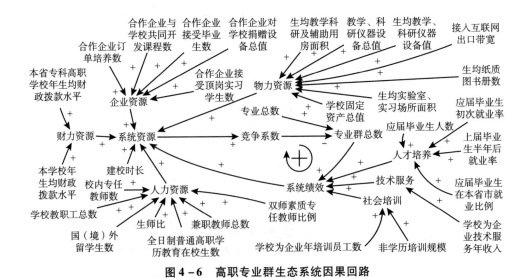

图 4 - 6 高职专业群生态系统因果回路

① 刘思峰，方志耕，朱建军，沈洋. 系统建模与仿真 [M]. 北京：科学出版社，2012：28.

下，专业群个体之间的竞争系数与协同系数将影响整个系统的绩效输出。其中，系统绩效主要包括人才培养、技术服务、社会培训等要素；系统资源主要包括人力资源、财力资源、物力资源、企业资源等。高职专业群生态系统能够利用的资源和专业群之间的竞争程度，将影响专业群生态系统中专业群个体的数量，专业群个体的数量将影响整个专业群生态系统的绩效输出，形成一个完整的正反馈因果回路。

2. 高职专业群生态系统的存量流量图创建

系统动力学中的相关变量有存量、流量、辅助变量、常量等不同类型，存量通常情况下表示复杂系统在特定时空下的状态，是经过一定的时间和范围之后累积形成的变量；流量主要表征系统内引起存量发生变化的因素，一般情况下为速率变量，主要表征存量变化的速率；辅助变量是系统内存量和流量之间信号传播与具体作用过程的中间性变量；常量则是在研究问题所对应的时间里变化甚微或者保持不变的量。根据因果回路图中各个变量之间的关系，运用 Vensim PLE 7.3.5 软件可以绘制出高职专业群生态系统的存量流量图（见图 4－7）。在高职专业群生态系统中，系统资源、专业群总数、系统绩效等变量为系统的存量；资源年平均增长率、竞争系数、专业群个体绩效等变量为系统的流量。与此同时，围绕系统存量还有一系列系统的辅助变量与常量，共同构成了完整的高职专业群生态系统存量流量图。

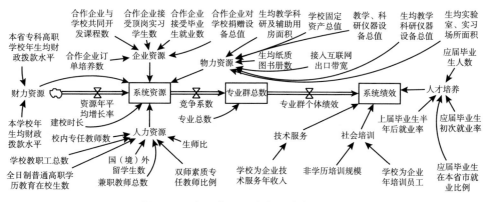

图 4－7　高职专业群生态系统存量流量

3. 系统动力学方程的建立

在高职专业群生态系统存量流量图中，需要分析的主要变量有：3 个水平变量（存量），包括系统资源、专业群总数、系统绩效；竞争系数、专业群个体绩效等速率变量；财力资源、人力资源、物力资源、企业资源、人才培养、技术服务、社会培训等辅助变量；生均拨款水平、本学校年生均财政拨款水平、建校时长、全日制高职招生专业数、学校教职工总数、校内专任教师数、兼职教师总数、全日制普通高职学历教育在校生数、生均教学科研及辅助用房面积、学校固定资产总值、生均教学科研仪器设备总值、生均纸质图书册数、接入互联网出口带宽、合作企业订单培养数、合作企业与学校共同开发课程数、合作企业接受顶岗实习学生数、应届毕业生人数等常量。各变量的初始值和相关经验数据，以我国56所双高校为案例，相关变量的数值均来自56所双高校的"双高计划"建设申报书，具体数值见附录A。根据相关数据的具体数值和变量之间的关系，构建本书的系统动力学方程如表4-4所示。

表4-4　　　　　　　专业群间协同进化仿真的系统动力学方程

序号	相关变量的系统动力学方程
（01）	FINAL TIME = 100　Units：Year The final time for the simulation
（02）	INITIAL TIME = 20 Units：Year The initial time for the simulation
（03）	SAVEPER = TIME STEP Units：Year ［0，?］ The frequency with which output is stored
（04）	TIME STEP = 20 Units：Year ［0，?］ The time step for the simulation
（05）	专业总数 = 48 Units：个
（06）	专业淘汰率 = 0.1 Units：Dmnl
（07）	专业群总数 = INTEG（专业总数 + 竞争系数 * 系统资源 * 专业淘汰率，3）Units：个 ［1，20］
（08）	人力资源 = 全日制普通高职学历教育在校生数 + 兼职教师总数 + 国（境）外留学生数 + 学校教职工总数 + 校内专任教师数 Units：Dmnl
（09）	企业资源 = 合作企业与学校共同开发课程数 + 合作企业对学校捐赠设备总值 + 合作企业接受毕业生就业数 + 合作企业接受顶岗实习学生数 + 合作企业订单培养数 Units：Dmnl
（10）	合作企业与学校共同开发课程数 = （230.429 - 4）/2268 Units：Dmnl
……	……
（35）	物力资源 = 学校固定资产总值 + 接入互联网出口带宽 + 教学、科研仪器设备总值 + 生均实验室、实习场所面积 + 生均教学、科研仪器设备值 + 生均教学科研及辅助用房面积 + 生均纸质图书册数 Units：Dmnl
（36）	生均实验室、实习场所面积 = （8.55893 - 1.92）/24.69 Units：Dmnl

续表

序号	相关变量的系统动力学方程
（37）	生均教学、科研仪器设备值 = (20839 − 7186.04)/151882 Units：Dmnl
（38）	社会培训 = 学校为企业年培训员工 + 非学历培训规模 Units：Dmnl
（39）	竞争系数 = 0.5 Units：Dmnl
（40）	系统资源 = 人力资源 + 企业资源 + 建校时长 + 物力资源 + 财力资源 + 系统绩效 Units：Dmnl
（41）	财力资源 = 本校年生均财政拨款水平 + 本省专科学校年生均财政拨款水平 Units：Dmnl

（三）初步仿真，模型优化

为了进一步保证所构建模型的有效性和科学性，需要根据结果对初始模型进行进一步优化。根据前一步建立的系统动力学模型，对系统内不同类型的变量进行相应的赋值，并对模型进行检验（直观检验、历史数据检验、稳定性检验等），看其是否与实际研究的问题一致。检验高职专业群生态系统协同进化模型是否真实反映了专业群生态系统的运行实际与专业群个体之间协同进化的行为特征及其变化规律，能够保障模型模拟分析出的结果所对应政策建议的有效性与针对性。待模型通过检验后对相关系统问题进行仿真模拟，根据仿真结果分析影响复杂系统运作的关键反馈回路与关键变量。进而出台有针对性的对策措施，提升高职专业群生态系统协同治理策略的科学性与有效性。

三、专业群间协同进化仿真结果

高职专业群之间协同进化关系在时间维度的分析，通过借助仿真模拟平台能够更加直观地探析不同专业群个体之间的相互作用过程和协同进化机理。高职专业群生态系统通过摄入外部环境系统的场地、设备、资金等要素，通过教育的生产者——学校系统的吸收与加工，经过一定的培养周期，培养出适合人才市场需求的多规格和多层次人才队伍。以供给教育生态系统众多的教育消费者，在整体上形成一个复杂的适应系统。高职专业群生态系统需要从外部环境系统中获得自身发展所需要的硬件资源和软件资源等各类资源，又向外部环境系统输出各类技术技能人才、技术专利等系统绩效产出。运用 Vensim PLE 7.3.5 软件基于优化后的高职专业群生态系统存量流量图（见图4-8），对高职专业群生态系统协同进化过程中涉及的主要变量和关键回路进行仿真模拟，根据模拟结果，可以得出高职专业群生态系统协同进化的主要趋势与规律。

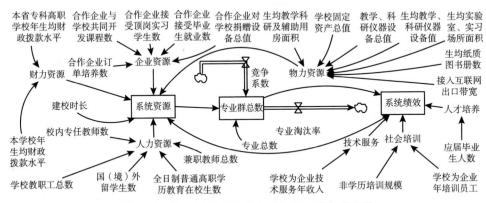

图4-8　优化后的高职专业群生态系统存量流量

（一）高职专业群生态系统协同进化的主要趋势

在高职专业群生态系统运转的过程中，系统的绩效输出主要取决于各个专业群的绩效，以及专业群个体之间协同进化的程度。高职专业群生态系统通过吸收系统外的人力资源、物力资源、财力资源、企业资源等各类资源，通过专业群生态系统中不同专业群之间的竞争与分配，经过一段时间的成长进化将输出人才培养、技术服务、社会培训等系统绩效。通过 Vensim PLE 7.3.5 软件，对关键变量之间的关系进行仿真发现：

当高职专业群个体之间的竞争程度比较缓和时（见图4-9），随着时间的推移，图4-9中表示专业群总数的虚线和表示系统绩效的实线将呈现上升趋势。这说明随着高职专业群建设周期的增加和专业群系统对外界资源的不断摄入，高职专业群生态系统内专业群的数量和系统的整体绩效将呈现增长趋势，并且专业群生态系统内专业群数量的增长趋势和整体系统绩效的变化趋势呈现较为一致的变化趋势。研究表明，在一个适切的竞争系数之下，通过各类资源的投入，经过一定建设周期内系统各要素的磨合与融合，高职专业群生态系统内的专业群总数和整体系统绩效都将处于增长趋势，从而实现专业群生态系统的整体协同进化。

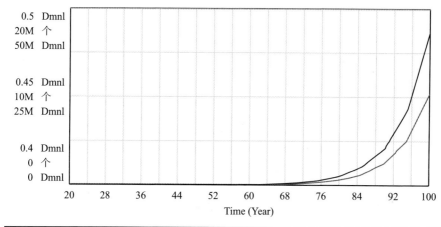

图 4 - 9　竞争程度缓和时专业群总数与系统绩效的演化趋势

当高职专业群之间的竞争程度较为激烈时（见图 4 - 10），随着时间的推移和竞争系数的不断增大，图 4 - 10 中表示专业群总数的实线和表示系统绩效的虚线将出现明显的波动，但经过一定周期的缓冲之后整体也将呈现上升趋势。

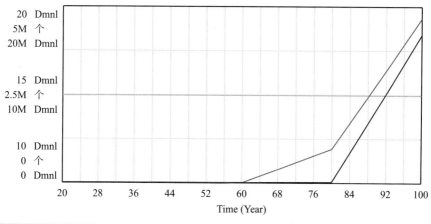

图 4 - 10　竞争程度激烈时专业群总数与系统绩效的演化趋势

这说明当系统内专业群之间的竞争过于激烈时，高职专业群生态系统内专业群数量的变化和系统整体绩效的输出将出现明显的波动。相较于专业群数量的波动，系统绩效波动具有一定的延迟性，但二者均呈现较为相似的变动趋势。这也进一步说明在不适切的竞争程度之下，专业群之间将可能产生恶性竞争，专业群之间的恶性竞争将对高职专业群生态系统的协同进化产生破坏作用。随着外界资源的不断摄入和时间的推移，高职专业群生态系统内的全部专业群个体将在激烈的竞争下完成优胜劣汰，系统的整体绩效将呈现增长趋势，完成剧烈动荡后高职专业群生态系统的整体进化过程。

（二）不同竞争程度下高职专业群生态系统协同进化的对比分析

高职专业群生态系统所能摄取的资源总量是有限的，系统内各专业群个体之间为了争夺有限的系统资源将形成不同程度的竞争关系。因此，竞争系数就成为高职专业群生态系统协同进化过程中的一个关键影响变量。以不同的竞争系数所表征的不同竞争程度模拟高职专业群生态系统的协同进化过程，能够较为清晰地刻画专业群个体之间的协同进化对整个专业群生态系统协同进化和动态平衡的影响。在本书中，根据竞争程度的不同，主要关注三种不同类型的竞争程度之下，高职专业群数量和系统绩效变化趋势的比较结果。根据优化后的高职专业群生态系统存量流量图，通过运行 Vensim PLE 7.3.5 软件，可以得出不同竞争程度下高职专业群生态系统的演化趋势情况，如图 4 – 11 所示。

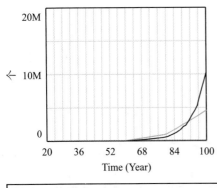
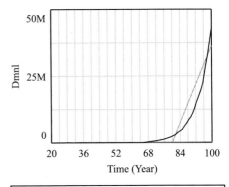
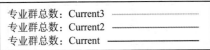

图 4 – 11　不同竞争程度高职专业群总数与系统绩效的比较分析

1. 竞争程度缓和时的协同进化

当系统内高职专业群个体之间的竞争程度较为缓和时，图4－11中的实线（Current）表示竞争程度缓和时高职专业群系统内的专业群总数和系统绩效。从图4－11中可以看出，高职专业群生态系统中不同专业群个体间的竞争程度比较适中时，专业群之间能够实现较好的协同进化。随着时间的推移和系统对外界资源的不断摄入，系统内的专业群总数和系统绩效都将处于逐步上升的趋势，经过一定时间的竞争作用，将逐渐形成较为稳定的协同进化关系，能够较好地促进高职专业群生态系统的整体绩效提升和动态平衡演化。

2. 无竞争时的协同进化

当高职专业群生态系统中专业群个体之间没有任何竞争时，图4－11中的虚线（Current 2）表示无竞争时高职专业群生态系统的专业群总数和系统绩效。从图4－11中可以看出，当专业群之间无竞争，即竞争系数为0时，专业群生态系统内将形成一家独大和垄断式的专业群布局方式，不能够较为充分地激发系统的活力。随着时间的推移，即使高职专业群生态系统从外界环境系统中不断摄入资源，专业群个体的数量和系统整体的绩效将很难有较快的增长，在未来的进化过程中也很难获得协同效应与系统整体的可持续发展。

3. 竞争程度激烈时的协同进化

当系统内高职专业群个体之间的竞争程度较为激烈时，图4－11中的虚线（Current 3）表示竞争程度激烈时高职专业群生态系统内的专业群总数和系统绩效。从图4－11中可以看出，当竞争程度比较激烈时，即进一步增大仿真模型的竞争系数时，高职专业群生态系统中专业群总数和系统绩效曲线将出现剧烈的波动，不同专业群个体之间相互竞争作用将表现得非常明显。高职专业群生态系统中的特色优势专业群将在激烈的竞争中取得优势地位，而在竞争中处于劣势地位的专业群个体将逐渐被系统所淘汰。随着时间的推移和系统对外界资源的不断摄入，那些在激烈竞争中获胜的专业群将获得更强的生命力和更高的系统绩效。但相较于专业群个体之间竞争程度较为缓和适切时的专业群数量和系统的整体绩效，随着竞争程度的进一步增加，专业群数量和整体绩效明显低于竞争程度适切时的数量与整体系统绩效输出。

因此，在高职专业群生态系统协同进化的过程中，专业群个体之间的竞争程度不能太激烈，也不能没有任何竞争。高职专业群个体之间的竞争程度太激烈将导致特色优势专业群出现一家独大的垄断现象，这种现象的存在不利于整个系统的协同进化与资源的优化配置，不利于良好生态环境的培育，进而影响整个系统的绩效输出。当高职专业群个体之间没有任何竞争时，将很难激发整个专业群生态系统的活力，也不利于系统资源的高效配置和协同进化，进而也很难获得更高水平的系统绩效。当且仅当专业群个体之间的竞争程度较为适切时，随着时间的推移，专业群与专业群之间将形成较为稳定的协同关系。当高职专业群个体之间能够共同分享相互合作的企业、专业课课程资源、校外用人单位、实习实训设施、专兼职教师资源等要素时，整个系统的资源配置效率和系统整体的绩效将得到进一步提升，实现专业群生态系统的整体协同进化，从而不断提升高职专业群生态系统的适应力。

第三节　专业群间协同进化机理分析

高职专业群生态系统内专业群个体之间协同进化的仿真结果表明，各高职院校的专业群生态系统具有明显的自组织属性。单个的高职专业群系统与外部环境系统存在着物质和能量的转换，是一个动态开放的复杂系统，[①] 高职专业群生态系统将在有序与无序的变化中走向动态平衡。专业群个体在自我生长进化过程中将与周围各专业群之间形成联动机制，进而形成特定的高职专业群生态系统。专业群生态系统内部各组成要素将以能量有序流动、物质系统循环和信息高效传递等形式而相互影响、相互作用、彼此制约，形成功能复杂的适应系统。[②] 高职专业群生态系统是一个相对独立的开放系统，对其外部环境系统有着较高的敏感性。在高职专业群生态系统自我运转以及专业群之间作用的过程中，最终将实现不同层面的动态平衡，并在此过程中体现出有规律可循的专业群间协同进化机理。根据高职专业群生态系统中专业群个体之间协同进化类型的主要特点，并结合运用系统动力学方法和 Vensim 软件的仿真结果，可以总结归纳出高职专业群生态系统协同进化的主要机理。

一、资源争夺是专业群间相互作用的关键驱动

高职专业群生态系统是由多要素组成的多层次、多变性、非线性和多功能

---

① 沈小峰，吴彤，曾国屏. 自组织的哲学：一种新的自然观和科学观 [M]. 北京：中共中央党校出版社，1993：24.

② 王世斌，宋亚峰，潘海生. 我国高职院校空间布局的动态变迁与演化机理 [J]. 高等教育研究，2018，39（9）：64－72.

的复杂适应系统。从其内部结构来看，主要是由专业群个体、专业群种群和专业群群落等要素组成的一个动态、具有健康和可持续发展特性的复杂适应系统。高职专业群系统所面向技术知识体系的复杂性决定了系统内专业群个体的多样性，多样的专业群个体增加了高职专业群生态系统的活力与生命力，但也加剧了系统内专业群个体之间的竞争。高职专业群系统资源和外部环境系统资源的有限性，使得系统内不同维度的各要素之间存在错综复杂的竞争关系。根据组织生态学"分配原则"，各专业群个体之间会为了争夺组织生态位而展开激烈的竞争，由于不同专业群个体在高职专业群生态系统中所处的"组织生态位"不同，致使不同专业群个体的资源吸附能力和同化能力存在差异性。资源获得能力的差异性加剧了高职专业群生态系统内不同专业群之间的竞争程度，使得围绕系统资源的争夺成为专业群个体间相互作用的关键驱动。

高职专业群生态系统内专业群个体间以系统资源为纽带而产生了相互作用和相互影响，使得系统内专业群个体间形成了以资源分配为依据的"命运共同体"，专业群个体之间为了争夺有限的系统资源而形成了类型多样的相互作用关系。本书基于生态学种间关系的基本原理和高职专业群生态系统的实践样态，将高职专业群生态系统内专业群个体间的协同进化关系梳理为共生性协同进化、正偏利性协同进化、负偏利性协同进化、制约性协同进化、替代性协同进化等相互作用的关系类型。围绕资源的争夺是专业群个体间多元相互作用关系形成的关键驱动，不同类型相互作用关系的差异性则主要是由于系统内不同专业群个体所拥有的组织生态位的差异性。

高职专业群个体的生态位是个体生存和发展的主要依据，生态位的宽度主要取决于专业群个体所能占有的各类资源和自身发展力。其中，高职专业群生态系统资源划分为系统内部的各类资源和外部环境系统的资源。内部资源主要包括高职专业群生态系统内的师资队伍、教学设备、技术技能平台、专业群文化、专业群声誉、科研成果等。外部资源主要包括相关政策支持、资金投入、行业企业的合作、校友队伍支持、各层次其他院校间的交往等。高职专业群生态系统内部专业群个体之间的竞争将导致其组织生态位的变动，这种变动主要包括专业群个体生态位的移动、压缩和伸展。当专业群个体在其原有生态位上遭遇到其他竞争者入侵时，原有专业群个体的生态位将被压缩，而新专业群个体的生态位空间将进一步拓展。专业群个体在学校的资金、师资队伍和实训设备等资源方面生态位的重叠将导致专业群间激烈的竞争，竞争程度的加剧将进一步导致专业群系统生态位的分离。激烈资源争夺现象的存在有利于进一步增强高职专业群生态系统的活力，但是对这种争夺如果不加以科学的引导将导致恶性竞争。因此，在高职专业群生态系统内不同专业群个体间相互争夺资源的过程中，应予以科学引导，使不同专业群个体之间围绕资源的相互作用力保持在合理区间内。

高职专业群生态系统内专业群之间以资源争夺为主要形式的相互作用，将使得系统内不同专业群个体之间产生网络化联系，这些联系的存在增加了系统内不同专业群个体之间相互作用的可能性。当高职专业群生态系统内不同专业群个体间由于组织生态位的重叠而产生相互作用时，专业群个体之间将产生形式多样的相互作用。其中，竞争关系是所有相互作用关系中最为重要的关系。高职专业群生态系统内专业群个体之间存在的不同程度竞争关系是二者之间协同进化关系产生的前提和基础。当系统内两个专业群个体处于一个比较适切的竞争程度下时，两者在高职专业群生态系统的动态进化过程中将形成中观层面专业群个体间的协同进化。因此，高职专业群生态系统内专业群个体间基于系统资源的争夺而产生相互作用，并在相互作用过程中实现整体协同进化。

二、良性竞争是专业群间协同进化的基本保障

高职专业群生态系统内部专业群个体多样性和系统资源有限性的矛盾，使得专业群系统内多元专业群个体之间存在着广泛的竞争关系，专业群个体间广泛存在的竞争关系会随着竞争程度的不同产生多元的竞争结果。当高职专业群个体之间的竞争程度过于激烈时，其中获得优势地位的专业群个体将对处于劣势地位的专业群个体产生替代作用，从而使处于劣势地位的专业群个体面临着被淘汰的危险。故而，当专业群个体之间的竞争程度过于激烈时，不利于专业群个体之间协同进化的实现。反之，当高职专业群生态系统内不同专业群个体之间没有竞争时，专业群个体之间相互作用达成的可能性就较低，在高职专业群生态系统的动态演化过程中，很难实现中观层面专业群个体间的协同进化。因此，只有当两个专业群个体之间的竞争程度比较适切时，才能保障高职专业群生态系统内专业群个体间的协同进化，但在具体的实践过程中，专业群个体之间竞争程度并非总是处于一个较为适切的竞争系数。

专业群个体之间竞争程度的不适切性主要是由于专业群个体间组织生态位的差异性和专业群个体最初资源禀赋的差异性，并且这种差异性的存在会随着专业群个体之间的"马太效应"而不断加深。基于特色优势专业形成的专业群

可依据"热度"和"关联度"形成不同的专业群类型，在一个高职专业群生态系统内存在优势特色专业群个体和非优势专业群个体，当专业群个体之间为了获得系统资源而展开竞争时，群内的特色优势专业群个体将处于优势地位，从而对系统内非优势专业群个体产生排挤。高职院校的特色优势专业群个体大多是本校特色优势专业个体经过辐射带动和优化重组形成的，是专业个体基于知识生产逻辑向复合型技术技能人才培养目标迈进的过程。在特色优势专业不断发展进化的过程中，将逐渐形成高职院校的优势特色专业群。

优势特色专业群个体作为专业群生态系统内的"关键少数"，对专业群个体间竞争程度大小起着举足轻重的影响。高职专业群生态系统内部优势特色专业群个体的形成有两条基本路径：一是专业群个体基于前期资源禀赋的自我生长进化；二是以制度设计为依托的短期人为设计路线。第一条形成路径的逻辑前提是专业群个体的自我进化、自我适应和自我修复，第二条路径以人为进行制度设计为逻辑前提。在第二条高职优势特色专业群个体形成路径中，进一步增加了人为的因素，使得专业群个体之间的资源配置存在一定的倾向性，专业群个体资源获得的多少不取决于二者正常竞争的结果，而是根据优势特色专业的制度设计配置各类资源。此类优势特色专业群个体的设计路线不利于系统内专业群个体间适切竞争程度的实现，也很难实现专业群个体之间的协同进化。

高职专业群生态系统内不同专业群个体之间由于初始资源禀赋和设置时间的差异性，使得系统内不同专业群个体之间的资源吸附能力存在巨大差异。专业群个体之间的固有差异性，将使得专业群生态系统内专业群在经过一定时期的竞争之后进一步标签化。差异化的竞争将导致高职专业群生态系统内的专业群个体分化成优势专业群个体、特色专业群个体、弱势专业群个体等类型，甚至在优势专业群个体内部进一步分化成国家级、省级、校级等不同级别的专业群个体。在高职专业群生态系统内部，优势特色专业群将通过专业群内的"聚变"和"裂变"，在专业群纵深方向上不断分化，在专业群广延方向上愈来愈综合，形成多样性的高职专业群生态系统。在专业群生态系统内部，专业群个体在自我的生长进化过程中将与周围的各专业群之间形成相互作用的机制，这种相互作用表现最明显的就是专业群与专业群之间的竞争与合作。在同一所高职院校内部，会存在着不同的专业群个体，不同的专业群个体为了争夺有限的资源，取得专业群生态系统内的主导和支配地位将展开激烈的竞争，从而形成不同时空下专业群生态系统内部的强势专业群和弱势专业群，使得系统内部的专业群个体标签化。

新专业群的产生会加剧专业群生态系统内部的竞争，但也为不同专业群的交叉与融合提供了潜在的可能性。高职专业群生态系统内部不同的专业群之间为取得主导和支配地位也存在着广泛的竞争现象，竞争的激烈程度也许会随着环境和条件的不同而或强或弱，① 但只要专业群生态系统的运转不停止，专业群之间的竞争将不会消失。竞争是事物矛盾运动斗争性的表现与反映，专业群之间不受调节的竞争也将产生强者愈强弱者愈弱的"马太效应"。竞争的存在有利于进一步增强高职专业群生态系统的活力，但是对这种竞争如果不加以科学的引导将导致恶性竞争。因此，在专业群进化过程中，应对这类竞争关系予以科学引导，实现良性的竞争。无论是复杂的专业群系统，抑或是简单的专业群系统，系统内的部分专业群之间在进化过程中总会存在协调、联接、同步与合作的行为。正所谓"声律相协而八音生"，这些行为的存在使得系统可以发挥其最大的协同效应。良性竞争是专业群个体间协同进化的基本保障，良性竞争关系规约下二者之间既相互制约又相互促进，使高职专业群生态系统形成生机盎然的有序结构。

三、外部系统变化是专业群之间合作的催化剂

高职专业群生态系统内专业群个体间的良性竞争关系为二者之间实现协同进化提供了可能性。专业群生态系统内部的专业群个体之间除了广泛的竞争之外，在一个适切的竞争系数下将有可能实现专业群个体之间的广泛合作。其中，能够实现协同进化的主体，基于专业群生态系统对接产业链和岗位群的现实诉求进行相互合作，以达到彼此优势互补的效果。例如，随着互联网技术的发展，产业链和岗位群对技术技能型人才的需求也更加复杂化，复合型技术技能人才成为用人单位人才选拔的重要导向之一。为了应对人才需求市场的变化和产业升级的现实诉求，专业群之间也会存在广泛的合作。专业群与专业群之间的激烈竞争使得系统保持不断动态演化的活力与动力，而专业群与专业群之间的广泛合作将使得专业群生态系统发挥系统整体的协同效应，不断提升专业群生态系统的适应力，从而使得高职专业群生态系统获得可持续的发展演化。

---

① ［日］河本英夫. 第三代系统论：自生系统论［M］. 郭连右，译. 北京：中央编译出版社，2016：28.

外部环境系统的发展变化将为专业群生态系统内不同专业群个体之间的合作创造新的契机，是专业群个体间合作实现的重要催化剂。在外部环境系统与高职专业群生态系统相互作用的过程中，政府、行业企业和同区域的各类各层次院校等外部主体将对专业群生态系统的协同进化产生不同程度影响。如国家和地方政府关于职业教育发展的各类政策法规将直接影响高职专业群生态系统各类资源的配置和专业群的发展方向；行业企业等人才市场需求方基于技术技能变迁而变化的人才需求，也会影响高职专业群人才培养方向的选择；专业群系统所在高职院校与同区域的中职院校、高职院校以及地方本科院校也会存在十分广泛的交往，这类交往将进一步促进高职专业群生态系统的动态演化和同区域职业教育社会服务能力的提升。外部环境系统中，政策系统、产业系统、院校系统和社会系统等任何一子系统发生变化时，都将为专业群个体间的合作创造新的契机。

政策系统对专业群生态系统的协同进化起着直接引导作用，当政策系统发生变化，或者颁布新的政策时，将影响专业群个体之间的关系，为二者的合作创造相应政策背景。例如，关于发展现代教育体系相关文件中所提出的经济社会重点领域，都将对专业群内组群专业的选择起到很强的导向作用。围绕政策规划提出的重点领域，相关产业链和岗位群的专业群间将存在合作的可能性，以政策文件为依据在各种具体的能量、物质、信息条件下的可能性空间中展开合作，实现中观层面专业群个体间的协同进化和高职专业群生态系统整体的协同进化。

外部产业系统的变迁对高职专业群生态系统的协同进化会产生重要影响，专业群个体之间协同进化的实现需要其在相互作用的过程中保持对外部环境的敏感性，以不断提升其对外部环境系统的适应性。高职专业群生态系统内部的结构层次主要由专业群个体、专业群种群和专业群群落等不同的层次构成，除了专业群内部的协同进化之外，专业群系统与外部环境系统也存在着十分广泛的相互作用。高等职业教育的跨界性及其与生产实践联系的紧密性，使得高职专业群生态系统与外部环境系统存在形式多样的交往活动，也使得专业群生态系统对外部技术环境的变化保持着较高的敏感性。作为复杂自组织适应系统的高职专业群生态系统需要从外部环境系统中源源不断地获取自身发展所需要的软件资源和硬件资源等多种多样的系统资源。在向外部环境系统获取各类资源的同时，专业群生态系统也会向外部环境系统输出多规格的技术技能型人才、技术专利和技术改进的成果等系统绩效。在专业群系统与产业系统的有效互动和高水平耦合中实现高职专业群生态系统的"吐故纳新"和整体协同进化。

产业系统的变迁受到技术变迁的影响，技术的进步也会影响专业群的调整或催生新的专业群个体。产业系统中的技术存在着复杂的动态循环过程，即在发现老问题的过程中不断采用新技术，相关新技术在生产实践中的运用将会引起新的问题，这些新问题的解决又需要更新技术的运用。[①] 在互联网技术日新月异的今天，技术的变迁与升级对高职专业群生态系统的协同进化将产生重要影响。不同的专业群之间为了应对产业环境的变化和对接全产业链人才发展的需求会进行动态调适和广泛合作。例如，在高等职业院校实践过程中，专业群、产业学院的组建为专业群间的合作提供了平台保障，也进一步提升了专业群生态系统对外部环境系统的适应性。外部环境系统中产业系统的变迁，特别是技术的升级改造为专业群生态系统内不同专业群之间的合作创造了新的机会，是专业群个体之间实现合作的重要催化剂。

同时，外部环境系统的知识更新、技术的迭代升级和各类偶发事件会影响专业群的进化方向，也会催生专业群生态系统内不同专业群个体间的多元合作。例如，受新冠疫情的影响，护理类和医药类的高职专业群个体将可能在现实社会需求的驱使下，进行动态的调整与变迁，这一调整和变迁将为医疗卫生产业链相关专业群个体的进一步合作提供契机。总之，高职专业群生态系统内专业群之间除了存在竞争现象外，也存在着广泛的合作现象，专业群间通过相互合作适应外部环境系统的变化，通过不同专业群个体间的合作，两者之间将能够发挥各自的比较优势，使得专业群个体间保持较为稳定的协同进化关系，进而实现中观层面专业群个体间的协同进化和专业群生态系统整体的协同进化与动态平衡。

本 章 小 结

本章基于生态学种间关系的基本原理和高职专业群生态系统的实践样态，将高职专业群生态系统内专业群之间的协同进化关系梳理为共生性协同进化、偏利性协同进化、竞争性协同进化3类主要协同进化类型。这3种主要类型根

---

① ［美］布莱恩·阿瑟. 技术的本质：技术是什么，它是如何进化的［M］. 曹东溟，王健，译. 杭州：浙江人民出版社，2018：5.

据竞争程度的不同又可细分为共生性协同进化、正偏利性协同进化、负偏利性协同进化、制约性协同进化、替代性协同进化 5 种子类型。

为进一步深入分析高职专业群生态系统内专业群间协同进化的不同类型在时间维度的演化趋势和主要规律，本书借助系统动力学的方法与 Lotka – Volterra 种间竞争模型。通过 Vensim PLE 7.3.5 软件，对关键变量之间的关系进行仿真模拟发现：当专业群个体之间的竞争程度比较缓和时，随着时间的推移和系统对外界资源的不断摄入，高职专业群生态系统内专业群的数量、系统的整体绩效将呈现上升的趋势，并且专业群生态系统内专业群数量的增长趋势和专业群生态系统内整体绩效的变化趋势呈现较为一致的演化趋势。当专业群之间的竞争程度较为激烈时，随着竞争系数的不断增大，高职专业群生态系统内专业群数量的变化和系统整体绩效的输出将出现明显波动。因此，只有在一个适切的群间竞争系数之下，专业群生态系统内专业群个体之间才能实现良性的协同进化。高职专业群生态系统在协同进化过程中体现出资源争夺是专业群间相互作用的关键驱动、良性竞争是专业群间协同进化的基本保障和外部系统变化是专业群之间合作的催化剂等协同进化机理。

## 第 五 章

宏观层面：高职专业群系统与外部环境系统协同进化

　　高等职业教育的跨界性决定了专业群系统与外部环境系统之间联系的紧密性与多样性。高职专业群系统需要从外部环境系统中获得自身发展所需的硬件资源和软件资源等各类资源，同时又向外部环境系统输出各类技术技能人才、技术专利、社会培训等系统绩效产出。高职专业群系统将与外部环境系统中的各级政府、行业企业、各级各类院校、社会公众等[①]不同的主体展开相互作用、相互影响，一起构成完整的专业群生态系统。在高职专业群生态系统中，由于教育是培养人的社会活动，在这个过程中，人的受教育需求和社会对教育系统培养的各类人才的需求是教育生态系统的重要驱动力之一。高职专业群生态系统摄入外部环境系统的场地、设备、资金等要素，通过教育生产者的吸收与加工，经过一定的培养周期，培养出适合人才市场需求的多规格和多层次的人才队伍，以供给专业群系统众多的教育消费者，在整体上形成一个复杂的自适应系统。

　　外部环境系统中的各级政府通过各类政策体系影响专业群系统的进化方向，保障专业群系统所需的财力资源、物力资源、人力资源等各类资源的供给；专业群生态系统中的行业企业主体以产业链和岗位群为载体影响高职专业群系统中专业的设置；专业群生态系统中同区域各级各类院校通过校际交往实现同区域中职院校、高职院校和本科院校之间的协同发展；专业群生态系统中的社会公众主体通过生源供给和口碑评价等方式影响高职专业群系统的可持续发展，如图 5-1 所示。

---

① 朱德全，徐小容. 高等教育质量治理主体的权责：明晰与协调 [J]. 教育研究，2016，37（7）：74-82.

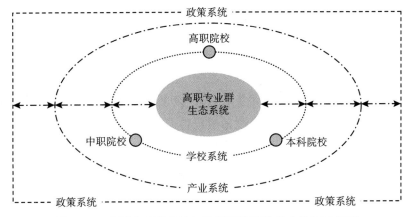

图 5 – 1　高职专业群系统与外部环境系统各主体相互作用

　　根据调研案例的分析，本书中将选取政策系统、产业系统、学校系统等对高职专业群系统协同进化影响最显著的典型外部主体进行深度剖析，以探析高职专业群系统与外部环境系统之间的协同进化过程。其中，政策系统对专业群系统的协同进化更多会起到引导作用，专业群系统与产业系统存在着广泛的互动关系，同区域院校系统与专业群系统之间通过竞合作用实现协同共生。

第一节　高职专业群系统与政策系统的协同进化

　　高等职业教育作为一类准公共产品，其提供与有效运转将受到政府政策的影响。公共产品的治理需要一系列公共政策的保障，公共政策是特定的行动者为了解决某一相关问题或事务而采取的比较稳定的有目的的行动[①]。高等职业院校的运转将受到一系列公共政策的影响，高职专业群系统的发展进化也将受到一系列教育政策的制约与影响。高等职业教育专业群建设，在不同的历史时期有不同的政策关注点。为厘清不同时期高职专业群生态系统的协同进化与政策系统注意力配置演化的关系，本书将运用政策网络分析理论和社会网络分析软件 Ucinet 6，对不同时期关于高职专业群建设的相关政策文件进行文本分析，以厘清高等职业教育专业群系统与政策系统的协同演进历程。

---

　　① ［美］詹姆斯·E. 安德森. 公共政策制定（第 5 版）［M］. 谢明，等译. 北京：中国人民大学出版社，2009：3.

一、专业群系统与政策系统协同模型构建

教育政策是公共政策的基本类型之一，是政府和教育管理部门依据一定时期内的教育目标和方针，通过对多元主体关系及利益的综合考量而制定的行为规范与准则，具有目的性、系统性和规范性等特征。[①] 从其本质来看，教育政策是对资源的配置过程，是一种价值选择过程，是一种权利运转的政治过程，也是一种政治系统的输出结果。[②] 相较于经济政策、土地政策等类型政策，教育政策具有其独特性，首先体现在政策对象方面，即教育活动和人的特殊性。教育活动的根本目的是培养人，因此，教育政策的制定与实施也是为了促进人的发展；教育政策目标在实践中的模糊性与多重性，使得教育政策效果较难评估；教育政策背后的复杂利益结构增加了政策制定与实施的复杂性；教育政策领域的参与者多，权力较为分散；教育政策面临外部要求与教育规律之间的冲突与张力；教育政策受关注度高，政策的制定面临较大的舆论监督与压力。

根据系统论的观点，系统是一个由相互联系的各要素构成的有机整体，政策系统主要包括政策主体子系统、政策对象子系统、政策资源子系统和政策保障等子系统，各子系统相互交融、相互作用，共同形成系统完整的政策体系。从政策制定与实施过程来看，教育政策系统具有层次性，一项教育政策一般由政策触发机制、政策目标、政策制定者、政策执行者、政策评估者、政策目标群体、政策工具、政策保障条件等要素组成。在教育政策系统中，各要素在特定的时间与空间上的组合方式、排列顺序、较为稳定的互动方式等将形成政策系统的结构，教育政策系统的结构将影响教育政策基本功能的充分发挥。教育政策系统结构主要包括纵向结构和横向结构，其纵向结构主要表现为教育政策的等级关系和层次水平，按照政策颁布的力度及其产生作用的范围，其纵向结构主要包括国家级政策、省级政策、市级政策和地方基本政策等不同类型。教育政策系统的横向结构则主要是指教育政策系统中处在相同层次或等级的不同要素之间相互影响和相互作用的关系，其横向结构既包括教育领域政策与经济社会领域政策、公共卫生领域政策等多元政策体系横向层面的基本关系，也包括教育政策系统内部同层次各个要素之间的横向结构。

---

① 孙绵涛. 教育政策学［M］. 北京：中国人民大学出版社，2010：22.
② 陈学飞等. 教育政策研究基础［M］. 北京：人民教育出版社，2011：60.

高职专业群系统与政策系统协同演化的过程可基于对政策演化过程的分析，通过分析不同阶段高职专业群建设的政策主题与政策注意力的变化，探析政策系统与高职专业群系统的协同演化过程。高职专业群系统与政策系统的协同作用过程是一个复杂的、动态的过程，为更加科学地刻画、描述与解释这一复杂过程，本书将根据注意力配置理论和政策网络分析理论的原理，设计本书的理论模型。政策网络是由一系列组织或者群组由于资源的相互依赖而联系在一起的联合体。[①] 政策网络一般具有政策主体彼此作用、相互依赖，政策活动过程动态作用，政策活动受制度的制约等特征。[②] 在政策网络内部，通过比较网络内不同主体之间资源依赖和相互作用资格等属性的不同，可以将政策网络进一步划分为政府间的政策网络、专业型政策网络、生产者网络、政策社群网络、议题网络等多元的政策网络子类型。政策网络形成的主要原因是各政策主体之间权力协调、信息扩展、利益共享、资源共用等目的。[③] 为了满足上述需要，积极应对政策网络外部环境变化，政策网络边界将处于动态的变迁过程中。

在政策网络的变迁过程中体现的是一种政策注意力变化过程，西蒙（Simon）认为，公共政策得到注意力是政策的制定者在政策制定过程中通过选择性地注意某类信息，同时也会选择性地放弃对其中部分信息关注的相关过程。[④] 政策注意力的稀缺性使得在政策制定过程中存在有限理性的局限，现有研究表明，注意力的认知强度可以通过文字的使用频率进行表征。政策文件中相关文字表述出现的次数在一定程度上反映了政策制定者对政策触发机制所关注问题的认识程度和对问题背后相关事件的重视程度。政策注意力的刻画，一般从政策注意力指向和政策注意力强度两个维度进行分析。因此，政策注意力强度的刻画可以运用不同时期高职专业群相关的政策文本数量进行测量，政策注意力指向则可以运用高职专业群相关政策文本的内容主题和关键词词频等进行测量。

综上所述，本书在分析高职专业群系统与政策系统协同互动的过程主要按

① Benson，K. J. A framework for policy analysis：Theory research and implementation［M］. IA：Iowa State University Press，1982：137 – 176.

② 朱亚鹏. 政策网络分析：发展脉络与理论构建［J］. 中山大学学报（社会科学版），2008（5）：192 – 199 + 216.

③ Weible C M，Sabatier P A. Comparing Policy Networks：Marine Protected Areas in California［J］. 2005，33（2）：181 – 201.

④ H. A. Simon. Administrative Behavior：A Study of Decision – Making Processes in Administrative Organizations［M］. New York：Macmillan，1947：30 – 35.

照以下程序进行：（1）建立政策系统文件库，以国务院、教育部等官方网站以及法律信息相关网站等政策文本检索平台为政策文件来源，全面收集关于高职专业（群）建设的规划、意见、办法、通知、纪要等政策文本，形成政策系统文件库；（2）对政策文件库中的文件进行全面的初步整理分析，结合职业教育的发展阶段，梳理高职专业群政策相关文件的演化阶段；（3）在阶段划分的基础上，对每一阶段的政策文件运用NVivo软件进行编码，形成每个阶段政策文件节点库；（4）根据关键词编码的结果，形成每一阶段的共词矩阵，通过社会网络分析软件对共词矩阵进行可视化分析，分析高职专业群建设政策网络的主题内容聚焦与演化、政策颁布主体等特征；（5）结合政策文件类型和政策力度的得分标准，根据政策力度测算每一阶段的政策力度与平均力度；（6）基于政策系统与高职专业群系统协同进化过程中各阶段的具体特征，总结提炼高职专业群系统与政策系统的协同进化机理。

二、专业群系统与政策系统演化实证分析

政策系统中关于高等职业教育专业（群）建设的文件主要以方案、办法、通知、意见、规划、纪要等形式出现。我国高等职业教育是随着改革开放大潮而兴起的，因此，本书在检索相关政策文件时将政策文件的发布时间选择为：1980~2020年，通过教育部官方网站、《中国教育年鉴》、北大法律信息网数据库等途径，共检索到关于高等职业教育专业（群）建设的相关文件49份，根据文件内容剔除各类名单通知文件，得到与高等职业教育专业（群）建设最相关的政策文件共44份，相关文件的发布情况如图5-2所示。

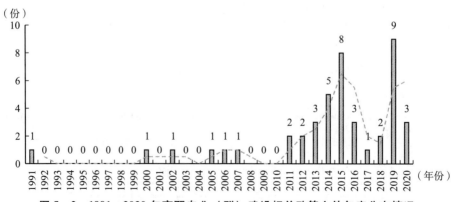

图5-2 1991~2020年高职专业（群）建设相关政策文件年度分布情况

从相关政策文件的分布可以发现，以 1991 年国务院关于大力发展职业教育的政策文件为起点，尤其进入 21 世纪以后，大体上每年都有相应的政策文件发布，其中 2014 年、2015 年和 2019 年是相关政策文件发布比较密集的时期。随着时间的推移，高等职业教育专业（群）建设愈来愈受到政策颁布主体的重视。

政策网络理论认为，政策网络是由一系列的组织或者群组由于资源的相互依赖而结合在一起的联合体。高职专业群系统与政策系统的协同作用过程是一个复杂的、动态的过程，主要体现在各类政策体系对专业群系统协同进化方向的引导作用。为更加科学地刻画、描述与解释这一复杂过程，本书将选取政策颁布主体情况、政策力度与平均力度情况、政策文件主题内容的变化三个方面进行具体分析，以深度洞悉高职专业群系统与政策系统的协同演化过程。

（一）政策颁布主体网络结构

政策系统中的政策颁布主体是由一系列拥有不同程度共识，并在同一环境或问题规约下相互依赖的主体所组成。基于对政策颁布主体网络结构及其变化的分析，可以建立起宏观环境与各类组织的联系。根据对筛选到的高等职业教育专业（群）建设相关政策文件的分析，本书构建了 23 × 23 的政策颁布主体共现矩阵，运用社会网络分析软件 Ucinet 6 进行可视化分析，即可以得到高等职业教育专业（群）建设政策颁布主体的社会网络图谱，见图 5－3。

从政策颁布主体的覆盖面来看，颁发或联合颁发高等职业教育专业（群）建设相关文件的政策颁布主体共有教育部、财政部、国务院、国家民委、国家发改委、国家旅游局、工业和信息化部、国务院办公厅、共青团、国家税务总局等 23 个政策颁布主体。

从政策颁布主体之间的合作网络来看，通过分析政策颁布主体社会网络图谱的整体网络关系规模与密度、网络关系连接数量、网络整体凝聚程度等指标可以发现：在所有的政策颁布主体中，教育部在所有高等职业教育专业（群）建设相关政策颁布主体中居于核心地位，共发布相关政策文件 37 份，占全部相关政策文件的 84.09%。同时，教育部与其不同职能部门开展了广泛的合作，共同出台特定领域的政策文件。如为了促进民族地区高等职业教育的发展，优化民族地区高职院校的专业群建设，教育部与国家民委等部门展开合作，联合发布相关政策文件；又如，为了促进邮政、旅游、交通、农业等行业的发展，教育部联合国家邮政局、国家旅游局、交通运输部、农业部等部门出台相关领域政策文件，促进相关领域内高等职业教育专业（群）建设。因此，从政策合作网络来看，政策颁布主体的合作网络、合作频次都呈现增大趋势，为不同政策颁布主体间协调合作，共同促进高职专业群系统协同进化奠定了基础。

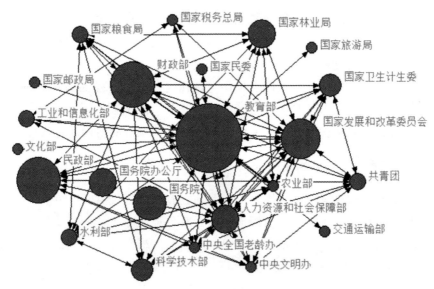

图 5 – 3　高职专业（群）建设政策发文机构社会网络图谱

（二）政策力度和政策平均力度的变化情况

政策系统中政策力度和政策平均力度的变化，能够描述政策具体实施过程中的相应效力特征。相较于政策颁布主体结构特征的时间演化与客观分布情况，政策力度和政策平均力度更能够反映政策效力和影响力的大小。根据政策注意力配置理论，由于政策颁布主体的有限认知理性和整体资源的有限性，要求各主体必须对政策注意力进行科学分配，才能调和有限理性带来的矛盾。通过政策力度和政策平均力度的变化能够较为清晰地反映这一过程。根据《立法法》关于政策法律效力级别的规定以及现有相关研究对政策级别的界定，[①] 形成本书政策力度得分的相应测算标准，如表 5 – 1 所示。

---

① 张慧，查强. 改革开放四十年我国职业教育政策的演进及特征——基于混合方法的研究 ［J］. 高等工程教育研究，2019（4）：165 – 171 + 181.

表 5 - 1 政策力度测算的相应得分标准

发文机构	文件形式	得分值
全国人大及其常务委员会	法律	5
国务院	国务院颁发的决定、通知、方案、规定、意见、条例、办法、指令等行政法规	4
各部委	各部委颁发的条例、指示、命令、决定、规定等部委规章	3
各部委	各部委颁发的方案、意见、办法、条件、指南、细则等部委规范性文件	2
各部委	各部委颁发的公告、通知、团体规定、批复等部委工作文件	1

根据政策力度的测算标准，即可以求得不同年度的政策力度和政策平均力度。设政策总力度为 T_i，政策平均力度为 AT_i，单个政策的政策力度为 X_i，则年度政策总力度与年度政策平均力度的测算公式可表示为：

$$政策总力度\ T_i = \sum_{j=1}^{N} X_j \quad i = (1991,\ 1992,\ \cdots,\ 2020) \quad (5-1)$$

$$政策平均力度为\ AT_i = \sum_{j=1}^{N} X_j / N \quad i = (1991,\ 1992,\ \cdots,\ 2020) \quad (5-2)$$

在式（5-1）、式（5-2）中，$T_i = \sum_{j=1}^{N} X_j$ 即为第 i 年相关政策文件的年度政策力度总和，AT_i 为 i 年相关政策文件的年度政策力度的平均值。根据政策力度的计算公式，对政策文件库中关于高等职业教育专业（群）建设最相关的政策文件进行相应测算，即可以得到我国高职专业（群）建设相关政策文件的政策总力度和政策平均力度的年度分布情况，如图 5-4 所示。

从图 5-4 中可以看出，在 2000 年以前，政策力度和政策平均力度都处于低位平稳演化的状态；自 2000 以后，尤其是 2002 年职业教育大会后，国务院发布了大力发展职业教育的相关政策文件，高职专业（群）建设相关政策文件的政策平均力度出现了明显的上升与波动。2005 年国务院再次颁发大力发展职业教育的决定，高职专业（群）建设相关政策文件的平均力度出现了波动上升，此后处于较为平稳的状态。高职专业（群）建设相关政策文件的总力度则是在 2010 年后出现了明显的上升情况，尤其以 2014 年和 2019 年等年份变化最为明显。这一时期除了国务院颁发的大力发展职业教育的相关决定和中国特色现代职业教育体系建设规划外，也发布了"职教二十条""双高计划"建设意见、双高计划绩效评价管理办法等重要政策文件，进一步聚焦高等职业教育专业群建设，注重高等职业教育的内涵式发展和发挥特色优质高职院校的示范引领作用。

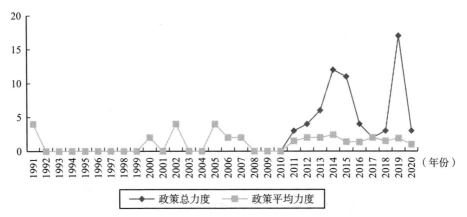

图 5 - 4　1991～2020 年政策总力度和政策平均力度的变化情况

（三）政策内容主题的聚焦与演化

高等职业教育专业（群）建设相关政策文件颁布主体和政策效力能够反映不同政策颁布主体之间的合作网络和政策文件的具体等级与政策力度。政策注意力配置的变迁则可以通过政策主体的演变进行分析。为更科学地分析高职专业群相关政策文件政策主题的变化，本书将相关政策文件整理为可视化分析软件可以识别的形式。首先通过文本分析软件 picdata 得到政策文件的关键词热词图谱，然后根据热词图谱，运用 NVivo 软件对高职专业（群）建设相关政策文件进行编码，形成每个阶段政策文件关键词（节点）库，基于对政策文件关键词热词图谱和核心关键词节点库的分析，即可得出高等职业教育专业（群）建设相关政策文件内容的聚焦和演化情况。

首先，从高等职业教育专业（群）建设相关政策文件的聚焦主题来看，通过对相关政策文件热词词谱（见图 5 - 5）和核心关键词库（见表 5 - 2）的分析，可以发现，1991～2020 年高等职业教育专业（群）建设相关政策文件主要聚焦于专业（群）建设过程中的教学模式优化、人才培养质量提升、各类资源优化配置、师资队伍建设与培训、信息化与数字校园建设、办学水平提升、教学制度标准制定、组织模式变革、校企合作与产教融合、招生就业政策完善、资源库建设、教材建设、学徒制试点、职业教育精准扶贫、职业教育国际化等领域。

图 5-5　高职专业群建设相关政策文件热词图谱

其次，从政策内容看，为了规范高等职业教育的专业设置，教育部在 2000 年将制定高职高专专业设置指南作为当年的工作要点之一，并在 2003 年成立了高等职业院校指导性目录课题组。2004 年 6 月，教育部发布了高等职业院校专业设置的具体管理办法，并于当年 10 月发布了高等职业院校的指导性专业分类目录。2004 年版的指导性专业目录共设置了 19 个专业大类，近 80 个专业类，同时为了进一步体现高等职业教育的职业性特征，将管理相关的专业分别归并到 19 个专业大类之下，最终形成具体专业 500 多个。在 2004 年版的高等职业院校指导性专业目录发布 11 年后，教育部又于 2015 年发布了新版的高职院校专业分类目录，2015 年版专业分类目录依旧保持 2004 年指导性专业目录的 19 个专业大类，但专业类增加到近 100 个，专业也从之前的 500 多个增加到 700 多个，此外也设置了相关的专业方向。同时，为了使专业建设能够较好地服务经济社会发展，教育部根据产业环境的变化对专业目录进行了相应的调整。因此，教育部等各类政策颁布主体作为高等职业教育专业（群）建设相关政策的重要颁布主体，围绕高职专业（群）建设过程中的各要素和各环节出台了一系列政策文件，对高职专业群系统的协同进化将起到很强的引导作用，在其协同进化过程中扮演着十分重要的外部主体角色。

表 5-2　　　　　　　高职专业群建设政策文件热词词频与权重

关键词	词频	权重	关键词	词频	权重	关键词	词频	权重
职业教育	1875	5.22	校企	282	3.91	队伍	152	3.49
建设	1571	5.10	设备	278	3.90	领域	152	3.49
教学	1408	5.03	资源库	276	3.90	人力	144	3.45
技术	1284	4.96	政策	274	3.89	强化	143	3.44
专业	1275	4.96	需求	267	3.88	深化	141	3.44
院校	1236	4.94	就业	265	3.87	岗位	139	3.43
人才	1015	4.80	环境	264	3.87	毕业生	138	3.42
职业院校	1002	4.79	机构	256	3.85	生产	137	3.42
培养	963	4.76	融合	251	3.83	经济	137	3.42
资源	880	4.70	设计	246	3.82	创业	136	3.41
教师	703	4.54	信息技术	245	3.82	学徒	136	3.41
培训	683	4.52	文化	245	3.82	协调	132	3.39
技能	650	4.49	结构	239	3.80	支撑	130	3.38
信息化	628	4.47	仿真	233	3.78	联合	125	3.35
学生	590	4.42	特色	230	3.77	绩效	119	3.32
数字	562	4.39	开发	229	3.77	数字化	119	3.32
改革	559	4.39	网络安全	226	3.76	育人	118	3.31
行业	547	4.37	实践	226	3.76	虚拟	118	3.31
校园	524	4.34	交通	214	3.72	战略	117	3.31
项目	514	4.33	共享	211	3.71	协同	116	3.30
实训	513	4.33	试点	209	3.71	素质	114	3.29
创新	508	4.32	教材	209	3.71	核心	114	3.29
合作	460	4.25	制造业	209	3.71	财政	112	3.28
办学	439	4.22	招生	209	3.71	本科	112	3.28
质量	419	4.19	统筹	207	3.70	精神	107	3.25
制度	405	4.16	经费	206	3.70	旅游	106	3.24
产业	396	4.15	省级	199	3.67	国际	105	3.23

续表

关键词	词频	权重	关键词	词频	权重	关键词	词频	权重
数字校园	387	4.13	资金	198	3.67	农业	104	3.23
标准	378	4.12	民族	194	3.66	知识	104	3.23
组织	371	4.10	健全	188	3.63	改进	103	3.22
评价	363	4.09	基地	182	3.61	导向	101	3.21
规划	362	4.09	任务	173	3.58	升级	101	3.21
学习	358	4.08	行政部门	171	3.57	体制	101	3.21
课程	344	4.05	农村	167	3.55	高水平	99	3.19
实习	325	4.01	探索	165	3.54	专项	99	3.19
规范	315	3.99	运行	162	3.53	开放	99	3.19
数据	306	3.97	引导	161	3.53	制造	99	3.19
模式	295	3.94	工程	161	3.53	教室	98	3.19
政府	291	3.93	考核	157	3.51	科研	97	3.18
保障	285	3.92	家政	153	3.49	衔接	97	3.18

最后，从高职专业（群）建设相关政策文件的演化阶段来看，政策系统文件库中关于高职专业（群）建设的规划、意见、办法、通知、纪要等政策文本，按照文本分析的原理和相应统计软件的分析结果，较为清晰地反映高职专业（群）建设相关政策文件的政策注意力配置与核心议题，以达到"一图览春秋，一览无余；一图胜万言，一目了然"[①]的分析效果。本书中，基于对高等职业教育专业（群）建设全部相关政策文件的分析，得出我国高职专业（群）建设相关政策的主要聚焦领域与主题。对于相关政策文件变迁和演化趋势的分析则需要根据不同阶段的政策文件，对不同阶段的文件进行可视化分析，以深入分析高职专业（群）建设相关政策时间维度的变迁情况。根据对政策系统文件库中的规划、意见、办法、通知、纪要等政策文本内容的分析，并且结合职业教育发展的特定经济社会背景，可以将我国高等职业教育专业（群）建设相关政策文件的演化历程划分为初步探索阶段、重点提升阶段、全面推进阶段等不同的演化阶段，如表5-3所示。

---

① 宋亚峰. 改革开放40年民族教育政策研究热点及前沿分析［J］. 北方民族大学学报（哲学社会科学版），2019（3）：159-165.

表5-3　　　　　　三阶段高职专业群建设政策文件热词词频与权重

初步探索阶段			重点提升阶段			全面推进阶段		
关键词	词频	权重	关键词	词频	权重	关键词	词频	权重
职业教育	573	4.40	职业教育	1011	4.80	职业教育	707	4.55
建设	347	4.06	建设	778	4.62	教学	503	4.31
专业	282	3.91	院校	768	4.61	建设	446	4.23
职业学校	224	3.75	教学	738	4.58	技术	407	4.17
技术	212	3.72	专业	674	4.52	网络	355	4.07
培训	177	3.59	技术	665	4.51	信息化	338	4.04
教学	167	3.55	人才	661	4.50	专业	319	4.00
培养	163	3.54	职业院校	654	4.49	数字	269	3.88
民族	151	3.48	培养	576	4.41	资源	265	3.87
改革	150	3.48	资源	535	4.36	教师	256	3.85
人才	148	3.47	技能	366	4.09	职业院校	241	3.80
农村	147	3.46	行业	362	4.09	培养	224	3.75
项目	142	3.44	教师	337	4.04	人才	206	3.70
教材	140	3.43	培训	327	4.02	数字校园	201	3.68
教师	110	3.26	校企合作	327	4.02	技能	197	3.67
学生	107	3.25	创新	313	3.99	培训	179	3.60
办学	106	3.24	学生	310	3.98	学生	173	3.58
行业	97	3.18	实训实习	298	3.95	实训	172	3.57
就业	94	3.16	改革	286	3.92	评价	163	3.54
质量	94	3.16	办学	271	3.89	家政	151	3.48
技能	87	3.10	资源库	258	3.85	项目	146	3.46
产业	87	3.10	制度	252	3.84	数据	141	3.44
制度	85	3.09	质量	244	3.81	规范	134	3.40
资源	80	3.05	项目	226	3.76	标准	128	3.37
规划	78	3.03	信息化	225	3.76	改革	123	3.34
组织	76	3.01	规划	207	3.70	创新	121	3.33
创新	74	2.99	课程	202	3.68	环境	120	3.32
政府	74	2.99	制造业	201	3.68	组织	119	3.32
农业	71	2.96	产业	197	3.67	模式	117	3.31
资金	71	2.96	标准	195	3.66	产业	112	3.28

1. 初步探索阶段（2013 年以前）：应对专业设置问题的小范围探索

我国的高等职业教育起步于 20 世纪 80 年代的短期职业大学，这些短期职业大学通常会收取一定的学费，学生需要走读上学且毕业后不包办分配工作。①此类短期职业大学是随着国民经济的恢复和发展，各地区为了解决地方建设人才严重缺乏的局面，在一部分经济发展水平比较高的中心城市，通过地方集资的方式兴办了一批专科层次的高等学校，其主要目的是培养地方急需的应用型人才。20 世纪 80 年代至 20 世纪末是我国高等职业教育的探索发展时期，经过一段时期的发展进入 21 世纪后，高等职业教育逐步发展成为我国高水平技术技能型人才的重要培养载体。结合高等职业教育的发展历程和政策系统中政策文本的主要聚焦内容，本书将高等职业教育诞生至 2013 年这一时期划分为高等职业教育专业（群）建设相关政策文件演化的初步探索时期。从这一阶段政策文件（见表 5 - 4）的主要内容可以发现，这一时期的政策文件主要聚焦于高等职业教育专业（群）建设过程中存在的问题，基于相应的问题出台相关的政策措施。

表 5 - 4　1991 ~ 2013 年初步探索阶段高职专业（群）建设的主要政策文件

发文机构	时间	文件名称
国务院	1991	《国务院关于大力发展职业技术教育的决定》
国家民委、教育部	2000	《关于加快少数民族和民族地区职业教育改革和发展的意见》
国务院	2002	《国务院关于大力推进职业教育改革与发展的决定》
国务院	2005	《国务院关于大力发展职业教育的决定》
教育部	2006	《教育部关于全面提高高等职业教育教学质量的若干意见》
教育部、财政部	2007	《国家示范性高等职业院校建设计划管理暂行办法》
教育部、财政部	2011	《教育部　财政部关于支持高等职业学校提升专业服务产业发展能力的通知》
教育部、国家发改委、科技部、财政部、人社部、水利部、农业部、国家林业局、国家粮食局	2011	《教育部等九部门关于加快发展面向农村的职业教育的意见》
教育部	2012	《教育部关于"十二五"职业教育教材建设若干意见》

① 郭扬. 中国高等职业教育史纲［M］. 北京：科学普及出版社，2010：68.

发文机构	时间	文件名称
教育部	2012	《教育部关于加快推进职业教育信息化发展的意见》
交通运输部、教育部	2013	《交通运输部教育部关于在职业院校交通运输类专业推行"双证书"制度的实施意见》
教育部、文化部、国家民委	2013	《教育部 文化部 国家民委关于推进职业院校民族文化传承与创新工作的意见》
教育部	2013	《教育部关于积极推进高等职业教育考试招生制度改革的指导意见》

初步探索阶段的政策聚焦点，可以基于初步探索期的政策文件库进行可视化分析，根据初步探索阶段高职专业群建设政策文件热词的词频分布情况（见表5-3）和基于热词权重的可视化图谱（见图5-6）可以发现：

图5-6 初步探索阶段高职专业群建设政策文件热词权重

政策系统中初步探索阶段的高职专业（群）建设相关政策文件主要聚焦于高等职业教育发展过程中，专业（群）建设面临的具体问题，为应对相应的问题出台相关的政策支持。相关政策文件最早可追溯至1985年5月发布的《中共中央关于教育体制改革的决定》对高等职业教育建设过程中存在的问题描述，文件指出职业教育的专业设置口径狭窄，在教学过程中过于重视理论知识，与生产实践相脱节问题严重。1991 年，国务院首份大力发展职业教育的决定指出，职业教育的专业设置与基本结构，在某一些领域和区域经济社会发展的现实需求之间结合不紧密，并在如何加强职业教育管理与发展部分对解决专业建设过程中存在的问题提出了相应的政策措施。2000 年，国家民委联合教育部发布的民族地区职业教育发展意见中针对民族地区职业教育的发展现状，指出民族地区各级各类职业院校的专业设置还不能够适应民族地区经济社会发展和经济建设需要，并进一步指出要根据民族地区的实际，加强专业结构的调整。2002 年，国务院颁发的第二份大力发展职业教育的决定文件中从增强院校的自主权，加强专业设置的灵活性，加强对经济社会发展的预测，提升专业调整的及时性等方面优化高等职业教育专业（群）建设。2005 年，国务院发布的第三份大力发展职业教育的决定中也指出，要推进品牌专业的建设，重视现代服务业领域和新兴产业领域的相关专业建设，合理调整专业结构，同时也要支持紧缺的技术技能型人才相关专业建设。

2006 年，国家关于不断提升高职教育教学质量相关的文件中对专业群建设提出了明确的规定，文件要求在高等职业院校发展过程中，要根据人才市场的需求科学合理设置专业，同时也要逐步建立以学校优势特色专业为核心，以其他相关相近专业为辅助的专业集群，加快专业建设与改革，更好地服务不同地区、不同领域经济社会发展诉求，2006 年颁发的相关文件也是在教育部官方文件中首次明确提到专业群建设。① 2011 ~ 2013 年，教育部又联合财政部等其他部门围绕专业（群）服务能力提升、教材建设、农村发展、文化传承、考试改革等领域以专业（群）建设为载体出台了多份相应的政策文件。

2. 重点提升阶段（2014 ~ 2018 年）：以体系建设为依托多领域重点提升

初步探索阶段各项政策文件基于相应的专业设置问题，围绕专业（群）社会服务能力的提升出台了相应的政策文件，为我国高等职业教育的发展提供了重要的政策保障。经过一段时期的探索，高等职业教育的发展进入了新的发展阶段，国务院、教育部等部门在 2014 年出台了多部政策文件关注高等职业教育专业（群）建设，尤其是国务院发布的第四份大力发展现代职业教育的决定和现代职业教育体系规划等政策文件的发布，为高等职业教育专业（群）建设

① 张栋科，闫广芬. 高职专业群建设：政策、框架与展望［J］. 职业技术教育，2017，38（28）：38 - 43.

提供了诸多政策机遇。因此，本书根据政策文件的聚焦内容和高等职业教育发展的历程，将2014～2018年这段时期划分为高等职业教育专业（群）建设相关政策文件的重点提升阶段。从这一阶段政策文件（见表5-5）的主要内容可以发现，这一时期的政策文件主要是以现代职业教育体系建设为依托的多领域重点提升。

表5-5　　　2014～2018年重点提升阶段高职专业（群）建设的主要政策文件

发文机构	时间	文件名称
国务院	2014年	《国务院关于加快发展现代职业教育的决定》
财政部、教育部	2014年	《财政部教育部关于建立完善以改革和绩效为导向的生均拨款制度加快发展现代高等职业教育的意见》
教育部、民政部、国家发展改革委、财政部、人力资源社会保障部、国家卫生计生委、中央文明办、共青团、中央全国老龄办	2014年	《教育部等九部门关于加快推进养老服务业人才培养的意见》
教育部	2014年	《教育部关于开展现代学徒制试点工作的意见》
教育部	2014年	《现代职业教育体系建设规划（2014～2020年)》
教育部	2015年	《教育部关于印发〈高等职业教育创新发展行动计划（2015～2018年)〉的通知》
教育部	2015年	《关于开展现代学徒制试点工作的通知》
国家邮政局、教育部	2015年	《国家邮政局教育部关于加快发展邮政行业职业教育的指导意见》
国家旅游局、教育部	2015年	《国家旅游局教育部关于印发〈加快发展现代旅游职业教育的指导意见〉的通知》
教育部	2015年	《教育部办公厅关于建立职业院校教学工作诊断与改进制度的通知》
教育部	2015年	《教育部关于深化职业教育教学改革全面提高人才培养质量的若干意见》
教育部	2015年	《教育部关于深入推进职业教育集团化办学意见》
教育部	2015年	《教育部关于发布〈职业院校数字校园建设规范〉的通知》
交通运输部、教育部	2016年	《交通运输部　教育部关于加快发展现代交通运输职业教育的若干意见》

续表

发文机构	时间	文件名称
教育部	2016 年	《教育部关于做好普通高职（专科）招生计划管理工作的通知》
教育部、人力资源社会保障部、工业和信息化部	2016 年	《教育部　人力资源社会保障部　工业和信息化部关于印发〈制造业人才发展规划指南〉的通知》
国务院办公厅	2017 年	《国务院办公厅关于深化产教融合的若干意见》
教育部办公厅	2018 年	《教育部办公厅关于做好职业教育专业教学资源库 2018 年度相关工作的通知》
教育部、国家发展改革委、工业和信息化部、财政部、人力资源社会保障部、国家税务总局	2018 年	《教育部等六部门关于印发〈职业学校校企合作促进办法〉的通知》

重点提升阶段的政策聚焦点，可以基于重点提升阶段的政策文件库进行可视化分析。根据重点提升阶段高职专业群建设政策文件热词的词频分布情况（见表 5 - 3）和基于热词权重的可视化图谱（见图 5 - 7）可以发现：

图 5 - 7　重点提升阶段高职专业群建设政策文件热词权重

重点提升时期的政策文件主要是以现代职业教育体系建设为依托，通过对职业教育专业建设不同领域的政策支持来促进高职专业群建设，进而不断提升高等职业教育的社会服务能力。重点提升阶段的政策文件以国务院 2014 年颁发的第四份大力发展现代职业教育的决定为起点，以现代职业教育体系的建设为依托提出了政策设想，并在政策文件的基本原则中明确提出"就业导向和服务需求"，强调专业的设置要与产业的需求相对接，不断提升青年的就业能力。同年发布的关于发展现代教育体系相关的文件中勾勒了我国现代职业教育体系建设的"四梁八柱"，并在相关规划文件中提出应根据产业结构的变化调整变更专业结构，科学设置专业、缩减供大于求的专业、淘汰过时的专业、办好优势专业，使高职专业群能够建立在区域产业链之上。同时也要进一步加大对现代服务业领域、现代农业领域、装备制造领域、新兴产业、民族工艺等领域专业群的支持力度，特别加强对"农林水地矿油核"等专业领域学生的资助力度。此外，也要进一步加快信息化、数字化专业课程体系建设。

2014 年，财政部联合教育部发布的完善生均拨款的相关政策文件也进一步明确了对艰苦行业专业的支持力度。同年，教育部等九部门关于养老服务行业技术技能人才培养的政策文件中，也对相关重点领域的人才培养提出政策指示。随后几年教育部又联合了国家邮政局、国家旅游局、交通运输部、农业部等部门发布了邮政行业、现代旅游业、交通运输业、制造业等行业对应的专业（群）的人才培养意见，并通过现代学徒制、校企合作、集团化办学、专业教学资源库建设、数字校园建设、招生考试改革等多种途径促进高等职业教育专业群建设。

相较于初步探索阶段的政策变迁特征，这一阶段政策的颁布主体进一步增多。除了教育部、财政部等部门外，民政部、共青团、国家发展改革委、中央全国老龄办、人社部、国家卫生计生委、中央文明办、工业和信息化部等多部门共同颁发了一系列政策文件，以现代职业教育体系建设为载体共同促进高等职业教育专业群建设和复合型技术技能人才的培养。

3. 全面推进阶段（2019 年至今）：以高水平专业群为载体的全面推进

全面推进阶段的政策聚焦点，相较于重点提升阶段以现代职业教育体系建设为依托的多领域重点提升特征，更加关注中国特色高水平院校和专业群建设。从 20 世纪 80 年代我国首批短期职业大学的产生，到高等职业教育逐步发展壮大，并在发展过程中主要经历了国家示范校、骨干校、优质校、双高校等不同的发展阶段。从高职院校的发展历程中可以看到，我国高等职业教育开始从重视量的增长逐步向注重质的提升转变，开始从数量规模的扩张向内涵特色建设转向。尤其是 2019 年"职教二十条"和"双高计划"建设意见的发布，标志着我国高等职业教育进入了"双高计划"建设时代，专业群建设成为我国高等职业教育专业结构整体优化和整体发展提质增效的重要策略选择，更加重视特色优质专业群和高职院校的示范引领作用，更加关注高等职业教育整体的提质增效，[①] 更加注重特色优质高等职业院校的示范引领与高等职业教育的提质增效。因此，本书基于相应政策文件的聚焦内容和高等职业教育发展的历程，将 2019 年《国家职业教育改革实施方案》（职教二十条）发布为起点至今这段时期划分为高等职业教育专业（群）建设相关政策文件演化的全面推进阶段。从这一阶段政策文件（见表 5 - 6）的主要内容可以发现，这一时期的政策文件主要关注以高职院校高水平专业群为载体的专业群建设全面推进。

表 5 - 6 2019 ~ 2020 年全面推进阶段高职专业（群）建设主要政策文件

发文机构	时间	文件名称
国务院	2019	《国务院关于印发国家职业教育改革实施方案的通知》
国务院办公厅	2019	《国务院办公厅关于促进家政服务业提质扩容的意见》
教育部、财政部	2019	《教育部财政部关于实施中国特色高水平高职学校和专业建设计划的意见》
教育部、财政部	2019	《教育部 财政部关于印发〈中国特色高水平高职学校和专业建设计划项目遴选管理办法〉的通知》
教育部	2019	《教育部关于职业院校专业人才培养方案制订与实施工作的指导意见》
教育部办公厅、财政部办公厅	2019	《教育部办公厅 财政部办公厅关于开展中国特色高水平高职学校和专业建设计划项目申报的通知》
教育部、财政部	2019	《关于中国特色高水平高职学校和专业建设计划拟建单位的公示》
教育部、财政部	2019	《教育部 财政部关于公布中国特色高水平高职学校和专业建设计划建设单位名单的通知》

---

① 宋亚峰. 高等职业教育产教融合政策的实践样态与优化逻辑 [J]. 职业技术教育，2020，41（7）：6 - 12.

发文机构	时间	文件名称
教育部、国家发展改革委、财政部、人力资源社会保障部	2019	《教育部等四部门关于印发〈深化新时代职业教育"双师型"教师队伍建设改革实施方案〉的通知》
教育部办公厅、工业和信息化部	2020	《教育部办公厅 工业和信息化部办公厅关于印发〈现代产业学院建设指南（试行)〉的通知》
教育部	2020	《教育部关于发布〈职业院校数字校园规范〉的通知》
教育部办公厅	2020	《教育部办公厅关于做好职业教育专业目录修（制）订工作的通知》

全面推进阶段的政策聚焦点，可以基于该阶段的政策文件库进行可视化分析。根据全面推进阶段高职专业群建设政策文件热词的词频分布情况（见表5-3）和基于热词权重的可视化图谱（见图5-8）可以发现：

图5-8 全面推进阶段高职专业群建设政策文件热词权重

这一时期的政策文件主要关注以高职院校高水平专业群为载体的专业群建设。全面推进阶段的政策文件以2019年国务院发布的"职教二十条"为起点，将高职专业群建设明确在政策文件的标题中提出，进一步明晰了高职专业群建设的主要目标与思路。并在"职教二十条"的发展目标中提出，在 2022 年要建成 150 个高水平专业群，也明确了启动实施"双高计划"，要建成一批世界水平、中国特色、引领改革、支撑发展的骨干专业群。同时，不断完善相应教育教学标准，持续更新专业目录，进一步健全专业设置的评估机制。为落实"职教二十条"的相关要求，教育部于 2019 年 4 月又发布了"双高计划"建设意见，在意见中明晰了中国特色、世界水平的高职学校和专业群的总体要求以及主要改革发展任务，并强调坚持扶优扶强支持特色鲜明、改革成效突出、基础条件优良的专业群率先发展、可持续发展、高质量发展，进而发挥其示范引领作用。同时也在打造高水平专业群任务中明确提出，要建立健全"多方协同"的专业群可持续发展保障机制，要重点打造特色优势专业、面向重点行业和产业的高水专业群，不断健全专业群进行精准对接、动态调整、自我完善的建设机制，并在此过程中重视高职专业群的课程、师资、教学资源库、实践教学基地、教学标准等资源的优化配置与开发。为了保障"双高计划"的推进，教育部联合财政部发布了"双高计划"《项目遴选管理办法（试行）》，并于 2019 年 10 月公示了"双高计划"拟建单位，2019 年 12 月公布了正式的"双高计划"建设名单。高职专业群建设进入了全面推进阶段，相应政策文件围绕高水平职业院校和专业群建设的各个领域出台了具体的举措，保障高等职业教育专业群建设任务的推进。

三、专业群系统与政策系统协同进化机理

高等职业教育专业（群）建设相关政策文件所组成的政策系统通过多种方式影响高职专业群系统的协同进化。高职专业群系统与政策系统的协同作用过程是一个复杂的动态过程。为更加科学地刻画、描述与解释这一复杂过程，本书基于高等职业教育专业（群）建设相关政策文件的颁布主体特征、政策注意力配置与政策注意力的变化、政策力度的变化等不同方面分析了高职专业群系统与政策系统的协同进化过程。高等职业教育专业（群）建设相关政策文件与高等职业教育专业群建设的协同演变过程可以划分为应对专业设置问题的小范围初步探索阶段（2013 年以前）、以现代职业教育体系建设为依托多领域重点提升阶段（2014～2018 年）、以高水平专业群为载体的全面推进阶段（2019年—至今）等不同协同演化阶段。在不同政策演化阶段，既重视体系的完整性，也重视对高等职业教育专业群建设过程中薄弱环节的保障。在高职专业群

系统与政策系统协同进化的过程中，呈现出一些有规律可循的协同进化机理。

（一）问题导向是专业群建设政策系统的重要触发机制

高等职业教育专业（群）建设相关政策文件制定政策系统有其复杂的政策触发机制，有以主要问题作为专业群建设相关政策文件出发点，从专业群建设困境认定开始的问题导向政策触发机制；也有建立在对高等职业教育专业群建设主观构想应然判断式的理想导向型政策触发机制。对于高等职业教育专业建设政策系统而言，其最重要的触发机制是问题导向的政策触发机制，这一规律在政策系统与高职专业群系统协同进化过程中体现得非常明显。例如，在2013年以前的初步探索阶段，政策系统的主要政策文件是为了应对高等职业教育专业（群）建设过程中面临的各类具体问题而制定。

一般而言，高等职业教育专业群建设成为政策问题进入程序议定之前，一般会经历"问题（issues）→社会问题（social issues）→公共问题（public issues）→公共政策问题（public policy issues）"[①] 等不同发展阶段。在高等职业教育发展过程中，会存在诸多不同领域的发展问题，专业（群）建设方面存在的主要问题将成为高职专业群建设相关政策文件制定的"问题源流"，成为相应政策制定的重要触发机制。由高等职业教育专业群建设过程中存在的各类问题形成的"问题源流（problem source）"与"政策源流（policy source）""政治源流（political source）"三源交汇时，政策之窗将会被充分打开，相应高职专业群建设过程中存在的问题将会被提上议事日程，并最终形成影响高职专业群生态系统协同进化的政策文件。如此循环往复，共同形成高职专业群系统与政策系统协同演进的图景。因此，基于高职专业群建设过程中存在的问题出台政策，是专业群建设相关政策制定的重要触发机制。

（二）政策系统是影响高职专业群系统运转的最重要因素

教育政策是公共政策的基本类型之一，是政府和教育管理部门依据一定时期内的教育目标和方针，通过对多元主体关系及利益的综合考量而制定的行为规范与准则。[②] 高等职业教育专业（群）建设相关政策文件是教育政策系统的重要输出之一，各政策文本是相关政策文件的静态形式，相关政策文本将逐步

---

① ［美］弗朗西斯·C. 福勒. 教育政策学导论［M］. 许庆豫，译. 南京：江苏教育出版社，2007：156.

② 黄明东. 教育政策与法律［M］. 武汉：武汉大学出版社，2007：6.

外显为多元化的政策活动，这些政策活动是政策系统的动态存在，静态的政策文本与动态过程的互动将形成特定的政策产出。教育系统输出的政策文件作为一种多方利益主体在理性分析基础上，进行价值选择和利益分配的权利运作过程，将对高职专业群系统的运转产生更为直接的导向作用。

具体而言，首先，高职专业建设和专业群建设相关政策文件是引导高职专业群建设和发展方向的行动指南，相关政策的颁布主体为了实现特定政策理想或者解决专业群建设过程中的特定政策问题，将通过具体的政策文件对专业群建设过程中的不同主体进行直接或间接的引导，发挥相关政策的导向功能。其次，政策颁布主体还将通过经费、权力、招生指标等各类资源的分配实现政策系统的利益分配功能。再次，政策颁布主体通过制定相应的标准、规范、办法等加强对高职专业群建设的影响，实现相关政策的规范管制功能。最后，政策颁布主体还可以通过对取得一定成绩的学校、教师、学生进行奖励，以最大限度发挥相应政策文件的激励功能。因此，政策系统可以通过各种政策工具与手段，实现对高职专业群系统运行和进化的直接影响。

（三）政策系统与专业群系统在协同进化过程中形成各自的演化周期

高职专业群的生成与发展，有其特定的发展进化周期，正如自然界存在的事物都有其生命周期一样。自然界的生物体一般会经历萌芽（诞生）期、成长期、壮大期、衰退期、消亡期等不同的生命周期，在不同的生命周期里生物体的发展特征和行为方式是不同的，并呈现出一定的规律性。高职专业群个体成长进化过程一般会经历专业群孕育期、专业群初生期、专业群成长期、专业群成熟期、专业群衰退期、专业群蜕变期等不同的进化阶段。教育政策系统相较于其他公共系统，有其特殊性和特定的变迁演化周期。教育政策的形成过程一般也将经过专业群建设过程中问题的发现→建立相关议程→政策制定方案的出台→预测可能结果→比较和抉择最佳方案→政策文本制定→政策合法化→政策实施→政策实施效果评估等不同的环节，由上述不同环节组成的动态演进过程将形成每项教育政策的"生命周期"。[①]

政策系统与高职专业群系统在协同进化过程中将形成各自的演化周期。两系统之间的相互作用是持续的、动态的，因而二者的协同演化过程经常会出现

---

① ［美］拉雷·N.格斯顿.公共政策的制定—程序和原理［M］.朱子文，译.重庆：重庆大学出版社，2001：3.

中断、拮抗、加速甚至是不稳定的情况，但两系统大多时期处于相互协调的协调演化过程。如在专业群的孕育期高职院校将基于所在区域经济社会发展的现实诉求，在大量调研的基础上，根据不同产业链和岗位群对复合型人才的现实诉求，形成本校专业群建设的初步设想。与此同时，也会基于相应时期政策系统关于专业群建设的政策文件，设定专业群建设的主要方向。

反之，政策系统也会因为专业群进入衰退期后随着内外部环境的不断变化，精准对接产业链与岗位群需求的状态，通过出台相关政策文件进行相应的更新与调整，或者出台新的针对特定问题的政策，完成一次政策变迁过程，这种变迁可以是线性继续（linear succession）① 与非线性继续（non-linear succession），还可以是政策合并（policy consolidation）与政策分裂（policy splitting）② 等不同的形式。但不论何种形式的变迁与演化，政策系统都将与高职专业群系统在协同进化过程中形成各自的演化周期，高职专业群系统也将在政策系统提供的良好政策环境下获得可持续成长与进化。

第二节 高职专业群系统与产业系统的协同进化

外部环境系统中的产业系统是高职专业群系统的主要服务面向之一，产业系统中的行业企业主体以产业链和岗位群为载体影响高职专业群系统内专业群个体组群专业的选择。随着技术进步的加速和技术更新迭代速度的提升，产业系统需要高职专业群系统为其输出更多更高质量的复合型技术技能人才。基于产业链和岗位群的现实诉求，由相应专业群个体组合而成的专业群系统能够较好地满足产业转型升级背景下产业系统的人才需求。高职专业群生态系统的绩效输出主要取决于专业群系统和产业系统的耦合程度，两系统较高的耦合系数表明，专业群系统能够较好地满足产业系统的多元需求，进而提升高职专业群生态系统的整体社会服务能力。本书将基于全国不同省份、不同地区的产业发展情况与专业群系统的耦合情况，分析高职专业群系统与产业系统协同进化的具体过程。

---

① Paul A. Sabatier, Hank Jenkins – Smith. Public policy and learning [M]. Boulder, CO: Westview Press, 1993: 228.

② Brewer, Garry, Peter Deleon. The foundations of public policy analysis [M]. Homewood, IL: Dorsey Press, 1983: 112.

一、专业群系统与产业系统耦合模型构建

高职专业群系统与外部环境系统中产业子系统协同进化的表征指标之一是两系统之间的耦合程度。专业群系统与产业系统耦合程度的分析，可以运用目前发展较为成熟的耦合协调模型。耦合的相关研究最先起源于物理学领域，在物理学分析电路元件的输入和输出匹配影响问题时，引入了耦合的概念。从其本质内涵来看，耦合是两个或以上的实体相互依赖彼此的度量。"耦合"作为术语在自然科学领域（软件工程、通信工程、机械工程等）得到了广泛的应用，近些年，耦合的概念也逐渐向社会科学领域延伸。耦合的主要内涵是系统与系统之间通过复杂交往形式而产生的互相影响和彼此联系的客观现象。耦合现象的刻画主要运用耦合度进行表征，表示两个系统之间相互作用、相互依赖、相互协调的程度。

从复杂适应系统理论来看，一个特定的复杂系统能否在失去平衡和协同的临界点之后又恢复有序结构和平衡秩序主要取决于系统之间或者要素之间的耦合协调程度和耦合作用。系统或要素之间的耦合协调程度影响了特定复杂系统从有序到无序和从无序到有序的协同进化过程，耦合度是表征多个系统或者多元要素之间相互匹配程度的指标。对应本书所涉及的职业教育领域，即表示高职专业群系统与产业系统之间的相互联动程度。当专业群系统与产业系统能够协同进化而产生互惠互利关系时，二者的耦合表现为良性互惠；当两系统的耦合度较低，出现相互抑制、彼此制约的现象时，二者之间的耦合关系表现为失谐拮抗。基于耦合协调模型在分析专业群系统与产业系统之间耦合程度的适切性与科学性，本书将选取此模型作为分析两系统之间耦合程度的测量工具。

（一）构建功效函数与评价指标体系

高职专业群系统与产业系统耦合程度的测量首先要构建各自相应的功效函数。设 U_1 为高等职业教育子系统的序参量，U_2 为产业子系统序参量，u_{ij}（$i = 1, 2; j = 1, 2, \cdots, m$）为高等职业教育子系统与产业子系统相应的基本观测指标体系，定义 $U_i = \sum_{j=1}^{m} \lambda_{ij} u_{ij}$ 为高等职业教育系统和产业系统全部观测指标所对应的外在发展功效，其中，λ_{ij} 为各指标的权重，有 $\sum_{j=1}^{m} \lambda_{ij} = 1$。高职专业群

系统的发展水平可以通过系统的资源占有、系统规模的大小、系统绩效的高低等不同方面进行测量。具体的评价指标体系通过专家访谈法进行选取，共筛选出各地区教育经费情况、按地区分国内三种专利授权数、各地区技术市场成交额等9项指标表征高职专业群系统的发展水平，各评价指标体系相应的数据全部来自近10年《中国教育年鉴》《中国统计年鉴》等官方数据资料，数据的可靠性与可获得性能够得到保障。运用熵值法对最终的指标体系进行无量纲化处理，计算相关指标的信息熵值，然后通过熵值计算评价指标的权重，各指标体系相应的权重如表5-7所示。

表5-7   高职专业群系统的评价指标与相应权重

系统层	因素层	评价指标	单位	权重
高职专业群系统	系统资源	各地区教育经费情况	万元	0.1049
		各地区普通高中毕业生数	人	0.1048
		各地区中等职业学校毕业生数	人	0.1110
		各地区普通高等学校教职工数	人	0.1286
	系统规模	各地区高等学校普通专科招生数	人	0.1037
		各地区高等学校普通专科在校学生数	人	0.1182
	系统绩效	各地区高等学校普通专科毕业生数	人	0.0972
		各地区技术市场成交额	万元	0.1251
		按地区分国内三种专利授权数	件	0.1066

产业系统是高职专业群系统的主要服务面向之一，对高职专业群系统的协同进化有着重要影响。产业系统的发展水平可以通过系统资源的占有情况、系统规模的大小、系统绩效的高低三个方面进行测量。三项因素层的评价指标体系主要通过专家访谈法进行筛选，最终选取各地区人口总数、各地区人口总数自然增长率、地区生产总值、就业人员数等9项指标作为评价产业子系统发展水平的指标体系。各评价指标体系相应的数据均来自历年《中国统计年鉴》《中国教育年鉴》等官方数据资料，数据的可靠性与可获得性能够得到保障。与高职专业群系统评价指标体系权重的计算方式相同，产业系统评价指标体系权重也运用熵值法得出。对最终的指标体系进行无量纲化处理，计算相应评价指标的信息熵，然后通过熵值法测算相关评价指标的具体权重，产业系统各指

标体系相应的权重如表 5 - 8 所示。

表 5 - 8　　　　　　　　　　　产业系统的评价指标与权重

系统层	因素层	评价指标	单位	权重
产业系统	系统资源	各地区人口总数	万人	0.1063
		各地区人口总数自然增长率	‰	0.1089
		各地区大专及以上人口数	人	0.0939
	系统规模	地区生产总值	亿元	0.0881
		就业人员数	万人	0.0980
	系统服务	第一产业就业人数占比	%	0.1107
		第二产业就业人数占比	%	0.0958
		第三产业就业人数占比	%	0.1803
		各地区城镇登记失业人数	万人	0.1180

（二）构建耦合度函数

复杂适应系统理论认为，n 维系统相互作用耦合度模型为：

$$C_n = n \sqrt[n]{\frac{U_1 U_2 \cdots U_n}{\Pi(U_i + U_j)}} \qquad (5-3)$$

经过降维处理后得到高职专业群系统和产业系统之间的二维耦合度函数为：

$$C_2 = 2\sqrt{\frac{U_1 U_2}{(U_1 + U_2)(U_2 + U_1)}} \qquad (5-4)$$

在式（5 - 4）中，C 表示高职专业群系统与产业系统之间的耦合度，其值介于 0 和 1 之间。当耦合度 C 趋于 0 时，表示高职专业群系统与产业系统所组成的耦合系统处于耦合失谐状态，即高职专业群系统未能很好地促进产业系统的发展；当 C 趋于 1 时，即表示高职专业群系统和产业系统所组成的耦合系统处于有效耦合状态，即高职专业群系统高效优质地促进了产业系统的发展。

（三）构建耦合匹配度函数

耦合度函数可以计算出由高职专业群系统和产业系统组成的耦合系统之耦合强度，但却很难完全反映采样样本的真实状态，无法匹配 U_1 和 U_2 之间的实际意义。为此，还需要进一步构建耦合匹配度函数，用这一函数来有效刻画高职专业群系统与产业系统所组成的特定耦合系统的实际特征。耦合匹配度函数的表达式为：

$$D = (CT)^k \tag{5-5}$$

$$T = aU_1 + bU_2 \tag{5-6}$$

式（5-5）和式（5-6）中，D 为耦合匹配度；C 为高职专业群系统与产业系统二者的耦合程度；T 为高职专业群系统与产业系统间的匹配调和指数，这一指数反映了高职专业群系统与产业系统耦合贡献度；字母 k、a、b 为需进一步确定的系数，通常情况下，k 值取 0.5；考虑到本书主要关注专业群系统对产业系统的贡献。因此，可以将 a 赋值 0.6，b 赋值 0.4。具体的耦合情况可以根据表 5-9 进行判别。可以将高职专业群系统与产业系统组成的耦合系统，根据其耦合协调度的具体数值大小划分为 10 个子类型和 3 个主要大类（见表 5-9），同时也可以根据两系统的耦合协调关系，将二者的协调类型划分为产业系统滞后型、高职专业群系统滞后型、两系统同步型等不同类型。

表 5-9　　　　　　　　　　耦合系统匹配度分类体系与判别标准

D 值	U_1 和 U_2 之关系	二级分类层次	一级分类层次	协调类型
0.00 ~ 0.09		极度耦合失调		
0.10 ~ 0.19	$U_1 < U_2$	严重耦合失调	失谐耦合	高职专业群系统滞后型
0.20 ~ 0.29		中度耦合失调		
0.30 ~ 0.39		轻度耦合失调		
0.40 ~ 0.49	$U_1 = U_2$	濒临耦合失谐	临界耦合	两系统同步型
0.50 ~ 0.59		勉强耦合匹配		
0.60 ~ 0.69		初级耦合匹配		
0.70 ~ 0.79	$U_1 > U_2$	中级耦合匹配	匹配耦合	产业系统滞后型
0.80 ~ 0.89		高级耦合匹配		
0.90 ~ 1.00		优势耦合匹配		

二、专业群系统与产业系统耦合实证分析

高职专业群系统与产业系统耦合程度的测算可以根据两系统耦合协调模型

评价指标体系的功效函数、两系统的耦合度函数、两系统的耦合匹配度函数进行具体实证分析。在本书中以全国各省份 2009～2018 年最近 10 年各项评价指标数据所组成的面板数据为数据来源，对高职专业群系统与产业系统的耦合匹配程度进行实证分析。

（一）全国层面高职专业群系统与产业系统协同发展综合评价

20 世纪 90 年代以来，我国高等职业院校实现了高速发展，从院校规模来看，以教育部最新的院校名单为数据来源，我国共有各类普通高等学校近 2800 所，其中，高职高专院校近 1500 所，高职院校占全国高校总数的 53.58%，全部的高校中有一半以上的院校为高职院校。高等职业教育在我国高等教育普及化进程中扮演着十分重要的角色，在我国高素质技能型人才培养过程中发挥着举足轻重的作用。我国产业系统的发展无论是总体规模、系统内部第一产业、第二产业、第三产业的组成结构以及未来的发展潜力等方面都取得了明显成绩，为我国经济社会保持高质量发展提供了良好的产业基础。根据耦合协调模型中不同函数计算式，以 2009～2018 年共计 10 年的面板数据为数据来源，可以得到全国层面高职专业群系统与产业系统耦合协调的具体结果，如图 5-9 所示。

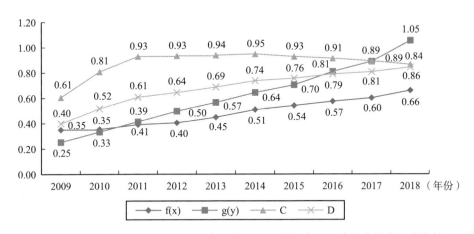

图 5-9 2009～2018 年全国层面高职专业群系统与产业系统耦合综合评价趋势

根据图 5-9 可以得出，全国高职专业群系统发展指数 f(x) 与产业系统发展指数 g(y) 从 2009～2018 年的 10 年间总体上呈现上升趋势。其中，全国高职专业群系统发展指数 $f(x)$ 从 2009 年的 0.35 增加至 2018 年的 0.66，10 年时间增长了近 1 倍；产业系统发展指数 $g(y)$ 从 2009 年的 0.25 增加至 2018 年的 1.05，相较于 10 年前增加了 3.2 倍。整体来看，产业系统发展指数 $g(y)$ 的增速明显高于全国高职专业群系统发展指数 $f(x)$，虽然在 2010 年之前，产业系统发展指数 $g(y)$ 整体低于全国高职专业群系统发展指数 $f(x)$，但 $g(y)$ 增速一直高于 $f(x)$ 的增速，并且在 2010 年以后，产业系统发展指数 $g(y)$ 的整体发展水平超越了全国高职专业群系统发展指数 $f(x)$ 的整体发展水平，二者之间的差距在逐年增大，但总体上均呈现增长的趋势。

从全国层面高职专业群系统与产业系统的耦合度以及耦合协调度来看，两系统的耦合度 C 在 2009～2014 年之间整体呈现上升趋势，从 2009 年的 0.61 增加到 2014 年的 0.95，且在 2011 年以前的 3 年时间中保持着较快的增速。在 2014 年以后，两系统的耦合度 C 却呈现小幅的下降趋势，但总体水平还是保持在 0.9 左右的较高水平。因此，总体来看，全国层面的高职专业群系统与产业系统保持着较高的耦合强度。从两系统的耦合协调度 D 来看，高职专业群系统与产业系统的耦合协调度 D 在 2009～2018 年共 10 年间均呈现增长趋势，从 2009 年的 0.40 增加到了 2018 年的 0.84，10 年间增加了 1 倍多。相较于仅反映高职专业群系统与产业系统耦合强度的耦合度 C，两系统的耦合协调度 D 能够更好地反映所采集样本的真实状态和高职专业群系统与产业系统耦合的实际特征。整体来看，通过两系统之间不断的磨合与协调，两系统的耦合协调度逐年提高，并在 2018 年到达了高级耦合匹配的水平，实现了高职专业群系统与产业系统的良性互动。

（二）全国不同地区高职专业群系统与产业系统协同发展综合评价

全国层面高职专业群系统与产业系统的协同发展指数、耦合度、耦合协调度展现出特定的变迁趋势，但由于我国不同地区、不同省份经济社会发展水平的差异性使得不同区域和省份的高职专业群系统与产业系统的发展指数、耦合度、耦合协调度等方面也存在差异性。从不同地区专业群系统发展指数 $f(x)$ 的变化趋势来看（见图 5－10），除京津冀地区 2016 年开始有小幅度的降低外，无论是全国的整体趋势，还是东部地区、中部地区、西部地区、长三角地区等不同区域的变化趋势，都呈现增长的趋势。其中，京津冀地区高职专业群系统发展指数 $f(x)$ 在 2016 年之前一直处于全国的最高水平，但在 2016 年之后逐渐被全国其他地区超越。长江三角洲地区从 2009 年的较低水平开始，经过 10 年的发展变化，在 2016 年以后，逐步发展成为全国高职专业群系统发展指数 f(x) 水平最高的地区。整体来看，东部地区和中部地区的高职专业群系统发展指数 f(x) 高于全国的平均水平，西部地区的高职专业群系统发展指数 f(x) 低于全国的平均水平，全国不同地区的高职专业群系统发展指数 f(x) 在 2009~2018 年 10 年间共增长了 2 倍左右，实现了高职专业群生态系统较好的协同进化。

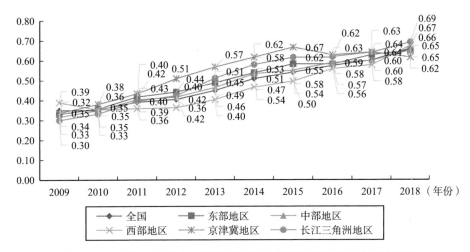

图 5－10　2009~2018 年不同地区高职专业群系统发展综合评价趋势

从全国不同地区产业系统发展指数 g(y) 的变化趋势来看（见图 5－11），2009~2018 年的整体变化趋势与高职专业群系统发展指数 f(x) 的变化趋势较为相似，均呈现逐年增加的趋势。从全国不同区域产业系统发展指数 g(y) 差异性来看，由于国家西部大开发战略、精准扶贫政策等的实施，使得西部地区产业系统发展指数 g(y) 呈现较快的增长趋势，从 2009 年的 0.09 增加到 2018 年的 1.35，增长了近 15 倍，并于 2014 年开始逐步超越了全国其他地区，逐步发展成为全国产业系统发展活力最高的地区。京津冀地区产业系统发展指数 g(y) 从 2009 年开始一直处于较高水平的位置，但在 2014 年之后，出现了小幅的回落，并被全国部分地区超越。整体来看，随着国家西部大开发战略、中部崛起战略等的实施，使得中部地区和西部地区的产业系统发展指数 g(y) 呈现较快的增长趋势，整体上带动了全国层面产业系统发展指数 g(y) 的增长。京津冀地区、长三角地区、东部地区等产业结构较为成熟和发展水平较高的地区，虽然产业系统发展指数 g(y) 整体上呈现增长趋势，但却面临产业转型升级和进一步激发系统活力的现实诉求与发展瓶颈。

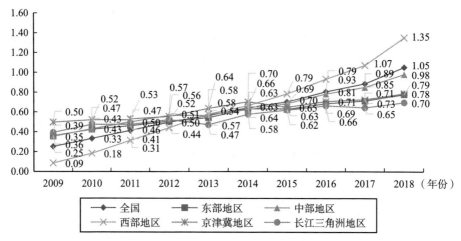

图 5 - 11   2009 ~ 2018 年不同地区产业系统发展综合评价趋势

（三）高职专业群系统与产业系统耦合协调关系类型

高职专业群系统与产业系统的耦合协调关系可以根据耦合匹配度函数进行测算，根据全国层面和不同地区层面专业群系统与产业系统耦合协调度的大小，可以判定出两系统耦合协调关系的具体类型（见表 5 - 10）。从全国层面高职专业群系统与产业系统的耦合协调类型来看，两系统的耦合协调度从 2009 年的 0.3981 增加到 2018 年的 0.8425，10 年时间增加了 1 倍多。专业群生态与产业系统的耦合协调类型从 2009 年的轻度耦合失调，逐渐向耦合协调变化，到 2018 年时，两系统的耦合协调类型已到达高级耦合匹配状态，专业群系统较好地促进了产业系统的发展演化。

从全国不同地区耦合协调类型来看，东部地区两系统的协调耦合度在 2010 年之前高于西部地区和中部地区，两系统的耦合协调度超过了 0.5，处于勉强耦合匹配的阶段。西部地区 2009 年两系统的耦合水平只有 0.2389，处于中度耦合失调状态，中部地区 2009 年的耦合协调度也低于 0.5，处于濒临耦合失谐的状态。自 2009 年之后，东部地区、中部地区和西部地区的耦合协调度都得到了明显提升，三个地区 2018 年的耦合协调度均超过了 0.8，达到了高级耦合匹配的状态。其中，西部地区和中部地区的增速超过了东部地区，经过 10 年的发展变化，西部地区和中部地区的耦合协调度超过了东部地区的耦合协调度，西部地区的耦合协调水平在 2018 年达到了 0.8721，成为所有地区中耦合协调度最高的地区，接近优势耦合匹配的状态。得益于国家各类政策措施的支持，西部地区的耦合协调度实现了快速增长，2018 年的耦合协调度相较于 2009 年的耦合协调度增长了近 3 倍，实现了高职专业群系统与产业系统的高水平耦合匹配。

表 5 - 10　2009 ~ 2018 年全国与东中西部地区的耦合协调类型及变化趋势

年份	全国		东部地区		中部地区		西部地区	
	耦合协调度	耦合类型	耦合协调度	耦合类型	耦合协调度	耦合类型	耦合协调度	耦合类型
2009	0.3981	轻度耦合失调	0.5061	勉强耦合匹配	0.4883	濒临耦合失谐	0.2389	中度耦合失调
2010	0.5178	勉强耦合匹配	0.5871	勉强耦合匹配	0.5793	勉强耦合匹配	0.4134	濒临耦合失谐
2011	0.6076	初级耦合匹配	0.6353	初级耦合匹配	0.6446	初级耦合匹配	0.5575	勉强耦合匹配
2012	0.6442	初级耦合匹配	0.6691	初级耦合匹配	0.6556	初级耦合匹配	0.6139	初级耦合匹配
2013	0.6866	初级耦合匹配	0.6983	初级耦合匹配	0.7002	中级耦合匹配	0.6667	初级耦合匹配
2014	0.7372	中级耦合匹配	0.7429	中级耦合匹配	0.7477	中级耦合匹配	0.7249	中级耦合匹配
2015	0.7556	中级耦合匹配	0.7628	中级耦合匹配	0.7661	中级耦合匹配	0.7420	中级耦合匹配
2016	0.7893	中级耦合匹配	0.7734	中级耦合匹配	0.7957	中级耦合匹配	0.7996	中级耦合匹配
2017	0.8068	高级耦合匹配	0.7980	中级耦合匹配	0.8063	高级耦合匹配	0.8151	高级耦合匹配
2018	0.8425	高级耦合匹配	0.8160	高级耦合匹配	0.8347	高级耦合匹配	0.8721	高级耦合匹配

为进一步分析全国典型区域的高职专业群系统与产业系统的耦合协调情况，本书选取了京津冀地区和长江三角洲地区作为分析对象。通过分析两大地区耦合协调情况可以得出（见表 5 - 11），京津冀地区和长江三角洲地区在 2009 年的耦合协调度都达到了 0.5 左右，高于同期全国的平均水平，京津冀地区 2009 年专业群系统与产业系统的耦合协调度就达到了 0.6095，处于初级耦合匹配状态，领先于同期全国各个地区的发展水平。经过 10 年的发展变化，2018 年，京津冀地区和长江三角洲地区的专业群系统与产业系统的耦合协调度超过了 0.8，达到了高级耦合匹配的状态，但总体上低于全国的平均水平和部分发展速度较快的地区。京津冀地区和长江三角洲地区作为全国经济发展水

平和教育发展水平较高的地区，在新的时代背景下，面临着专业转型升级等现实诉求，高职专业群系统与产业系统耦合的水平还需要进一步提升，耦合系统的活力有待进一步激发。

表 5 – 11　　2009~2018 年全国与京津冀和长三角地区的耦合协调类型及变化趋势

年份	全国		京津冀地区		长江三角洲地区	
	耦合协调度	耦合类型	耦合协调度	耦合类型	耦合协调度	耦合类型
2009	0.3981	轻度耦合失调	0.6095	初级耦合匹配	0.4933	濒临耦合失谐
2010	0.5178	勉强耦合匹配	0.6489	初级耦合匹配	0.5781	勉强耦合匹配
2011	0.6076	初级耦合匹配	0.6833	初级耦合匹配	0.6257	初级耦合匹配
2012	0.6442	初级耦合匹配	0.7131	中级耦合匹配	0.6635	初级耦合匹配
2013	0.6866	初级耦合匹配	0.7702	中级耦合匹配	0.6945	初级耦合匹配
2014	0.7372	中级耦合匹配	0.8079	高级耦合匹配	0.7517	中级耦合匹配
2015	0.7556	中级耦合匹配	0.8007	高级耦合匹配	0.7680	中级耦合匹配
2016	0.7893	中级耦合匹配	0.7953	中级耦合匹配	0.7765	中级耦合匹配
2017	0.8068	高级耦合匹配	0.8156	高级耦合匹配	0.7746	中级耦合匹配
2018	0.8425	高级耦合匹配	0.8141	高级耦合匹配	0.8119	高级耦合匹配

（四）全国各省层面高职专业群系统与产业系统耦合协调关系类型

高职专业群系统与产业系统的耦合在不同层面展现出不同特征，为进一步分析不同层面两系统的耦合匹配特征，本书将基于省份层面分析全国不同省份高职专业群系统与产业系统的耦合匹配情况（见图 5 – 12）。

从横截面综合水平来看，选取全国各个省份最近一年的耦合协调度作为观察值，可以发现：2018 年全国各省份的耦合协调度基本处于耦合匹配的状态，且大多数省份处于高级耦合的状态，2018 年全国的平均水平是 0.84，大多数省份的综合水平都达到了 0.80 以上（见图 5 – 12）。因此，总体来看，当前全国各个省份高职专业群系统与产业系统的耦合协调水平达到了较好的匹配状态，但部分东北老工业基地的省份，由于面临产业转型升级的挑战，其高职专业群系统与产业系统的耦合协调状态处于初级耦合匹配阶段，专业群系统与产业系统的耦合水平还需进一步优化。

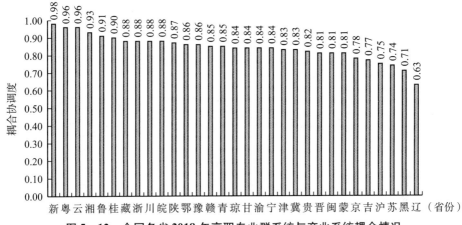

图5-12　全国各省2018年高职专业群系统与产业系统耦合情况

从纵向时间演变来看，选取全国各个省份2009～2018年近10年的耦合协调度作为观察值。

首先，从东部地区11个省份的耦合匹配情况来看，东部地区11个省份专业群系统与产业系统的耦合协调度，除辽宁省在2018年有所下降之外，其余10省市的耦合协调度总体呈现增长趋势，如图5-13a所示。

与全国整体的平均水平和东部地区整体的平均水平相比，江苏、浙江、广东、北京、天津等省（市）高职专业群系统与产业系统的耦合协调度高于全国平均水平和东部地区整体的平均水平，其余省份虽然有些年份低于全国整体的平均水平和东部地区的平均水平，但整体上比较接近全国和东部地区整体的平均水平（见图5-13b）。因此，整体来看，东部地区各省份的高职专业群系统与产业系统实现了较高水平的耦合匹配，高职专业群系统能够较好地促进各个省份产业系统的发展。此外，值得注意的是辽宁等东北老工业基地在互联网技术不断发展的时代背景下面临产业转型升级的压力，此前已经形成的较为成熟的高职专业群系统与产业系统耦合结构，很难适应当下产业系统变革的现实诉求，需要进一步进行调整优化。

其次，从中部地区8个省份的耦合匹配情况来看，中部地区8个省份高职专业群系统与产业系统的耦合协调度，除黑龙江省在2015年出现小幅下降之外，其余7省份的耦合协调度总体呈现增长趋势（见图5-14a）。与全国平均水平和中部地区整体的平均水平相比，山西、安徽、黑龙江等省份高职专业群

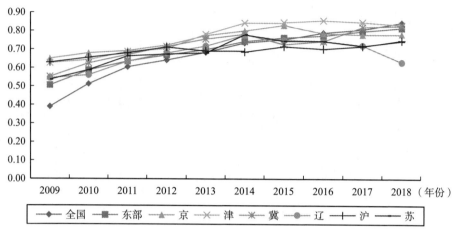

图 5 – 13a　2009～2018 年东部地区各省高职专业群系统与产业系统耦合情况

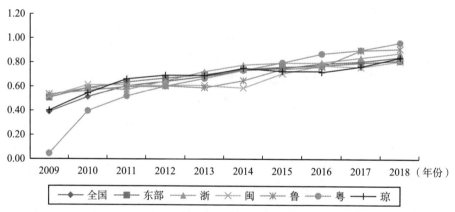

图 5 – 13b　2009～2018 年东部地区各省高职专业群系统与产业系统耦合情况

系统与产业系统的耦合协调度高于全国整体的平均水平和中部地区整体的平均水平，其余省份 2009～2018 年两系统的耦合协调度整体上比较接近全国和中部地区整体的平均水平，各个省份近 10 年耦合协调度的曲线变化与全国和中部地区的曲线变化基本一致（见图 5 –14b）。因此，整体来看，中部地区各省份高职专业群系统与产业系统实现了较高水平的耦合匹配，高职专业群系统能够较好地促进各个省份产业系统的发展。此外，中部地区的黑龙江省与东北地区的辽宁省类似，其耦合协调度在近些年呈现小幅下降的趋势，究其原因主要是因为两省均位于东北老工业基地，在互联网技术不断发展的时代背景下，此前已经形成的较为成熟的产业系统结构面临转型升级的巨大挑战，高职专业群系统也需要对其产业系统的转型升级作出积极的回应。

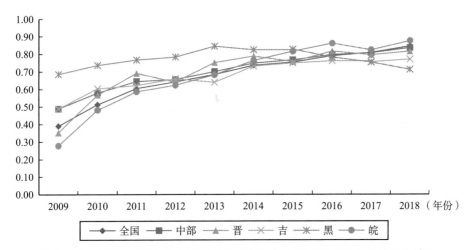

图 5 – 14a 2009 ~ 2018 年中部地区各省高职专业群系统与产业系统耦合情况

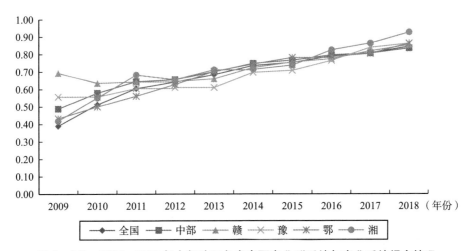

图 5 – 14b 2009 ~ 2018 年中部地区各省高职专业群系统与产业系统耦合情况

再次，从西部地区 12 个省份的耦合匹配情况来看，西部地区 12 个省份高职专业群系统与产业系统的耦合协调度，在 2009 ~ 2018 年总体呈现较快的增长趋势（见图 5 – 15a）。与全国整体的平均水平和西部地区整体的平均水平相比，除重庆、四川等少数省份高职专业群系统与产业系统的耦合协调度高于全国平均水平和东部地区的平均水平外，其余省份2009～2018年两系统的耦合协调度整体上在无限趋近全国的平均水平。各个省份近10年耦合协调度的曲线变化与全国和西部地区整体的曲线变化基本一致，在近3年部分西部省份的耦合协调度甚至超越了全国的平均水平（见图5－15b）。因此，整体来看，西部地区各省份高职专业群系统与产业系统实现了较高水平的耦合匹配，高职专业群系统能够较好地促进各个省份产业系统的发展，该区域的省份是所有区域省份中两系统耦合程度逐年提高的省份。随着国家西部大开发战略、乡村振兴战略、精准扶贫政策和对口支援等政策措施的实施，西部地区将成为我国经济和教育水平不断提升的重要突破口和动力源。

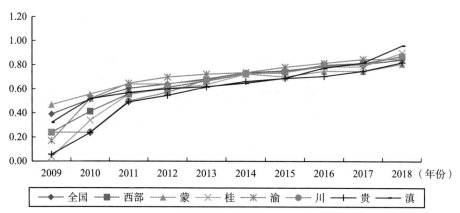

图5－15a　2009～2018年西部地区各省高职专业群系统与产业系统耦合情况

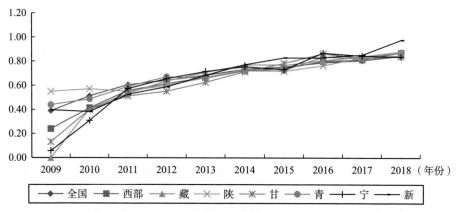

图5－15b　2009～2018年西部地区各省高职专业群系统与产业系统耦合情况

最后，通过比较京津冀地区和长江三角洲地区各个省份与全国平均水平和所在区域的平均水平可以发现，京津冀地区各个省份高职专业群系统与产业系统的耦合协调度在2009～2018年10年间基本呈现增长趋势（见图5–16），京津冀地区耦合协调度平均水平高于全国的平均水平，天津市、北京市两系统的耦合协调度高于全国平均水平和京津冀地区平均水平；河北省的高职专业群系统与产业系统的耦合协调度虽然在2015年出现了小幅回落，但在2016年开始又呈现了增长趋势。因此，无论是京津冀地区整体来看，还是京津冀地区所在省份来看，其高职专业群系统与产业系统均实现了较高水平的耦合匹配，高职专业群系统能够较好地促进各个省份产业系统的发展。

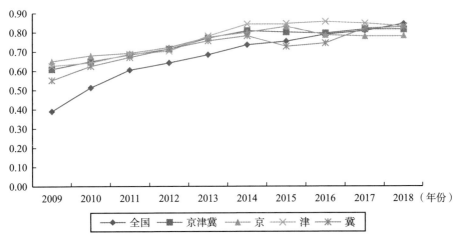

图5–16　2009～2018年京津冀地区各省高职专业群系统与产业系统耦合情况

长江三角洲地区各个省份高职专业群系统与产业系统的耦合协调度在2009～2018年10年间基本呈现增长趋势（见图5–17），长江三角洲地区耦合协调度的平均水平与全国的平均水平基本持平，浙江、安徽等省份高职专业群系统与产业系统的耦合协调度保持了较快的增长速度，并逐步超越了全国的平均水平和长江三角洲地区的平均水平。因此，无论是长江三角洲地区整体来看，还是本地区所在省份来看，其高职专业群系统与产业系统均实现了较高水平的耦合匹配，高职专业群系统能够较好地促进各个省份产业系统的发展，实现了高等职业教育社会服务能力的提升与优化。

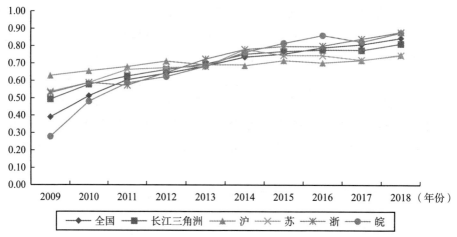

图 5 – 17　2009～2018 年长三角地区各省高职专业群系统与产业系统耦合情况

三、专业群系统与产业系统协同进化机理

高职专业群系统与产业系统的良性互动促进了两系统高水平的耦合匹配，两系统的高水平耦合匹配实现了高职专业群系统与外部环境中产业系统的协同进化。在高职专业群系统与产业系统协同进化的过程，呈现出一些有规律可循的协同进化机理。

（一）高职专业群系统与产业系统联动交互的复杂性

外部环境系统中的产业系统是与高职专业群系统联系最为紧密的外部系统之一，以产业系统为基础的经济社会系统能够为高职专业群系统成长进化提供所必需的人力资源、物力资源和财力资源。高职专业群系统通过技术技能型人才的输出、技术专利的转让、社会培训的供给等途径直接服务于产业系统的发展。两系统之间基于不同交往途径，形成了复杂的多维交互关系。产业系统与高职专业群系统的相互作用，并非简单点对点的线性关系，其多维交互网络的复杂性主要取决于产业系统结构与高职专业群系统结构的复杂性，当一个区域的产业系统结构比较复杂，且该区域高职院校的专业群生态系统较为复杂时，二者通过多元化的联动机制将形成更为复杂的关系网。两系统通过学校、企业、行业等不同主体和资金、人才、技术、设备等不同资源，实现从点到面的跨越，在更大程度上实现合作面、开发面、利用面、保障面[1]等不同层面的协同演进。从而保障高职专业群系统与产业系统的动态耦合匹配，进而实现高职专业群系统与产业系统的有序协同进化。

（二）高职专业群系统对产业系统变迁的敏感性

产业系统是高职专业群系统的主要服务面向，产业系统的现实诉求是高职专业群系统内专业人才培养方案制定的主要依据之一。为了更好地服务于产业系统发展的现实诉求，高职专业群系统必须对产业系统的变迁保持较高的敏感性。随着产业技术的变迁，产业系统的结构也会进行相应的调整，并且这种变迁与调整是持续不断的，不可能随着通过一次调整而实现"一劳永逸"的效果。产业系统中的技术存在着复杂的动态循环过程，即在发现老问题的过程中不断采用新技术，相关新技术在生产实践中的运用将会引起新的问题，这些新问题的解决又需要更新技术的运用。[2] 在产业技术尤其是互联网技术飞速发展的今天，技术的更新与迭代升级将加速产业系统的变迁，为使高职专业群系统与产业系统实现高水平的耦合匹配，高职专业群系统必须对产业系统的变化保持敏感性。例如，在具体实践中，为了更好地适应"新基建"等政策引起的产业系统的变迁，国家教育主管部门在近些年增补的高职专业目录中增加了"虚拟现实应用技术、大数据技术与应用、高铁综合维修技术、人工智能技术服务"等专业，较好地对接了互联网和高铁快速发展时代产业系统相应的人才诉求。始终保持着对产业系统的敏感性是实现高职专业群系统和产业系统高水平耦合，进而实现高职专业群生态系统协同进化的重要机理之一。

（三）高职专业群系统与产业系统的同频共振

高职专业群系统能够为产业系统提供技术技能人才、技术、社会培训等各类系统绩效。同时，产业系统能够为高职专业群系统提供其发展所需要的资金、场地、设备等各类资源。两系统之间并非是一方决定一方的绝对关系，而是一种互利共生的关系，只有两系统实现同频共振，才能实现两系统更好地耦

---

① 朱德全，徐小容. 职业教育与区域经济的联动逻辑和立体路径 [J]. 教育研究，2014，35（7）：45－53＋68.

② ［美］布莱恩·阿瑟. 技术的本质：技术是什么，它是如何进化的 [M]. 曹东溟，王健，译. 杭州：浙江人民出版社，2018：5.

合匹配，最终实现高职专业群系统与产业系统的协同进化。从不同地区、不同省份 2009~2018 年高职专业群系统与产业系统之间耦合协调度的变化趋势可以看出，两系统在近 10 年的耦合协调度基本呈现增长趋势，且两系统耦合协调度在 2018 年左右达到 0.8 以上，处于高级耦合匹配的状态。总体来看，高职专业群系统与产业系统保持着较好的同频共振，一个系统发生变化时另一系统也会及时做出反应。产业系统所对应的岗位群变化将引起高职专业群系统内专业设置的变化。例如，2019 年增补版职业分类目录中增补的职业主要为人工智能领域、大数据领域、云计算领域、物联网领域等互联网行业相关的职业群，与职业分类目录相对应 2019 年增补的高职专业中也涉及人工智能技术服务、集成电路技术应用、跨境电子商务等专业。与此相反，当两系统难以实现同频共振时，其中一系统结构的变化将打破两系统建立的原有耦合匹配状态，阻碍两系统互利共生。例如，地处东北老工业基地的辽宁和黑龙江等省份，在互联网技术和产业转型升级的背景下，两系统之间较为成熟的耦合协调结构并不能适应新时期产业系统转型升级的诉求，使得高职专业群系统很难有效促进产业系统的发展。因此，高职专业群系统与产业系统只有在同频共振的条件下，才能实现系统双方的互利共生与协同进化。

第三节　高职专业群系统与学校系统的协同进化

高职专业群系统所在高职院校与同区域学校系统内中职院校、高职院校、本科院校之间以专业为载体的交往，有利于高职专业群系统的协同进化。高职专业群系统与同区域学校系统互动交往形式的多样性，有利于激发专业群系统的活力，促进高职专业群生态系统的高效协同进化。在多元的交往形式中，以专业（群）为载体的校际交往在同区域的中职院校、高职院校、本科院校之间更为广泛。随着互联网技术的发展和职业教育信息化程度的加深，这种校际交流与交往显得更加频繁与多样化。随着以专业（群）为载体的校际交往的增多，将使得院校之间的联系更加紧密与频繁，发挥同区域各级各类院校的比较优势，实现更大范围的协同效应，不断提升高职专业群生态系统的社会适应力。

一、专业群系统与学校系统互动模型构建

高职专业群系统与同区域学校系统存在不同形式、不同频率的校际交往，这些交往促进了专业群系统与外部环境系统的良好互动，能够进一步发挥同一区域不同院校之间的协同效应。为全面分析特定高职专业群系统与同区域不同院校之间的互动交流，本书将构建两系统的互动整合模型进行实证分析。在单个的高职院校中，多样的专业群个体将组成一个相对独立的专业群系统，同一区域各层次不同类型的不同院校之间，存在以专业（群）为载体的多元交往形式。作为社会大系统中类型多样的社会行动者，其相互关系和行动逻辑可以通过社会网络理论进行刻画。因此，本书选择社会网络理论与模型进行实证分析。

社会网络理论（social network）自 20 世纪 90 年代以来在管理学、社会学、经济学等领域得到了广泛运用。社会网络理论认为，特定的社会结构可以被视为一张复杂的人际关系网络，社会网络由一系列节点（node）和线段（line）组成。其中，一个人或者由个体所组成的小团体可以组成社会网络的一个"节点"，人与人之间的关系或者特定群体与群体之间的关系将形成"线段"。[1] 社会网络中的个体可以通过不同的关系，在动态演化的过程中影响个体的行动及其相互关系，进而影响整体系统的结构。在社会关系网络中，行动者个体在做出具体决策时，将根据其在社会网络中的具体位置，根据自身的偏好做出理性决策。

根据社会网络理论，"网络"是由特定系统内不同要素之间基于特定关系形成的，社会网络主要由复杂社会系统内各个社会行动者以及各行动者之间错综复杂关系所组成。[2] 通常情况下，一个完整的社会网络主要由表征社会行动者间关系的线段和表征单个社会行动者的点组成。在高职专业群面向的外部环境生态系统中，其社会网络中的"点"就是由一个个同区域的高等职业院校、中等职业院校、本科院校等不同层次和类型的院校组成，通过区域之间各级各类院校间的校际交流，将形成不同的"关系"，这些表征关系的线段将形成复杂的社会关系网络，通过分析高职专业群系统与外部环境系统不同类型的院校之间的交往关系和相应社会网络图的结构特征，可以分析外部环境系统不同院校与高职专业群系统的交往对系统整体协同进化的影响。

---

① 罗家德. 社会网络分析讲义［M］. 北京：社会科学文献出版社，2005：5.
② 刘军. 整体网分析讲义——UCINET 软件实用指南［M］. 上海：上海人民出版社，2009：39.

社会整体网络分析中，系统内不同行动者之间的集合将构成特定社会网络的模（mode），这些集合类型的数量就是特定网络的模数。特定的高职专业群系统与本区域的院校系统之间将形成 1－模网络（one-mode network）。以单个高职院校专业群系统为完整个体的专业群生态系统将与同区域的各个层次与类型的院校展开以专业（群）为载体的校际交流。这类交流交往活动会因专业（群）的数量、专业（群）所对接的服务面向、交往的频率与形式、交往主体对信息与资源的占有等①因素不同而产生差异。当以某个完整的专业群系统为载体的高职院校与同区域中职院校、高职院校、本科院校之间相同与相近的专业（群）较多时，它们之间的社会网络将变得复杂，个体之间的交往强度将变得更大。

高职专业群系统与同区域各级各类院校系统的协同进化，可以运用社会网络理论和相应模型进行实证分析，为更好地刻画高职专业群系统与同区域中职院校、高职院校、本科院校之间的交往关系，本书以不同行动主体之间影响最为深远的专业（群）为抓手，通过构建专业交往矩阵对两系统的社会网络进行可视化分析。主要构建程序如下：（1）根据教育部颁发的最新中等职业教育专业目录、高职专业分类目录和普通本科专业分类目录等官方文件，系统梳理案例区域中职院校、高职院校、本科院校的专业设置文件，形成本书的专业（群）交往数据库与资料池；（2）根据专业交往资料库中的相关数据，构建中职院校专业布局矩阵、高职院校专业布局矩阵、本科院校专业布局矩阵、中职—高职—本科院校专业交往矩阵；（3）对各类型各层次院校的专业布局矩阵进行统计分析，分析各类院校的专业布局现状与特征；（4）运行 Ucinet 软件对中职—高职—本科院校专业交往矩阵进行可视化分析，形成高职专业群系统所在院校与同区域中职院校、高职院校与本科院校之间交往的社会网络图谱；（5）运用 SPSS 软件对中职—高职—本科院校专业交往矩阵进行层次聚类分析，分析归纳不同类型的专业（群）交往模式；（6）基于不同交往模式的分析，总结提炼不同交往主体的行为特征和高职专业群系统与同区域学校系统的协同进化机理。

二、专业群系统与学校系统互动实证分析

高职专业群系统与同区域中职院校、高职院校和本科院校之间的交往与整

---

① 张磊. 高等教育专业设置地区治理研究［D］. 天津大学，2017.

体协同进化，可以运用社会网络分析的原理与模型进行研究。根据模型构建的主要步骤，综合考虑各级各类院校类型的覆盖面，本书选取了北京市所有的中等职业院校、高等职业院校、普通本科院校作为本书的研究案例。根据教育部最新的专业目录和北京市各中职院校、高职院校与本科院校的专业设置资料，形成本地区中职院校布局矩阵、高职院校布局矩阵、普通本科院校布局矩阵、中职—高职—本科院校专业交往矩阵。根据北京市教委公布的最新院校名单，本地区共有北京金隅科技学校、北京市供销学校、北京市国际艺术学校等中等职业院校 21 所；共有北京财贸职业学院、北京农业职业学院等高等职业院校 25 所；共有北京大学、清华大学、中国人民大学、北京联合大学等普通本科院校 67 所。

因此，根据 2012 年版普通本科院校专业分类目录中的 352 种基本专业和 154 种特设专业可以形成 67×506 的本地区本科院校专业布局矩阵；根据教育部发布的 2015 年版高职专业分类目录中的 748 个高职专业，并增加近 3 年增补的专业，可形成 25×779 的北京市高职院校专业布局矩阵；根据 2010 年版中职院校专业分类目录的具体专业并增加 2019 年增补的 46 个专业，可形成 21×367 的北京市中职院校专业布局矩阵；根据最新的北京市中职—高职—本科院校名单，可形成 113×113 的中职—高职—本科院校专业交往矩阵。通过分析不同的矩阵，可得出案例地区高职专业群系统所在高职院校与本地区中职—高职—本科院校之间的交往特征与协同进化机理。

（一）案例地区高职院校的专业布局特征

为清晰刻画高职专业群系统与同区域中职—高职—本科院校系统的交往形式和协同进化过程，本书以北京市各类型各层次的院校为例，通过分析其专业布局矩阵，即可以得到相应的专业布局特征。基于北京市高职院校 25×779 的专业布局矩阵统计分析可以发现：

从专业设置的种类看，案例地区高职院校所设置的专业对应的专业类基本上能够涵盖高职专业分类目录中主要专业大类，但其具体专业覆盖面相对较小，本地区全部高职院校设置不同专业 191 个（详见附录 B），专业覆盖率仅为 24.52%，已设置专业还不足现有专业种类的 $\frac{1}{4}$。因此，从案例地区高职院校专业布局种类看，专业大类较为齐全，但具体专业覆盖面较小。

从现有设置专业的数量来看，北京市所有高职院校设置的 191 种高职专业内部也存在显著差异，专业之间冷热差异明显。本地区高职院校平均设置专业 19 个，设置专业最多的院校专业数达 52 个，设置专业最少的高职院校专业数仅为 4 个，高职院校的专业设置数量的极差达 48，高职院校专业设置方面的分散与聚集特征显著。从北京市高职院校设置的 191 种专业的频次统计来看，专业之间的冷热差距也十分明显，热门专业主要集中分布于会计、计算机应用技术、学前教育、计算机网络技术、电子商务、工程造价、工商企业管理、旅游管理、数字媒体艺术设计、空中乘务、大数据技术与应用、机电一体化技术、软件技术、艺术设计、老年服务与管理等管理类与计算机类专业（见表 5-12）。冷门专业主要分布在口腔医学技术、中医康复技术、中医养生保健、康复辅助器具技术、假肢与矫形器技术、设施农业与装备、园艺技术、绿色食品生产与检验、畜牧兽医等专业性较强的领域，主要由一些行业特色类院校设置。

表 5-12　　　　　　案例地区高职院校专业设置情况（TOP30）

专业	频次	专业	频次
会计	15	建筑工程技术	5
计算机应用技术	11	汽车检测与维修技术	5
学前教育	10	新能源汽车技术	5
计算机网络技术	9	护理	5
电子商务	9	国际商务	5
工程造价	8	市场营销	5
工商企业管理	8	会展策划与管理	5
旅游管理	8	影视多媒体技术	5
数字媒体艺术设计	8	商务英语	5
空中乘务	7	文秘	5
大数据技术与应用	7	安全技术与管理	4
机电一体化技术	6	飞机机电设备维修	4
软件技术	6	城市轨道交通机电技术	4
艺术设计	6	城市轨道交通通信信号技术	4
老年服务与管理	6	电子信息工程技术	4

从已设置专业的服务面向来看，北京市高职院校已设置的专业种类基本能够较好地对接北京市的产业布局。从本地高职院校的热门专业布局来看，其热门专业主要集中在财经类、电子信息类、服务管理类等专业领域，能够较为紧密地对接北京市经济社会发展的重点领域。冷门专业虽然设置的院校数量少，但冷门专业特色突出，能够较好地服务于本地区相应产业的发展诉求。此外，从近些年本地区高职院校新设的大数据技术与应用、人工智能技术服务、珠宝首饰技术与管理、虚拟现实应用技术、公益慈善事业管理、陵园服务与管理等专业分布也可以看出，本地区高职院校根据经济社会的发展对专业服务面向的调整与优化。

（二）案例地区中职—高职—本科院校专业交往的社会网络分析

社会网络分析强调基于"交互"的视角去分析系统的交往问题，超越了传统因果性分析的单纯视角，关注双向的交互作用，而不是单向的因果性问题。社会网络分析是沟通微观与宏观研究问题之间的重要中介，有助于社会结构理论的构建。社会网络分析主要关注系统内各要素及其相互之间错综复杂的关系，相关研究问题将会聚焦于不同行动者的相互作用过程。高职专业群系统作为一类具有自组织属性的组织系统，其与外部环境系统之间存在着广泛的交流，与外部环境系统中的学校系统存在形式多样的交往关系。不同的关系网络将影响高职专业群系统的内部结构，不同的系统结构将形成影响高职专业群系统与外部环境系统的协同进化形式。本书运用社会网络分析软件 Ucinet 6，通过对案例地区中职—高职—本科院校专业交往矩阵的实证分析发现：在案例院校的校际交往整体网络图谱中（图5–18），其结构和主要组成即为北京市全部的中职院校、高职院校和本科院校。高职专业群生态系统社会网络的结构与密度将影响专业群系统与学校系统的协同进化行为。一般情况下，特定社会交往图谱的网络规模越大，则该网络的内部组成结构就会愈复杂，从而产生更为复杂的社会交往行为。北京地区中职—高职—本科院校专业交往的社会网络整体规模即整个网络中所有行动者的数量，在本书中行动者为本地区全部的中职院校、高职院校和本科院校。因此，北京地区中职—高职—本科院校专业交往社会网络的整体规模为113。

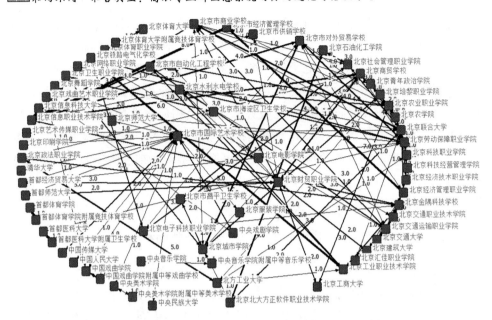

图 5-18　案例地区中职—高职—本科院校专业交往的社会网络图谱

　　在规模分析的基础上，为进一步分析案例地区中职—高职—本科院校专业交往社会网络的主要特征，可以根据整体网的密度等指标（见附录C）进行分析。整体网的密度计算与个体数目有关，按照社会网络分析的理论，如果整体网内所有行动者的个数为 a，则由所有行动者组成的各类关系的最大值可以表示为 $G_{max} = a(a-1)/2$。若在一个特定社会网络内所有行动者组成的关系数为 b，则相应社会网络整体密度可以表示为 $D = b/[n(n-1)/2] = 2b/n-(n-1)$，即整个系统最大关系数和实际关系数的比值。整体网的密度越大，网络中不同行动主体之间的联系越紧密，随着不同行动主体之间从整体网中获取资源的增加，整体网络对各个行动者活动开展的影响与限制将越大。

　　在社会网络中，由于关系存在将产生互惠性。因此，对社会网络的关系数据进行整体分析就非常重要，因为关系既影响行动系统整体的行为，也影响行动系统内不同子主体的行为。关系对应的是网络变量而并非属性变量，既然存在关系，则至少涉及两个行动者，在一个系统内部，存在着纷繁复杂的强关系与弱关系，但弱关系的数量要远远多于强关系的数量。弱关系可以在复杂系统内要素之间建立起较为广泛的纽带联系，有效传递着系统内的信息，可以使一个网络在更大程度上达到结构上的凝聚性。在一个社会网络中，将不同的主体组合起来的主要关系就是弱关系。高职专业群系统的整合主要是取决于不同群体之间的"松散"联系，而不是强联系。强关系会形成亲密关系，从而形成较为固定的圈层，弱关系的存在使得不同的主体之间建立了较为广泛的社会关系。不对称的弱关系广泛存在于案例地区中职—高职—本科院校专业交往社会网络中。

院校专业交往社会网络关系强度的测量可以通过关系的深度与关系维持的时间等方面去测量，关系的深度主要用关系的远近进行测量，关于该问题的分析目前较为成熟的工具是社会网络结构洞理论。结构洞（structural holes）是在特定复杂社会系统整体网络内两个行动者间非冗余各类关系所组成的结构，[①]处于社会结构洞位置的系统行动者具有行动的占优策略，能够在社会交往过程中获得更多的资源、获取更多的信息，因此，通常情况下，处于该位置的行动者相较于其他行动者拥有更强的资源吸附能力和先发优势。一般来说，要判断某个行动者是否处于社会结构洞的位置，主要需关注不同行动者之间是否存在直接联系，二者之间关系冗余性的变化情况。

根据结构洞理论，结构洞是社会网络系统中三个以上的系统内部主体通过复杂交往关系所形成的特殊结构。处于结构洞位置的行动者能够为其带来多方利益，从而形成特定的社会资本。案例地区中职—高职—本科院校专业交往的社会网络图谱中当某一院校处于院校 A（见图 5 - 19）的位置时，就形成一个结构洞。在院校交往整体网络中，案例地区的中职院校、高职院校、本科院校之间存在着广泛的交流，能够在高职院校层次形成数量较多的结构洞，从而获得更多的信息占有和资源控制机会，在高职专业群生态系统的协同进化中，获得较为明显的比较竞争优势与协同进化动力。

案例地区中职—高职—本科院校专业交往的社会网络中，专业群系统所在高职院校由于处于中职—高职—本科院校专业交往社会网络的中间位置，能够形成数量较多的结构洞，进而形成高职专业群生态系统协同进化的比较优势和可持续发展的持久动力。在由中职院校、高职院校和本科院校组成的庞大院校交往网络中，不同的院校将基于院校特色、办学定位、历史传统等要素与同区域的院校开展形式多样的校际交往与合作。高职专业群系统与同区域学校系统之间交往的形式主要有中高职五年一贯制培养、专升本、学分互认、教师交

---

① Burt, Ronald S. Structural holes and good ideas [J]. American Journal of Sociology, 2004, 110 (2): 349 - 399.

流、学生竞赛活动交流、共同开发课程与教材、共享实训基地、建立特定类型的区域联盟等具体形式。

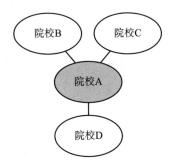

图 5 – 19　处于结构洞位置的院校

具体而言，中等职业院校可以选择与自身专业设置相似的高职院校进行相应专业应用型人才的五年一贯制培养，高职院校则可以通过选取与自身特色和院校专业设置相似的本科院校进行专升本等形式的人才培养。与此同时，同区域的同层次院校之间、不同层次相同类型院校之间也可以通过建立特定类型的区域联盟、学生竞赛活动交流、学分互认、教师交流、共同开发课程与教材、共享实训基地等多样化的形式，开展基于专业（群）的校际交往。例如，北京联合大学除主校区外，还有 7 个分散办学的分校区，分布在北京市的多个地区，是北京市规模最大的高校之一，形成了不同类型教育协调发展的完备人才培养体系。尤其是在高等职业教育领域，学校依托培养技术技能型应用人才的办学优势，逐渐形成了专科—本科—专业学位研究生贯通培养的人才培养模式，在高本衔接和高职、专升本衔接等方面进行了诸多探索，积累了丰富的经验。通过北京联合大学与同区域不同层次、不同类型的院校之间的广泛交流，促进了高职院校专业群生态系统的更好发展进化。校际社会网络中的不同行动主体，通过互动顺从、合作与竞争等不同方式，实现了整体网络的协同发展，也促进了高职专业群系统所在院校与同区域院校系统的共生演化与动态平衡。

（三）案例地区中职—高职—本科院校专业交往的层次聚类分析

中职—高职—本科院校专业交往的社会网络中不同院校之间基于专业的校际交往，促进了中职系统、高职系统与本科系统的协同发展，也为高职专业群系统的协同进化提供了良好的外部环境。各院校之间以专业（群）为载体开展着形式多样的校际交往，例如，中高职五年一贯制培养、专升本、学分互认、教师交流、学生竞赛活动交流、共同开发课程与教材、共享实训基地、建立特定类型的区域联盟等。由于高职专业群系统所在院校的办学历史、办学定位、专业（群）特色的不同，具体的校际专业交往形式可能存在差异性，但在多样化的校际交往现象下，却存在有规律可循的校际交往模式。社会网络分析主要借助数学模型和图论等方式来研究由行动者组成的社会网络中不同行动主体之间的关系。在社会网络分析的基础上，为对研究对象进行更加科学的分类，可运用层次聚类法进行分析，层次聚类法主要根据社会网络中不同行动者的相似性与差异性，通过分析网络中不同行动者之间的亲疏远近关系，按照"物以类聚"[①] 的思路对研究对象进行分类，将其分为不同的类型。

因此，本书将基于层次聚类的分析手段，对案例地区中职—高职—本科院校的专业交往矩阵运用统计分析软件 SPSS 进行层析聚类分析，根据其校际交往形式与频次等属性的相似程度，对案例院校进行"亲疏远近"的聚类分析（见图5-20）。根据层次聚类结果和对案例院校专业（群）发展模式的分析，可将案例地区中职—高职—本科院校专业交往的模式总结为以下几种。

1. 单科特色类专业群系统的校际交往模式

此类校际交往模式的专业群系统所在的高职院校，专业（群）布局较为集中，专业（群）的特色突出，主要集中于一些行业类院校。典型的院校主要有北京体育职业学院、北京卫生职业学院、北京戏曲艺术职业学院、北京农业职业学院等。此类校际交往模式的高职院校在发展过程注重打造"小而精"的优势特色专业群，并以特色优势专业群来驱动学校全部专业的整体发展。这类校际交往模式的院校在社会网络图谱中占据了较多的结构洞位置，能够利用结构洞的优势资源使院校专业群获得发展所需的外部资源。与此同时，此类交往形式的院校相对比较集中，大多集中在同类型、同行业、不同层次的院校之间。例如，北京卫生职业学院与北京市海淀区卫生学校的护理专业通过"3+3"模式进行衔接，北京财贸职业学院的会计专业通过"3+2"中高职衔接模式与北京市商业学校的会计专业进行校际交往，北京经济管理学院的互联网金融专业通过"3+2"中高职衔接模式与北京市商业学校的金融事务（互联网金融方向）专业进行校际交往等，北京农业职业学院的动物医学、园林技术、园艺技

---

① 薛薇. SPSS统计分析方法及应用 [M]. 北京：电子工业出版社，2004：113.

术等专业通过"高端贯通"计划与本科院校北京农学院的动物医学、风景园林、园艺等专业开展合作与交流。因此，单科特色类校际交往模式的专业群系统所在院校专业（群）布局数量较少，但专业（群）特色突出，主要集中在艺术、财经、医学、农学、铁路等行业属性比较明显的院校，校际交往频次较高，但主要集中于同类型的院校之间，专业群的专业性较强，校际交往壁垒较高。

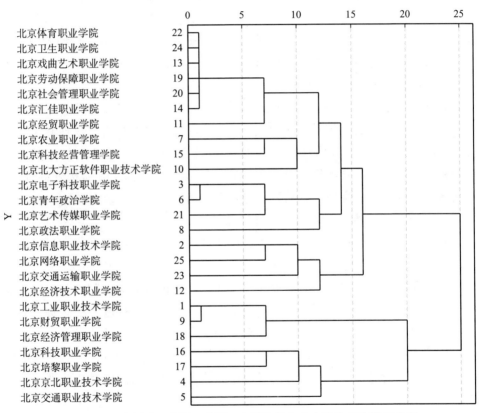

图 5-20　案例地区中职—高职—本科院校专业交往的层次聚类分析

2. 强势应用类专业群系统的校际交往模式

主要包括社科应用类专业群和工科应用类专业群两类具体的模式。此类交往模式的院校一般设置有 1~2 个优势明显的强势应用类专业群。社科应用类专业群校际交往模式的典型院校为北京财贸职业学院、北京经济管理职业学院等财经类院校。从知识分类的视角，应用社科类知识属于应用软科学，此类知识十分重视知识的应用场景，关注相应的职业实践，强调通过软性应用知识的运用获得相应的技术技能，有着较强的职业导向性。强势应用类专业群系统校际交往模式的另一类子模式是应用工科类专业群系统交往模式，此类模式的典型院校有北京交通职业技术学院、北京工业职业技术学院等。此类交往模式的专业群系统通过对注重实用性、发展目的性强的硬性知识运用，获得相应的技术技能，强势工科类专业群系统能够较好地体现职业教育的类型属性，能够在院校的整体专业布局中逐步成长进化为特色优势专业群。例如，北京工业职业技术学院的工程造价、无人机应用技术等专业通过高本贯通"5 + 2"模式与北京建筑大学进行相关合作，人工智能类、大数据类、会计、新能源汽车等相关专业通过高本贯通"5 + 2"模式与北方工业大学进行相应的合作。因此，强势应用类专业群系统的校际交往模式主要通过工科类或者社科类优势应用专业群与本区域相近专业群展开相应的合作与交流，相对单科特色类专业群系统校际交往模式的交往面、覆盖面和交往形式均更加广泛。

3. 多科综合类专业群系统的校际交往模式

多科综合类专业群系统根据校际交往特征的相似性被聚为一类。分析此类院校的专业（群）布局模式可以发现，多科综合类院校的校际交往模式在院校发展过程中，坚持多科性与综合化的发展思路，注重多样化专业（群）之间的协同发展，是一类"大而全"的专业群布局思路，而非单科特色类专业群系统校际交往模式"小而精"的专业群布局模式，强调健康专业群生态的培育。此类模式的典型院校有北京电子科技职业学院、北京培黎职业学院、北京科技职业学院等。例如，北京培黎职业学院设置了信息技术专业群、财经商贸专业群、双语教育专业群、艺术传媒专业群和民生服务专业群五大类不同的专业群，将全校所有专业分归于不同的专业群之下，形成了多科性的专业群布局。该校不仅与同区域的各类院校之间有着广泛的交流与合作，同时也与西班牙的拉科鲁尼亚大学、巴亚多利德大学等大学，日本的武藏野学院大学、吉备国际大学等大学，英国的阿尔斯特大学、诺森比亚大学等大学，美国匹兹堡州立大学、圣里奥大学等学校有着广泛的国际交流与人才联合培养。因此，多科综合类专业群系统所在院校的校际交往模式相较于前两种校际交往模式，其交往形式、交往频次、交往地域、交往对象等的选择更加灵活与多元。

三、专业群系统与学校系统协同进化机理

高职专业群系统与同区域学校系统的良性互动，促进了高职专业群系统所在院校与同区域本科院校、高职院校、中职院校之间的校际交流。形式多样的校际交流有利于高职专业群系统在发展进化过程中获取更多的外部资源，实现专业群系统与外部环境系统的协同进化。在高职专业群系统与学校系统协同进化的过程中，呈现出特定有规律可循的协同进化机理。

（一）专业（群）是校际交往的重要载体

同区域院校之间的高职专业群系统所在院校与学校系统协同进化过程所形成的复杂关系和多元交往形式，主要是特定院校以专业（群）为载体进行的校际交流。高职专业群系统与同区域学校系统之间交往的形式主要有中高职五年一贯制培养、专升本、学分互认、教师交流、学生竞赛活动交流、共同开发课程与教材、共享实训基地、建立特定类型的区域联盟等具体形式。其中，中高职五年一贯制培养即为中等职业院校可以选择与自身专业设置相似的高职院校进行相应专业应用型人才的五年一贯制培养；专升本途径的校际交往则主要为高职院校通过选取与自身特色和院校专业设置相似的本科院校进行相应人才培养；学分互认形式的校际交往则主要是同层次院校不同专业之间、或者同类专业不同修业年限之间开展的相关活动。此外，如共同开发课程与教材、共享实训基地、共建特定类型的区域联盟、学生竞赛活动交流等形式的校际交流也大多以专业（群）为载体进行交往。因此，专业（群）作为校际交往的重要抓手，是同区域本科院校、高职院校、中职院校与高职专业群系统所在院校进行多元交往的重要载体，也是促进高职专业群系统与同区域学校系统进行协同进化的重要突破口。

（二）相近原则是专业群系统所在院校与学校系统进行交往的主要依据

相近专业、相近地域、相近类型等特征是高职专业群系统所在院校与同区域本科院校、高职院校、中职院校之间进行校际交流交往的主要依据。在对案例地区高职专业群系统所在院校与学校系统的互动案例分析过程中，笔者将案例院校进一步扩大到京津冀地区，通过分析发现，以专业（群）为载体的院校交往在不同省份之间的交流较少，其多元化的校际交往主要集中在同一省份内

部的不同院校之间。同区域的各级各类院校之间，为了争夺有限的外部资源，存在着广泛的竞争与合作关系。同区域发展水平较高、专业特色突出的院校对同区域的其他院校有着较好的示范效应和辐射带动作用，为了获得更好的发展，同区域发展水平较低的院校会模仿发展模式较为成功的同区域院校，这种模仿现象进一步佐证了校际交往的相近性原则，同时也可能导致同一区域院校发展的同质化现象。

同类型同层次同区域的不同院校之间有时会为了获取有限的区域资源而展开不同程度的竞争。同区域院校之间广泛的竞合作用，使得同区域的院校之间最容易产生各类形式的校际交往。同时，专业（群）相近也是高职专业群系统所在院校与同区域院校之间进行校际交往的重要依据之一。形式多样的校际交往主要以专业（群）为载体，相应专业（群）的选择则必须要坚持相同相近原则，因为不同类型的专业（群）之间存在不同程度的专业（群）交往壁垒，这些壁垒在医药、卫生、体育、艺术等行业属性明显的院校中更为突出。因此，其校际交往的范围主要集中在某些特定的专业（群）之间。专业（群）交往壁垒的存在阻碍了高职专业群系统所在院校与同区域院校之间的交流，使得专业（群）相近成为二者进行交往的必要条件。此外，即使本地区部分院校开展的国际层面校际交流与合作也是基于相近专业进行的交往，相近性原则是高职专业群系统所在院校与同区域学校系统交往的主要依据，也是两系统协同进化的基本机理之一。

（三）高职专业群系统与学校系统的互动受区域产业布局的影响显著

高职专业群系统与学校系统的协同互动将受到不同因素的影响。其中，特定区域的产业布局是影响专业群系统所在院校与同区域学校系统互动的主要因素之一。教育系统必须对产业系统及其变化保持高度的敏感性，才能使其培养的人才满足经济社会的发展需要。产业系统结构是岗位群和职业类划分的主要依据，也是专业设置的重要参考点。高等职业教育的跨界性、区域性、应用型等类型属性决定了高等职业院校的存在与发展应服务好其所在区域经济社会的发展，不断满足所在区域产业系统的发展诉求。如果高职专业群系统脱离区域产业系统发展的大环境，忽视区域产业系统发展的现实诉求，将很难在未来的发展进化中获得持久的活力与生命力。例如，同区域同类型同层次的院校如果忽视本区域产业系统的发展需求，反而一味追求所谓的"热门"专业（群），将使得本地区的同类院校之间的专业（群）布局出现同质化现象，这种同质化现象将在路径依赖效应下进一步放大，使得本地区院校的专业（群）布局脱离实际，最终很难满足高职专业群生态系统可持续发展的目标，难以提升高职专业群系统的外部适应性。若高职专业群系统所在院校与同区域学校系统互动交往的过程中，能够时刻关注本地区产业布局的现状、产业升级换代的现实诉求，甚至敏锐捕捉技术升级换代背景下产业发展的新方向，才有可能使高职专业群系统更好地适应甚至引领产业系统的发展。因此，高职专业群系统所在院校与同区域学校系统的良性互动将受到本地区产业系统的主要影响，二者协同互动过程中保持着对产业系统的敏感性，使得专业群系统在与外部环境系统协同进化过程中获得可持续发展进化的动力。

本 章 小 结

本章选取外部环境系统中的政策系统、产业系统、学校系统等典型外部主体进行深度剖析，以探析高职专业群系统与外部环境系统不同主体之间的协同进化过程。在分析高职专业群系统与政策系统协同互动的过程中，本章基于社会网络分析模型，运用 Ucinet 软件对高职专业群建设政策网络的主题内容聚焦与演化、政策颁布主体、政策力度与平均力度等内容进行了分析。基于高等职业教育专业（群）建设相关政策文件的颁布主体特征、政策注意力配置与政策注意力的变化、政策力度的变化等不同方面分析了高职专业群系统与政策系统的协同进化过程。基于政策系统与高职专业群系统协同进化过程中各阶段的具体特征，总结提炼出高职专业群系统与政策系统的协同进化机理。其中，问题导向是专业群建设政策系统的重要触发机制，政策系统是影响专业群系统运转的最重要因素，政策系统与专业群系统在协同进化过程中形成各自的演化周期。

本章对高职专业群系统与产业系统耦合程度的测算，主要根据两系统耦合协调模型评价指标体系的功效函数、耦合度函数、耦合匹配度函数进行具体的实证分析。基于全国不同省份、不同地区的产业发展情况与专业群系统的耦合情况，分析高职专业群系统与产业系统协同进化的具体过程。高职专业群系统与产业系统的良性互动促进了两系统的耦合匹配，在高职专业群系统与产业系统协同进化的过程，呈现出专业群系统与产业系统联动交互的复杂性、专业群系统对产业系统变迁的敏感性、专业群系统与产业系统的同频共振等协同进化机理。

本章关于高职专业群系统所在院校与同区域院校系统协同进化的分析，主要运用社会网络理论与社会网络分析软件 Ucinet 6，通过对案例地区中职—高职—本科院校专业交往矩阵的实证分析发现，高职专业群系统与同区域学校系统内中职院校、高职院校、本科院校以专业（群）为载体的交往，有利于高职专业群生态系统的协同进化。专业群所在院校与同区域院校之间的交往模式是多元的，随着以专业（群）为载体的校际交往的增多，将使得院校之间的联系更加紧密，发挥同区域院校的比较优势，实现更大范围的协同效应。在高职专业群系统与学校系统协同进化的过程中，呈现出专业（群）是校际交往的重要载体、相近原则是专业群系统与学校系统进行交往的主要依据、专业群系统与同区域学校系统的互动受区域产业布局的影响显著等协同进化机理。

第六章

高职专业群生态系统的协同
进化机制与治理方略

高职专业群生态系统按照特定逻辑完成系统自身的协同进化过程，其协同进化过程包含微观层面专业群个体的生成与进化，中观层面专业群生态系统内部专业群个体之间的竞合协同进化，宏观层面专业群生态系统与外部环境系统中政策系统、产业系统、学校系统、社会系统等不同外部子系统之间的协同进化。不同层面的进化最终将形成高职专业群生态系统整体的动态平衡与协同演化过程。一个完整的高职专业群生态系统既包括专业群个体、专业群种群和专业群群落等要素组成的内部系统，也包括由各级政府、行业企业、各级各类院校、社会公众等不同主体组成的外部环境系统。

高职专业群个体按照自身的成长进化逻辑，从外部环境系统中获得自身发展所需的人力、物力、财力等各类资源，同时又向外部环境系统输出各类技术技能人才、技术成果、社会培训等系统绩效产出。本书第三章至第五章基于微观、中观和宏观三个层面，分别解构了高职专业群生态系统在不同层面的协同进化过程与机理。本章将基于整体建构的视角，探讨高职专业群生态系统整体层面的协同进化机制、实践困境与治理方略。重点分析以下问题：首先，探析高职专业群生态系统在实践层面是如何运转的，其整体协同进化实现的机制是怎样的？其次，高职专业群生态系统按照特定协同进化机制运转的过程中存在哪些实践困境？最后，在整体协同进化机制和实践困境分析的基础上，探讨如何实现高职专业群生态系统的科学治理。

第一节　高职专业群生态系统的协同进化机制

高职专业群生态系统模型的构建可将生态学的基本原理进行隐喻和移植，

形成高职专业群生态系统概念模型。与一般的生态系统组成类似，高职专业群生态系统也主要由专业群个体（individual）、专业群与专业群形成的专业群种群（population）、不同专业群种群形成的专业群群落（community）、外部环境系统中的各类主体等不同的要素组成（见图6-1）。由于教育是培养人的社会活动，在这个过程中，人的受教育需求和社会对教育系统培养各类人才的需求是专业群生态系统的重要驱动力之一，在高职专业群生态系统中，多元需求就如自然生态系统的太阳能一样。在上述需求的驱动之下，专业群生态系统通过摄入外部环境系统的场地、设备、资金等要素，通过教育的生产者——学校系统的吸收与加工，经过一定的培养周期，培养出适合人才市场需求的多规格和多层次的人才队伍，以供给教育生态系统众多的教育消费者，在整体上形成一个复杂的适应系统。

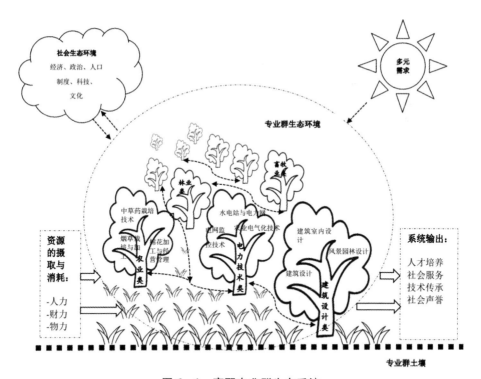

图6-1　高职专业群生态系统

高职专业群生态系统协同进化机制的分析，可以通过对具体的高职院校专业群建设与实践案例进行深入研究。本书将选取高等职业院校典型样本群，对样本案例中专业群生态系统的实践样态与运转过程进行分析。我国首批56所"双高计划"建设院校广泛分布于我国的29个省、自治区和直辖市，涵盖了综合、工科、语言、财经、艺术、农学、医学等不同类型的院校。"双高计划"建设院校在不同程度上代表了各自领域学校和专业群发展的最高水平，解剖"双高计划"建设院校的专业群具有代表性和典型性。因此，本书将选取56所"双高计划"建设院校作为研究样本群，对其专业群生态系统的运转情况和实践样态进行剖析。

首先，从个体层面看，专业群个体是组成专业群种群和专业群群落的细胞，是高职专业群生态系统最基本的单元。专业群个体主要由高职院校内部一个个具体的专业（方向）组成，高职院校内的专业犹如生物体的"细胞"一样构成了特色鲜明的专业群个体。以教育部网站和56所"双高计划"建设院校《中国特色高水平高职学校和专业建设计划申报书》为数据来源，统计分析发现：我国"双高计划"建设院校的专业群生态系统在专业群个体层面呈现以下特征：（1）从专业群个体内的组群专业来看，56所"双高计划"建设院校的112个专业群中，有近一半的专业群内部是由5个专业群组成的（见图6-2），有超过80%的专业群是由4个及以上的专业组成。因此，从群内专业数量来看，专业群个体一般是由4个或者5个专业组成。从专业群个体内部专业的分布来看，主要集中在电气自动化技术、工业机器人技术、软件技术、计算机网络技术等热门专业。（2）从专业群个体的整体分布来看（见图6-4），56所"双高计划"建设院校的112个专业群中共有81个不同的专业群，专业群覆盖面较广。从专业群个体的冷热程度来看，机械制造与自动化专业群、机电一体化技术专业群、模具设计与制造专业群、物联网应用技术专业群、软件技术专业群、畜牧兽医专业群等是"双高计划"建设院校中设置频率较高的"热门"专业群。（3）从单个专业群所跨的二级学院数来看（见图6-3），有近一半的专业群横跨2个二级学院，横跨二级学院数4个及以上的学院仅有5.3%，这说明随着横跨学院数量的增加，治理的难度进一步增加，因此，很多专业群一般只会在3个以下的二级学院之间进行组建。整体来看，无论是专业群个体的整体分布、热门专业群个体分布，还是专业群个体的内部专业组成以及横跨二级学院的情况，都可以看出专业群个体可以作为高职院校实现资源共建共享、专业整体结构优化、院校治理优化的抓手。

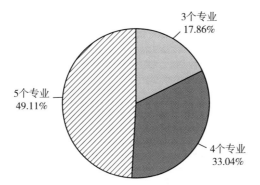

图 6 - 2　单个专业群内专业数

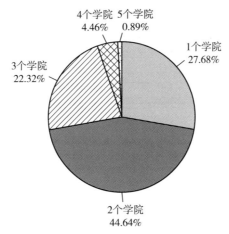

图 6 - 3　单个专业群跨二级学院数

其次，从专业群种群层面看，本书将专业群种群对应于普通高等学校《高等职业教育（专科）专业目录》中"专业类"，以教育部网站和 56 所"双高计划"建设院校的申报书为数据来源，统计分析发现，我国"双高计划"建设院校的专业群生态系统在专业群种群层面呈现以下特征：56 所"双高计划"建设院校的 112 个专业群中共有 81 个不同的专业群，其中，机电一体化技术、模具设计与制造、物联网应用技术、软件技术、畜牧兽医、汽车制造与装配技术、数控技术、市场营销、通信技术、护理、电气自动化技术、道路桥梁工程技术、汽车运用与维修技术、信息安全与管理、新能源汽车技术、老年服务与管理、产品艺术设计、会计、电子商务等专业群都有 2 所以上的"双高计划"建设院校设置。从专业群所涉及的专业类来看，56 所"双高计划"建设院校的

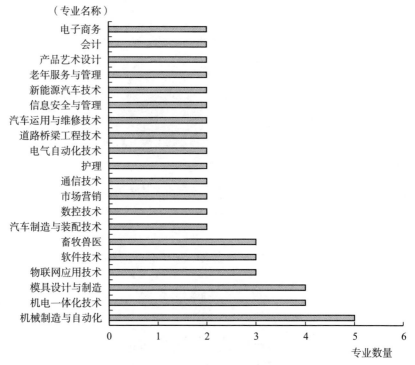

图 6-4　"双高计划"建设院校专业群的分布情况（TOP20）

81 个不同的专业群总共分布在 49 个专业类，专业类覆盖率接近 50%（见表 6-1）。"双高计划"建设院校的专业群所分布的专业类覆盖面较广，能较好地发挥专业群的示范带动效应。从"双高计划"建设院校专业群所属专业类的冷热程度来看，主要集中在机械设计制造类、电子信息类、自动化类、艺术设计类、计算机类、汽车制造类、测绘地理信息类等不同的专业类。热门专业类基本覆盖经济社会发展的重点领域，有利于高等职业教育社会服务能力的提升。

表 6-1　　　　"双高计划"建设院校专业群所属专业类情况

专业类	频次	专业类	频次	专业类	频次
机械设计制造类	6	铁道装备类	2	渔业类	1
自动化类	5	有色金属材料类	2	建筑设计类	1
艺术设计类	4	畜牧业类	1	机电设备类	1

专业类	频次	专业类	频次	专业类	频次
电子信息类	3	市场营销类	1	工商管理类	1
计算机类	3	护理类	1	新能源发电工程类	1
汽车制造类	3	财务会计类	1	电力技术类	1
测绘地理信息类	3	电子商务类	1	食品工业类	1
通信类	2	船舶与海洋工程装备类	1	安全类	1
道路运输类	2	医学技术类	1	建筑设计类	1
公共服务类	2	包装类	1	旅游类	1
生物技术类	2	林业类	1	铁道运输类	1
农业类	2	教育类	1	城市轨道交通类	1
水利工程与管理类	2	药学类	1	航空运输类	1
化工技术类	2	黑色金属材料类	1	航空装备类	1
经济贸易类	2	食品药品管理类	1	气象类	1
轻化工类	2	纺织服装类	1		
水上运输类	2	金融类	1		

资料来源：根据各"双高计划"建设院校《"双高"计划申报书》整理汇总。

最后，从专业群群落层面看，结合现有研究中关于知识和学科研究的主要分类方法，并兼顾统计口径的统一性和数据的可获得性，本书以2015年版的高职院校专业分类目录中的"专业大类"为统计标准，通过分析"双高计划"建设院校专业群所属专业大类情况，发现其专业群生态系统在专业群群落层面的具体特征体现为：从数量层面看（见表6-2），组成"双高计划"建设院校的112个专业群的483个专业主要分布在17个专业大类，专业大类覆盖率达到了90%。从专业群横跨的专业大类数来分析，56所"双高计划"建设院校的112个专业群中，有近一半的专业群仅在同一专业大类进行组群，有超过70%的专业群在2个及以下的专业群内部进行组群（见图6-5）。因此，随着跨专业大类数的增加，专业之间的整合难度进一步增大，致使现有的专业群一般都在2个或者同一个专业大类内部进行组群。

表6-2　　　"双高计划"建设院校专业群内专业所属专业大类情况

序号	所属专业大类	专业数	序号	所属专业大类	专业数
1	装备制造大类	148	10	食品药品与粮食大类	15
2	电子信息大类	83	11	医药卫生大类	15
3	财经商贸大类	46	12	轻工纺织大类	11
4	资源环境与安全大类	28	13	生物与化工大类	8
5	交通运输大类	25	14	教育与体育大类	7
6	文化艺术大类	22	15	水利大类	6
7	农林牧渔大类	22	16	公共管理与服务大类	6
8	土木建筑大类	19	17	旅游大类	5
9	能源动力与材料大类	17			

资料来源：根据各双高院校"双高计划"申报书整理汇总。

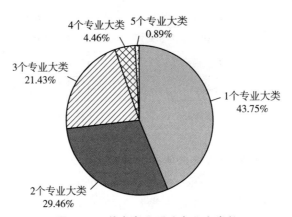

图6-5　单个专业群跨专业大类数

从专业群的服务面向来看（见图6-6），56所"双高计划"建设院校的112个专业群，面向产业最多的是战略性新兴产业，有31.25%的专业群将其服务面向定位为战略性新兴产业，接着是先进制造业和现代服务业，各占27.68%。此外，56所"双高计划"建设院校的112个专业群中也有8.04%的专业群将其服务面向定位为现代农业。因此，可以看出，我国"双高计划"建设院校面向产业的类型多元，且重点突出，基本覆盖了关于发展现代教育体系相关的文件中提出的制造业领域、现代服务业领域、交通运输领域、公共服务领域、文化领域和一些新兴产业领域等经济社会重点领域，以及《制造业人才发展规划指南》中提出的"新能源汽车领域、轨道交通领域、信息产业领域、新材料领域等制造业重点领域。

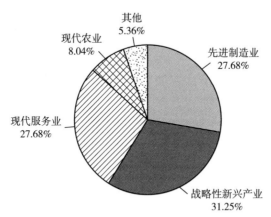

图6-6 单个专业群主要面向产业

高职专业群生态系统的整体运转是微观层面的专业群个体、中观层面的专业群与专业群之间、宏观层面专业群系统与外部环境系统之间等不同层面相互协同作用的结果。不同层面、不同要素之间要实现整体协同，有其内在的协同进化机制。[①] 高职专业群个体在自我生长进化过程中将与周围的各专业群之间形成联动机制，进而形成特定的专业群生态系统。高职专业群生态系统是一个具有自我调控功能的复杂系统，系统内部各组成要素将以能量流动、物质循环及信息传播等形式交互作用、协同运行。[②] 高职专业群生态系统是一个相对独立的开放系统，对其外部环境系统有着较高的敏感性。[③] 在高职专业群生态系统自我运转以及与外部环境系统互动作用的过程中，最终将实现不同层面的动态平衡，并在此过程中展现出有规律可循的专业群生态系统协同进化机制。基于高职专业群生态系统的协同进化样态，根据专业群生态系统的"系统开放度"和系统内专业群之间的"关联度"可以构建专业群生态系统协同进化机

① 朱德全. 和谐与互动：职业教育均衡发展的体制机制研究 [J]. 河南大学学报（社科版），2012，52（5）：138－143.
② 王世斌，宋亚峰，潘海生. 我国高职院校空间布局的动态变迁与演化机理 [J]. 高等教育研究，2018，39（9）：64－72.
③ 沈小峰，吴彤，曾国屏. 自组织的哲学：一种新的自然观和科学观 [M]. 北京：中共中央党校出版社，1993：24.

制分析框架，如图6-7所示。

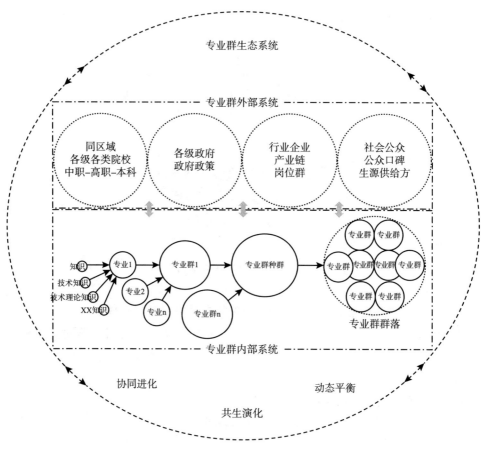

图6-7 高职专业群生态系统的协同进化机制

一、内生驱动：优势特色专业群个体的自我进化

专业群个体是高职专业群生态系统最基本的组成要素，是专业种群和专业群落形成的基础与前提。高职专业群生态系统内部优势特色专业群个体强有力的自我进化，及其对系统内其他专业群的辐射带动作用，是专业群生态系统最基本的内生动力源泉。作为高职专业群生态系统基本组成单元的专业群个体，有其基本的生成逻辑与过程。职业教育是给受教育者传授知识、技能和态度的教育，主要面向生产服务一线，培养高素质技术技能型人才的教育。在复杂多

样的知识体系中，职业教育有其所面向的知识类型，在职业教育面向的知识体系中有实践知识、技术知识、职业知识、程序性知识等与职业教育关系最为紧密的知识类型。在本书中将职业教育面向的知识类型统一归结为：包含技术实践知识和技术理论知识的技术知识。这里的技术知识是与生产实践密切相关的知识，是来自产业链和工作岗位群的知识，是社会主体在生产实践过程中进行物品的生产或者具体服务时需要的知识集合。技术知识不仅包括理解技术过程的原理性知识与理论性知识，还包括将技术运用于具体实践情境的实践性技术知识。① 技术知识不仅包括符号形态的相对静止的知识，也包括体现具体实践情境的过程性动态知识。

高职专业群个体基于其面对的产业链与岗位群所需要的知识、技能和态度等要求，将高等职业教育所面向的技术理论知识、技术实践知识、技术经验知识等，按照特定的逻辑静态固化为教材、教辅材料和其他各类教学资源。同时基于人才培养目标和课程目标，将高等职业教育所面向的知识体系进行动态编码，形成特定的课程体系。不同的课程按照人才培养目标进行科学组合，形成最基本的人才培养单元——专业。在互联技术不断发展的时代背景下，生产实践和服务一线对技术技能型人才的需求更加复合化。专业群的生成，经过从知识—教材—课程—专业—专业群等不同形态的发展，形成了类型多样的专业群体系。由于职业教育所面向的知识体系的复杂性，使得高职专业群生态系统内部的专业群呈现出不同的种类，根据现有的实践样态，每个专业群主要由3~5个专业组成。

高职专业群生态系统中的专业群个体形成以后，将经历自己的成长进化周期。高职专业群个体在发展进化过程中需要经历的生命周期，主要有专业群孕育期、专业群初生期、专业群成长期、专业群成熟期、专业群衰退期、专业群蜕变期等不同的阶段。高职专业群个体有着各自的生命周期，是动态发展进化的，不同的生命周期都将受到不同因素的影响。如在高职专业群个体的孕育期，学校发展理念与战略定位，甚至学校领导人和专业群负责人的办学理念都将直接影响专业群建设方案的制定。在不同的时空维度下，高职专业群个体将展现出特定的进化样态。无论是高职专业群个体时间维度的单线进化样态，还是时间与空间维度的互动进化样态，都体现着特定的进化逻辑。

优势特色专业群个体是整个高职专业群生态系统进化的根本，专业群生态

---

① 朱德全，杨鸿. 论教学知识 [J]. 教育研究，2009，30（10）：74-79.

系统不断发展演化的基础动力正是基于系统内部一个个专业群个体的成长进化。作为高职专业群生态系统最基本组成单位的专业群个体，是由高职院校内部现有的专业或者专业方向按照特定的逻辑组建而成。单个的专业（方向）正如组成生命体的细胞，是高职专业群个体的核心组成要素。专业群个体自我成长进化最本质的逻辑是知识的更新与演化逻辑。在知识论视野下，不同的知识类型中，与职业教育关系最为紧密的是技术理论知识、技术实践知识，它们将按照特定的知识加工与生产方式，在社会环境系统的影响下进行自我更新与进化，从而推动高职专业群个体的成长进化。优势特色专业群作为高职专业群生态系统的"关键少数"，对专业群生态系统的发展进化起着举足轻重的作用，在整个高职专业群生态系统中，特色优势专业群个体通过自身强劲的自我生长进化势头，不断发挥其辐射带动作用，促进专业群生态系统的整体协同演进，从而形成了高职专业群生态系统动态演化过程中最基础的进化机制。

二、多元互动：专业群与专业群之间的竞合作用

高职专业群生态系统内部最基本的组成单元是专业群个体，专业群个体会基于特定的关系形成专业群种群和专业群群落。在同一个高职专业群生态系统内部，并非仅有单个的专业群个体，而是由多个专业群共同组成了专业群系统。高职专业群生态系统内部优势特色专业群将通过专业群内的"聚变"和"裂变"，在专业群纵深方向上不断分化，在专业群广延方向上愈来愈综合，形成多样性的高职专业群生态系统。在这个生态系统内部，专业群个体在自我生长进化过程中将与周围的各专业群之间形成相互作用关系，这种相互作用表现最明显的就是专业群与专业群之间的竞争与合作。高职专业群生态系统基本的特征之一是系统的资源和环境系统的资源都是有限的。在单个高职院校为载体的专业群生态系统内部，会存在着不同的专业群个体，不同的专业群个体为了争夺有限的资源，取得系统内的主导和支配地位，这些专业群个体之间将展开激烈的竞争，从而形成不同时空下高职专业群生态系统内部的强势专业群和弱势专业群，使得系统内部的专业群标签化，不同类型专业群个体的生命力、同化力等是不相同的。

当高职专业群生态系统的开放度较小，专业群个体之间的关联度进一步增大时，专业群与专业群之间将存在诸多竞争与合作的现象。单个专业群尤其是优势特色专业群种群，在高职专业群生态系统内部生长进化的过程中，其独立

性不断增强，将使得个体逐步脱离先期的母体专业群，产生专业群系统内的"裂变"现象。例如，会计专业群作为北京财贸职业学院的优势特色专业，在后期的发展过程逐渐"裂变"出了会计（税务会计）、会计（财务大数据应用）等不同的方向。除了专业群个体的"裂变"现象之外，也存在不同专业群个体的重叠领域逐渐合并，形成新专业（专业方向）的专业"聚变"现象。例如，长沙民政职业技术学院的旅游类专业和语言类专业的聚合，产生了旅游管理（英语方向）、旅游管理（韩语方向）等新的专业群方向。专业群个体的"裂变"和专业群之间的"聚变"现象将使得高职专业群生态系统更加多样化，为专业群个体的裂变、专业群间的交叉与融合提供了潜在可能性，但与此同时也加剧了高职专业群生态系统内不同专业群个体之间的竞争。根据组织生态学的"分配原则"，[①] 高职专业群生态系统内部不同专业群个体的竞争力主要取决于每个专业群在系统中生态位的宽度，专业群个体的组织生态位越宽，其所能利用的各类资源的范围就越大。由于特定系统在特定时空条件下的资源是有限的，因此，专业群之间为获得自身发展需要的各类资源将展开激烈的竞争。

与此同时，不同的专业群个体之间为了应对产业环境的变化和对接全产业链人才发展的需求，还会存在广泛的合作现象，形成与激烈竞争并存的相得益彰的另一种作用形式。例如，随着互联网技术的发展，产业链和岗位群对技术技能型人才的需求也更加复杂化，复合型人才成为人才市场的重要需求导向之一。高职专业群之间的合作与联盟，有助于高职院校培养适应市场需求的技术技能型人才，也有助于其应对社会经济发展和产业升级。专业群个体之间的竞合作用推动高职专业群生态系统从无序走向有序，增加了高职专业群生态系统的活力，也进一步提升了专业群系统对外部环境系统的适应性。专业群与专业群之间的激烈竞争使高职专业群生态系统保持不断动态演化的动力，而专业群与专业群之间的广泛合作将使得高职专业群生态系统发挥协同效应，实现高职专业群生态系统不同时空下的动态平衡。

三、耦合联动：专业群系统与外部系统协同演化

高等职业教育的跨界性决定了高职专业群生态系统与外部环境系统之间联

---

① Barron, David N. The Structuring of Organizational Populations [J]. American Sociological Review, 1999, 64 (3): 421.

系的紧密性与多样性。本书通过对政策系统、产业系统、学校系统等主要的外部主体与高职专业群生态系统之间协同进化过程的分析发现：外部环境系统中的各级政府通过各类政策体系影响专业群的进化方向，保障专业群生态系统所需财力资源、物力资源、人力资源等各类资源的供给；专业群生态系统中的行业企业主体以产业链和岗位群为载体影响高职专业群生态系统的专业设置；高职专业群生态系统中的同区域各级各类院校，通过校际交往实现同区域中职院校、高职院校和本科院校之间的协同发展；专业群外部环境系统中的社会公众主体通过生源供给和口碑评价等方式影响高职专业群生态系统的协同进化。

高职专业群生态系统需要从外部环境系统中吸收和获取系统生存发展所需要的各类物质和能量，同时又向外部环境系统输出各类技术技能人才、技术成果、社会培训等系统绩效产出。高职专业群生态系统将与外部环境系统中的各级政府、行业企业、各级各类院校、社会公众等不同的主体展开相互作用、相互影响，一起构成完整的高职专业群生态系统。从根本目的来说，高职专业群生态系统是一种教育系统，是为了培养人而存在的，因此，社会对其培养各类人才的需求以及人自身的全面发展需求，是高职专业群生态系统运转的重要驱动力之一。高职专业群生态系统通过摄入外部环境系统的场地、设备、资金等要素，经过高职专业群生态系统的吸收与加工，在一定的培养周期之后，培养出适合人才市场需求的多规格和多层次人才队伍，以供给高职专业群生态系统众多的教育消费者，在整体上形成一个复杂的适应系统。

在外部环境系统中，政府政策、企业人才需求规格、同地区各类院校的专业群布局情况等要素将影响到高职专业群生态系统的协同进化方向。例如，为了适应新时期产业系统的发展诉求，2016～2019 年，教育部每年对 2015 年版高职院校专业分类目录进行了增补，以不断适应新经济、新业态对学校培养人才的现实诉求。从近 4 年增补的各类专业看，新增的"虚拟现实应用技术、大数据技术与应用、高铁综合维修技术、人工智能技术服务"等专业较好地对接了互联网和高铁快速发展时代对相应行业人才的现实诉求。同时，为促进制造强国建设项目的推进，国家发布了《制造业人才发展规划指南》等政策文件，这些政策文件的出台将对高职专业群组建起到较强的政策导向作用。为了适应政策导向和产业环境的变化，高职专业群生态系统也做出了积极的应对，例如，南宁职业技术学院立足国家和区域的发展战略，制定了相应的专业群动态调整标准，积极应对新兴产业的变化，实现了专业群与产业链的紧密对接。

除了政策因素、产业环境的变化外，同一区域各类高校专业群布局情况也会影响到相应区域高职专业群生态系统的协同进化。同一地区的高等院校为了避免专业群布局的同质化问题，根据各自的比较优势积极开展了以专业（群）为载体的不同类型的合作。例如，无锡职业技术学院除了已布局的 50 多个专科专业外，还与江苏大学开展本科专业人才的联合培养；广东轻工职业技术学院与肇庆学院合作培养精细化工技术专业人才等。正是由于高职专业群生态系统对外部环境系统变化的敏感性和二者之间紧密的联系，使得高职专业群系统与外部环境系统的协同演化成为高职专业群生态系统整体协同进化的另一重要机制。

四、协同共生：专业群生态系统共生与动态平衡

高职专业群生态系统是一个动态开放的复杂系统，其协同进化过程中充斥着形式多样的物质、信息、能量的交换，经过与外部环境系统错综复杂的诸多交互作用，专业群生态系统能够从混乱无序的非平衡态逐渐过渡到一种有序的平衡态，实现系统功能和机构的最佳状态。依据耗散结构理论和开放系统理论，系统的开放程度对事物的协同进化有着重要影响。当一个系统完全开放时，意味着系统与外部环境系统之间不存在明显的界限，二者之间的物质、信息、能量将处于无限制的状态。在这种百分之百开放的状态下系统将失去自身的独立特性，甚至变成另一个系统或者变成环境系统的组成部分。在这种状态下，系统很难产生自组织的运行状态。因此，实践中的各类系统大多是一个相对开放或者部分开放的系统。高职专业群生态系统以单个高等职业院校为边界，形成相对独立和半开放的系统状态，在与外部环境系统的协同作用下完成自身的进化。

当一个相对独立的高职专业群生态系统由开放走向孤立的时刻，意味着整个系统的熵值增加，如果一味走向孤立则意味着系统更加无序。系统的开放程度既与系统本身的目标、价值观、战略方向、运行模式与策略等有关，同时也与其所处的客观环境有关。一个有着良好进化能力的复杂适应系统应拥有对不同环境或环境变化的应对能力。这种能力使得系统能够根据环境变化和需求作出相应的行为调适，在满足环境需求的同时实现自身的良性运转和发展进化。倘若一个系统没有自我调适的能力，总是遵照外部环境的指令运转，那么系统的演化只能按照外界条件和环境的变化而变化，是一种较为简单的线性关系，当外部指令的影响程度越大时，其加速度就越大，系统的无序程度也就越大。

而当系统拥有一定的自组织属性时，系统将拥有一定的自主性，外部环境系统对其影响是非线性的，因而可以增加系统对外部环境的适应能力。

当高职专业群生态系统内专业群个体之间的开放度最小、系统整体的开放度最小时，此时正是高职专业群生态系统内优势特色专业群个体自我生长与进化的阶段。优势特色专业群个体的形成有两条基本路径：一是内驱力作用下，专业群个体的自我生长进化；二是外部推动力作用下，由政策或制度引导与支持下的建设，通常会在较短的时期内完成①。两条看似不同的路径其实都有一个逻辑前提即专业群个体的自我进化、自我适应和自我修复。优势专业群个体的自我生长进化是高职专业群生态系统最基础和最重要的内部动力，也是治理主体进行人为制度设计的逻辑前提。

特定系统与外部环境之间具有无形的边界，这种边界在物质资源流动和交换过程中具有过滤和缓冲的功能。过滤作用指系统和环境之间的边界能够对外部环境流入系统的物质、信息和能量进行筛选，使得对系统成长、发展有利的资源和能量进入，阻断与剔除对组织发展不利甚至是有害的物质和能量。同时，系统和环境之间的边界还能调控流入系统的物质和能量，使其标准化、规格化、均衡化，有效提升系统运转和再生产的效率。如果没有边界的作用，未经筛选的各类投入将损耗更多的系统资源，增加了系统熵，最终将导致系统的衰退和消亡。缓冲作用又被称为跨界地带，指系统与外部环境之间的边界能够为即将进入系统内的物质、信息和能量等提供一个过渡，减缓其作用的力度和时间，避免这些物质或能量过强对系统核心产生冲击与破坏。

系统边界富有弹性的缓冲作用，使得高职专业群生态系统能够保持特定时空下的动态平衡和系统内各要素之间的协同共生。在高职专业群生态系统内部，专业群个体之间的连接、协调、合作和同步行为，便构成了高职专业群生态系统内部的协同作用。② 协同是高职专业群生态系统整体性、相关性的内在依据，因此，也包含着大量的非线性因素，系统越复杂，其内部的协同作用也就越明显。专业群生态系统协同的广度、深度和速度成为影响专业群生态系统成长进化的重要因素之一。③ 正所谓"声律相协而八音生"，高职专业群生态

---

① 周光礼."双一流"建设中的学术突破——论大学学科、专业、课程一体化建设［J］.教育研究，2016，37（5）：72－76.

② ［美］埃里克·詹奇.自组织的宇宙观［M］.曾国屏，等译.北京：中国社会科学出版社，1992：201.

③ Haken, H. Synergetics of brain function international ［J］. Journal of Psychophysiology, 2006, 60 (5)：110－124.

系统就是在内部各要素之间、专业群系统与外部环境系统的协同作用下完成系统整体的协同进化，形成高职专业群生态系统生机盎然的有序结构。

高职专业群生态系统很难一直处于静态的平衡状态下，因为只有当某个系统被孤立起来的时候才能保持其基本结构不变，高职专业群生态系统的自组织属性，将使得其处于动态平衡的演化之中。为了使系统保持有序的结构，或者形成新的有序结构，高职专业群生态系统将不断从外部环境系统摄取系统发展所需要的各类资源，同时向外部环境系统输出系统绩效，在不断的动态循环中完成"吐故纳新"和系统的新陈代谢。一个充满活力的高职专业群生态系统将在其协同进化的过程完成自我创生、生产与更新，在协同进化中保持其结构的整合性。高职专业群生态系统的协同进化过程是逐级分叉、层次跃迁的变迁过程，其进化过程一般会经历稳态、失稳、混沌状态、分叉形成多重稳态等,① 并不断处于动态平衡的循环往复之中。这种周而复始、往复流动的循环现象将在具备条件的时候向更高层次的循环发展，使得循环变得更加复杂和丰富。复杂性源于高职专业群生态系统内部各类非线性的相互作用。在错综复杂的相互作用下，高职专业群生态系统处于动态的共生演化与平衡过程之中，动态意味着演化与变迁，演化有其内在多样性，高职专业群生态系统协同进化的过程就是系统内各要素之间、专业群系统与外部环境之间协同共生与动态平衡的过程。

第二节 高职专业群生态系统协同进化困境分析

高职专业群生态系统在微观层面、中观层面、宏观层面等不同层面存在形式多样的复杂动态进化形态。正所谓"声律相协而八音生"，高职专业群生态系统的运行只有专业群内部系统的专业群个体、专业群种群和专业群群落之间形成协同共处、一损俱损、一荣俱荣的命运共同体，才能够实现系统内部的健康协同进化。在高职专业群生态系统内部各要素之间实现"阴阳调和"的基础上，还应保持系统内部与外部环境系统中的政策系统、产业系统、同区域院校系统等不同主体之间良好的协同，才能保障系统自身与外部环境系统的和谐有

① Granovetter M S. The Strength of Weak Ties：A Network Theory Revisited ［J］. Sociological Theory，1983，1（6）：201－233.

序共生，最终实现高职专业群生态系统整体的动态平衡与协同进化。当高职专业群生态系统中某一环节或者某一层面出现不协调的现象时，系统的协同有序运转将会面临一系列的困境。本书访谈的案例高校具体信息表见表 2 - 1，访谈资料举证片段的编码 G01 - 02 - 34 代表意义为：第 1 所高职院校的第 2 位访谈者的第 34 句表述，其他编号规则与 G01 - 02 - 34 编号规则相同。

高职专业群生态系统在微观层面、中观层面、宏观层面按照特定的逻辑完成了系统整体的协同进化。这一动态、复杂的协同进化过程既包括不同类型的知识按照特定的逻辑组合成专业，不同的专业按照具体的组群逻辑形成专业群个体，专业群将按照自身的成长轨迹生成进化的过程；也包括专业群与专业群之间经过竞合作用形成的专业群种群与专业群群落的过程；还包括专业群生态系统与外部环境系统中的各级政府、行业企业、各级各类院校、社会公众等不同主体展开相互作用、相互影响的过程。高职专业群生态系统的动态、复杂协同进化过程可基于高职专业群建设的具体实践样态进行分析。本书将选取特定案例深入分析高职专业群生态系统协同进化的困境，根据笔者对研究样本专业群生态系统运行现状的调研，可以将其运转的困境梳理为以下几个方面。

一、微观层面：专业群个体组建的科学性欠佳

专业群个体是高职专业群生态系统最基本的组成单位，专业群个体主要由高职院校内部现有的专业或者专业方向按照特定的组群逻辑组建而成。单个的专业（方向）正如组成生命体的细胞，是高职专业群个体的核心组成要素。专业群个体组建的首要问题是群内专业的选择，根据当前专业群组群的实践，高职专业群个体一般是由 3 ~ 5 个专业所组成。专业群个体的协同运转应建立在科学组群的前提下，通常情况下，专业群内的组群专业一般会由龙头专业和若干非优势专业按照特定的逻辑组成。龙头专业通常为一所高职院校的优势特色专业，此类专业是职业院校各类专业中既有"热度"，也有很高"关联度"的专业，此类专业受社会欢迎程度较高，且与高校布局的其他专业有着紧密的关联。基于龙头专业的上述特点，使得龙头专业在专业群个体内能够发挥辐射带动作用。因此，龙头专业的选择对高职专业群个体科学组建起着非常重要的作用。根据笔者的调研，在组群专业的选择环节会存在一些科学性欠佳的地方，龙头专业选择的科学性还有待进一步提升，尤其当专业群系统优势特色专业存在多个时，如何选择龙头专业将存在诸多挑战。如 G03 校的王老师所说："我

们学校的优势特色专业有 3~4 个，在里面有 2 个实力最强的王牌专业，由于这两个专业同属一个专业大类，不好单独组成两个专业群，所以就存在一个选哪个作为龙头专业的问题，选其中一个专业将会使另外一个专业负责人产生抵触情绪，这在组群过程中挺为难的（G03-01-19）。"龙头专业的选择如果基于学校王牌专业负责人的话语权等主观要素作出判断，将影响专业群个体组建的科学性，使得作为群内"关键少数"的龙头专业很难将辐射带动效应发挥到最大，不利于专业群个体的有序协同进化。究其原因，专业群内龙头专业选择的主观性，很大程度上是由于对龙头专业选择的内部知识逻辑和外部实践需求逻辑把握不清导致的。

从内部知识逻辑来看，知识生产过程是知识根据其内在逻辑发展演化的过程，也是在市场需求驱动下进行定制式生产的过程。龙头专业选择的内部知识逻辑，应根据优势特色专业对其所服务产业链和岗位群所需技术知识加工与生产能力的大小确定。知识论视角下高职专业群的知识生产过程是根据服务领域的复杂性，对"做某些事情的技艺、能力（know-how）"知识的静态加工与动态编组，从以程序性和操作性知识生产为主的技术技能应用型，到以策略性和反思性知识生产为主的工程应用型之间循环往复的过程。相较于普通高等教育基于闲逸好奇而研究的高深学问，高职专业的知识生产关注应用类知识的生产、加工和传授。从现有的龙头专业选择和群内其他专业选择的实践样态来看，很少会有院校基于专业群技术知识生产的逻辑进行组群专业的选择，专业群个体组建过程中群内专业选择的主观性较强，致使专业群个体组建的科学性欠佳。

从外部实践需求逻辑来看，专业群个体组建环节定位不清、产业链对接不准，是造成专业群个体组群科学性欠佳的主要原因之一。高职专业群个体组建环节面临的主要问题是部分专业群个体在组建过程中定位不清晰，不能很好地对接所在区域的产业布局，专业群的社会服务能力不能得到应有的发挥。究其原因是部分高职院校在发展过程还未能树立与时俱进的发展理念，[①] 受传统办学经验与发展模式的影响，发展理念较为滞后，很难适应互联网和大数据时代专业群发展的现实需要。发展理念滞后致使学校的办学定位较为模糊，部分院校仅仅将学校的办学定位描述为培养技术技能型人才或者服务于区域经济发展

---

① 朱正茹，杨剑静. 高职院校推进"双高计划"的现实困境与破解策略 [J]. 教育与职业，2020（9）：43-48.

等方面。此处所表述的仅仅为高等职业教育整体的发展方向之一，并未明确单个院校的办学定位。办学定位的模糊化使得高职专业群生态系统的发展定位不清，岗位群和职业带对接不精准、专业群的特色不鲜明，从而导致学校整体的办学特色缺失。此外，部分院校由于以前经历了骨干校、示范校、优质校等项目的建设，固有的路径依赖使得"双高计划"建设时代专业群的建设很难摆脱之前的建设思路，致使专业群的组建很难实现定位科学与精准对接服务对象。正如 G01 校的余老师所说："我们在写专业群申报书的时候很多还是按照之前的项目申报的思路，这样写起来也容易上手一些，但这种做法也会造成专业群在组群过程会按照之前已有的经验和老路子走下去，这样也会带来创新性与前瞻性不足等问题（G01－02－34）。"① 因此，微观层面高职专业群个体在组建环节面临的主要实践困境是容易产生专业群定位不科学、服务对象对接不精准、群内专业选择不科学等问题。专业群组群环节的定位不准，致使高职专业群生态系统在组建环节容易出现"拉郎配""乱点鸳鸯谱"式的政策联姻、"拆东墙补西墙"等机械拼凑问题，不利于后期专业群生态系统在运转过程中群内专业之间的深度融合和协同效应的发挥。

二、中观层面：专业群与专业群间的拮抗作用

高职专业群生态系统由类型多样的专业群个体所组成，在专业群生态系统的协同进化过程中，系统内的专业群尤其是特色优势专业群将通过"聚变"和"裂变"方式，使得专业群个体在纵深方向上不断分化，在广延方向上越来越综合，进一步增加了高职专业群生态系统的多样性。类型多元的专业群个体增加了高职专业群生态系统的生命力与活力，但与此同时也增强了专业群生态系统内不同专业群个体之间的竞争程度。当系统内专业群之间的竞争程度过于激烈而产生恶性竞争时，专业群与专业群之间将产生拮抗作用。专业群之间的拮抗作用主要表现为一个专业群的成长进化被另一专业群的成长进化所阻抑的现象，使得两专业群之间的协同进化对系统整体动态平衡实现的作用小于专业群个体独立时的作用。专业群之间拮抗作用的存在将对专业群生态系统中观层面的协同进化产生抑制作用，不利于高职专业群生态系统的整体协同进化和动态

---

① 注：相关调研样本院校见表 2－1，括号中的 G01－02－34 代表的是第 1 所高职院校的第 2 位访谈者的第 34 句表述，其他编号规则与 G01－02－34 编号规则相同。

平衡的实现。

　　高职专业群生态系统内专业群个体的盲目扩张，是专业群与专业群之间拮抗作用产生的原因之一。在笔者对案例院校访谈过程中发现，部分高职院校的专业设置和专业群设置存在一定的随意性，追逐热门专业群的倾向比较明显。例如，笔者调研的 G05 校的张老师所说："我们的专业群处于一个动态调整的过程中，所有的专业群都不是一成不变的，我们会根据每年的热门专业对专业群和群内的专业进行调整，那些招不到生源的冷门专业就不办了，生源问题很现实，我们高职院校要生存、要发展必须要重视生源问题（G05－01－20）。"专业群组建和专业设置的热点导向使得专业群生态系统内专业群的裁撤和增列存在一定的盲目性。这种盲目性将导致有限的系统资源面临更加激烈的竞争，不利于系统资源整体的优化配置，从而产生专业群与专业群之间的拮抗作用，二者之间的强拮抗作用将使得中观层面专业群之间的协同进化难以实现，进而影响高职专业群生态系统整体的协同进化与可持续发展。

　　专业群之间产生拮抗作用的另一原因是专业群生态系统内现有专业群之间良性互动难以达成，在专业群生态系统动态运转过程中存在交往壁垒，专业群内专业之间融合不畅，专业群与专业群之间良性互动缺乏。高职专业群建设是复合型技术技能人才培养的基础单元，也是实现高职院校科学治理、高水平发展的重要载体。根据笔者对高职院校专业群建设实践案例的调研发现，高职专业群组群的主要依据有四类：第一，是否对接特定的共同产业链需求，第二，是否对接特定的岗位群或职业群的需求，第三，是否可以实现资源（公共课、教师资源、实训基地等）的共享，第四，是否以学校的龙头专业为牵引进行相应的专业布局，协同若干专业发展。其中，产业链需求导向式的专业群组群模式能够体现技术技能型人才培养的职业性，但是由于此类模式横跨的行业领域和专业大类较多，使得群内各专业之间的黏合性不足，专业之间很难实现很好的融合。职业（岗位）群导向式的专业群组群模式能够较好地对接当下的岗位群需求，体现复合型技术技能人才培养的即时性，但是随着互联网技术的不断发展和产业升级的加快，为更好地对接产业需求，其必须对群内专业进行动态调整，导致专业群的稳定性不足。资源共享导向式专业群组群模式能够优化学校的资源配置，但以资源共享为导向的专业群组群模式却很难适应产业升级和技术革命带来的变化，造成专业群整体的灵活性不足。龙头专业导向式的专业群组群模式能够较好地发挥学校优势特色专业的辐射效应和协同效应，但也有可能形成强者愈强、弱者愈弱的"马太效应"，使得学校的各类资源过于集中于龙头专业。

专业群内专业之间交往壁垒的存在，使得群内专业有机融合很难深入，进而阻碍了专业群内专业之间协同效应的发挥。专业群系统内专业之间壁垒的存在使得群内专业有机融合的难度增大，有时会出现虽然是优势特色专业之间的"强强结合"，但强势专业之间很难融合，甚至出现强势专业之间的"内耗"问题。正如 G08 校的李老师所说："我们之前试点建立的几个专业群里面，有专业群内的 2 个专业都是我们学校的优势专业，两个优势专业之间为了获得龙头专业的位置互相不服气，专业之间很难很好地融合起来，另外，不同专业之间老师的考核、教学任务的分配等方面的因素也会造成群内专业融合不够的问题（G08－02－29）。"因此，专业群内专业之间存在各类融合壁垒，造成专业之间的融合深度不足，是专业群生态系统的运转过程中比较突出的实践困境。群内专业之间融合不畅将会使得专业群的运转出现诸多问题，专业群生态系统的协同效应难以得到有效发挥，甚至产生"换汤不换药""新瓶装旧酒"等变形走样的现象。

三、宏观层面：专业群系统与外部系统的失协

宏观层面高职专业群生态系统与外部环境系统各主体保持高水平耦合和有序协同，是实现专业群生态协同进化的外在依据。高等职业教育的跨界性决定了专业群系统与外部环境系统之间联系的紧密性与多样性。高职专业群生态系统需要从外部环境系统中获取系统生产和发展所需要的各类物质和能量，同时又向外部环境系统输出各类技术技能人才、技术成果、社会培训等系统绩效产出。专业群生态系统将与外部环境系统中的各级政府、行业企业、各级各类院校、社会公众等不同的主体展开相互作用、相互影响，一起构成完整的专业群生态系统。当高职专业群系统与外部环境系统各主体实现宏观层面的良好协同时，将共同促进专业群生态系统整体协同进化和动态平衡的实现。反之，当高职专业群系统与外部环境系统中任何一外部主体失去协同，处于低水平耦合时，将使得高职专业群生态系统的整体运转出现困境。

当相关政策保障体系难以满足高职专业群生态系统的发展需求时，将出现专业群系统与政策系统的失协现象。高职专业群生态系统有序良好的运行必须建立在各类政策体系的保障与支持基础上，这就要求专业群系统与政策系统之间实现良好的协同，使二者之间达成一种动态变化中的有机协调。正如斯宾塞

说"人们必须要归属于某种群体，但并不意味着他们永远归属于同一个群体"。与此相类似，专业群内的专业组成也非固定不变的，而是处于动态变化与调整之中。故而需要一系列前瞻性的政策措施保障高职专业群生态系统的健康运转，但现有的政策保障体系却很难提供体系较为完备的前瞻性保障措施。正如G13校的张老师所说："我们目前在学校层面制定的一些具体保障措施，主要是基于专业群建设过程中存在的一些关键问题，有时候甚至是在专业建设时期就存在的各类'顽瘴痼疾'，对于专业群未来5~10年，甚至更长时间的发展还有待进一步广泛充分的调研，然后做出科学的规划（G13-01-33）"。专业群建设初期，面对专业群内部专业之间有机融合不足、协同联系纽带易断裂等问题，不能采取"打补丁"式的"头痛医头脚痛医脚"碎片化保障措施，而应该以动态变化的眼光审视专业群生态系统的运转，基于学校的发展定位、所在区域产业布局等各类因素，逐步建立体系完备的前瞻性保障措施。

当高职专业群生态系统培养的技术技能人才难以适应产业系统的现实需求时，将出现高职专业群系统与产业系统的失协现象。在具体的实践中，高职专业群系统将与产业系统展开多元模式的互动，主要有优势特色专业群驱动模式、应用类专业群引领模式、多科专业群协同发展模式等。其中，优势特色专业群驱动模式的高职院校在与产业系统的协同过程中注重打造"小而精"的优势特色专业群，并以特色优势专业群来驱动学校全部专业群的整体发展。此类院校设置的专业总量不多，但院校特色十分突出，主要为铁路、医学、农学、艺术等行业属性比较明显的院校。应用类专业群引领模式，主要包括工科应用类专业群和社科应用类专业群两类具体的模式。应用社科类专业群引领模式注重打造自身的特色优势社科类专业群，并以此来引领学校其他专业群的同步发展。多科专业群协同发展模式的院校，注重打造"大而全"的专业布局，而非特色专业群驱动模式院校所选择的"小而精"的发展思路，相较而言，后者更加强调综合性，更加注重各类专业之间的协同发展与良好专业群生态的培育。

总之，通过多元的互动模式，高职专业群系统实现了与产业系统的良性互动。而当二者之间的协同互动形式难以适应不同阶段的发展需求时，将出现二者的失协现象。如笔者在调研过程中G09校的李老师曾说道："专业群必须建立在产业链上，脱离了产业链和岗位群的专业群就是无本之木、无源之水，不可能有太大的发展潜力，所以我们在进行专业群的组群过程中一般会详细调研我们院校所在区域的产业布局，使我们的专业群能够长在产业链上，只有这样才可能有更好的发展（G09-02-41）"。因此，高职专业生态系统要想获得可持续发展就必须关注所在区域的产业链，并与其保持同频共振，才能实现专业群系统与产业系统的高水平耦合。反之，当下部分院校在专业设置和专业群组建方面的盲目性、随意性、热点导向性等倾向将使得专业群系统与产业系统处于低水平耦合状态，不利于高职专业群生态系统整体协同进化的实现。

专业群系统所在高职院校与同区域各级各类院校之间通过多元的校际交往形式，能够使同区域的各类院校发挥最佳的协同效应，共同服务于区域经济社会发展的现实诉求。反之，当同区域院校之间同质化现象突出而难以合作共生时，将出现专业群系统所在院校与同区域院校之间交往受阻的问题。在高职专业群生态运转过程中，如果同区域各级各类院校片面追求对接社会热点需求，忽视知识体系的系统性与完整性，使得高职专业群系统成为复合型技术技能人才培养的"培训场""流水线"。[①]倘若专业群建设没有充分考量区域发展需求、院校优势和特色、产业链条关系等因素，而是一味追求热门专业和热门行业，那么短期内热门专业群数量会快速增长，出现扎堆建设同类专业群现象，进而很难避免同区域院校特色缺失、"多校一面"的同质化问题。热点和单点的专业设置思维将导致高职院校有限的资源稀释，很难实现资源的优化配置，使有限的各类资源很难发挥最大效用。正如G09校的李老师所言："我们在进行专业设置的时候也会紧盯隔壁的院校设置了哪些专业，近些年的招生专业目录有哪些变化，因为我们之间很多时候会存在一种竞争关系，知己知彼，才能百战百胜，了解竞争对手才能在竞争中拥有主动权（G09 - 02 - 43）"。因此，同区域的院校之间为了争夺生源有可能会出现恶性竞争的现象，不利于同区域各级各类院校之间的协同发展。同一区域的各级各类院校正如人体不同的器官，具有相对独立性，但又是不可分割的整体，每一个器官系统都有自己的价值和作用，为其他器官和身体提供相应的物质和能量，与此同时，它们也需要其他器官和组织的支持。同区域各级各类院校之间只有实现有机融合，才能实现院校之间有机团结的递增优势，否则即使存在校际交往，也是形式上的"机械团结"。正如涂尔干所言，"有机的团结"[②]能够使人们紧密地结合在一起，并且这种合作的力量会愈加增强，但机械的团结则无法做到这些。不难发现，不同群体的有机团结具有能量递增优势，专业群的建设也应该着力促进专业群

① 米高磊，郭福春."双高"背景下高职专业群建设的内涵逻辑与实践取向——以浙江金融职业学院为例［J］. 高等工程教育研究，2019（6）：138－144.

② ［法］埃米尔·涂尔干. 社会分工论［M］. 渠东，译. 北京：生活·读书·新知三联书店，2013：108.

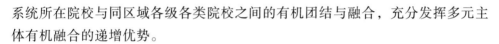

系统所在院校与同区域各级各类院校之间的有机团结与融合，充分发挥多元主体有机融合的递增优势。

四、整体层面：专业群生态系统动态运转失衡

高职专业群生态系统是由多要素组成的多层次、多变性、非线性和多功能的复杂适应系统，在不同时空维度下呈现出相应的空间结构和时间变化，经过一定的协同演化周期形成具有自我维持和自我调控能力的复杂自适应系统。这一复杂的自适应系统通过系统内部的协同进化，以及与外部环境系统的相互作用、相互影响，实现高职专业群生态系统的动态平衡与共生演化。高职专业群生态系统将在这一动态平衡与协同进化过程中实现系统功能的优化和系统整体的可持续发展，从而不断提升专业群生态系统的适应力，为社会输出更多更高质量的复合型技术技能人才。通常情况下，高职专业群生态系统能够通过自我调适实现整体动态平衡和可持续发展，但由于专业群系统资源和外部环境系统资源的有限性，使得系统内不同维度的各要素之间存在错综复杂的竞争关系，恶性竞争关系的存在将影响系统内外各要素之间的协同进化，各要素之间的不协同将进一步导致高职专业群生态系统整体运转的失衡。究其原因主要是高职专业群生态系统运转过程不同层面的某一要素"变异"，引起"牵一发而动全身"的效应，导致了专业群生态系统动态运转的失衡。

从微观层面的失衡原因来看，专业群个体组群环节对其所面向的知识域把握不清是导致专业群生态系统后期运转过程失衡的导火索之一。高职专业群生态系统面向的知识是一类内涵丰富的技术知识，技术知识包括技术理论知识和技术实践知识等不同的类型。高职专业群个体的组建过程主要是对其所面向的技术知识进行科学编码与组合的过程。专业群个体的生成须经过技术知识的静态加工和技术知识的动态编组。在技术知识的静态加工过程中，将实现从知识—教材—课程的知识形态变迁；在技术知识的动态编组加工过程中，将实现从课程—专业—专业群的转化，最终形成不同的专业群体系。在专业群个体组群过程中，从技术知识到专业群个体生成的任何一环节出现问题，都将影响专业群组群的科学性。正如 G11 校的王老师曾说道："我个人觉得当前对专业群的教材建设还不够，很多教材还是按照普通本科教育学科知识体系的传授习惯进行编组，像手册式和活页式这类更接近职业教育属性的教材开发还不够，而传统学科知识传授特点的教材将影响我们学生的学习效果，不利于人才培养质

量的提升（G11－01－39）"。教材的开发与编写虽为专业群建设过程中一个子环节，但将影响专业群建设的效果。因此，微观层面的各要素与各环节存在的问题，将会导致高职专业群生态系统整体运转过程中的失衡现象。

从中观层面的失衡原因来看，专业群与专业群之间协同进化与共生状态的失协，是引起高职专业群生态系统动态运转失衡的原因之一。高职专业群生态系统所面向知识体系的复杂性，使得专业群生态系统内部的专业群个体呈现出不同的种类。专业群种类的多样性增加了专业群生态系统运转的活力，也进一步增强了专业群系统对外部环境系统的适应性。在专业群生态系统协同进化的过程中，专业群个体会随着专业群生态系统的演化发生专业群个体的"聚变"与"裂变"现象。专业群个体的裂变将产生新的专业群个体，专业群个体的聚变则将整合重叠领域高的专业群个体，形成整合后新的专业群个体。一系列专业群个体根据亲疏远近关系和相互关系的疏密，将形成更大组织形态范围的专业群群落。由于系统资源的有限性将导致系统内专业群个体之间存在广泛的竞争关系，研究发现，专业群个体之间的协同进化关系主要有共生性协同进化、正偏利性协同进化、负偏利性协同进化、制约性协同进化、替代性协同进化等不同类型。在一个适切的群间竞争系数之下，专业群生态系统内专业群个体之间才能实现良性的协同进化，而当群间的竞争程度过于激烈时，专业群之间将产生恶性竞争，造成系统内部的不和谐现象，引起高职专业群生态系统整体动态平衡的失协。

从宏观层面的失衡原因来看，专业群系统与外部环境系统的任何子系统之间，如果出现低水平耦合和低效率互动都有可能导致高职专业群生态系统动态运转的失衡。外部环境系统是专业群系统协同进化所需要的人力、物力、财力等各类资源的主要供给方，也是专业群系统的主要服务主体，二者之间的协同互动和共生演化将促进专业群生态系统的可持续发展。反之，当二者之间的协同互动难以有效达成时，将阻碍专业群系统的协同进化。正如 G13 校的李老师说道："不论是专业群在组群前，还是在组群后的运转过程中，都需要时刻关注国家层面和地方层面的各类政策，特别是产业政策和教育政策，这是我们引导专业群建设方向的主要指南，但在实践过程中，专业群组群完成后好像所有的任务都做完了，在我看来完成组群不是各项工作的终点（G13－01－29）"。高职专业群建设不是一项一劳永逸的任务，需要用动态思维关注不同时空下专业群系统的发展。专业群系统与外部环境系统中的政策系统、产业系统、同区域院校系统和社会系统等子系统之间，在动态发展过程中存在着脱钩和不协同的可能性，静态固化思维将导致高职专业群生态系统在动态运转过程的失衡。

高等职业教育专业群建设还处于探索阶段，专业群建设相关标准缺失，建群前的专业群定位设想不精确、建群后内部的治理和融合不畅等问题，使得高职专业群建设需要一系列的政策保障措施促进专业群生态系统平稳有序健康运转。高职专业群的组建主要是对高职院校技术技能人才培养现状的反思，针对专业群建设过程中过分强调专业分工导致技能化、专业化有余，但发展性不足等问题，需要从对接单一的职业向对接岗位群转变。同时，互联网技术的发展要求产业集群发展、专业群集群发展，在合理把握城市群区域产业布局的基础上，科学布局专业群。专业群的组建可以基于不同的组群思路，如可以从资源共建共享的角度，将各专业能够实现群内资源优化配置、是否拥有共同基础作为判断依据，将技术领域相近、学科专业基础相似、工程对象相同的若干个专业组成专业群。另外，还可以基于外部产业系统的诉求视角，将有效服务产业系统的整体需求，以产业集群和产业链所需求的专业为对象，将若干专业整合重构成为新的专业群。总之，不论是微观层面专业群个体组建的科学性不足问题，还是中观层面专业群与专业群之间的拮抗作用，抑或是宏观层面专业群系统与外部环境系统的失协问题，都将影响高职专业群生态系统的协同进化与动态平衡。

第三节 高职专业群生态系统的科学治理方略

高职专业群生态系统是一个处于动态平衡中的复杂系统，专业群系统从外部环境系统不断地摄取自身发展所需要的各类资源，同时向外部环境系统输出系统绩效，在循环往复的运行中完成"吐故纳新"和系统的整体协同进化过程。高职专业群生态系统具有融合性、交叉性、渗透性，通过专业群生态系统的全面建设能够进一步优化高职院校整体专业结构；高职专业群生态系统具有通用性、普适性、稳定性，通过对专业群生态系统的不断完善能够优化高职院校的资源配置，实现资源共建共享，同时有利于进一步重构内部治理结构，凝练各学校的办学特色；高职专业群生态系统具有适应性、针对性、灵活性，通过打造良性循环的专业群生态系统能够进一步提升高职院校的社会服务能力。

我国高等职业院校从示范校、骨干校到优质校，再到双高校的变迁进程，可以清晰地看出我国高等职业教育已进入"提质增效"的发展阶段，而专业群建设正是高水平高职院校实现提质增效、资源共建共享、专业整体结构优化、院校治理优化的重要抓手之一。恰切的专业群布局与科学的专业群发展策略，是"双高计划"建设推进和高等职业教育内涵发展与特色建设的前提与基础。中国特色、世界水平的专业群和高职院校建设，可以引领我国职业教育改革的持续深化、强化高等职业教育内涵建设、支撑高等职业教育高质量发展。高等职业院校和专业群建设，要扎根中国大地和我国经济社会发展的现实诉求，才能建成有中国特色、世界水准的院校和特色专业群。高职专业群生态系统在建设过程中需要遵循特定的导向或规律，即按照一定的行动逻辑进行高职专业群生态的建设，实现专业群生态系统的科学治理。

高职专业群生态系统的治理是一个内涵丰富、层级多样和实践性强的系统性工程，专业群生态系统的协同进化除了顺应其自身的发展规律之外，还应对系统发展进化过程中的不协调状态予以科学治理与优化。在新的发展阶段，基于高职专业群生态系统的整体协同进化机制和实践困境，为进一步优化高职专业群生态系统的治理应采取以下措施。

一、固本培元：着力打造优势特色专业群个体

高职专业群生态系统中优势特色专业群个体、专业群种群、专业群群落是专业群生态系统协同进化的"精元"与"根本"。特定高职专业群生态系统的竞争力主要取决于其系统内部的优势特色专业群个体生产、应用与进化能力。特色优势专业群个体是高职专业群生态系统成长进化的"基石"，"基础不牢，地动山摇"，其成长进化的生命力与活力将影响高职专业群生态系统整体的资源吸附能力和系统绩效输出。因此，高职专业群生态系统治理的首要策略应是固本培元，即培育和打造优势特色专业群个体、专业群种群。通过分析高职专业群生态系统的实践样态可以发现，不同专业群生态系统中专业群个体的数量虽然存在着差异，但其特色优势专业群个体都是专业群生态系统协同进化的"引擎"与动力之源。

"求木之长者，必固其根本"，固本培元，打造特色优势专业群是高职专业群生态系统治理最重要的抓手之一。特色优势专业群是高职专业群生态系统成长进化的最基本动力源，特色专业群的建设能够进一步凝练高等职业院校的办学特色，同时凸显高等职业教育的类型特色。特色优势专业群的打造需要高职院校在自身的发展过程中，在遵循职业教育发展基本规律的基础上，经过内部

和外部因素的共同作用，在教育理念、教学组织与实践等方面打造具有本校特色的稳定特征。通过打造特色优势专业群，将有利于高等职业院校进一步优化资源配置、凝聚办学特色、清晰办学定位，最终形成品牌标识，为特色化、差异化发展战略的制定奠定坚实基础。

专业群个体的科学组建是优势特色专业群打造的前提和基础。为更科学地组群，高职专业群个体在选择组群专业时，应根据专业群对接产业链，科学选取组群专业，使得同一专业群内的各专业能够精准对接特定行业的产业链，并且能够实现群内专业之间的资源共享、优势互补、互相支撑和协同发展，达到 $1 + 1 > 2$ 的协同效应。如"双高计划"建设院校中的顺德职业技术学院，立足顺德家电产业、家具产业和涂料产业等雄厚的制造业基础，重点打造了家具设计专业群、空调技术专业群等特色鲜明、品牌标识度强的专业群，提升了学校的办学辨识度和市场认可度。

在科学组群的基础上，优势特色专业群个体打造的主要着力点是关注高职专业群个体成长进化相关的诸多核心要素。其中，教材建设与教法变革是关键，科学选取特定高职专业群个体所面向的技术理论知识和技术实践知识，形成系统完善的技术知识库，并根据学生接受知识的特点对相关技术知识进行科学的静态加工，形成高职专业群的教材体系。在教材体系的呈现形式上，加强多形态教材建设，为不同类型的专业群开发多元形态的教材。例如，应用情境性强的、技术环境变化快的专业群可以开发活页式、手册式和立体化等不同形式的教材，使得专业群的教材建设能够适应不同专业群人才培养的需求。同时，进一步加强专业群教材教法的动态调整，不断将新工艺、新技术和新规范融入教材教法改革中。

在基础资源建设方面，高职专业群个体建设的主要落脚点是课程建设。专业群所面向的技术理论知识和技术实践知识体系，经过静态加工和动态编组将形成相应的课程体系。在专业群课程开发过程中，应根据工作成果所承载的职业能力设置相应的课程单元，[①] 围绕职业能力对知识的需求详细筛选相应的课程内容，科学构建"公共课程 + 共享课程 + 核心课程 + 技能课程"的专业群课程体系，合理设置书证融通的课程体系。例如，可以建立"证书体系培训课程 + 岗位群技术技能迁移课程 + 组群专业特色课程 + 整个专业群共享课程"等架构形成的课程体系。同时，进一步加强教学资源库、案例库等建

---

① 徐国庆. 职业教育课程论［M］. 上海：华东师范大学出版社，2015：133.

设，利用各类信息化手段，打造一批在线精品课程，丰富高职专业群生态系统的课程资源库。

在师资队伍建设方面，应着力打造高水平教学创新团队。关注教师的职业发展，通过合理引进和加强培训的方式，培养一批高水平专业群带头人、技术技能大师、行业企业领军人才、青年骨干教师等，不断优化教师教学创新团队的结构，为高水平专业群的建设提供重要师资保障。此外，还应进一步加强专业群实践教学基地、产教融合平台、技术创新与人才平台、技术协调创新中心等技术技能平台的建设。通过大力建设专业群个体发展的内部要素，打造特色优势专业群，不断增强高职专业群生态系统协同进化的内生动力。在完成专业群的科学组建之后，按照专业群个体不同成长阶段的现实诉求，在专业群个体不同的生命周期，采取有针对性的发展策略。

特色优势专业群是每一所高职院校的"强校之基""立校之本"，是专业群生态系统协同进化的重要动力之源。固本培元，特色优势专业群的打造将为专业群生态系统的协同进化与动态平衡奠定坚实的基础。优势特色专业群的打造，将形成高职专业群生态系统内生动力的重要"增长极"，有利于提升优势特色专业群对高职院校办学特色的贡献度，有利于发挥优势特色专业群的辐射带动作用，实现专业群生态系统的整体协调发展，使高等职业院校在激烈的竞争中实现特色发展和差异化发展。特色鲜明、优势明显的专业群个体的培育与建设，将为打造更多的高水平专业群落高地甚至专业群落高峰提供可能性。通过高水平专业群落高地和专业群落高峰的"辐射效应"，实现对高职专业群生态系统内其他弱势专业群、边缘专业群个体的辐射带动作用，以达到"以点带线、以线带面"的治理目标，进而促进高职专业群生态系统的整体协同进化。

二、各安其位：科学布局系统内的专业群分布

在同一高职专业群生态内部，专业群个体与个体之间存在着广泛的竞争与合作关系。类型多样的专业群个体形成了生机盎然的高职专业群生态系统，专业群生态系统的多样性与差异性，增加了专业群个体之间、专业群种群之间的竞争程度，同时也提升了专业群生态系统的生命力与活力。高职专业群生态系统的多样性与差异性，既源自宏观层面社会需求和人的发展需求的多样性，也肇始于微观层面技术知识生产与加工的多样性、多态性与多面性。相较于学科系统内知识生产的属性与特征，高职专业群生态系统内的技术类知识生产和加

工，与研究型大学中按照"知识生产模式Ⅰ"进行的基础类软学科的知识生产有着很大的差异性，其知识生产更接近"知识生产模式Ⅱ"[①]，即强调情境性、多学科整合、主体多样性、知识结构灵活性和更新灵敏性。在部分专业群内技术类知识的加工甚至更接近"知识生产模式Ⅲ"[②]，也就是突出政府、学校、行业、企业等社会组织之间的协同合作与创新创造，通过多元交互网络和知识动态整合，实现知识创新与更迭。高职专业群生态系统内技术类知识生产的多样性使得系统内专业群个体的种类和数量更加丰富。

高职专业群生态系统内部技术类知识生产的多样性，以及专业群之间对外部环境各类资源吸附能力的差异性，使得专业群生态系统内部出现了等级化、碎片化、标签化和功利化的特征。在专业群生态系统的实践样态中，专业群个体内部存在"三六九等"的分级现象，将形成优势专业群、弱势专业群、特色专业群，优势专业群内部有时也会出现国家层面、省级层面、校级层面等不同层面的子类优势专业群。各类定制化的评估考核指标体系在一定程度上会异化或扭曲专业群生态系统的自然生长，加剧系统内专业群之间的"马太效应"，阻碍专业群系统的自我生长和完善。专业群所在的群落不同，其成长进化的过程也会存在差异。针对系统内不同类型的专业群个体，应该采取适合其发展的治理路径，使得高职专业群生态系统中不仅存在特色优势专业群，也存在适应区域需求，能够调适整个系统功能的非优势专业群和必要的冷门专业群，为专业（群）之间的融合与交叉提供更多的可能性，使得专业群生态系统内能够生机盎然。

专业群生态系统中不同类型、不同体量的专业群，它们有着各自不同的成长进化特征和相异的系统职能。高职专业群生态系统内的专业群落，很难孕育出像研究型大学一样处于"波尔象限"和"皮特森象限"的纯硬知识或者纯软知识，更多的是处于"巴斯德象限"和"爱迪生象限"的应用硬知识和应用软知识。此类知识生产面向国家重大战略需求和社会经济发展前沿的需要，具有较强的应用属性和时代价值。因此，高职专业群生态系统的治理要避免一刀切的治理思路，应当遵循"安其所也，遂其生也"的逻辑思路，既要在个体层面充分挖掘与发挥系统内各个专业群的特色和优势，同时也要从整体上保持

---

① Gibbons M，Limoges C，Nowotny H，et al. The New Production of Knowledge：The Dynamics of Science and Research in Contemporary Societies ［M］. London：Sage，1994：12.

② 武学超. 模式3知识生产的理论阐释——内涵、情境、特质与大学向度 ［J］. 科学学研究，2014，32（9）：1297－1305.

各专业群之间、专业群与其他主体间的和谐共生、协同共进，只有这样才能促进整个高职专业群生态系统的可持续发展和协同进化，进而促使高职专业群生态系统绩效的最大化。

科学谋划系统内专业群布局，使得系统内专业群能够各安其位、各展其长、各尽其责、各得其所，发挥系统内不同专业群个体的比较优势，能够形成更大范围的协同作用。合理布局系统内专业群的分布，是促进专业群内部生态系统良性运行、打造多元共生的高职专业群生态系统的重要举措。由于高职专业群生态系统服务面向对象的复杂性，使得专业群所面临的技术知识来源途径多元化、技术知识形成过程复杂化。技术知识类型的多态性、多面性与多样性，以及知识生产方式的多元性使得高职专业群生态系统的协同进化呈现出复杂性与多样性。以我国 2015 年版专业分类目录更新后 19 个专业大类、近 100 个专业类和 779 个具体专业的分类体系为例，类型多样的专业体系为专业群的组建和专业群类型的多样性奠定了重要基础。在具体实践过程中，"双高计划"建设院校一般都设置了数量较多的专业，各院校平均设置的专业数接近 50 个，其中，深圳职业技术学院等院校设置了近 90 个专业。类型齐全、数量众多的专业设置为高职专业群生态系统的"百花齐放"提供了现实的专业基础。与此同时，在笔者对相关院校进行调研的过程中，也发现了部分院校对一些所谓的"弱势专业"或者招生情况不佳的专业进行大范围裁撤现象，尤其是在专业群建设不断推进的情境下，此类裁撤现象时有发生。科学合理的专业裁撤与调整无可厚非，但如果仅仅是为了集中优势资源办优势专业，进而组建优势专业群这样单一目的的话，这种做法就失之偏颇。"一花独放不是春，百花齐放春满园"，高质量专业群生态的建设，需要充分考量和结合外部环境系统需求科学规划、合理布局系统内的专业群个体，而非仅让传统优势专业群"一枝独秀"。

高职专业群系统的复杂性在一定程度上会导致专业群孤立、恶性竞争、排斥合作等现象。这些现象和问题的出现，必然会使得专业群生态系统整体性机能难以得到有效发挥。高职专业群生态系统内外各要素集体能动性的调动，能够有效发挥系统的协同效应，逐步打破专业群之间的壁垒，促进专业群之间和群内专业之间进一步交叉与融合，从而不断提升专业群生态系统整体协同机能，甚至获得"无心插柳柳成荫"的意外收获。例如，在某"双高计划"建设院校中，在互联网技术快速发展的背景下，通过计算机类专业与其他专业的组群，为群内不同专业之间的交叉融合提供了良好的平台，进一步提升了本校传统专业的"智能化"水平，在学校专业群布局的优化和人才培养质量的提升方面发挥了重要作用。

在尊重高职专业群生态系统差异性与多样性、科学布局系统内专业群的基础上，各院校还应为专业群生态系统的健康发展提供良好的制度环境，不断打破部门之间、学院（系）之间、专业之间的固有壁垒，建立科学合理的柔性保障机制，进一步激发基层的活力，使专业群生态的内部融合发展更加深入。首先，建立与高职专业群生态系统发展相适应的学校内部治理体系，组建灵活多样的专业群治理组织机构，逐步打破传统院系治理的藩篱，建立产业学院等新型组织或者以群建院。其次，为进一步提升高职专业群生态系统内专业群调整的科学性与灵活性，构建科学完善的绩效评价体系。最后，各高职院校还应对专业群生态系统的运转开展定期诊断与改进，提升治理策略的针对性与科学性，为专业群系统的运转提供科学指引，不断提升专业群生态系统对外部环境系统的适应性。

三、精准施策：有效引导系统与外部主体协同

高职专业群生态系统由专业群个体、专业群种群、专业群群落等内部核心要素，以及专业群系统与外部环境系统相互交织的复杂关系网构成。专业群生态系统的成长进化过程体现为微观层面的专业群个体成长进化、中观层面的专业群种群之间、宏观层面的专业群群落之间的共生共进、跨层互动，也体现为高职专业群系统所面向的技术类知识基于知识生产逻辑"纵向深化、自我更新、推陈出新"的作用过程。专业群生态系统中的各个要素相互关联、相互影响、相互促进，它们共同形成了休戚与共的"命运共同体"，这也奠定了高职专业群生态系统协同进化的多样性与复杂性。专业群生态系统的多样性与复杂性，为专业群生态系统在不确定的社会环境系统下的协同进化与有序演化提供了良好的缓冲机制。专业群系统只有与外部环境各主体实现良性互动和高水平耦合，才能实现高职专业群生态系统的整体协同进化。

高职专业群生态系统整体高效协同进化的实现，需要做好不同层面的制度设计，营造良好的外部生态环境。专业群系统与外部环境各主体的协同进化需要相关政策精准施策，才能予以适切的引导。在国家层面，根据经济社会发展需求的变化，及时调整或增补各类专业设置政策，做好国家层面的政策引导，促进专业群系统与政策系统、产业系统、学校系统等外部系统实现良好协同互动。通过对高职专业群政策系统的调研发现，目前专业群建设相关的政策体系

还存在诸多问题，例如，政策的精细度有待增强、政策实效性不足、政策体系还不够完善等，这也进一步导致专业群建设政策的实践效果不佳。事实上，一项政策要想具有良好的执行效果，从其形成、颁布到执行、监控、反馈、修订等整个过程都需要扎实推进，否则必然会使其实施成效大打折扣。因此，应当从政策制定的各个环节着手，形成科学合理的专业群建设政策体系。

首先，在政策制定环节，应科学制定，多方借鉴。政策制定是一项政策产生作用的前提和基础①，对于发挥政策作用具有关键性作用。应当明确的是，政策制定并不是空想或理论上的探讨，而是源于现实又要超越和引领现实。因此，针对政策实施的对象和受众，深入现实开展大范围的实地调研，收集高职专业群建设的现状、问题、诉求等一手资料，对于专业群政策制定是必不可少的。同时，专业群生态系统是一个涉及多要素交互作用的开放性复杂系统，要想调动多元参与的积极性，就需要探寻和满足不同利益相关者的诉求。在此基础上，充分学习与借鉴国内外实践的成功经验对于政策制定的科学性和准确性也有重要作用，在借鉴他者经验过程中，需要厘清所要借鉴对象的背景、环境、特征、内容、限制等②，明晰自身与他者之间的差异性，进行批判性借鉴，而不是一味地照搬照抄。由此，从政策的"源头"保障专业群建设政策的针对性和科学性。

其次，在政策执行环节，应全面贯彻，有效推进。每一部政策都必须通过贯彻落实才能发挥其功能，也才能真正彰显其价值。如何在中国情境下推进与落实高职专业群政策，既要注意政策本身在执行过程中的"偏离"，也要注意政策执行主体的"选择性执行"，这是政策执行的难点所在。③ 调研中发现，高职专业群政策在落实过程中出现执行不力、避免难点、偷换概念、政策变通等现象，导致专业群建设政策无法全面、彻底、有效地贯彻落实。因此，一是应当保证高职专业群政策本身的准确性和可操作性，具体而言，可以通过政策的小范围试点执行，通过试点的执行和反馈，对政策进一步修订完善，再推广到更广泛的范围。二是协调多方利益相关者，在保障政策有力执行的同时也确保各主体的合理收益。政策的贯彻落实离不开不同主体的参与，由于不同主体

① Lundberg G A, Lerner D, Lasswell H D, et al. The Policy Sciences: Recent Developments in Scope and Method [J]. American Sociological Review, 1951, 39 (2): 359.

② Dolowitz D P, Marsh D. Learning from Abroad: The Role of Policy Transfer in Contemporary Policy – Making [J]. Governance, 2010, 13 (1): 5 – 23.

③ 陈家建，边慧敏，邓湘树. 科层结构与政策执行 [J]. 社会学研究，2013，28 (6): 1 – 20 + 242.

的政策执行会夹杂着自身的利益考量，专业群政策执行过程中出现了"被扭曲"的问题。① 所以协调各方利益，实现多赢共同发展，能够有效提高政策的执行效率。

最后，在政策修订和评估环节，应当实施监测，科学评估，适时修订。专业群建设政策一旦执行，就会存在政策产出，"政策产出"一般不采用有无判断，主要体现在质与量上的差异。② 对不同专业群建设政策产出质与量的差异进行分析评估，也就是政策评估的过程。高职专业群政策在实施和执行过程中会产生一定的结果、影响或效果，即政策产出，根据相应的政策目标和内容，采用科学的方法对高职专业群政策所产生的结果进行分类、评估，并对不同政策产出所产生的结果进行事实描述和价值判断，这是衡量和评价政策成效的有效方法之一，也是政策修订的基础。在此基础上，结合政策文件目的，对针对性欠缺、表述不精确、实效性较差的政策文件做出相应的修订与完善。在完成一轮政策执行之后，可基于政策系统运转的现实情况对上述政策进行更新升级，从而推动整个专业群建设政策体系走向良性发展，逐步提升相关政策的执行效果。同时，也要发挥不同政策颁布主体的作用，加强部门之间的沟通与协调。教育部作为高职专业群建设主要的发文单位，也要密切联合财政部、国家发改委、人社部等不同的政策颁布主体，发挥不同政策主体的协同作用，形成体系完备的专业群建设政策体系。

除国家层面的制度和政策保障之外，在区域层面，各级各类政策制定主体应立足区域发展现状和需求，对区域内不同类型的高等院校进行整体规划与引导，使各类院校能够优势互补、错位发展，为区域内不同院校之间的良性竞争和长效合作提供政策支持及制度保障。与此同时，在院校层面，各院校应立足国家和区域重大战略需求和产业环境的发展变化，建立科学合理、动态调整的现代学院制度，为科学合理的院校专业群建设做好顶层设计，为专业的交叉与融合提供良好的院校环境，同时做好专业群的动态调整。通过在不同层面营造良好的生态环境、制度环境和政策保障，来增强专业群生态系统的适应性，逐步提升专业群生态系统可持续的协同进化能力。

---

① O'Brien K J, Li L. Selective Policy Implementation in Rural China [J]. Comparative Politics, 1999, 31 (2): 167 – 186.

② 宋亚峰. 高等职业教育产教融合政策的实践样态与优化逻辑 [J]. 职业技术教育, 2020, 41 (7): 6 – 12.

四、多维调适：维护专业群生态系统动态平衡

高职专业群个体的生成发展、专业群与专业群之间的互动交往、专业群群落互动及其与外部更大范围的环境系统互动交往，构成了专业群生态系统的整体。专业群系统从外部环境中获得自身发展所需要的各种能量和资源，经过内部转换产出系统绩效，专业群系统在此过程中遵循技术知识生产和外部社会环境的需求变化，按照技术知识产生、传播和应用的链条实现各主体的协同进化。当协同进化达到一个临界点，高职专业群生态系统就能够实现动态平衡状态。动态平衡状态指组织或系统在各要素相互制约、相互转化、交换补偿等作用下达到一种相对稳定和协调的状态①。需要说明的是，动态平衡状态并不是停滞或静止状态，它仍然会进行物质的交换和作用，但整个系统和环境的物质交换和能量流动都比较稳定和协调。不同时空下的系统的动态平衡有助于系统的可持续发展。

高职专业群生态系统作为一类复杂性适应系统，其协同进化的过程应维持不同时空下的动态平衡。高职专业群生态系统内要素的多样性和复杂性关系，对于维持系统的动态平衡具有重要影响，同时也是系统运行稳健性的关键，这将间接地决定系统内各专业群个体、专业群种群与群落的生命力与竞争力。高职专业群生态系统在不同时空下动态运转的过程中，由于系统内外各类不可控因素的影响，专业群生态系统有时会偏离其运转的平衡轨道，出现系统失衡的现象，不利于专业群生态系统平稳有序的运转和协同进化。专业群生态系统动态平衡的实现是多维复杂要素共同作用的结果，维持高职专业群生态系统的动态平衡，应对不同层面的各类要素进行持续的动态调适。

从外部要素来看，高等职业教育的跨界性决定了专业群生态系统与外部环境系统之间联系的紧密性与多样性。专业群生态系统的动态平衡将受到外部环境系统中的各级政府、行业企业、各级各类院校、社会公众等不同外部主体的影响。高职专业群生态系统需要从外界环境系统中获取系统本身发展所需要的各种物质和能量，同时又向外部环境系统输出各类技术技能人才、技术成果、社会培训等系统绩效产出，在整体上形成一个动态平衡的复杂适应系统。高职专业生态系统动态平衡外部要素的调适，应重点分析专业群所处的政治环境、

---

① 贺祖斌. 高等教育生态论［M］. 桂林：广西师范大学出版社，2005：43.

经济环境、技术环境、社会环境等不同外部环境系统之子系统。其中，政治环境主要表征为法律法规、法令条文、方针政策等；经济环境主要包括专业群系统所处区域的生产力发展水平、人口因素、区域经济发展水平、社会经济结构、经济体制等要素；技术环境主要包括技术转移与换代周期、知识产权与专利保护制度、新产品的研发、研发资源投入、信息技术发展等不同方面；社会环境主要包括专业群系统所处社会的人口分布、教育水平、社会结构、文化传统、生活方式等诸多要素。在各类外部环境系统分析的基础上，因地制宜，精准对接所在区域经济社会发展的发展诉求。

从内部要素看，专业群个体内的专业之间、专业群与专业群之间协同作用的达成度都将影响专业群生态系统的动态平衡。因此，应动态调控各类系统内部要素使得专业群生态系统在协同进化过程中能够实现内部的"阴阳调和"，为不同时空下专业群生态系统的动态平衡奠定良好的基础。专业群生态系统内部各要素遵循自身的生成、发展与进化规律，这种规律并不是人赋予的，也不因人的意志而转移，但专业群生态系统的动态平衡与协同演化将会受到诸多内部偶发性因素的影响，如两专业群之间强烈的拮抗作用。因此，为了维护高职专业群生态系统的动态平衡，在顺应专业群生态系统内部各要素进化规律的基础上，在专业群生态系统的可承载力范围内，对影响专业群生态系统动态平衡的内部要素予以适切的调适。

在科学调适多维要素的基础上，高质量专业群生态系统动态平衡的实现还应建立在服务好区域经济社会发展现实诉求的基础上。通过与区域经济社会发展的良好互动，不断提升高职专业群生态系统的适应力和社会服务能力。每一个专业群生态系统所在的高职院校，都有其独特的发展历史、办学实践和面临的区域经济社会发展环境，高职专业群生态系统的治理应因地制宜、因校制宜、在服务区域经济社会发展的过程中实现动态平衡与可持续发展。各职业院校应根据所在区域的产业结构和特色优势产业，按照"人无我有、人有我优"的原则，因校制宜，打造自身的特色优势专业（群），探究不同层面的产教融合典型模式，对接好本区域的现实诉求。同时，专业群建设还应积极响应国家战略需求。我国经济社会发展正处于重要的战略机遇期，为促进区域的协调发展，国家先后推出了京津冀、珠三角、长三角、粤港澳大湾区等地区的协同发展战略，为高职专业群生态系统的协同进化方向提供了重要的时代背景，也为专业群生态系统动态平衡的多维调适提供了行动指南。

高职专业群生态系统作为一类开放的复杂适应系统，其协同进化与动态平衡过程按照特定的进化机理，在不同层面不断"整合"各类资源，逐渐缓解和解决各种冲突、矛盾，实现专业群系统与外部环境系统的良性作用，不断"适应"复杂的社会环境，进而达成系统的既定目标，维持了专业群生态系统不同时空下的动态平衡与可持续发展。高职专业群生态系统的动态平衡与可持续发展，需要专业群系统内专业群个体、种群与群落等诸多要素，各司其职、各取所需、各自发挥优势，为专业群生态系统的协同进化与动态平衡贡献不同的力量，使得系统能够发挥整体协同效应。专业群生态系统内部结构类似高低错落、疏密有致的植物丛林，专业群成长进化的外部环境系统则犹如自然生态系统中的"阳光、空气和水"。① 高职专业群生态系统"郁郁葱葱、百花绽放"的繁荣景象离不开系统内各个要素之间的协调互促、共生共荣，也离不开专业群系统与外部环境之间的良性作用、协同发展，系统内外部的协调共生、协同进化将推动高职专业群生态系统在不同时空维度下的动态平衡。专业群生态系统的动态平衡将为专业群个体的成长进化提供肥沃的生长土壤和良好的专业群生态环境。特色优势专业群个体、种群与群落的形成，反过来又将促进专业群生态系统的和谐演化与动态平衡，增强高职专业群生态系统的可持续发展能力。

本 章 小 结

本章基于整体视角，将高职专业群生态系统微观、中观、宏观层面的协同进化放在同一系统整体内进行分析。高职专业群生态系统按照特定逻辑完成系统自身的协同进化，专业群生态系统的协同进化过程包含微观层面专业群个体的生成与进化，中观层面专业群生态系统内部专业群个体之间的竞合协同，宏观层面专业群系统与外部环境系统中政策系统、产业系统、学校系统、社会系统等外部子系统之间的协同进化。在专业群生态系统自我运转以及与外部环境系统互动作用过程中，最终将实现不同时空下的动态平衡，并在此过程中展现出有规律可循的协同进化机制。本章将其归结为以优势特色专业群个体自我进化为主的内生驱动、以专业群与专业群之间竞合作用为核心的多元互动、以专业群系统与外部环境系统协同演化为依托的耦合联动、以专业群生态系统共生

---

① 张德祥. 高校一流学科建设的关系审视 [J]. 教育研究，2016，37（8）：33－39＋46.

与动态平衡为依据的协同共生。

　　在特定的协同进化机制下，高职专业群生态系统主要通过优势特色专业群驱动、应用类专业群引领、多科专业群协同发展等模式实现与外部环境系统的协同互动。在高职专业群生态系统的协同进化过程中，当某一环节或者某一层面出现不协调的现象时，系统的协同有序运转将会面临一系列的困境。在本章中通过对研究样本专业群生态系统运行现状的调研，发现其运转过程中主要存在以下困境：微观层面专业群个体组建的科学性欠佳；中观层面部分专业之间存在不同程度的拮抗作用；宏观层面专业群系统与外部环境系统的耦合协调程度有待进一步提升；整体层面高职专业群生态系统在运转过程出现短期的失衡现象。

　　本章在厘清高职专业群生态系统协同进化机制和实践困境的基础上，提出为进一步优化专业群生态系统的治理，本书提出应着力打造优势特色专业群个体，科学布局系统内的专业群分布，有效引导专业群系统与外部环境各主体协同互动，持续维护专业群生态系统不同时空下的动态平衡等对策建议。

结　语

　　中国特色高水平高职院校在不同的发展时期，聚焦于不同时空背景下经济社会的发展需求，呈现出特定的演化阶段。从高等职业教育的发展历程来看，自20世纪80年代首批短期职业大学的诞生，到2006年的示范校、2010年的骨干校、2015年的优质校，再到2019年首批"双高校"的设立，我国高等职业教育开始从重视量的增长逐步向注重质的提升转变，开始从数量规模扩张向内涵特色建设转向。专业群建设正是高等职业院校进行内涵特色建设与提质增效的重要抓手之一。高职专业群建设是一项复杂的系统性工程，这一系统性工程涉及诸多的主体与要素，如何实现要素之间的协同，最终实现系统的动态平衡与持续演进是本书主要关注的核心问题。因此，本书基于生态论与教育生态学的视阈，以"高职专业群生态系统如何实现协同进化"为核心问题，并将其解构为以下研究内容：第一，构建高职专业群生态系统的理论分析模型；第二，分析微观层面高职专业群个体的生成与进化过程；第三，探究中观层面高职专业群生态系统内专业群之间的协同进化过程与机理；第四，探析宏观层面高职专业群系统与外部环境系统各主体的协同进化过程与机理；第五，整体梳理高职专业群生态系统共生演化和协同进化的机制；第六，探讨高职专业群生态系统网络化协同治理之策。基于对本书核心问题和上述研究内容的分析，本书得出的主要结论如下。

　　（1）结合教育生态论和复杂适应系统理论，构建了高职专业群生态系统的理论分析模型。教育生态论和复杂适应系统理论的基本原理与分析方法，为本书开展高职专业群生态系统协同进化研究提供了重要的理论视角。教育生态学是探究特定时空下不同教育生态系统结构与功能，寻求最优生态系统结构和发挥最佳系统功能的一门学科，其原理和方法为本书提供了整体性、开放性、动态平衡性等视角。运用隐喻与移植分析的方法，可将高职专业群生态系统与生态学中的自然生态系统进行类比，通过移植部分生态学与教育生态学、复杂适应系统理论的原理与方法，建构高职专业群生态系统的理论分析框架，为分析高职专业群生态系统的协同进化提供了理论分析框架。为更准确和深入地分析高职专业群生态系统的协同进化问题，还应在一般框架的基础上厘清高职专业群生态系统包含的特定和具体要素。本书在构建理论分析模型的基础上，基于前期对高职院校专业群建设一线工作人员的访谈资料和典型高职院校专业群的案例资料，运用 NVivo 软件进行三级编码（开放性、主轴和选择性编码），在编码结束后进行饱和度检验，在此基础上形成高职专业群生态系统的理论模型，并进一步分析高职专业群生态系统的组成要素和结构特征。根据理论分析模型可知，在高职专业群生态系统这一复杂适应系统中存在着不同的要素，从层次结构来看，该系统主要由专业群个体、专业群与专业群形成的专业群种群、不同专业群种群形成的专业群群落、外部环境系统中的各类主体等不同的要素组成。其中，专业群个体是由一系列的专业组合而成，是高职专业群个体最基本的组成要素。在专业群生态系统内部，专业群个体在自我的生长进化过程中将与周围的各专业群之间形成联动机制，进而形成特定的专业群生态系统。专业群生态系统内部各组成要素将通过信息交流、资源交换、物质循环等方式形成复杂的适应系统。专业群生态系统是一个相对独立的开放系统，对其外部环境系统有着较高的敏感性。依托于不同层面各个要素之间的协同进化，高职专业群生态系统将实现不同时空下的动态平衡与可持续发展。

（2）在微观层面，研究分析了高职专业群个体的生成与进化。高职专业群生态系统内专业群个体的生成问题，是研究高职专业群生态系统协同进化问题的前提和基础。高职专业群个体的生成与协同进化轨迹主要表征专业群系统微观层面的协同，微观协同是高职专业群生态系统协同演化的内生动力。基于知识论和技术哲学视角对专业的生产、专业群的生成、专业群个体的进化轨迹与生命周期进行分析，明确了专业群的起源与形成过程。对于此问题的研究，本书聚焦于以下两个方面：首先，职业教育面向何种知识？其次，从职业教育关系最为紧密的知识到专业群的形成需要经历哪些阶段？对于第一个问题的分析，本书首先厘清了知识的本质与主要类型。在厘清知识的本质内涵与知识体系主要类型的基础上，探究与职业教育关系最为紧密的知识类型，从而解答职业教育面向的主要知识类型的问题。研究发现，与职业教育关系最为紧密的知识是技术知识，技术知识是一个内涵十分丰富的知识体系，这里的技术知识是与岗位群和产业链密切联系的，包含类型丰富的技术知识子类型，涵盖了职业教育面向的生产实践的各个方面。对于第二个问题，本书认为，从和职业教育关系最为紧密的技术知识体系到专业群个体的生成，须经过技术知识的静态加工和动态编码，实现技术知识—教材—课程—专业—专业群的不同形态转化。根据不同的分类标准可以将专业群个体划分为不同的类型。专业群个体有其自身的成长进化轨迹，一般情况下会经历专业群孕育期、初生期、成长期、成熟期、衰退期、蜕变期等不同的进化阶段，完成高职专业群生态系统最基础的协同进化过程。

（3）在中观层面，探析了高职专业群生态系统内专业群之间的协同进化。在高职专业群生态系统内部，专业群个体与个体之间并非各自独立进化，高职专业群个体的进化受到专业群生态系统内专业群个体的数量、系统内资源总量等要素的影响。其中专业群个体与个体之间的竞争关系，是影响专业群个体成长进化的重要因素之一，如果在一个生态系统内专业群个体之间能够实现协同进化，将更有效地促进专业群个体进化和整个专业群生态系统动态进化。研究发现，高职专业群生态系统内专业群个体之间的协同进化类型主要有共生性协同进化、偏利性协同进化、竞争性协同进化等主要协同进化类型，这些协同进化类型又可以进一步细分为共生性协同进化、正偏利性协同进化、负偏利性协同进化、制约性协同进化、替代性协同进化等子类型。基于生态仿真模拟法和Lotka – Volterra 模型，通过 Vensim 软件，对关键变量之间的关系进行仿真，发现当专业群个体之间的竞争程度比较缓和时，随着时间的推移和系统对外界资源的不断摄入，高职专业群生态系统内专业群的数量、系统的整体绩效将呈现上升趋势，并且专业群生态系统内专业群数量的增长趋势和专业群生态系统内整体绩效的变化趋势呈现较为一致的演化趋势；当专业群之间的竞争程度较为激烈时，随着竞争系数的不断增大，高职专业群生态系统内专业群数量的变化和系统整体绩效的输出将出现明显的波动。因此，在一个适切的竞争系数下，个体之间彼此协作形成的互利共生关系，通过个体间的协同进化，不同的专业群之间将通过发挥各自的比较优势，实现取长补短，进而寻找到自身最合适的生态位，实现系统自身结构的优化和系统资源的优化配置，产出最大的系统绩效。

（4）在宏观层面，探究了高职专业群系统与外部环境系统的协同进化过程。高职专业群生态系统需要从外部环境系统中获得自身发展所需要的物质和能量，同时又向外部环境系统输出各类技术技能人才、技术成果、社会培训等系统绩效产出。专业群系统将与外部环境系统中的各级政府、行业企业、各级各类院校、社会公众等不同的主体相互作用、相互影响，一起构成完整的专业群生态系统。本书通过分析政策系统与高职专业群系统的作用过程，基于高等职业教育专业（群）建设相关政策文件的颁布主体特征、政策注意力配置与政策注意力的变化、政策力度的变化、政策内容变化等不同方面，分析了高职专业群系统与政策系统的协同进化过程。外部环境系统中的各级政府通过各类政策体系影响专业群的进化方向，保障专业群生态系统所需的财力资源、物力资源、人力资源等各类资源。通过耦合协调模型，分析了高职专业群系统与产业系统的耦合匹配状况与协同进化机理。专业群生态系统中的行业企业主体以产业链和岗位群为载体，影响高职专业群系统中的专业设置，二者在相互作用中实现协同共生。最后，基于社会网络模型，对高职院校专业群系统与同区域学校系统的校际交往进行了实证分析，聚焦于同一区域各层次各类型的不同院校之间，以专业为载体的多元交往形式，刻画了两系统协同进化的现实状况与进化机理。专业群生态系统中，同区域各级各类院校通过校际交往实现中职院校、高职院校和本科院校之间的协同发展；专业群生态系统中的社会公众主体，通过生源供给和口碑评价等方式影响高职专业群生态系统的进化。

（5）以高职专业群生态系统不同层面的协同进化过程为依据，探究高职专业群生态系统的协同进化与治理方略。在本书中，结合调研样本，分析高职专业群生态系统运行实然之态发现，高职专业群生态系统在专业群个体、专业群种群、专业群群落等不同层面存在不同的特征，展现出形式多样的协同进化形式。高职专业群生态系统协同运转实践样态的背后，体现出优势特色专业群个体的自我进化、专业群与专业群之间的竞合作用、专业群系统与外部系统协同进化、专业群生态系统动态平衡与共生等协同进化机制。同时，在高职专业群系统微观层面、中观层面、宏观层面和整体层面存在相应的实践困境。专业群生态系统的治理是一个内涵丰富、层级多样和实践性强的系统性工程。在新的发展阶段，基于高职专业群生态系统的实践样态和协同进化机理，为进一步优化专业群生态系统治理应采取以下治理措施：着力打造优势特色专业群个体、科学布局系统内的专业群分布、积极引导专业群生态系统协同、维护专业群生态系统动态平衡，为高职专业群生态系统的共生演化与动态平衡提供网络化协同治理路径。

尽管本书对高职专业群生态系统的协同进化过程在不同层面进行了较为全面的分析，得出了一些有价值的研究结论，也进一步丰富了高等职业教育专业群和教育生态学研究，但囿于客观条件的限制以及个人时间精力、研究水平的影响，本书仍存在以下需要完善的地方。

首先，高职专业群生态系统内部不同类型行业之间的专业群生态系统存在差异性，对其协同进化趋势的比较分析还待进一步挖掘。高职专业群生态系统根据不同的标准可以划分为不同类型，不同类型的专业群生态系统在其协同进化过程中存在着共性之处，也存在差异性，例如，农业类高职专业群生态系统和电子信息类高职专业群生态系统的具体协同进化过程存在差异性；再如，目前我国已有 20 多所职业本科院校，当职业本科院校作为一种新的院校类型出现以后，本科层次专业群生态系统与专科层次的专业群生态系统差异性亦需进一步深入探究。

　　其次，微观层面专业群个体生成的知识论和技术哲学的研究还有待进一步加强。由于本书聚焦于高职专业群生态系统的协同进化，关注了不同层面多维要素的协同进化过程，但对于专业群个体知识层面的生成这一客体纯粹哲学思辨层面的探究还有待进一步加强，这也是本书未来会进一步深挖的方向。

　　最后，对于民间力量等外部环境主体对高职专业群生态系统进化影响的研究还需要进一步深入。在高职专业群系统与外部环境系统协同进化过程的分析中，本书基于对高职专业群生态系统影响程度的不同，重点分析了高职专业群生态系统与政策系统、产业系统、同区域院校系统等不同外部系统主体的协同作用关系。由于社会公众口碑等外部主体的不确定性，对于第三方主体对高职专业群生态系统影响程度量化分析具有一定的难度与挑战，这也是本书后续还需进一步加强的地方。

　　本书的研究不足为高职专业群生态系统协同进化问题的研究提供了诸多努力的新方向，结语并非意味着结束，而是在反思与批判中为后续的研究提供新的可能性与新的起点。在本书的基础上，笔者将继续深化对此问题的研究，本书中目前存在的一些不足之处正是未来研究的突破口。笔者将继续收集更加丰富和翔实的一手资料，如收集本科层面职业院校专业群建设相关资料，逐渐形成较为完整的研究资料库，对本书的不足之处进行更加全面的分析。同时，对人工智能时代高职专业群生态系统的演化进行系列预测性分析，使得本书相关研究更加立体、饱满、全面，形成更多具有理论价值和实践价值的研究成果。

附录 A 访谈提纲

时间： 地点：

尊敬的各位领导/老师：

您们好！我是天津大学教育学院博士生，目前正在从事高职专业群研究，为更加科学和全面把握高职专业群的组建和运转现状，现就专业群建设过程中的部分问题向您进行简短的访谈。本次访谈不涉及任何个人信息，对此次访谈的内容，我们将严格遵守《中华人民共和国统计法》等法律法规予以保密，感谢您的配合！

1. 请您简单介绍一下您所在学校（学院）的专业（群）特色和专业群的整体布局情况。

2. 您认为学校（学院）组建专业群的主要目的是什么？

3. 从院校层面来说，请简单介绍一下您所在单位专业群设置的具体程序，组群过程中最大的困难是什么？

4. 如何确定专业群领域？如何确定专业群内的各个具体专业？如何处理专业群与专业群之间的关系？

5. 您认为办好一个专业群需要哪些条件（主要资源）？这些条件（资源）重要性程度如何排序？（专业群建设过程中的主要抓手有哪些？）与传统的专业建设相比，专业群的建设有哪些特别的投入？

6. 专业群内部是怎样运转的？专业群运行过程中遇到了哪些困难？您可结合案例说明。

7. 您认为要实现专业群的共建、共享、共用等目标需要哪些主体共同参与（例如行业、企业、政府等）？各主体需要发挥什么作用？

8. 您认为在专业群建设过程中应如何保证专业群建设的前瞻性和可持续发展？

9. 您认为评价一个专业群的发展水平，有哪些核心指标应重点关注？

10. 为更好地促进专业群建设，您认为各级教育主管部门还应提供哪些方面的政策支持？

访谈到此结束，再次感谢您参与此次访谈，祝您工作顺利，万事如意！

附录 B 高职专业群生态系统仿真模拟数据表

院校	变量1	变量2	变量3	变量4	变量5	变量6	变量7
BJDK	1958	5.79	8.55	41.32	17.94	230403	159068.10
TJZY	1982	1.59	1.47	14.03	7.57	99903.4	18663.85
JSNM	2002	1.74	3.18	25.45	8.98	93669.8	18211.96
WXZY	1999	1.74	2.50	19.67	12.32	105638	17554.05
JHZY	1998	1.94	1.30	18.18	11.95	155458	13078.24
ZJJD	1999	1.94	2.28	18.07	9.67	87382.6	21569.28
SDSY	1999	1.34	1.26	12.35	8.52	82868.5	12204.39
HHSL	1998	1.20	1.88	16.10	7.00	82650.4	16026.64
SZZY	1993	1.91	7.03	15.73	9.43	231859	40172.78
SXGY	1999	1.26	1.41	16.34	7.41	94144.2	14538.33
BJGY	1999	5.79	8.15	47.92	9.28	91820.8	95021.25
TJXY	1999	1.50	1.58	17.21	6.99	37802	19643.34
HBGY	1999	1.39	1.47	17.49	7.60	44469.4	12197.45
LNJT	1951	1.34	1.68	13.16	7.14	79229.4	21286.02
CZXX	2000	1.74	1.77	16.87	8.14	86459.5	19181.66
JSNKJ	2001	1.74	3.31	35.68	16.92	117791	19028.12
NJXX	2002	1.74	3.15	16.28	8.60	109213	22525.77
HZZY	1998	1.95	2.36	23.10	13.4	85390.1	30567.6
NBZY	1999	1.95	2.35	17.47	9.72	68395.5	20539.18
ZJJR	2000	1.95	2.18	13.61	10.71	86315.5	13038.89
RZZY	1998	1.34	1.45	18.43	9.07	71430.7	11973.72
ZBZY	2002	1.34	1.18	15.05	8.16	176858	8598.13
CSMZ	1999	1.20	1.17	11.30	7.68	101509	7259.86
GGQG	1999	1.91	1.70	10.54	8.23	154631	10150.71
GZPY	1997	1.91	2.93	16.71	9.27	95534.9	22615.09

续表

院校	变量1	变量2	变量3	变量4	变量5	变量6	变量7
SZXX	2002	1.91	5.93	17.93	10.67	336559	42167.14
SDZY	1999	1.20	2.87	18.33	10.96	135415	22016.45
CQDZ	1965	1.37	1.42	21.15	7.08	104094	12134.96
CQGY	2000	1.37	1.50	19.86	6.61	121018	12910.28
YLZY	1999	1.20	1.42	16.34	6.86	67244	13001.56
BJCM	2003	5.79	6.47	29.41	13.1	76326.4	32612.43
TJQG	2001	1.59	1.69	17.12	6.48	101433	16302.54
SXCS	1985	1.23	1.21	9.68	4.85	26304	7186.04
NMJD	2003	1.72	2.38	19.28	8.90	95348.5	26579.37
CCQC	1979	1.20	1.54	19.77	8.64	96467.6	23678.52
HRB	2002	1.35	2.60	14.20	8.51	60807.4	18476.98
SSGY	2003	0.79	3.21	14.28	10.16	29505.3	19406.60
CZJD	2002	1.74	1.84	22.13	10.34	96078	17101.85
JSJM	2002	1.74	1.51	17.89	8.82	82828.7	10816.94
WZZY	1999	1.95	2.59	17.38	10.39	71843.5	15078.76
WHZY	1997	1.20	1.10	16.66	7.56	59078.5	9769.36
FJCZJT	1999	1.47	1.71	19.00	9.94	45452.4	14841.14
JJZY	1999	1.20	1.69	16.89	7.56	58234.1	12264.41
BZZY	2001	1.34	0.89	17.73	6.81	104258	8553.31
WHCB	1998	1.2	1.90	16.13	6.81	47064.6	8308.42
HNTD	1951	1.2	1.17	14.20	6.55	26351	13182.31
NNZY	1984	1.31	1.52	17.90	8.18	118019	14844.93
HJMZY	1984	1.49	1.47	14.79	10.58	32757.8	7599.23
SCGC	2001	1.37	2.01	21.79	7.37	56180.1	14056.34
GZJT	2000	1.2	1.30	27.90	9.37	33391.3	14714.33
KMYJ	1952	1.2	1.31	21.00	10.24	164144	13190.65
SXTL	2003	1.2	1.21	21.79	6.87	93901.9	8598.57
XAHK	2001	1.3	1.43	17.44	6.96	55009.7	14997.2
LZZH	2004	1.2	1.52	16.90	7.06	79534.8	17476.99

续表

院校	变量1	变量2	变量3	变量4	变量5	变量6	变量7
NXZY	2002	2.17	3.07	20.35	9.06	100807	28222.49
XJNY	1958	1.86	1.15	17.71	7.20	23877.9	12179.51
平均值	26.38	1.7375	2.32	18.95	8.968	94110	20839
最大值	69	5.79	8.55	47.92	17.94	336559	159068.1
最小值	16	0.79	0.89	9.68	4.85	23877.9	7186.04
极值	53	5.00	7.66	38.24	13.09	312681	151882.06

院校	变量8	变量9	变量10	变量11	变量12	变量13	变量14
BJDK	896	4207	0	617	171	1115	0
TJZY	679	16452	1	1236	42	4781	0
JSNM	655	11330	62	1131	237	2831	180
WXZY	789	11981	168	1238	724	3121	367.4
JHZY	1547	21232	63	434	383	3914	10.5
ZJJD	635	10700	28	394	83	1472	270
SDSY	918	14404	48	1814	175	2262	270
HHSL	950	18175	116	555	2272	4311	45
SZZY	1737	21827	0	673	154	3471	2.5
SXGY	1354	19245	0	1881	71	2029	0
BJGY	707	4098	0	708	57	889	0
TJXY	609	7448	0	361	259	2417	150
HBGY	791	14974	17	3246	880	4088	5074
LNJT	638	10352	0	421	68	1426	11
CZXX	696	11823	230	1891	246	1930	1210
JSNKJ	723	11623	250	878	256	2929	1282
NJXX	749	12732	37	439	297	2462	670
HZZY	686	9586	0	915	115	1686	195
NBZY	618	8922	54	738	384	1173	1394
ZJJR	539	9746	0	1357	93	1490	0
RZZY	960	14977	20	1236	81	2653	9
ZBZY	1371	24612	105	3676	675	4999	2216

续表

院校	变量8	变量9	变量10	变量11	变量12	变量13	变量14
CSMZ	887	18178	0	1170	206	2907	96.45
GGQG	1203	19772	151	715	144	2420	1
GZPY	934	11401	0	538	216	2380	0
SZXX	1139	15450	0	272	237	2360	0
SDZY	899	15596	0	169	145	2017	71
CQDZ	1103	20580	47	1304	181	3434	165
CQGY	764	13277	197	862	126	1985	113.5
YLZY	908	18996	0	1637	36	2231	0
BJCM	633	3560	2	423	79	644	0
TJQG	473	8253	2	1622	125	2829	245.5
SXCS	394	6411	0	84	21	712	0
NMJD	572	9269	0	0	14	98	0
CCQC	549	8458	0	1715	193	2133	280.7
HRB	806	10749	0	1213	333	3334	162.8
SSGY	321	3500	0	574	67	463	0
CZJD	705	10017	118	1303	313	2312	1702
JSJM	686	12973	174	182	175	3341	318
WZZY	700	10821	25	491	305	2154	165
WHZY	829	18474	0	1521	66	2770	0
FJCZJT	833	11248	71	2461	156	3092	90
JJZY	868	17240	0	2872	517	3335	767.5
BZZY	1095	18410	0	1551	103	3318	0
WHCB	878	14937	14	2327	111	2986	122
HNTD	569	9682	0	893	56	2984	0
NNZY	764	16598	72	1444	142	1801	0
HJMZY	497	7938	0	495	22	478	0
SCGC	922	11835	20	726	322	2242	1060
GZJT	562	12804	25	2473	72	3099	34
KMYJ	985	18265	4	1376	42	3291	0

续表

院校	变量8	变量9	变量10	变量11	变量12	变量13	变量14
SXTL	584	13166	0	831	172	2844	9.45
XAHK	695	11227	0	475	40	3428	0
LZZH	764	11854	7	4321	61	5127	0
NXZY	549	6132	37	556	4	1260	0
XJNY	651	11837	0	614	379	2358	200
平均值	803	12846	38.7	1162	230.4	2493	338.6
最大值	1737	24612	250	4321	2272	5127	5074
最小值	321	3500	0	0	4	98	0
极值	1416	21112	250	4321	2268	5029	5074

院校	变量15	变量16	变量17	变量18	变量19	变量20	变量21
BJDK	16.51	277.02	66920	3000	532	21	79173
TJZY	6.4	56.72	30711.4	1700	546	223	121917
JSNM	12.93	84.18	21269.4	2600	517	282	232475
WXZY	8.3	77.28	22793.1	2200	583	335	178494
JHZY	7.89	92.37	28910	44030	977	1101	566679
ZJJD	8.3	64.09	23921	3210	448	344	173243
SDSY	3.43	88.69	17884.9	1300	593	260	36803
HHSL	8.65	62.06	29695.9	11366	840	430	36907
SZZY	5.8	114.11	91952.7	3500	1202	1233	179860
SXGY	8.62	64.72	28034.1	3500	995	193	92306
BJGY	26.61	176.55	38939.7	2900	314	188	3594
TJXY	10	68.34	14630.4	300	381	427	52668
HBGY	9.36	60.06	19018.6	2500	519	527	245473
LNJT	5.7	63.24	22047	600	322	213	15189
CZXX	9.28	76.75	25048.8	2100	504	625	119883
JSNKJ	11.61	88.95	24094.7	4200	611	531	74780
NJXX	8.78	65.53	28929.8	4500	451	639	161825
HZZY	12.32	71.63	29582.7	1100	395	332	126452
NBZY	6.69	100.8	20021.8	25066	443	347	388503

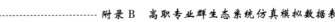

续表

院校	变量15	变量16	变量17	变量18	变量19	变量20	变量21
ZJJR	3.37	91.7	12707.7	1102	380	445	284964
RZZY	6.14	113.58	18059.4	2680	790	296	564152
ZBZY	5.37	77.35	21807.4	5220	979	615	192263
CSMZ	2.27	56.37	13197	2355	500	326	19160
GGQG	6.8	77.35	20725	25934	870	635	153002
GZPY	8.74	102.87	27169.5	12800	545	295	149160
SZXX	8.83	83.66	69184.9	2400	513	408	313741
SDZY	8.23	72.6	35916.3	3034	722	1060	205960
CQDZ	9.79	67.81	25144.9	7700	981	366	31441
CQGY	8.7	71.68	17904	4000	597	38	62625
YLZY	10.45	60.2	24808	5200	706	570	24700
BJCM	5.87	234.48	11775.4	1610	277	32	45087
TJQG	11	64.7	13464.3	640	321	279	188943
SXCS	1.92	80.41	4622.35	2280	301	55	9270
NMJD	9.52	65.23	24636.4	4500	393	311	39782
CCQC	10.11	65.31	20027.3	2000	511	222	87585
HRB	5.7	84.7	19860.9	2000	453	403	140154
SSGY	3.48	80.29	6792.31	3100	230	89	24151
CZJD	9.08	67.2	18949.7	10710	497	350	129623
JSJM	11.04	107.47	15284.2	2010	535	522	72405
WZZY	8.34	83.32	16758.4	12000	441	187	345116
WHZY	9.37	94.35	18638.2	800	775	250	15229
FJCZJT	10.16	89.71	17097.7	402	603	193	298482
JJZY	9.1	84.29	21143.9	3520	674	727	221544
BZZY	6.52	97.28	15747.4	3600	870	639	157401
WHCB	8.82	61.98	12481.1	1240	563	629	48070
HNTD	6.66	83.36	12776.2	1700	304	175	90638
NNZY	6.6	64.89	24960.3	550	536	197	11762
HJMZY	5.52	77.66	6032.27	2000	343	137	364

续表

院校	变量15	变量16	变量17	变量18	变量19	变量20	变量21
SCGC	9.8	85.85	16739.7	1310	720	174	247645
GZJT	8.94	71.05	18950.6	500	458	62	41951
KMYJ	8.41	116.05	24376.7	2150	748	53	12964
SXTL	9.81	69.23	11470	10000	410	258	47917
XAHK	8.64	53.09	16837.4	2400	474	213	5400
LZZH	10.82	77.36	20775.4	500	624	283	52371
NXZY	8.5	83.29	17619.3	1400	330	71	171903
XJNY	9.7	80.78	14515.9	3000	446	446	175720
平均值	8.559	86.636	23095.8	4786.1	564.2	362	135158
最大值	26.61	277.02	91952.7	44030	1202	1233	566679
最小值	1.92	53.09	4622.35	300	230	21	364
极值	24.69	223.93	87330.3	43730	972	1212	566315
院校	变量22	变量23	变量24	变量25	变量26	变量27	变量28
BJDK	85	905	0	2064	104.4	33	2148
TJZY	31	1819	0	19951	58	59	5373
JSNM	205	1243	615	28732	946.3	41	3915
WXZY	373	2033	0	96080	6695	46	3798
JHZY	258	2969	1216.22	256435	3869	65	7745
ZJJD	61	1240	1185.87	17549	881.9	26	3681
SDSY	70	1372	0	8468	767.5	44	5286
HHSL	1687	2195	0	15323	4780	54	5968
SZZY	90	1778	60	4992	390.9	77	6342
SXGY	36	1741	2584.75	671	70.3	57	6214
BJGY	33	450	23	382	138.7	28	1549
TJXY	71	504	0	21127	358.2	18	2417
HBGY	395	3155	2318.58	37769	1530	62	4705
LNJT	48	874	2	483	2	41	3465
CZXX	223	1209	247.2	36457	1620	40	3809
JSNKJ	242	1253	48.82	41375	1070	44	4024

续表

院校	变量22	变量23	变量24	变量25	变量26	变量27	变量28
NJXX	246	1559	39.06	63120	2172	38	4039
HZZY	80	884	148	7284	459.6	31	3422
NBZY	202	686	676.86	143791	926.1	36	3370
ZJJR	62	937	371.87	152116	2139	21	3202
RZZY	57	1209	78	5187	29	42	5430
ZBZY	443	3282	300.6	56920	229.3	62	9472
CSMZ	56	1376	511.2	7169	157.5	39	5942
GGQG	85	1181	6	6063	162	64	6869
GZPY	108	1006	0	13421	684.7	43	3457
SZXX	225	423	0	26278	284.4	44	5166
SDZY	96	1226	71	4668	89.04	48	6485
CQDZ	142	2402	622.24	20481	3359	58	6853
CQGY	91	1499	316	35643	270.7	52	4321
YLZY	11	1437	80	992	380	66	6070
BJCM	101	561	88	3850	289.5	18	1516
TJQG	77	1779	0	6890	621.4	29	2829
SXCS	14	196	0	5446	100	22	2044
NMJD	5	42	0	157	1	41	3193
CCQC	115	1859	618	87585	1625	24	2617
HRB	235	1848	94.49	49657	545.1	50	3645
SSGY	20	277	0	401	97	21	1264
CZJD	156	1832	215.2	32065	2517	40	3509
JSJM	123	443	42.98	32071	66.46	39	4136
WZZY	143	1462	230.9	28030	1226	35	3569
WHZY	25	1644	0	3028	8	75	6425
FJCZJT	91	1474	229	86940	504.5	54	3675
JJZY	290	2270	771.04	10800	729.3	64	5866
BZZY	57	1059	160	1610	131.3	39	6525
WHCB	77	1895	83.68	10440	120	49	5118

续表

院校	变量22	变量23	变量24	变量25	变量26	变量27	变量28
HNTD	41	1861	0	29976	698.1	32	3134
NNZY	97	853	20.79	3336	177.6	58	5074
HJMZY	16	412	0	180	1	32	2706
SCGC	161	1413	448	36409	2374	34	4016
GZJT	80	2734	349.7	18442	887	40	3570
KMYJ	32	1945	290.6	1166	221.6	75	5584
SXTL	75	2223	7.6	34621	761.3	35	4211
XAHK	11	1323	0	2020	5	51	3492
LZZH	53	1804	45.8	35410	828.9	59	3587
NXZY	4	918	0	3796	80	44	2073
XJNY	102	1689	245	7105	524.5	37	3321
平均值	143.1	1422.6	276.126	29686	888.7	44.2	4308
最大值	1687	3282	2584.75	256435	6695	77	9472
最小值	4	42	0	157	1	18	1264
极值	1683	3240	2584.75	256278	6694	59	8208

备注：其中，变量1＝建校时间，变量2＝本省专科高职学校年生均财政拨款水平：万元，变量3＝本学校年生均财政拨款水平：万元，变量4＝生均教学科研辅助用房面积：m²/生，变量5＝生均学生宿舍面积：m²/生，变量6＝学校固定资产总值：万元，变量7＝生均教学、科研仪器设备值：元/生，变量8＝学校教职工总数：人，变量9＝全日制普通高职学历教育在校生数：人，变量10＝国（境）外留学生数：人，变量11＝合作企业订单培养数：人，变量12＝合作企业学校共同开发课程数：门，变量13＝合作企业接受顶岗实习学生数：人，变量14＝企业对学校准捐赠设备总值：万元，变量15＝生均实验室、实习场所面积：m²/生，变量16＝生均纸质图书册数：册/生，变量17＝教学、科研仪器设备总值：万元，变量18＝接入互联网出口带宽：Mbps，变量19＝校内专任教师数：人，变量20＝兼职教师总数：人，变量21＝非学历培训规模：人日，变量22＝合作企业学校共同开发教材数：种，变量23＝合作企业接受2018届毕业生就业数：人，变量24＝合作企业对学校捐赠设备总值：万元，变量25＝学校为企业年培训员工：人天，变量26＝学校为企业技术服务年收入：万元，变量27＝全日制高职招生专业数：个，变量28＝应届毕业生人数：人。

附录 C　专业群与产业系统耦合测算代码

```python
import pandas as pd
import numpy as np
# 第一部分数据处理得到权重
sheet_name = 'XX 省份'
filename1 = r'文件名'
shujv1 = pd. read_excel( io = filename1 , sheet_name = sheet_name)
shujv1 = pd. DataFrame( shujv1 , dtype = 'float')
shujv1_1 = pd. read_excel( io = filename1 , sheet_name = sheet_name)
shujv1_1 = pd. DataFrame( shujv1_1 , dtype = 'float')
no_1 = 'year' #跳过年份
#归一化
years = 10 #总年份
for key in shujv1_1：
if( key == no_1)：
        continue
    ma = shujv1_1[ key]. max()
    mi = shujv1_1[ key]. min()
    for num in range( years)：
        shujv1_1[ key][ num] = ( shujv1_1[ key][ num] – mi)/( ma – mi)
for key in shujv1：
if( key == no_1)：
        continue
    ma = shujv1[ key]. max()
    mi = shujv1[ key]. min()
    for num in range( years)：
        shujv1[ key][ num] = ( shujv1[ key][ num] – mi)/( ma – mi)
#计算百分比并去 0
```

```
for key in shujv1:
if(key == no_1):
            continue
        su1 = shujv1[key].sum()
        for num in range(years):
            shujv1[key][num] / = su1
            if(shujv1[key][num] == 0.000000):
                shujv1[key][num] = 0.0000001
```

#参数个数

```
import numpy as np
paramsnum = 9
w1 = np.zeros(paramsnum, dtype = np.float64)
no1 = 0
for key in shujv1:
        if key == no_1:
            continue
        sum1 = 0.0
        for i in range(years):
            sum1 + = shujv1[key][i] * np.log(shujv1[key][i]) * -1
        sum1 / = np.log(years)
        w1[no1] = sum1
        no1 = no1 + 1
for i in range(0, paramsnum):
        w1[i] = 1 - w1[i]
sum1 = w1.sum()
for i in range(0, paramsnum):
        w1[i] / = sum1
```

#第一部分权重

```
# print(w1)
# exit()
```

#第二部分数据处理得到权重

```
filename2 = r'文件名'
```

```python
shujv2 = pd. read_excel(io = filename2, sheet_name = sheet_name)
shujv2 = pd. DataFrame(shujv2, dtype = 'float')
shujv2_1 = pd. read_excel(io = filename2, sheet_name = sheet_name)
shujv2_1 = pd. DataFrame(shujv2_1, dtype = 'float')
#归一化
for key in shujv2_1:
if(key == no_1):
        continue
    ma = shujv2_1[key]. max()
    mi = shujv2_1[key]. min()
    for num in range(years):
        shujv2_1[key][num] = (shujv2_1[key][num] - mi)/(ma - mi)
for key in shujv2:
if(key == no_1):
        continue
    ma = shujv2[key]. max()
    mi = shujv2[key]. min()
    for num in range(years):
        shujv2[key][num] = (shujv2[key][num] - mi)/(ma - mi)
#计算百分比并去0
for key in shujv2:
if(key == no_1):
        continue
    su2 = shujv2[key]. sum()
    for num in range(years):
        shujv2[key][num]/ = su2
        if(shujv2[key][num] == 0. 000000):
            shujv2[key][num] = 0. 0000001
w2 = np. zeros(paramsnum, dtype = np. float64)
no2 = 0
for key in shujv2:
    if key == no_1:
```

```python
        continue
    sum2 = 0. 0
    for i in range(years):
        sum2 + = shujv2[key][i] * np. log(shujv2[key][i]) * -1
    sum2 / = np. log(years)
    w2[no2] = sum2
    no2 = no2 + 1
for i in range(0, paramsnum):
    w2[i] = 1 - w2[i]
sum1 = w1. sum()
for i in range(0, paramsnum):
    w2[i]/ = sum2
#第二部分权重
# print('第二部分权重', w2)
# exit()
##权重耦合处理
out = np. zeros((years, 5), dtype = np. float)
#起始年份
init = 2009
for i in range(0, years):
    out[i][0] = init
init + = 1
#权重系数相乘并加起来得到 fx
for i in range(years):
fx = 0
    init1 = 0
    for key in shujv1_1:
        if key == no_1:
            continue
fx = fx + w1[init1] * shujv1_1[key][i]
        init1 + = 1
    out[i][1] = fx
```

```python
#权重系数相乘并加起来得到 gy
for i in range(years):
    gy = 0
        init2 = 0
        for key in shujv2_1:
            if key == no_1:
                continue
    gy = gy + w2[init2] * shujv2_1[key][i]
            init2 += 1
        out[i][2] = gy
for i in range(years):
    #out[i][3] = 2 * np.sqrt(out[i][1] * out[i][2])/(out[i][1] + out[i][2])
    out[i][3] = ((out[i][1] * out[i][2])/((out[i][1] + out[i][2])/2)**2)**2
for i in range(years):
    out[i][4] = np.sqrt(out[i][3] * (0.5 * out[i][2] + 0.5 * out[i][1]))
out1 = out
np.set_printoptions(suppress = True)
#第三部分结果输出
import pandas as pd
import openpyxl
import xlrd
from xlutils.copy import copy
#输出文件名
filename3 = r'文件名'
workbook = xlrd.open_workbook(filename3)
workbooknew = copy(workbook)
ws = workbooknew.get_sheet(sheet_name)
for i in range(0,5):
    for j in range(years):
```

```
ws. write(j,i,out1[j][i])
for i in range(0,paramsnum):
ws. write(23,i,w1[i])
for i in range(0,paramsnum):
ws. write(25,i,w2[i])
#ws. write(2,14,shijv2)
workbooknew. save(filename3)
print("已完成第")
print(sheet_name)
print("页")
# sheet_name +  = 1
```

附录 D 案例地区高职院校专业设置情况表

序号	专业	频次	序号	专业	频次
1	会计	15	26	安全技术与管理	4
2	计算机应用技术	11	27	飞机机电设备维修	4
3	学前教育	10	28	城市轨道交通机电技术	4
4	计算机网络技术	9	29	城轨交通通信信号技术	4
5	电子商务	9	30	电子信息工程技术	4
6	工程造价	8	31	物联网应用技术	4
7	工商企业管理	8	32	信息安全与管理	4
8	旅游管理	8	33	人工智能技术服务	4
9	数字媒体艺术设计	8	34	金融管理	4
10	空中乘务	7	35	汽车营销与服务	4
11	大数据技术与应用	7	36	物流管理	4
12	机电一体化技术	6	37	广告设计与制作	4
13	软件技术	6	38	环境艺术设计	4
14	艺术设计	6	39	法律事务	4
15	老年服务与管理	6	40	人力资源管理	4
16	建筑工程技术	5	41	社区康复	4
17	汽车检测与维修技术	5	42	建筑室内设计	3
18	新能源汽车技术	5	43	无人机应用技术	3
19	护理	5	44	食品营养与检测	3
20	国际商务	5	45	道路桥梁工程技术	3
21	市场营销	5	46	城市轨道交通车辆技术	3
22	会展策划与管理	5	47	城市轨道交通运营管理	3
23	影视多媒体技术	5	48	数字媒体应用技术	3
24	商务英语	5	49	虚拟现实应用技术	3
25	文秘	5	50	证券与期货	3

序号	专业	频次	序号	专业	频次
51	酒店管理	3	80	国际经济与贸易	2
52	戏剧影视表演	3	81	连锁经营管理	2
53	新闻采编与制作	3	82	导游	2
54	体育运营与管理	3	83	美术	2
55	法律文秘	3	84	舞蹈表演	2
56	园林技术	2	85	音乐表演	2
57	消防工程技术	2	86	影视编导	2
58	建设项目信息化管理	2	87	影视动画	2
59	建设工程监理	2	88	早期教育	2
60	物业管理	2	89	应用英语	2
61	机械制造与自动化	2	90	社会工作	2
62	数控技术	2	91	社区管理与服务	2
63	电气自动化技术	2	92	劳动与社会保障	2
64	工业机器人技术	2	93	设施农业与装备	1
65	汽车制造与装配技术	2	94	园艺技术	1
66	汽车电子技术	2	95	绿色食品生产与检验	1
67	药品生物技术	2	96	畜牧兽医	1
68	汽车运用与维修技术	2	97	动物医学	1
69	民航运输	2	98	动物医学检验技术	1
70	城市轨道交通工程技术	2	99	实验动物技术	1
71	应用电子技术	2	100	宝玉石鉴定与加工	1
72	动漫制作技术	2	101	工程测量技术	1
73	云计算技术与应用	2	102	测绘工程技术	1
74	通信技术	2	103	环境监测与控制技术	1
75	康复治疗技术	2	104	环境工程技术	1
76	卫生信息管理	2	105	建筑装饰工程技术	1
77	健康管理	2	106	古建筑工程技术	1
78	国际金融	2	107	供热通风空调技术	1
79	互联网金融	2	108	建筑智能化工程技术	1

续表

序号	专业	频次	序号	专业	频次
109	建设工程管理	1	138	中医养生保健	1
110	市政工程技术	1	139	心理咨询	1
111	给排水工程技术	1	140	医疗设备应用技术	1
112	水利水电工程技术	1	141	康复辅助器具技术	1
113	水环境监测与治理	1	142	假肢与矫形器技术	1
114	焊接技术与自动化	1	143	税务	1
115	模具设计与制造	1	144	资产评估与管理	1
116	数控设备应用与维护	1	145	保险	1
117	工业网络技术	1	146	投资与理财	1
118	食品生物技术	1	147	财务管理	1
119	珠宝首饰技术与管理	1	148	审计	1
120	服装设计与工艺	1	149	网络营销	1
121	食品质量与安全	1	150	跨境电子商务	1
122	智能交通技术运用	1	151	休闲服务与管理	1
123	道路运输与路政管理	1	152	研学旅行管理与服务	1
124	汽车车身维修技术	1	153	餐饮管理	1
125	水路运输与海事管理	1	154	视觉传播设计与制作	1
126	飞机电子设备维修	1	155	服装与服饰设计	1
127	航空物流	1	156	展示艺术设计	1
128	城轨交通供配电技术	1	157	包装艺术设计	1
129	微电子技术	1	158	玉器设计与工艺	1
130	移动互联应用技术	1	159	工艺美术品设计	1
131	软件与信息服务	1	160	游戏设计	1
132	助产	1	161	人物形象设计	1
133	药学	1	162	戏曲表演	1
134	中药学	1	163	曲艺表演	1
135	医学影像技术	1	164	舞台艺术设计与制作	1
136	口腔医学技术	1	165	文物修复与保护	1
137	中医康复技术	1	166	网络新闻与传播	1

续表

序号	专业	频次	序号	专业	频次
167	播音与主持	1	180	司法助理	1
168	广播影视节目制作	1	181	行政执行	1
169	摄影摄像技术	1	182	安全防范技术	1
170	艺术教育	1	183	青少年工作与管理	1
171	旅游英语	1	184	民政管理	1
172	文秘速录	1	185	公共事务管理	1
173	运动训练	1	186	知识产权管理	1
174	社会体育	1	187	公益慈善事业管理	1
175	休闲体育	1	188	家政服务与管理	1
176	高尔夫球运动与管理	1	189	婚庆服务与管理	1
177	体育保健与康复	1	190	现代殡葬技术与管理	1
178	冰雪设施运维与管理	1	191	陵园服务与管理	1
179	国内安全保卫	1			

附录 E 案例地区院校专业交往的 社会网络图谱各类指标

行为主体	Size	Pairs	Density	AvgD	pWeakC	2StepR
本科院校 1	1.00	0.00	0.00	0.00	14.00	20.59
本科院校 2	1.00	0.00	0.00	0.00	14.00	20.59
本科院校 3	2.00	2.00	0.00	2.00	11.76	80.00
本科院校 4	4.00	12.00	0.00	4.00	17.65	66.67
本科院校 5	2.00	2.00	0.00	2.00	19.12	76.47
本科院校 6	1.00	0.00	0.00	0.00	14.00	20.59
本科院校 7	1.00	0.00	0.00	0.00	14.00	20.59
本科院校 8	3.00	6.00	0.00	2.00	26.47	81.82
本科院校 9	2.00	2.00	0.00	2.00	8.82	66.67
本科院校 10	1.00	0.00	0.00	0.00	6.00	8.82
本科院校 11	2.00	2.00	0.00	2.00	13.24	81.82
本科院校 12	1.00	0.00	0.00	0.00	14.00	20.59
本科院校 13	2.00	2.00	0.00	2.00	32.35	88.00
本科院校 14	1.00	0.00	0.00	0.00	1.00	1.47
本科院校 15	1.00	0.00	0.00	0.00	14.00	20.59
本科院校 16	3.00	6.00	0.00	3.00	39.71	79.41
本科院校 17	2.00	2.00	0.00	2.00	2.94	50.00
本科院校 18	1.00	0.00	0.00	0.00	1.00	1.47
本科院校 19	2.00	2.00	0.00	2.00	22.06	88.24
本科院校 20	2.00	2.00	0.00	2.00	22.06	83.33
本科院校 21	3.00	6.00	0.00	3.00	23.53	80.00
本科院校 22	1.00	0.00	0.00	0.00	14.00	20.59
本科院校 23	1.00	0.00	0.00	0.00	14.00	20.59
本科院校 24	1.00	0.00	0.00	0.00	14.00	20.59

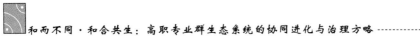

续表

行为主体	Size	Pairs	Density	AvgD	pWeakC	2StepR
本科院校25	2.00	2.00	0.00	2.00	20.59	66.67
本科院校26	12.00	132.00	3.03	10.00	33.82	53.49
本科院校27	7.00	42.00	0.00	7.00	30.88	55.26
高职院校1	6.00	30.00	0.00	6.00	25.00	53.13
高职院校2	11.00	110.00	0.00	11.00	35.29	39.34
高职院校3	4.00	12.00	0.00	4.00	19.12	48.15
高职院校4	2.00	2.00	0.00	2.00	11.76	80.00
高职院校5	2.00	2.00	100.00	1.00	50.00	17.00
高职院校6	6.00	30.00	0.00	6.00	22.06	53.57
高职院校7	3.00	6.00	0.00	3.00	17.65	66.67
高职院校8	9.00	72.00	0.00	9.00	33.82	52.27
高职院校9	3.00	6.00	0.00	3.00	26.47	75.00
高职院校10	1.00	0.00	0.00	0.00	12.00	17.65
高职院校11	2.00	2.00	0.00	2.00	5.88	57.14
高职院校12	1.00	0.00	0.00	0.00	12.00	17.65
高职院校13	1.00	0.00	0.00	0.00	12.00	17.65
高职院校14	2.00	2.00	0.00	2.00	22.06	83.33
高职院校15	3.00	6.00	0.00	3.00	29.41	76.92
高职院校16	4.00	12.00	0.00	4.00	33.82	79.31
高职院校17	8.00	56.00	0.00	8.00	33.82	48.94
高职院校18	4.00	12.00	16.67	3.00	27.94	67.86
高职院校19	1.00	0.00	0.00	0.00	12.00	17.65
高职院校20	1.00	0.00	0.00	0.00	2.00	2.94
高职院校21	6.00	30.00	0.00	6.00	27.94	52.78
高职院校22	2.00	2.00	0.00	2.00	11.76	80.00
高职院校23	1.00	0.00	0.00	0.00	12.00	17.65
中职院校1	5.00	20.00	0.00	5.00	26.47	51.43
中职院校2	6.00	30.00	0.00	6.00	38.24	54.17
中职院校3	2.00	2.00	0.00	2.00	14.71	76.92

续表

行为主体	Size	Pairs	Density	AvgD	pWeakC	2StepR
中职院校4	7.00	42.00	0.00	7.00	41.18	52.83
中职院校5	2.00	2.00	0.00	2.00	23.53	72.73
中职院校6	14.00	182.00	0.00	14.00	27.94	54.29
中职院校7	1.00	0.00	0.00	0.00	2.00	2.94
中职院校8	3.00	6.00	0.00	3.00	25.00	70.83
中职院校9	8.00	56.00	7.14	6.00	52.94	53.73
中职院校10	3.00	6.00	0.00	3.00	26.47	62.07
中职院校11	3.00	6.00	0.00	3.00	23.53	61.54
中职院校12	6.00	30.00	0.00	6.00	35.29	50.00
中职院校13	1.00	0.00	0.00	0.00	2.00	2.94
中职院校14	5.00	20.00	0.00	5.00	29.41	50.00
中职院校15	1.00	0.00	0.00	0.00	1.00	1.47
中职院校16	1.00	0.00	0.00	0.00	3.00	4.41
中职院校17	1.00	0.00	0.00	0.00	2.00	2.94
中职院校18	1.00	0.00	0.00	0.00	1.00	1.47
中职院校19	1.00	0.00	0.00	0.00	3.00	2.94

参 考 文 献

［1］［美］埃里克·詹奇．自组织的宇宙观［M］．曾国屏，等译．北京：中国社会科学出版社，1992：201.

［2］包忠明．高职专业群平台式课程体系的构建——以现代纺织贸易专业群为例［J］．职教论坛，2014（21）：58－61.

［3］［美］伯顿·R.克拉克．高等教育系统——学术组织的跨国研究［M］．王承绪，译．杭州：杭州大学出版社，1994.63.

［4］［美］布莱恩·阿瑟．技术的本质：技术是什么，它是如何进化的［M］．曹东溟，王健，译．杭州：浙江人民出版社，2018：5.

［5］曹静，谢日星．高职软件技术专业群课程模块化设计研究［J］．中国成人教育，2011（4）：61－63.

［6］曹琦．复杂自适应系统联合仿真建模理论及应用［M］．重庆：重庆大学出版社，2012.38.

［7］陈继祥等．产业集群与复杂性［M］．上海：上海财经大学出版社，2005：33.

［8］陈佳贵．关于企业生命周期与企业蜕变的探讨［J］．中国工业经济，1995（11）：5－13.

［9］陈家建，边慧敏，邓湘树．科层结构与政策执行［J］．社会学研究，2013，28（6）：1－20＋242.

［10］陈锦阳．基于专业群的高职商务英语改革［J］．职教论坛，2015（23）：65－68.

［11］陈林杰．高职院校专业群构建的路径研究与实践案例［J］．中国职业技术教育，2007（26）：34－35＋43.

［12］陈岭．对生物类专业群共享教学资源库可持续发展的思考［J］．职教论坛，2013（2）：56－58.

［13］陈琦，刘儒德．当代教育心理学［M］．北京：北京师范大学出版社，

2007：248.

［14］陈向明．质的研究方法与社会科学研究［M］．北京：教育科学出版社，2000：165.

［15］陈秀珍．高职院校专业群课程体系构建的研究［J］．中国职业技术教育，2015（2）：86－89.

［16］陈学飞等．教育政策研究基础［M］．北京：人民教育出版社，2011：60.

［17］陈郁青．高职重点专业群耦合式产学研合作教育体系的探索与实践［J］．教育与职业，2015（23）：24－26.

［18］陈运生．产教融合背景下高职院校专业群与产业群协同发展研究［J］．中国职业技术教育，2017（26）：27－32.

［19］程书强．工商管理专业群虚拟现实实训平台的构建与实践［J］．中国职业技术教育，2013（2）：77－79.

［20］辞海编辑委员会．辞海［M］．上海：上海辞书出版社，1999：75.340.342.4882.5152

［21］［英］达尔文．物种起源［M］．周建人，等译．北京：商务印书馆，1995：94.

［22］大英百科全书编辑委员会．大英百科全书［M］．北京：中国大百科全书出版社，1999：308.

［23］大美百科全书编辑委员会．大美百科全书［M］．台北：光复书局企业股份有限公司，2008：189.

［24］大辞海编辑委员会．大辞海·教育卷［M］．上海：上海辞书出版社，2014：6，250.

［25］戴小红．国际商贸专业群提升服务产业转型能力的实践探索［J］．中国职业技术教育，2013（13）：82－86.

［26］［德］菲利克斯·劳耐尔，鲁珀特·麦克林．国际职业教育科学研究手册［M］．赵志群，等译．北京：北京师范大学出版社，2014：113.

［27］［德］汉斯·萨克塞．生态哲学：自然—技术—社会［M］．文韬，佩云，译．北京：东方出版社，1991：108.

［28］邓泽民．《中等职业学校专业目录（2010年修订）》解读［J］．中国职业技术教育，2010（16）：22－25＋32.

［29］邓志革，侯建军，李治国，王伟力．高职汽车专业群建设与实践［J］．中国职业技术教育，2016（13）：62－65.

[30] 丁圣彦. 现代生态学 [M]. 北京：科学出版社，2014：29.

[31] 丁宗胜. 高职院校专业群构建的逻辑研究——以旅游管理专业群为例 [J]. 职业技术教育，2014，35（2）：9-12.

[32] 董淑华. 高职院校专业群建设的实践探索 [J]. 职业技术教育，2012，33（26）：26-30.

[33] [法] 埃米尔·涂尔干. 社会分工论 [M]. 渠东，译. 北京：生活·读书·新知三联书店，2013：108.

[34] 范国睿. 教育生态学 [M]. 北京：人民教育出版社，2000：4.

[35] 范国睿. 美英教育生态学研究述评 [J]. 华东师范大学学报（教育科学版），1995（2）：83-89.

[36] 范民. 高职专业群课程体系中链路课程的设计 [J]. 职业技术教育，2009，30（11）：23-24+50.

[37] 方飞虎，潘上永，王春青. 高等职业教育专业群建设评价指标体系构建 [J]. 职业技术教育，2015，36（5）：59-62.

[38] 冯忠良，等. 教育心理学 [M]. 北京：人民教育出版社，2010：302.

[39] [美] 弗朗西斯·C. 福勒. 教育政策学导论 [M]. 许庆豫，译. 南京：江苏教育出版社，2007：156.

[40] 傅翠晓，钱省三，陈劲杰，张睿. 知识生产研究综述 [J]. 科技进步与对策，2009，26（2）：155-160.

[41] 顾京. 基于产业结构的高职教育专业群建设 [J]. 教育与职业，2012（17）：16-17.

[42] 顾晓燕. 高职物联网专业定位与专业群建设的探索 [J]. 职业技术教育，2013，34（11）：9-12.

[43] 郭福春，徐伶俐. 高职院校专业群视域下的专业建设理论与实践 [J]. 现代教育管理，2015（9）：111-114.

[44] 郭扬. 中国高等职业教育史纲 [M]. 北京：科学普及出版社，2010：68.

[45] 国家职业分类大典委员会. 中华人民共和国职业分类大典 [M]. 北京：中国劳动社会保障出版社，2015：12.

[46] 何景师，范明明. 产业融合背景下宽平台、多方向的专业群构建 [J]. 职业技术教育，2012，33（5）：14-16.

[47] 和震. 论现代职业教育的内涵与特征 [J]. 中国高教研究，2008（10）：65-67.

［48］和震. 知识：探究、反省与行动——杜威的知识观及其对教育的意义 ［J］. 湖南师范大学教育科学学报，2003（5）：10－13.

［49］［日］河本英夫. 第三代系统论：自生系统论. ［M］. 郭连右，译. 北京：中央编译出版社，2016：28.

［50］贺建伟，关继东. 论高职森林资源类专业群通用基础课程的设置 ［J］. 职教论坛，2010（24）：44－45＋51.

［51］贺祖斌. 高等教育生态论 ［M］. 桂林：广西师范大学出版社，2005：43.

［52］胡恩华. 企业集群创新行为的理论与实证研究——基于复杂适应系统理论的视角 ［M］. 北京：科学出版社，2007：19.

［53］胡英，夏晓静，崔山风. 专业群平台课程的教学改革与设计 ［J］. 教育与职业，2012（23）：116－117.

［54］黄斌. 高职化工专业群公共基础课程体系和模式的整体构建 ［J］. 教育与职业，2010（21）：128－130.

［55］黄金凤. 高职建筑设计技术专业群实践教学质量评价和运行机制构建 ［J］. 职业技术教育，2016，37（5）：17－20.

［56］黄明东. 教育政策与法律 ［M］. 武汉：武汉大学出版社，2007：6.

［57］黄启良. 对接产业链的职业院校服装专业群联动实训基地建设研究 ［J］. 中国职业技术教育，2017（31）：78－81.

［58］黄影秋. 高职院校专业群与产业群的协同创新发展探讨 ［J］. 职业技术教育，2017，38（14）：25－29.

［59］黄影秋. 专业群与产业群协同创新模式研究 ［J］. 职业教育研究，2017（6）：35－38.

［60］霍丽娟. 论专业群建设与高职教师的成长与发展 ［J］. 国家教育行政学院学报，2010（1）：58－61.

［61］姜大源. 当代德国职业教育主流教学思想研究 ［M］. 北京：清华大学出版社，2007：31.

［62］姜大源. 职业教育：课程与教材辨析 ［J］. 中国职业技术教育，2008（19）：1，13.

［63］姜大源. 职业教育学研究新论 ［M］. 北京：教育科学出版社，2006：103.

［64］姜大源. 职业科学辨析 ［J］. 高等工程教育研究，2015（5）：149－156.

［65］姜大源. 职业学校专业设置的理论策略与方法 ［M］. 北京：高等教育出版社，2002：9.

[66] 姜郭霞. 数字化精品资源共享课程建设探析 [J]. 职业技术教育，2014，35（5）：36－39.

[67] 姜志军，李睿思. 论地方经济产业结构与高校专业群建设现状 [J]. 继续教育研究，2015（2）：4－7.

[68] 瞿立新. 高职旅游专业群建设的研究与实践 [J]. 职教论坛，2012（33）：61－66.

[69] [英] 凯西·卡麦兹. 建构扎根理论：质性研究实践指南 [M]. 边国英，译. 重庆：重庆大学出版社，2009：13.

[70] 康德. 自然科学的形而上学基础 [M]. 北京：生活·读书·新知三联书店，1988：2.

[71] 柯平. 知识学研究.［M］. 北京：国家图书馆出版社，2017：205.

[72] [美] 拉雷·N. 格斯顿. 公共政策的制定——程序和原理 [M]. 朱子文，译. 重庆：重庆大学出版社，2001：3.

[73] 李波. 高职院校特色专业及专业群建设的研究 [J]. 中国成人教育，2009（2）：74－75.

[74] 李林. 高职专业群建设评价体系构建研究 [J]. 教育评论，2017（8）：76－79.

[75] 李平，曹仰峰. 案例研究方法：理论与范例 [M]. 北京：北京大学出版社，2012：12，41.

[76] 李芸，董广智. 高职院校旅游管理及在线运营服务专业群建设研究 [J]. 中国职业技术教育，2014（14）：24－28.

[77] 李政. 职业教育现代学徒制的价值研究 [D]. 华东师范大学，2019.

[78] 刘芳. 高职信息类专业群"实训、实战、实体"实践教学体系构建 [J]. 职业技术教育，2015，36（11）：37－40.

[79] 刘军. 整体网分析讲义——UCINET 软件实用指南 [M]. 上海：上海人民出版社，2009：39.

[80] 刘思峰，方志耕，朱建军，沈洋. 系统建模与仿真 [M]. 北京：科学出版社，2012：28.

[81] 刘霞. 基于产业链的高职专业群建设研究 [J]. 中国职业技术教育，2012（3）：36－40.

[82] 卢兵. 基于职业技术领域专业群的高职课程体系的建构实践 [J]. 中国大学教学，2009（9）：76－78.

［83］卢晓东，陈孝戴. 高等学校"专业"内涵研究［J］. 教育研究，2002
（7）：47－52.

［84］芦庆梅，张劲. 结合地方经济特点 建设高职特色专业群［J］. 教育与职
业，2002（8）：21－22.

［85］罗家德. 社会网络分析讲义［M］. 北京：社会科学文献出版社，2005：5.

［86］罗三桂. 高职院校特色专业群建设路径选择［J］. 中国职业技术教育，
2018（28）：71－75.

［87］罗彦祥. 共享实训基地背景下的高职计算机技术专业群建设研究［J］.
中国职业技术教育，2015（29）：65－68.

［88］罗勇武，刘毓，肖冰，易峥英. 高职院校专业群研究现状述评［J］. 职
教论坛，2008（11）：19－22.

［89］米高磊，郭福春. "双高"背景下高职专业群建设的内涵逻辑与实践取
向——以浙江金融职业学院为例［J］. 高等工程教育研究，2019（6）：
138－144.

［90］牛翠娟等. 基础生态学［M］. 北京：高等教育出版社，2008：36＋111.

［91］欧阳莹之. 复杂系统理论基础［M］. 上海：上海科技教育出版社，
2002：19.

［92］潘海生，周柯，王佳昕. "双高计划"背景下高职院校战略定位与建设逻
辑［J］. 高等工程教育研究，2020（1）：142－147.

［93］潘懋元，王伟廉. 高等教育学［M］. 福州：福建教育出版社，2013：107.

［94］钱红，张庆堂. 高职院校专业群建设的实践与思考［J］. 江苏高教，
2015（1）：139－141.

［95］强伟纲. 对高职专业群建设的思考［J］. 教育与职业，2013（21）：
30－32.

［96］乔学斌. 高等职业院校专业群建设的实施路径［J］. 中国职业技术教育，
2016（35）：85－89.

［97］任凯，白燕. 教育生态学［M］. 沈阳：辽宁教育出版社，1992：24.

［98］任占营. 高职院校专业群建设的变革意蕴探析［J］. 高等工程教育研究，
2019（6）：4－8.

［99］沈建东，黄琼. 基于苏州产业结构探究高职商贸服务专业群建设［J］.
教育与职业，2017（9）：105－109.

［100］沈建根，石伟平. 高职教育专业群建设：概念、内涵与机制［J］. 中国

高教研究，2011（11）：78 – 80.

[101] 沈小峰，吴彤，曾国屏．自组织的哲学：一种新的自然观和科学观 [M]．北京：中共中央党校出版社，1993：24.

[102] 施能进，罗文华，徐茂华．高职院校专业群共享课程的教学改革和实践 [J]．职教论坛，2013（14）：94 – 96.

[103] 石伟平．提升职业院校教材质量的关键路径 [J]．教育研究，2020，41（3）：18 – 22.

[104] 石伟平．徐国庆．职业教育课程开发技术 [M]．上海：上海教育出版社，2006：20.

[105] 石中英．知识转型与教育变革 [M]．北京：教育科学出版社，2001：5.

[106] 宋文光，许志平．高职院校专业群建设的路径探析 [J]．中国成人教育，2008（2）：98 – 99.

[107] 宋亚峰．改革开放40年民族教育政策研究热点及前沿分析 [J]．北方民族大学学报（哲学社会科学版），2019（3）：159 – 165.

[108] 宋亚峰．高等职业教育产教融合政策的实践样态与优化逻辑 [J]．职业技术教育，2020，41（7）：6 – 12.

[109] 宋亚峰，王世斌，潘海生．一流大学建设高校的学科生态与治理逻辑 [J]．高等教育研究，2019，40（12）：26 – 34.

[110] 孙建强，许秀梅，高洁．企业生命周期的界定及其阶段分析 [J]．商业研究，2003（18）：12 – 14.

[111] 孙绵涛．教育政策学 [M]．北京：中国人民大学出版社，2010：22.

[112] 孙燕华，陈桂梅．专业群数字化教学资源的建设 [J]．教育与职业，2015（35）：110 – 112.

[113] 孙毅颖．高职专业群建设的基本问题解析 [J]．中国大学教学，2011（1）：36 – 38.

[114] 覃林．统计生态学 [M]．北京：中国林业出版社，2009：91.

[115] 谭荣波．"源"与"流"：学科、专业及其关系的辨析 [J]．教育发展研究，2002（11）：114 – 116.

[116] 滕业方，殷新叶．协同创新下的塑料产品制造专业群信息化教学资源建设研究与实践 [J]．职业技术教育，2014，35（8）：18 – 20.

[117] 滕跃民，蒋志．关于出版印刷艺术专业群结构布局的系统性思考 [J]．教育理论与实践，2013，33（15）：13 – 15.

[118] ［英］托马斯·赫胥黎. 天演论 ［M］. 严复，译. 重庆：重庆出版社，2018：310.

[119] 托尼·比彻，保罗·特罗勒尔. 学术部落与学术领地——知识探索与学科文化 ［M］. 唐跃勤，蒲茂华，陈洪捷，译. 北京：北京大学出版社，2018：196.

[120] 万军，胡宁. 专业群建设视角下实训教学体系的构建 ［J］. 职业技术教育，2013，34（11）：54–56.

[121] 王俊山，杨天英. 基于专业群理念的校内实训基地建设研究 ［J］. 教育理论与实践，2009，29（30）：25–27.

[122] 王敏勤. 由能力本位向素质本位转变——职业教育的变革 ［J］. 教育研究，2002（5）：65–66+72.

[123] 王荣，张斌，李曙生. 基于专业群的高职机电类专业课程体系构建 ［J］. 教育与职业，2017（16）：93–96.

[124] 王世斌，宋亚峰，潘海生. 我国高职院校空间布局的动态变迁与演化机理 ［J］. 高等教育研究，2018，39（9）：64–72.

[125] 王晓慧. 论专业群内公共基础课改革 ［J］. 教育与职业，2014（18）：141–143.

[126] 王晓江. 高职院校专业建设的研究与实践 ［M］. 西安：西北大学出版社，2014：34.

[127] 王晓江，殷锋社. 高职高专院校专业设置现状分析与建议 ［J］. 中国职业技术教育，2012（32）：15–19.

[128] 王效杰. 现代产业要素嵌入式专业群实践教学体系重构 ［J］. 教育与职业，2016（19）：102–105.

[129] 王占九. 英语专业群"1+X"教学模式下项目课程建设的研究与实践 ［J］. 教育与职业，2010（30）：123–124.

[130] 王中军，张伟. 地方高职院校示范性特色专业群建设路径研究与实践 ［J］. 中国职业技术教育，2018（17）：28–30.

[131] 韦君. 全国普通中等专业学校专业目录修订工作拉开帷幕 ［J］. 中国高等教育，1992（4）：40.

[132] 吴翠娟，李冬. 高职教育专业群的内涵分析和建设思考 ［J］. 教育与职业，2014（23）：14–16.

[133] 吴鼎福，褚文蔚. 教育生态学 ［M］. 南京：江苏教育出版社，1990：3.

［134］吴鼎福. 教育生态的基本规律初探［J］. 南京师大学报（社会科学版），1989（3）：95 - 99.

［135］吴鼎福. 教育生态学刍议［J］. 南京师大学报（社会科学版），1988（3）：33 - 36 + 7.

［136］吴吉东. 高职院校专业群建设视域下的教师发展研究［J］. 职教论坛，2014（5）：8 - 10.

［137］吴升刚，郭庆志. 高职专业群建设的基本内涵与重点任务［J］. 现代教育管理，2019（6）：101 - 105.

［138］吴小蕾. 高职院校专业群协同创新模式研究［J］. 教育与职业，2009（23）：28 - 29.

［139］吴言明. 高职校企双向全程介入人才培养模式探索［J］. 学术论坛，2013，36（9）：221 - 225.

［140］吴毅，吴刚，马颂歌. 扎根理论的起源、流派与应用方法述评——基于工作场所学习的案例分析［J］. 远程教育杂志，2016，35（3）：32 - 41.

［141］武建鑫. 学科生态系统：论世界一流学科的生长基质——基于组织生态学的理论建构［J］. 江苏高教，2017（4）：7 - 14.

［142］武学超. 模式3知识生产的理论阐释——内涵、情境、特质与大学向度［J］. 科学学研究，2014，32（9）：1297 - 1305.

［143］谢茂康. 产业群和专业群适应性研究［J］. 教育与职业，2016（24）：41 - 43.

［144］谢勇旗，孙青. 高等职业教育专业设置的问题及对策［J］. 职业技术教育，2005，26（1）：25 - 27.

［145］徐国庆. 基于知识关系的高职学校专业群建设策略探究［J］. 现代教育管理，2019（7）：92 - 96.

［146］徐国庆，石伟平. 中高职衔接的课程论研究［J］. 教育研究，2012，33（5）：69 - 73 + 78.

［147］徐国庆. 实践导向职业教育课程研究［D］. 华东师范大学，2004.

［148］徐国庆. 实践导向职业教育课程研究：技术学范式［M］. 上海：上海教育出版社，2005：103.

［149］徐国庆. 职业教育教材设计的三维理论［J］. 华东师范大学学报（教育科学版），2015，33（2）：41 - 48.

［150］徐国庆. 职业教育课程论［M］. 上海：华东师范大学出版社，2015：133.

[151] 徐国庆. 职业教育原理 [M]. 上海：上海教育出版社，2007：26.

[152] 徐恒亮，杨志刚. 高职院校专业群建设的创新价值和战略定位 [J]. 中国职业技术教育，2010（7）：62-65.

[153] 徐生，王怀奥，梁蓓. 高职专业群背景下的学习领域课程开发与实施 [J]. 职业技术教育，2010，31（23）：25-28.

[154] 徐耀鸿. 智能制造专业群服务先进制造产业的探究 [J]. 中国职业技术教育，2019（10）：66-69.

[155] 薛国仁，赵文华. 专业：高等教育学理论体系的中介概念 [J]. 上海高教研究，1997（4）：4-9.

[156] 薛薇. SPSS 统计分析方法及应用 [M]. 北京：电子工业出版社，2004：113.

[157] 杨红玲. 协同创新视角下促进教师知识共享的专业群建设 [J]. 教育与职业，2014（35）：87-88.

[158] 杨柳. 珠三角地区的产业集群与高职院校专业群建设探究 [J]. 中国成人教育，2016（11）：115-119.

[159] 杨善江. 高职院校专业群对接区域产业群的适应性分析 [J]. 职业技术教育，2013，34（5）：9-12.

[160] 杨云. 高职教育专业群建设研究 [J]. 教育与职业，2016（21）：53-56.

[161] 杨泽宇. "后示范"时期高职专业群建设研究与实践 [J]. 职教论坛，2015（26）：83-87.

[162] 姚寿广. 对高职教育人才培养方案基本框架的思考与设计 [J]. 中国高教研究，2006（12）：62-63.

[163] 姚伟，韩佳杉，宋新平，徐荣贞. 基于模因论的社会化媒体情报分析模型在 CI 中的应用 [J]. 情报学报，2016，35（6）：605-616.

[164] 应智国. 论专业群建设与高职院校的核心竞争力 [J]. 教育与职业，2006（14）：33-35.

[165] 应智国. 商科类高职院校实训基地的战略构建 [J]. 中国高教研究，2008（8）：80-81.

[166] 俞国，唐建，俞富坤. 高职重点专业群与区域优势产业集群的耦合发展研究 [J]. 职教论坛，2014（6）：52-55.

[167] 俞启定，和震. 职业教育本质论 [J]. 中国职业技术教育，2009（27）：5-10.

[168] 俞启定. 职业教育应突出"职业"性 [J]. 中国职业技术教育，1997（3）：40 - 41.

[169] 袁洪志. 高职院校专业群建设探析 [J]. 中国高教研究，2007（4）：52 - 54.

[170] 约翰·S. 布鲁贝克. 高等教育哲学 [M]. 王承绪，译. 杭州：浙江教育出版社，1987：15.

[171] 曾全胜，刘逸众，刘文娟. 专业群背景下"双师素质"教师资格认定标准研究 [J]. 教育与职业，2016（14）：78 - 80.

[172] 曾天山. 健全普职教育融合体系对教育强国建设意义重大 [J]. 中国教育学刊，2020（07）：5.

[173] 曾宪文，张舒. 论高等职业院校专业群建设——关于质的探讨 [J]. 当代教育科学，2010（13）：15 - 18.

[174] [美] 詹姆斯·E. 安德森. 公共政策制定（第5版）[M]. 谢明，等译. 北京：中国人民大学出版社，2009：3.

[175] 张德祥. 高校一流学科建设的关系审视 [J]. 教育研究，2016，37（8）：33 - 39 + 46.

[176] 张栋科，闫广芬. 高职专业群建设：政策、框架与展望 [J]. 职业技术教育，2017，38（28）：38 - 43.

[177] 张红. 高职院校高水平专业群建设路径选择 [J]. 中国高教研究，2019（6）：105 - 108.

[178] 张欢. 高职院校专业群课程体系构建方法探讨 [J]. 中国职业技术教育，2014（5）：31 - 34.

[179] 张慧，查强. 改革开放四十年我国职业教育政策的演进及特征——基于混合方法的研究 [J]. 高等工程教育研究，2019（4）：165 - 171 + 181.

[180] 张凯. 基于种植类专业群的"平台 + 模块"工学结合课程体系构建 [J]. 广东农业科学，2010，37（3）：318 - 319 + 327.

[181] 张磊. 高等教育专业设置地区治理研究 [D]. 天津大学，2017.

[182] 张耘. 常州纺织服装职业技术学院专业群建设实践 [J]. 职业技术教育，2015，36（6）：64 - 67.

[183] 赵志群. 论职业教育课程开发的规范化与技术标准建设 [J]. 教育与职业，2006（30）：8 - 10.

［184］中国大百科全书总编委员会．中国大百科全书［M］．北京：中国大百科全书出版社，2009：567.

［185］中国教育年鉴编辑部．中国教育年鉴［M］．北京：中国大百科全书出版社，1984：239.

［186］中国社会科学研究院语言所词典编辑室．现代汉语词典［M］．北京：商务印书馆，2017：1088.1449.1511.1719.

［187］中华人民共和国教育部．教育部、财政部关于实施国家示范性高等职业院校建设计划加快高等职业教育改革与发展的意见［EB/OL］.（2006 - 11 - 3）［2020 - 6 - 7］. http：//www. moe. gov. cn/srcsite/A07/moe_737/s3876_qt/200611/t20061103_109728. html.

［188］中华人民共和国教育部．教育部关于印发《普通高等学校高等职业教育（专科）专业设置管理办法》和《普通高等学校高等职业教育（专科）专业目录（2015 年）》的通知［EB/OL］.（2015 - 10 - 26）［2020 - 6 - 14］. http：//www. moe. gov. cn/srcsite/A07/moe _ 953/201511/t20151105_217877. html.

［189］中华人民共和国教育部．教育部关于印发普通高等学校高职高专教育指导性专业目录（试行）的通知［EB/OL］.（2004 - 10 - 19）［2020 - 6 - 14］. http：//old. moe. gov. cn//publicfiles/business/htmlfiles/moe/s3877/201010/xxgk_110109. html.

［190］周赣琛．高职院校商务类专业群学生顶岗实习现状与对策［J］．职业技术教育，2012，33（8）：12 - 14.

［191］周光礼．"双一流"建设中的学术突破——论大学学科、专业、课程一体化建设［J］．教育研究，2016，37（5）：72 - 76.

［192］周光礼，吴越．我国高校专业设置政策六十年回顾与反思——基于历史制度主义的分析［J］．高等工程教育研究，2009（5）：62 - 75.

［193］周桂瑾．高职院校专业群建设模式的研究与实践［J］．职业技术教育，2017，38（29）：24 - 27.

［194］周劲松．基于专业群的高职"平台 + 模块 + 方向"课程体系开发［J］．职业技术教育，2013，34（8）：23 - 26.

［195］周丽，白娟．现代旅游服务业专业群背景下实践教学体系研究［J］．中国职业技术教育，2013（23）：9 - 13.

［196］朱德全．和谐与互动：职业教育均衡发展的体制机制研究［J］．河南大

学学报（社会科学版），2012，52（5）：138-143.

[197] 朱德全，徐小容. 高等教育质量治理主体的权责：明晰与协调［J］. 教育研究，2016，37（7）：74-82.

[198] 朱德全，徐小容. 职业教育与区域经济的联动逻辑和立体路径［J］. 教育研究，2014，35（7）：45-53+68.

[199] 朱德全，杨鸿. 论教学知识［J］. 教育研究，2009，30（10）：74-79.

[200] ［美］朱丽叶·M. 科宾，安塞尔姆·L. 施特劳斯. 质性研究的基础 形成扎根理论的程序与方法［M］. 朱光明，译. 重庆：重庆大学出版社，2015：3.

[201] 朱琴. 从区域产业集群转型升级的视角探索高职文化创意设计专业群建设［J］. 教育与职业，2016（3）：81-83.

[202] 朱双华，陈慧芝. 瞄准汽车产业打造特色专业群的构想与实践［J］. 中国职业技术教育，2011（18）：70-74.

[203] 朱亚鹏. 政策网络分析：发展脉络与理论构建［J］. 中山大学学报（社会科学版），2008（5）：192-199+216.

[204] 朱正茹，杨剑静. 高职院校推进"双高计划"的现实困境与破解策略［J］. 教育与职业，2020（9）：43-48.

[205] 左武荣. 借鉴 KAS 培训法构建高职国贸专业群课程体系［J］. 中国成人教育，2015（3）：129-131.

[206] Abbott M. A Data Envelopment Analysis of the Efficiency of Victorian TAFE Institutes ［J］. Australian Economic Review，2002，35（1）：55-69.

[207] Adizes I. Organizational passages - Diagnosing and treating lifecycle problems of organizations ［J］. Organizational Dynamics，1989，8（1）：3-25.

[208] Arafeh L. An entrepreneurial key competencies' model ［J］. Journal of Innovation & Entrepreneurship，2016，5（1）：26.

[209] Avis J. Austerity and Modernisation，One Nation Labour—Localism，the Economy and Vocational Education and Training in England ［J］. Journal for Critical Education Policy Studies，2014，12（1）：16-21.

[210] Bank V. Danish dynamite-on the implementation process of autonomous schools in the German vocational education system ［J］. Przeglad Dermatologiczny，2005，74（2）：908-909.

[211] Barron，David N. The Structuring of Organizational Populations ［J］. Ameri-

can Sociological Review, 1999, 64 (3): 421.

[212] Becher T. The significance of disciplinary differences [J]. Studies in Higher Education, 2006, 19 (2): 151 – 161.

[213] Benson, K. J. A framework for policy analysis: Theory research and implementation [M] IA: Iowa State University Press, 1982: 137 – 176.

[214] Boreham N. Work Process Knowledge, Curriculum Control and the Work-based Route to Vocational Qualifications [J]. British Journal of Educational Studies, 2002, 50 (2): 225 – 237.

[215] Brauns H. Vocational Education in Germany and France [J]. International Journal of Sociology, 1998, 28 (4): 57 – 98.

[216] Brewer, Garry, Peter Deleon. The foundations of public policy analysis [M]. Homewood, IL: Dorsey Press, 1983: 112.

[217] Burt, Ronald S. Structural holes and good ideas [J]. American Journal of Sociology, 2004, 110 (2): 349 – 399.

[218] Chankseliani M, Relly S J, Laczik A. Overcoming vocational prejudice: How can skills competitions improve the attractiveness of vocational education and training in the UK? [J]. British Educational Research Journal, 2016, 42 (4): 54.

[219] Chris V D L. A New Paradigm for Evaluating TAFE Graduate Outcomes [J]. International Journal of Training Research, 2006, 4 (1): 17 – 29.

[220] Clarke, L. and Herrmann, G. The Institutionalization of Skill in Britain and Germany: Examples from the Construction Sector [M]. Basingstoke: Palgrave, 2004: 116.

[221] Clark L L. Schools and Work: Technical and Vocational Education in France since the Third Republic [J]. Journal of Social History, 2003, 36 (36): 1099 – 1102.

[222] Colardyn D, Malglaive G. The national vocational education plan for unqualified young people (16 – 18 years old): The French experience (1982 – 1984) [J]. International Review of Education, 1986, 32 (4): 459 – 477.

[223] Cort P. Europeanisation and Policy Change in the Danish Vocational Education and Training System [J]. Research in Comparative & International Education, 2010, 5 (3): 331.

[224] Cremin L A. An Introduction to Education in Modern America [J]. Teachers College Record, 2005, 54 (8): 455 – 456.

[225] Daniels C E J. PICKUP Wales, U. K. Assurance of Quality Vocational Continuing Education and Training [J]. Adult Education, 1990: 46.

[226] Danish Ministry of Education. Facts and Figures – Education Indicators Denmark [EB/OL]. http：//www. eng. uvm. dk, 2002 – 06 – 11.

[227] Deissinger T, Gonon P. Stakeholders in the German and Swiss vocational educational and training system [J]. Education Training, 2016, 58 (6): 568 – 577.

[228] Dolowitz D P, Marsh D. Learning from Abroad: The Role of Policy Transfer in Contemporary Policy – Making [J]. Governance, 2010, 13 (1): 5 – 23.

[229] Doughney L. Universal Tertiary Education: How dual-sector universities can challenge the binary divide between TAFE and higher education-the case of Victoria University of Technology [J]. Journal of Higher Education Policy & Management, 2000, 22 (1): 59 – 72.

[230] Drake K. The cost effectiveness of vocational training: A survey of British studies [J]. Economics of Education Review, 1982, 2 (2): 103 – 125.

[231] Eric Ashby, Mary Anderson. Universities: British, Indian, African: A Study in the Ecology of Higher Education [J]. American Historical Review, 1967, 73 (1).

[232] Ertl H. Modularisation of Vocational Education in Europe: NVQs and GNVQs as a Model for the Reform of Initial Training Provisions in Germany? [J]. International Journal of Educational Development, 2003, 23 (2): 239 – 240.

[233] Fontana A, Frey J H. Interviewing: The art of science [J]. Collecting & Interpreting Qualitative Materials, 1998, 6 (3): 472 – 474.

[234] Ganzeboom H B G, Treiman D J. Internationally Comparable Measures of Occupational Status for the 1988 International Standard Classification of Occupations [J]. Social Science Research, 1996, 25 (3): 201 – 239.

[235] Garland P. Assessment in GNVQs: learning the hard way [J]. Research in Post – Compulsory Education, 1998, 3 (3): 329 – 344.

[236] Gendron B. Economic Analysis of Continued Education by Holders of Short –

Cycle Technical Diplomas in French Higher Education [J]. European Journal of Vocational Training, 2006, 39: 80 – 104.

[237] Gessler M, Howe F. From the Reality of Work to Grounded Work – Based Learning in German Vocational Education and Training: Background, Concept and Tools [J]. International Journal for Research in Vocational Education & Training, 2015, 2 (3): 214 – 238.

[238] Gibbons M, Limoges C, Nowotny H, et al. The New Production of Knowledge: The dynamics of Science and Research in Contemporary Societies [M]. London: Sage, 1994: 12.

[239] Gisela D, Georg H, Matthias W. Strategy paper on the internationalization of German Vocational Education and Training [J]. Veterinary World, 2013, 863 (6): 14 – 17.

[240] Goldenberg E N. Teaching Key Competencies in Liberal Arts Education [J]. New Directions for Teaching & Learning, 2010, 2001 (85): 15 – 23.

[241] Goozee G. The Development of TAFE in Australia: An Historical Perspective [J]. Ncver, 2001: 184.

[242] Grainer L E. Evolution and revolution as organizations grow [J]. Harvard Business Review, 1972, 76 (3): 37 – 46.

[243] Granovetter M S. The Strength of Weak Ties: A Network Theory Revisited [J]. Sociological Theory, 1983, 1 (6): 201 – 233.

[244] Gray S, Drewery W. Restorative Practices Meet Key Competencies: Class Meetings as Pedagogy [J]. International Journal on School Disaffection, 2011, 8 (1): 13 – 21.

[245] Grill M, Pousette A, Nielsen K, et al. Supervisors and teachers' influence on expectations on empowering leadership among students in vocational education and training [J]. Empirical Research in Vocational Education & Training, 2017, 9 (1): 2.

[246] Haken, H. Synergetics of brain function international [J]. Journal of Psychophysiology, 2006, 60 (5): 110 – 124.

[247] Hannan M T, Freeman J H. The population ecology of organizations [J]. American Journal of Sociology, 1977, 82: 92 – 964.

[248] H. A. Simon. Administrative Behavior: A Study of Decision – Making Processes

in Administrative Organizations [M]. New York: Macmillan, 1947: 30 - 35.

[249] Hedegaard W. The Danish Vocational Education and Training System: 2nd edition [J]. Skills Australia, 2008: 7.

[250] Hermann Haken. Synergetics of brain function [J]. International Journal of Psychophysiology, 2000, 60 (2): 0 - 124.

[251] Hillman. The first year experience: The transition from secondary school to university and TAFE in Australia [J]. Australian Council for Educational Research, 2005: 75.

[252] Holford J. Workers' education in the twentieth-century British labour movement [J]. Vocational Education, 2007: 191 - 204.

[253] Hoque K, Taylor S, Bell E. Investors in People: Market-led Voluntarism in Vocational Education and Training [J]. British Journal of Industrial Relations, 2005, 43 (1): 135 - 153.

[254] Huber K. User Choice: Who's the User? Who's the Chooser?: The Principle of Choice in the German and Australian Vocational Education and Training Context—A Comparative Analysis [J]. Journal of Global Information Technology Management, 2010, 13 (2): 37 - 75.

[255] Hyland T, Matlay H. Lifelong Learning and the 'New Deal' Vocationalism: Vocational Training, Qualifications and the Small Business Sector [J]. British Journal of Educational Studies, 1998, 46 (4): 399 - 414.

[256] Jacob M, Solga H. Germany's Vocational Education and Training System in Transformation: Changes in the Participation of Low-and High - Achieving Youth Over Time [J]. European Sociological Review, 2015, 31 (2): 161 - 171.

[257] Jobert, A. , Marry, C. Education and Work in Great Britain, Germany and Italy [M]. London: Routledge, 1997: 208.

[258] Juliet M, Corbin, Anselm L, Strauss. Basics of qualitative research: Grounded theory procedures and techniques [M]. Newbury Park: Sage, 1990: 96.

[259] Knight P, Helsby G, Saunders M. Independence and Prescription in Learning: Researching the Paradox of Advanced GNVQs [J]. British Journal of Educational Studies, 1998, 46 (1): 54 - 67.

[260] Kuehn BM. Groups promote "key competencies" in training for premed and

medical students [J]. Jama the Journal of the American Medical Association, 2009, 302 (7): 729.

[261] Leclercq J M. The Japanese Model: School – Based Education and Firm – Based Vocational Training [J]. European Journal of Education, 1989, 24 (2): 183 – 196.

[262] Lindner A. Modelling the German system of vocational education [J]. Labour Economics, 1998, 5 (4): 411 – 423.

[263] Lundberg G A, Lerner D, Lasswell H D, et al. The Policy Sciences: Recent Developments in Scope and Method [J]. American Sociological Review, 1951, 39 (2): 359.

[264] Lyngberg A C, Rasmussen B K, Jørgensen T, et al. Incidence of Primary Headache: A Danish Epidemiologic Follow-up Study [J]. American Journal of Epidemiology, 2005, 161 (11): 1066 – 1073.

[265] Mather A. A Quality Transformation in Vocational Education: An Explanation of GNVQs [J]. Health Manpower Management, 1994, 20 (3): 16 – 18.

[266] Matlay H. S, NVQs in britain: employer-led or ignored? [J]. Journal of Vocational Education & Training, 2000, 52 (1): 135 – 148.

[267] Maurice, M., Sellier, F. and Silvestre, J. The Social Foundations of Industrial Power [M]. Cambridge Mass.: MIT Press, 1986: 802.

[268] Mayer C. Vocational education in Germany in a historical and gender-oriented perspective [J]. Tampereen Yliopiston Opettajankoulutuslaitos, 1996, 2 (11): 29 – 46.

[269] Merriam – Webster. Merriam – Webster's Advanced Learner's English Dictionary [M]. Springfield: Merriam – Webster, 2016: 138.

[270] Moodie G, Wheelahan L, Billett S, et al. Higher Education in TAFE: An Issues Paper [J]. National Centre for Vocational Education Research, 2009: 35.

[271] Newton L, Kirk H. The Relevance of Vocational Education for Occupational Therapy Support Workers [J]. British Journal of Occupational Therapy, 1999, 62 (3): 131 – 135.

[272] Nielsen K. Apprenticeship Approach to Learning [J]. International Encyclopedia of Education, 2010: 469 – 475.

[273] O'Brien K J, Li L. Selective Policy Implementation in Rural China [J].

Comparative Politics, 1999, 31 (2): 167 – 186.

［274］ Patel R, Batchelor P A. Experiences of vocational trainees on their preparation and application for vocational training ［J］. British Dental Journal, 2007, 202 (6): 345 – 9.

［275］ Paul A. Sabatier, Hank Jenkins – Smith. Public policy and learning ［M］. Boulder, CO: Westview Press, 1993: 228.

［276］ Peters S. Making Links between Learning in Early Childhood Education and School Using the "Key Competencies" Framework ［J］. Teachers & Curriculum, 2005, 8 (1): 520 – 527.

［277］ Pilz M. Initial Vocational Training from a Company Perspective: A Comparison of British and German In – House Training Cultures ［J］. Vocations & Learning, 2009, 2 (1): 57 – 74.

［278］ Plant P. Career Development in Denmark ［J］. Adult Vocational Education, 2000: 22.

［279］ Plant P. Career Guidance in Vocational Education and Training and in the Workplace ［J］. International Encyclopedia of Education, 2010: 269 – 274.

［280］ Prigogine, I. Evolution of complex and Law of nature ［J］. Issue of Philosophy of Nature Science, 1980 (3): 34 – 45.

［281］ Rhee H, Lee H M, Namkoung Y M, et al. An Analysis of technical and vocational education policy growth and development in the United States of America, the United Kingdom and Africa ［J］. Nursing & Health Sciences, 2009, 9 (9): 96 – 102.

［282］ Rieckmann. Future-oriented higher education: Which key competencies should be fostered through university teaching and learning? ［J］. Futures, 2012, 44 (2): 127 – 135.

［283］ Rose, Karen. Unstructured and semi-structured interviewing ［J］. Nurse Researcher, 1994, 1 (3): 23 – 32.

［284］ Rushbrook P. Tradition, Pathways and the Renegotiation of TAFE Identity in Victoria ［J］. Discourse Studies in the Cultural Politics of Education, 1997, 18 (1): 103 – 112.

［285］ Rychen D S, Salganik L H. Defining and selecting key competencies ［J］. Hogrefe & Huber, 2001, 43 (8): 118 – 126.

[286] Safford K, Stinton J. Barriers to blended digital distance vocational learning for non-traditional students [J]. British Journal of Educational Technology, 2016, 47 (1): 135 – 150.

[287] Sarnat J. Key competencies of the psychodynamic psychotherapist and how to teach them in supervision [J]. Psychotherapy, 2010, 47 (1): 20 – 27.

[288] Scarfe J. National Review of TAFE Teacher Preparation and Development: Literature Review [J]. Business Skills, 1991: 71.

[289] Scholten M, Tieben N. Vocational qualification as safety-net? Education-to-work transitions of higher education dropouts in Germany [J]. Empirical Research in Vocational Education and Training, 2017, 9 (1): 7.

[290] Seelen J V, Mikkelsen A, Wolderslund M. A survey of students' attitudes to implementing physical activity in Danish vocational education schools [J]. Empirical Research in Vocational Education & Training, 2018, 10 (1): 7.

[291] Steers J. GNVQs: The Context, the Rhetoric and the Reality [J]. International Journal of Art & Design Education, 2010, 15 (2): 201 – 213.

[292] Stoller J K. Developing physician-leaders: Key competencies and available programs [J]. Journal of Health Administration Education, 2008, 25 (4): 307.

[293] Streeck, W. Social Institutions and Economic Performance [M]. London: Sage, 1992: 308.

[294] Tanaka R, Tsuji M, Senju A, et al. Dietary Differences in Male Workers among Smaller Occupational Groups within Large Occupational Categories: Findings from the Japan Environment and Children's Study (JECS) [J]. International Journal of Environmental Research & Public Health, 2018, 15 (5): 961.

[295] Tanaka Y, Yamamoto K, Takeuchi T, et al. Revelation on Vocational Education System and Teaching Methods in China from German Vocational Education [J]. Career Horizon, 2013, 24 (5): 734 – 743.

[296] Terry Hyland. Silk Purses and Sows' Ears: NVQs, GNVQs and experiential learning [J]. Cambridge Journal of Education, 1994, 24 (2): 233 – 243.

[297] The Danish Government. Better Education – Action Plan [EB/OL]. http: // www. dk. mofcom. gov. cn, 2002 – 06 – 15.

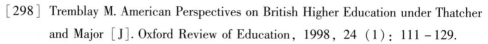

［298］ Tremblay M. American Perspectives on British Higher Education under Thatcher and Major ［J］. Oxford Review of Education, 1998, 24 (1): 111 – 129.

［299］ Waks L J. Workplace Learning in America: Shifting roles of households, schools and firms ［J］. Educational Philosophy & Theory, 2010, 36 (5): 563 – 577.

［300］ Weible C M, Sabatier P A. Comparing Policy Networks: Marine Protected Areas in California ［J］. 2005, 33 (2): 181 – 201.

［301］ Weinert F E. Competencies and Key Competencies: Educational Perspective ［J］. International Encyclopedia of the Social & Behavioral Sciences, 2001: 2433 – 2436.

［302］ Wiek A, Withycombe L, Redman C L. Key competencies in sustainability: A reference framework for academic program development ［J］. Sustainability Science, 2011, 6 (2): 203 – 218.

［303］ Williams R, Yeomans D. The Fate of the Technical and Vocational Education Initiative in a Pilot School: A longitudinal case study ［J］. British Educational Research Journal, 2013, 19 (4): 421 – 434.

［304］ Winch C. Vocational and Civic Education: Whither British Policy? ［J］. Journal of Philosophy of Education, 2012, 46 (4): 603 – 618.

［305］ Witte V, Krohn U, Emeis C C. Characterization of yeasts with high lactic acid production: Lactic acid specific soft-agar overlay (LASSO) and TAFE – patterns ［J］. Journal of Basic Microbiology, 2010, 29 (10): 707 – 716.

［306］ Wood L E. Semi-structured interviewing for user-centered design ［J］. Interactions, 1997, 4 (2): 48 – 61.

［307］ Zehrer A. Key competencies of tourism graduates: The employers' point of view ［J］. Journal of Teaching in Travel & Tourism, 2009, 9 (3 – 4): 266 – 287.

后　记

科学绝不是一种自私自利的享乐，有幸能够致力于科学研究的人，首先应该拿自己的学识为人类服务。——马克思

正如马克思所言，我是一个"幸运"的人，因为有机会从事科学研究，有机会从事教育科学研究。与教育科学研究的结缘始于十年前前往湖北恩施土家族苗族自治州麻茶沟小学的一次支教经历。十年前的那次支教经历使我对很多教育现象和问题产生了研究兴趣，于是从经济学本科专业跨考了教育经济与管理专业的硕士研究生。后来，因为一些偶然的机会，我与职业技术教育学学科结缘，选择攻读职业技术教育学专业的博士研究生，正式成为职业技术教育研究领域的一名"新兵"。初入职业技术教育领域，面对广袤的职业教育研究田野，心里充满了困惑和迷茫，通过一段时间的学习和探索，结合自己的研究兴趣和专长，我将研究对象确定在了高等职业教育领域，这一占据我国整个高等教育大半壁江山的研究领域。确定了研究领域之后，研究什么主题成为困扰我的难题。为此，我进行了大量的梳理和阅读，同时也结合高等职业教育领域的重要建设工程——"双高计划"，将研究对象进一步聚焦到高等职业教育专业群建设，成为我的主要研究方向，并作为博士论文的主要研究方向，本书《和而不同·和合共生：高职专业群生态系统的协同进化与治理方略》就是在我的博士论文基础上修改丰富完善而来的。

专业群是高职院校内涵建设与提质增效的重要抓手，是实现资源共建共享、专业整体结构优化、院校治理效率提升的重要载体。高职专业群建设是一项复杂的系统性工程，涉及系统内、外部诸多要素之间的协同作用，以及系统的动态平衡和持续演进问题。从生态论和复杂适应系统理论视角探讨高职专业群生态系统的协同进化是实现专业群科学治理的前提和基础。

高职专业群生态系统是一个由多要素组成的复杂适应系统。本书结合教育

生态论和复杂适应系统理论，运用隐喻与移植分析的方法，将高职专业群生态系统与自然生态系统进行类比，建构了高职专业群生态系统的理论模型。为在一般框架的基础上厘清高职专业群生态系统包含的具体要素，本书基于实地调研获取的一手资料，运用 NVivo 软件分析发现高职专业群生态系统主要由内部系统和外部环境系统组成。其中，专业群内部系统可进一步分解为专业群个体、专业群种群、专业群群落等核心要素；外部环境系统则主要由各级政府、行业企业、同区域各级各类院校、社会公众等外部主体组成。高职专业群生态系统是一个具有自我调节功能的复合体，依托于不同层面各个要素之间的协同作用，高职专业群生态系统将实现不同时空下的协同演化与动态平衡。

微观层面的专业群个体生成与进化过程，本质上是知识的加工、编码与组合。基于知识论和技术哲学视角，在厘清知识的本质内涵与知识体系类型的基础上，结合职业教育的基本属性，分析发现职业教育面向的知识是一类内涵丰富的技术知识体系。技术知识体系到专业群个体的生成，须经过技术知识的静态加工和动态编码，进而实现"技术知识—教材—课程—专业—专业群"的形态转化，完成高职专业群个体的生成过程。从空间维度来看，高职院校通过多科专业协同发展模式、应用类专业引领模式、优势特色专业驱动模式等编组方式，形成类型多样的专业群个体；从时间维度来看，每一类专业群个体都有其成长进化轨迹，通常情况下会经历孕育期、初生期、成长期、成熟期、衰退期、蜕变期等不同进化阶段，形成高职专业群生态系统最基础的协同进化轨迹。专业群个体的协同进化体现着内部知识生产驱动与外部实践需求相统一的进化机理。

在中观层面，根据生态学种间竞争模型，竞争程度是影响专业群个体与个体之间协同进化的重要因素之一。本书基于生态仿真模拟法和 Lotka – Volterra 模型，通过 Vensim 软件对不同竞争系数下专业群个体之间的进化轨迹分析发现，高职专业群个体之间的协同进化类型主要有共生性协同进化、正偏利性协同进化、负偏利性协同进化、制约性协同进化、替代性协同进化等类型。在一个适切的竞争系数下，专业群个体之间能够形成彼此协作的互利共生关系，不同的专业群之间将通过发挥各自的比较优势，探寻最合适的生态位空间，实现系统自身结构的优化和系统资源的优化配置，产出最大的系统绩效。

在宏观层面，本书选取对高职专业群生态系统协同进化影响显著的典型外部主体，即政策系统、产业系统和学校系统，深度剖析其与高职专业群系统的协同进化过程。首先，通过政策分析工具探究了专业（群）相关政策文件的颁布主体特征、政策注意力配置、政策力度的变迁历程与高职专业群系统建设的内在关系，政策系统直接引导专业群系统进化方向，专业群系统运转过程中的问题是政策制定的重要触发机制。其次，基于耦合协调模型，分析了高职专业群系统和产业系统的耦合匹配与协同进化情况，研究发现专业群系统与产业系统联动交互具有复杂性，专业群系统需保持对产业系统变迁的敏感性，同时实现行动上的同频共振才能更好地促进二者的协同进化。最后，运用社会网络模型，对高职专业群系统与同区域学校系统的多元校际交往形式进行了实证分析，从不同维度客观分析了两系统的协同进化过程。在此过程中，专业（群）是校际交往的重要载体，相近原则是专业群系统与学校系统进行交往的主要依据，专业群系统与同区域学校系统的互动受区域产业布局的显著影响。

高职专业群生态系统不同层面的协同进化过程，体现出优势特色专业群个体的自我进化、专业群与专业群之间的竞合作用、专业群系统与外部系统的协同演化、专业群生态系统动态平衡与共生等协同进化机制。当高职专业群生态系统中某一环节或层面出现不协调现象时，系统的协同有序运转将面临一系列的困境。在笔者的实践调研中发现，高职专业群个体组建的科学性欠佳、部分专业群与专业群之间出现拮抗作用、专业群系统与外部系统耦合程度低，导致专业群生态系统的整体运转不顺畅。高职专业群生态系统的治理是一个内涵丰富、层级多样和实践性强的系统性工程，为科学治理高职专业群生态系统，应着力打造优势特色专业群个体、科学布局系统内专业群分布、有效引导专业群系统与外部主体协同、维护专业群生态系统动态平衡，最终实现和而不同、和合共生的发展目标。

高职专业群生态系统的协同进化与治理方略是一个非常复杂的问题，在本书的研究过程中，我经历过百思不得其解的困顿；经历过明月不谙科研苦的烦闷；拥有过对知识的渴求和漫游科研之海的笃定；亦感受过柳暗花明的顿悟；以及吹尽狂沙始到金的喜悦。思绪在回忆中弥漫，清晰地记得论文选题时的纠结与迷惘，记得为了提升研究科学性学习的一个个模型和统计软件，记得梦到好的想法时在凌晨爬起来记录时的兴奋，记得本书写作过程中老师们一次次醍醐灌顶的精心指导。从事科学研究的过程，研究高职专业群生态系统的协同进化问题的过程，是探索的阶段，是迷惘的阶段，是成长的阶段，让我的人生更加丰盈。我很庆幸，一直以来都有良师益友的帮助和支持。

在本书付梓之际，首先特别是感谢我的博士生导师王世斌老师和潘海生老师，以及课题组的郄海霞老师和董伟老师。相较于硕士阶段，在天津大学的博

317

士求学阶段占了天大的"便宜"，得到了课题组四位老师的精心指导。于我而言，能遇到王世斌老师、潘海生老师、郗海霞老师、董伟老师真的是"天大"的幸运，组会上老师们的精彩点评，博士论文从开题到定稿的一次次精心指导，特别是老师们抽出过年假期时间听我每周汇报一次大论文，并提出详细修改意见，帮助我修改完善博士论文，让我收获颇丰。博士生涯的成长历程和本书研究的开展离不开老师们的帮助与支持，感谢课题组老师们的无私付出与精心指导。在此也特别是感谢课题组的师兄师姐师弟师妹们。

感谢天津大学教育学院提供的良好平台和学院领导老师们的指导。教育学院是天津大学强工厚理振文兴医格局的重要支撑院系，这个温馨的大家庭有学识渊博、和蔼可亲的专业课老师们，有热情细致、耐心周到的学工老师们。学院始终坚持"教天下英才，育家国情怀"院训，为我们的科研与成长提供了良好的平台和环境。

感谢在案例调研过程中为我提供帮助的各位领导和老师们。感谢顺德职业技术学院、广东轻工职业技术学院、中山火炬职业技术学院、中山职业技术学院、广州番禺职业技术学院、兰州资源环境职业技术学院、济源职业技术学院等院校的各位领导老师们提供的访谈调研机会；感谢天津医学高等专科学校各位领导老师为我提供长期驻扎在专业群建设一线观察学习的机会。还有很多在调研过程中接受访谈的老师和学生们，在此向你们表达由衷的谢意。正是因为你们提供的宝贵资料和给予访谈交流的机会，才使得本书有了鲜活的第一手资料，为深入分析相关问题奠定了坚实的资料基础。

感谢我的亲人们，你们永远是我内心深处最温暖的港湾。感谢姥爷姥姥、爷爷奶奶和父母二十多年的全力支持、理解和满满的爱，因为你们的默默付出使我一直成长在一个充满爱的环境中，让我成长为和你们一样勤劳、善良和坚强的人。感谢弟弟一家人经常打来的电话和关心。感谢我的爱人张慧博士，始终在我身边给予我关心、理解和包容。因为你们，让我的生活充满了爱与希望。

在本书即将出版之际，也特别感谢华东师范大学职业教育与成人教育研究所所长徐国庆教授和天津大学潘海生教授为本书作序，给予我的支持和鼓励，作为职业教育领域一名青年研究者，能得到学界前辈的鼓励和教导，对我而言是一种莫大的鼓舞和激励。在此，也特别感谢经济科学出版社责任编辑张立莉老师，张老师认真、细致、严谨、负责，对本书增色良多。

人生长度的有限性，使得我们只能通过诸多途径去拓展人生宽度的无限性，而选择从事教育科学研究正是我拓展人生宽度的历练过程，这一路经历的点滴都将成为自己蜕变的生活与故事。"经历"是一个名词，也是一个动词，我们每天都经历着经历，就让我们好好去经历。教育科学研究的经历就是值得我不断追寻的经历，教育科学研究永远在路上。正如马克思所言，"有幸能够致力于科学研究的人，首先应该拿自己的学识为人类服务"，能够从事教育科学研究于我而言就是一种幸运和荣耀，在将来的科学研究中，我将进一步立足中国大地，以重大教育战略问题和教育教学实践问题为主攻方向，支撑引领教育改革发展。让自己从事的教育科学研究，既彰显时代印记，又具备理论深度；既关注实证结果的显著性，又重视对人的关怀。在服务实践需求的同时，做有高度、有深度、有温度的教育学术研究，彰显教育科学研究的时代价值。

宋亚峰

谨识于天大北洋园

2023 年 1 月